大乘起信論 海東疏 血脈記 2

元曉思想 · 一心觀　大乘起信論 海東疏 血脈記

대승기신론 해동소 ＿혈맥기
2

공파 스님 역해

운주사

한국불교가 조사불교의 정통성을 갖고 있는
본류라고 한다면 조사불교의 원조인
중국불교가 뭐라고 할까.

조사불교가 대승불교의 정통성을 갖고 있다고 한다면
대승불교가 뭐라고 할까.

한국불교가 조사불교의 분파불교라고 한다면
조사불교 역시 대승불교의 분파불교가 된다.

한국불교와 조사불교는 모두 다 대승불교 속에서 나타난
분파불교다.
그러므로 그들은 자신들의 원류인 대승불교를 반드시
배워야 한다.

그렇지 않으면 한국불교나 조사불교 둘 다 대승불교의
언저리 불교로서 수박 겉핥기 식 불교만 지니게 된다.

2) 술의에 대하여

起信論 爲欲令衆生 除疑捨邪執 起大乘正信 佛種不斷故

모든 중생이 가지고 있는 의문을 제거해 주고 삿된 집착을 버리도록 해서 대승의 올바른 믿음을 일으키도록 하여 부처의 종맥이 끊어지지 않도록 하기 위해 이 논서를 쓴다.

이제 **대승기신론** 원문 3번째 줄에 들어왔다. 두 번째까지는 귀경게송을 말한 것이고, 이 세 번째 줄은 술의述意 부분이라고 한다. **기신론**을 저술하는 의도가 무엇인지 말씀하시는 대목이다.

마명보살이 **기신론**을 저술한 의도는 네 가지다. 첫째는 중생들이 갖고 있는 의심을 풀어주고, 둘째는 삿된 집착을 버리도록 한다. 셋째는 대승에 대한 올바른 믿음을 일으키도록 도와주고, 네 번째는 부처의 종맥이 이 땅에서 영원히 끊어지지 않게 하기 위해 이 논서를 쓴다고 하셨다.

현실적으로 이 네 가지 문제 말고 또 어떤 중요한 의제가 있을까. 중생을 제도하여 안락의 세계로 나아가는데 사실 이 네 가지 문제 외에는 없다. 아주 정확하게 네 가지를 짚어 주셨다.

중생이 왜 불교를 믿지 않고 있는가. 바로 의심 때문이다. 뭔지 모르게 손해만 볼 것만 같은 생각이 의심을 들게 만들었다. 이 의심 때문에 사람들이 불교에 접근하지 않는다. 만약에 불교를 믿어 이익이 생긴다면 그들은 가만히 있지 않는다. 기를 쓰고 줄을 지어 불교 속으로 들어오고자 할 것이다.

기신론은 중생들에게 불교를 배워도 손해를 보지 않는다는 것을 가르친다. 도리어 엄청난 이익이 있다는 것을 제시한다. 하지만 쉽게 믿으려 하지 않는다. 그래서 논리적으로 풀고 이론적으로 증명을 시킨다. 이 의심을 제거하는 데만 해도 **해동소** 5권 7페이지까지 뻗힌다. 상당히 많은 분량이다. 그렇게 해서라도 일단 중생들이 갖고 있는 의심을 없애고자 한다. 그래야 믿는다. 백 번이고 천 번이고 믿을 수 있게 확인시킨다. 어떻게든 일단 논리적으로 믿어야 다음 단계로 넘어갈 수 있다.

복이 없으면 믿음 자체가 이루어지지 않는다. 아무리 말해도 억지소리나 하고 아무리 설명해도 어깃장을 놓는다. 이러면 방법이 없다. 그냥 둬 버리는 수밖에 없다. 문제는 그런 사람들이 현재 절에 다니는 대부분의 사람들이다. 뭘 어떻게 해서 절에 다니는지 몰라도 그냥 말은 불교를 믿는다고 한다. 아니다. 그들은 불교를 믿고 다니는 사람들이 아니다. 그냥 문화 생활하듯이 작은 돈을 내고 소일삼아 허드레 불교를 재미로 믿는 사람들일 뿐이다.

불교는 자기의 근본 마음을 믿도록 만든다. 지금의 마음은 가짜라고 한다. 믿어지는가? 믿어지지 않을 것이다. 분명 안 배우면 절대로 믿어지지 않는다. 마음이 뭐가 뭔지 모르는데 어떻게 그것을 믿을 수 있겠는가.

다른 종교들처럼 무조건 믿으라는 말은 안 통한다. 알고 믿으라고 하는 것이 불교다. 이론적으로 완벽하게 그렇다는 것을 증명해줄 테니 일단 배워보라는 것이다. 배우면 알게 되고 안 배우면 모를 수밖에 없다. 모르면 손해다. 인간세상에서 모른다는 것은 미덕이 아니다. 학교 다니듯이 돈 들여서 배워야 한다. 그러면 갖고 있던 의심이 없어지고 진짜의 자기 마음과 대면하게 된다.

그것을 도와주기 위해서 이 **기신론**은 과학적으로 체계적으로 수학적으로 세로로 가로로 대각선으로 앞과 뒤를 간단없이 넘나들며 우리의 마음을 다각도로 설명하고 치밀하게 증명시켜준다. 그러다가 마지막에 모든 것을 마음의 근원으로 깔끔하게 귀납시킨다. 이렇게 해 주는 것이 첫 번째 구절이다.

1+1=2다. 이 기초수학을 누가 부정하겠는가. 모든 계산은 이것으로부터 시작한다. 그러므로 이 공식은 그 누구도 틀렸다고 하지 않는다. 불교는 이런 식으로 우리 마음을 정확하게 등식으로 확인시켜준다. 그러므로 **기신론**을 확실하게 배우면 자신의 원래 마음을 안 믿을 수가 없다.

하지만 배워도 이것을 안 받아들이는 자들이 있다. 끝까지 자기 기준으로 세상을 판단하려고 하는 고집쟁이들이다. 무조건 못 믿겠다고 한다. 이런 자들을 교화한다는 것은 봉사에게 햇빛을 설명하는 것보다 더 어렵다.

행복을 재단하는 정확한 잣대를 줄 테니 그대가 갖고 있는 뒤틀린 잣대를 좀 버리라고 해도 부모로부터 유산 받아온 것이어서 절대 버릴 수가 없다고 버틴다.

자기들 부모가 그 잣대로 세상을 살다가 죽어버렸는데도 다시 그 잣대로 자기의 인생을 설계하고 행복의 집을 지으려고 하니 필연적으로 그 인생은 실패할 수밖에 없다. 그렇게 말해도 그것이 내가 조상에게서 전수받은 유일한 삶의 잣대라고 맞서는 꼴통들이 그들이다.

　그런 사람들을 위해 두 번째 구절이 쓰여졌다. 삿된 집착은 잘못된 집착보다 더 강하다. 허공에 장대를 세우듯이 계속해서 자기주장을 내세운다. 이거야 원 아주 광신에 빠진 맹신자처럼 절대 불변의 자기주장을 고수하며 똥고집을 피운다.

　우파티싸와 코리타는 막역한 친구 사이였다. 그들은 진리를 찾아 고향인 라자가하를 떠나 산사야비라지자라는 스승 밑으로 들어갔다. 산사야는 수천 명의 제자를 거느린 당대의 유명한 궤변론자의 거두였다. 이 산사야는 뒤에 다시 언급하는 기회가 있을 것이다. 하여튼 그들은 오랫동안 전심을 다하여 이 스승을 모시고 그의 가르침을 받아 수행하였다. 그렇지만 그들이 애초에 원했던 생사해탈의 답은 시원하게 주어지지 않았다.

　내적으로 방황하던 그들은 더 이상 그 스승의 지도를 받을 수 없다라고 생각하고 더 훌륭한 스승을 찾아 나서기로 하였다. 그들은 따로 다니면서 스승을 찾는 편이 보다 효과적이라는 판단 아래 각자의 방향을 정해 전국을 뒤지기 시작하였다.

　그러나 그것도 여의치 않았다. 전 국토를 다 훑고 다녀도 제대로 된 스승이 없다는 것을 알고 결국 빈손으로 허탈하게 돌아오던 길에, 우연히 우파티싸는 부처님의 초기제자인 아싸지존자를 만나는 행운을 얻었다. **불본행집경**의 말씀이다.

諸法從緣生 제법종연생

是法緣及盡 시법연급진

我師大聖王 아사대성왕

是義如是說 시의여시설

눈앞의 모든 것들은 인연으로 나타나 있다.

그런 것들은 인연이 다하면 없어져버린다.

우리들의 스승은 성인 중에서도 대성의 왕이시다.

그 뜻을 이와 같이 말씀하시고 있다.

그 존자에게서 인연법을 전해들은 우파티싸는 곧바로 코리타에게 전갈을 보내 드디어 스승다운 스승을 제대로 찾았으니 급히 제타바나로 오라고 하였다. 코리타는 그 소식을 듣고 지체없이 제타바나로 들어가 우파티싸와 함께 부처님을 뵈었다.

부처님은 그들에게 무상심심한 인연법을 설해 주셨다. 그들은 이미 묘한 설법을 듣고 즉시 수다원과를 얻었다. 그리고는 부처님의 제자가 되기를 간청했다. 부처님은 그들을 승가의 일원으로 자비롭게 거두어 주시면서 제각기의 법명을 지어주셨다. 우파티싸에게는 사리불이라는 이름을 내려주셨고, 코리타에게는 목건련이라는 법명을 지어주셨다. 불교 역사상 가장 두드러진 제자들이 탄생되는 순간이었다. 후일 이분들이 부처님의 십대제자 중에서 지혜제일과 신통제일이라는 거목으로 성장하였다.

그들은 자기들의 스승인 산사야를 부처님께 모셔 오고자 하였다.

자기들이 보았을 때 산사야에게는 부처님이 반드시 필요한 스승이라고 여겼던 것이다. 그들은 부처님께 자초지종을 말씀드리고 다시 옛날에 수행하였던 산사야의 거처로 돌아갔다.

그들은 산사야에게 무릎을 꿇고 부처님의 제자가 되기를 간곡하게 권청하였다. 그러나 그는 완강하게 거절했다. 어쩔 수 없이 그들은 자기들에게 소속된 제자들 100명씩을 데리고 산사야를 떠나야 했다. **금강경**에 나오는 1,250인 중에서 200명이 바로 이들이다. 그들이 제타바나로 돌아오자 부처님은 다음과 같은 게송을 읊으시면서 산사야를 안타깝게 생각하셨다.

가짜를 진짜로 생각하고
진짜를 가짜로 생각하는 사람,
이런 사람은 생각이 비틀어진 사람들이다.
결코 진리를 찾을 수 없다.

이런 사람처럼 얼마나 많은 사람들이 가짜를 진짜로 생각하고 진짜를 가짜로 여기며 살아가고 있을까. 작게 보면 불교 속에서도 가짜를 진짜로 생각하는 사람들이 무수하게 많이 있을 것이고, 크게 보면 인생 자체가 가짜인데도 모두 다 그것이 진짜인 것처럼 착각하고 살아가고 있는 사람들이 부지기수로 많이 있을 것이다.

부처님이 이 땅에 오시지 않았다면 이 중생세계가 실재로 존재한다고 다 믿었을 것이다. 하지만 그분이 오심으로 해서 이 세계는 꿈과 같은 가짜의 세계로 판명이 나고 말았다. 그분의 말씀을 제대로 받아들이는 자는 가짜의 인생을 버리고 진짜의 인생을 찾아나서는 것이고, 그 말씀이 가슴에 들어오지 않은 사람들은 이 세상이 진짜라고 믿고 가짜의 삶을 계속해서 살아가는 것이다.

그것은 지극히 아껴온 롤렉스시계가 가짜로 판명 난 것과 같다. 어리석은 사람들은 유명한 감정사가 가짜라고 해도 그 미련을 버리지 못하고 거기에 자꾸 매달린다. 하지만 현명한 사람은 아무리 명품처럼 금빛이 나고 가치만당하게 보여도 그것이 가짜라면 미련없이 버리고 진짜를 찾아 나선다.

그러므로 인생에서 부처님 말씀을 그대로 받아들이느냐 마느냐에 따라 인생 그 자체가 완전히 달라진다. 고집이 세고 복이 없는 자들은 새로운 변화로 자신을 업데이트시키는 것을 극히 싫어한다. 하지만 현명하고 복이 있는 자들은 더 크고 더 가치있는 삶을 향해 낡고 비틀어진 자기의 잣대를 과감하게 버려 버리는 것이다.

삿된 집착은 자신을 지키려 하는 견고한 방호벽이다. 하지만 자기가 그 속에 갇혀 있다는 데 문제가 있다. 그 방호벽은 결국 자신을 안쪽으로 몰아 죽인다. 그러므로 한시바삐 그 벽을 깨고 밖으로 나와야 한다. 갇히면 죽고 나오면 산다.

범부는 모두 다 자기 업에 맞는 색안경을 끼고 있다. 그 안경을 벗지 않는 한 세상은 결코 제대로 보일 리가 없다. 그러면 나아갈 길이 명확히 보이지 않는다. 그래서 죽음의 길로 나아간다. 그러므로 현재 자기라고 우기는 그 기준잣대를 어떻게든 우선적으로 버려야 하는 것이다.

두 명의 상수제자를 잃은 산자야는 나름대로 당대의 대표적 외도 스승이지만 부처님의 적수는 되지 못하였다. 여우가 주인노릇을 하던 깊은 산중에 거대한 호랑이가 나타난 것과 같이 일체의 권세와 명예를 순식간에 다 잃고 말았다.

그를 따르던 모든 제자들이 마침내 부처님께로 전부 귀의하자 산자야는 끓어오르는 분노를 참지 못하고 결국 자살하고 마는 운명을 맞이하게 된다. 그만큼 삿된 고집은 타인은 물론 자기를 파멸시켜 버린다. 그것이 바로 삿된 집착은 반드시 버려야 하는 절대적인 이유다. 그래서 술의 두 번째 대목에서 그 집착을 버리도록 도와주는 것이다. 살고자 하는 자는 이제 이 방법을 받아들여야 한다.

중생세계는 죽음의 문제를 떠안고 있다. 그 문제를 풀려고 인류는 정치 경제 사회 교육 의료분야에서 나름대로 수많은 업적들을 쌓아 왔다. 하지만 현재까지 그에 마땅한 답을 시원하게 찾아낸 것은 아무것도 없다.

그럼 똑똑하다는 인간들에게 하나 물어보자. 그 답이 있다고 생각하는가? 그것이 가능하다고 보는가. 아무리 노심초사 불철주야 동분서주하면서 찾아도 그것은 찾을 수가 없다. 차라리 토끼머리에서 뿔을 찾으면 찾았지 그것은 원천적으로 확실히 불가능한 답이다.

이 시점에서 명확히 알아야 할 것은, 우리가 근본적으로 안고 있는 이 생사의 문제는 단연코 우리 머리로써는 해결되는 문제가 아니라는 사실이다. 이것을 빨리 인정해야 한다. 이 문제는 범부의 머리로써는 결코 풀어낼 수 없다. 그러므로 역사이래로 그렇게 많은 사람들이 이것을 풀려고 노력해도 그 사람들은 다 가고 이 문제는 아직도 거뜬히 남아 있는 것이다.

이것을 해결하기 위해 주어진 문제를 하나 풀면 또 다른 문제가 대두되고, 그것을 힘들게 해결하면 또 다른 문제가 턱 나타나고 하니 애초부터 이 문제를 푸는 방법이 틀렸다고 말할 수 있다.

그래서 이 문제는 지금까지의 해결방법으로는 절대 불가능하니 다른 방법을 쓰자는 것이다. 그것이 바로 반대방향으로 나가면 되지 않느냐 하는 것이다. 우리의 운명은 죽음과 대면한 막다른 길에 있기에 살려면 돌아가는 방법 외에는 특별한 방법이 없다는 것이다.

단추를 잠그는데 제일 위쪽에서부터 잘못 잠그면 밑에서 아무리 용을 써도 절대로 바르게 끼워지지 않는 것처럼, 이 문제를 푸는 방식부터 다시 찾아보자는 것이다. 그것이 바로 반대방향으로 방향전환을 하자는 것이다.

즉 어디서부터 문제가 꼬이기 시작하였는지 그 근원을 찾아보는 것이다. 그것은 처음부터 그렇게 잘못되었던 것이다. 그렇다면 처음으로 돌아가서 풀자는 것이다. 그래서 일심의 근원으로 돌아가 거기서 다시 시작하자는 것이 바로 불교의 근본 가르침이라 말할 수 있다.

믿어지지 않을 것이다. 거기에 대한 믿음을 일으키는 것을 발심이라고 한다. 그런데 믿어지지가 않는다. **기신론**은 그것을 믿도록 여러 방면으로 도와줄 것이다. 그것이 바로 세 번째 대승에 대한 올바른 믿음을 일으키게 만드는 부분이다. 그 분야는 5권 중간에서 아주 심도있게 다뤄지게 될 것이다.

부처의 종맥이 이 땅에 끊어지지 않아야 계속해서 중생이 열반으로 나아가게 된다. 그 길의 종맥이 단절되어져 버리면 우리의 후손들은 어느 쪽으로 가야 안락의 세계로 나아가는지 방향을 잃을 수가 있다.

그래서 우리가 그 종맥을 이어야 한다. 항차 먹이를 찾는 개미도 선두와 후미가 연결되어져 있다. 그 후미는 당연히 집에다 뿌리를 내리고 있다. 마찬가지로 부처로의 종맥은 열반과 사바로 연결되어져 있어야 한다. 중간에 그 길이 끊어져 버리면 큰일 난다. 그 길이 우리가 지향해야 하는 길이고 영원히 살아날 수 있는 길이기 때문이다.

어떤 사람들은 종자가 끊어지지 않도록 한다고 한다. 종자는 불성이 있는 한 없어지지 않는다. 그러므로 여기서는 분명 종맥이라고 해야 옳은 번역이 된다. 바다로 내려가는 물길이 차단되면 물도 썩고 강독에서 자라나는 초목도 죽게 된다. 그뿐만 아니라 주위의 모든 생명체들도 위태로워진다.

그러므로 물은 바다로 연결되어 있어야 한다. 우리의 마음도 언제나 열반의 세계와 연결이 되도록 그 흐름을 이어주어야 한다. 그래야 나도 앞 사람의 당김을 따라 열반의 세계에 들어가고 내 뒤의 사람도 나의 당김을 따라 그 세계에 들어갈 수가 있다. 그 들어가는 과정을 수행이라고 한다.

그래서 **화엄경**에 보살은 여래의 종성을 끊어지지 않게 하기 위해 발심해 수행한다고 하셨다. 이 수행에 대해서는 **해동소** 6권에서 잘 설명해 줄 것이다.

海東疏 此述造論大意 造論大意 不出二種 上半明爲下化衆生 下半顯爲上弘佛道

위 대목은 이 논서를 쓴 큰 의도를 밝힌 것이다. 기신론을 쓴 큰 의도는 두 가지를 벗어나지 않는다. 윗부분 반은 하화중생함을 밝히고 아랫부분 반은 상홍불도를 나타내는 것이기에 그렇다.

두 가지가 바로 下化衆生하화중생과 上弘佛道상홍불도다. 이것은 대승보살이 지향하는 구제사상이다. 하화중생이라는 말은 아래로 중생을 제도한다는 뜻이고 상홍불도라는 말은 위로 불도를 넓힌다는 뜻이다. 즉 하화중생은 이타利他를 말하고 상홍불도는 자리自利를 뜻하고 있다.

흔히 이 대목을 상구보리 하화중생이라고 한다. 위로는 보디인 깨달음을 구하고 아래로는 중생을 교화한다는 말이다.

위와 아래로 라는 말이 귀에 거슬리는가. 왜 중생을 아래로 취급하는가에 불만이 있을 수 있다. 중생을 아래로 둔 것은 중생을 얕봐서 그런 게 아니라 수행하는 사람 기준으로 보았을 때 정신적인 부분을 위로 두었기 때문이다.

그보다 특이한 점은 보통 자리이타自利利他라고 하는데 여기서는, 즉 **기신론**을 쓴 큰 의도는 그 반대로 利他自利라는 순서로 되어 있다. 그만큼 **대승기신론**은 대승불교의 교본이라 할 만큼 보살사상을 강조하다 보니 自利보다 利他를 우선으로 내세우고 있는 것이다. 그래서 **기신론**을 대승불교의 꽃이라고 찬탄하는 것이다.

"의복이 왜 그리 단정치 못하냐?"

"편한 옷을 입다 보니 그렇습니다."

일요일 법회 때 절에 오는 사람들의 의복을 보면 매우 흥미롭다. 나름대로 신경 써서 옷을 입고 오는 것이 아니라 그냥 되는 대로 걸치고 오는 수준이다.

절은 삼보가 계시는 곳이다. 그러므로 삼보에 정례하기 위해 법회를 보려면 당연히 의복을 단정하게 갖춰 입어야 한다. 정리된 머리손질에 반듯한 옷매무새는 다른 사람을 기분좋게 만든다. 신경 써서 입은 깨끗한 외출복에 잘 닦인 구두는 그 사람의 인격을 은연중 드러내기 때문에 색상을 잘 골라 업그레이드된 모습으로 상큼하게 나타나야 한다.

근래에 어떤 신흥종교가 폭발적 교세를 일으키게 된 데는 치성이라는 봉행의식이 있었다. 수백 명을 넘어 수천 명의 남녀신자들이 모두 두루막과 치마저고리를 입고 치성에 임하는 모습을 보면 왠지 모르게 거룩하고 장엄한 느낌이 들었다.

그들은 그런 의복 착용에 불만을 표하지 않았다. 두루막과 치마저고리를 입고 올리는 치성은 그들만이 가지는 고유한 의식이기 때문에, 현대인에게 대단히 불편한 복장이기는 하나 그것을 그대로 받아들여 근래에 보기 드문 장엄한 의식을 진행했고 지금도 그렇게 하고 있다.

그런 복장으로 치성을 올리는 종교도 있는데 단순히 절하기 쉬운 옷이라서, 아니면 행동하기 편하다는 이점으로 느슨하고 편리한 옷만 골라 입고 절에 오면 법회의 분위기가 산뜻하지 않거나 여법하지 않을 수 있다.

누구나 불자들은 법회를 보러 갈 때는 일상에 평이한 옷들만 입으려 한다. 비싼 옷들은 절을 할 때 구겨지거나 늘어난다면서 일부러 펑펑한 옷들을 입고 법회에 참석하고자 한다. 그리고 아름답게 꾸미거나 원색의 옷들을 입지 않는 것으로 예의를 삼는다.

이 둘의 공통점은 절을 하는데 거치적거리면 안 된다는 것이다. 지금 내가 말하고자 하는 포인트가 바로 이 점이다. 그들은 자기를 위해 절을 한다. 절을 하지 않고는 불안할 정도로 절에 중독되어 있다. 그것은 일종의 강박관념이다. 어떻게든지 절을 해야 자기가 할 몫을 다하는 것 같은 느낌을 받고 있기 때문이다.

그들은 대승의 사찰에 다니면서 철저히 소승의 수행을 한다. 기복이나 기도는 말할 것도 없고 의복이나 신행 자체도 소승의 수준을 넘어가지 못하고 있다. 다 자기 쪽의 편리만 생각하고 타인들의 눈길을 염두에 두지 않는다. 철저히 이기적 계산이다. 이것은 꼭 자기 편리하다는 이유로 반바지에다 슬리퍼를 끌고 명품 식당에 식사를 하러 들어가는 것과 같은 행보다. 그러는 자는 정말 자기만 아는 소승적인 사람이라 아니할 수 없다.

대승불교는 그렇지 않다. 모든 기준이 타인에 있다. 나보다 남을 우선시하기 때문에 내가 불편한 점이 있더라도 남이 싫다면 그것을 하지 않는다. 후줄근한 의복에 단정치 못한 모습은 절에 오는 타인들까지 맥 빠지게 만들어 버린다. 반대로 잘 갖춰진 정장에 단아한 모습은 내가 좀 불편해도 타인들을 기쁘게 만든다.

나만 편하면 남하고는 상관없다는 소승적 이기주의보다 내가 좀 불편해도 남이 기쁘다면 기꺼이 그렇게 하겠다는 것이 바로 대승불교의 보살사상이고 보살신행이다. 갖춰 입은 의복이 좀 손상되면 어떻고 옷이 좀 구겨지거나 늘어나면 좀 어떻단 말인가.

나의 불편함으로 타인에게 기쁨을 준다면 나는 이미 무한의 복을 짓고 있는 것이 되는데 절을 조금 못한다고 해서 뭐가 그리 손해를 본단 말인가.

소승적 사고로 自利만을 추구하는 자들은 힘들게 절을 하면서 복을 만들지만 그들은 서서 움직이는 것만으로 이미 복을 짓고 있다. 이것이 바로 복을 짓는 수준의 차이라고 하는 것이다.

열광하는 팬들의 박수소리를 들으며 자루로 돈을 버는 사람이 있고 손발이 고생하거나 남에게 욕을 얻어 먹어가면서 겨우 얼마를 버는 사람이 있다. 이것을 비교해 보면 왜 대승불교가 필요한지 금방 알게 될 것이다.

그러므로 대승불교 신자들은 절에 올 때 속이야 어떻든 만면에 미소를 머금고 와야 한다. 자기가 갖고 있는 최고의 의복에다 최고의 코디로 나타나야 한다. 가장 아름답게 꾸미고 가장 세련되게 나타나야 한다. 가장 화려한 옷을 입고 가장 행복한 모습으로 법회에 참석해야 한다.

사람마다 다 말 못할 근심과 애로가 있다. 그것을 꼭 수심 깊은 얼굴로 남에게 보여줄 필요는 없다. 남이 내 사정을 안들 어떻게 해줄 수 있는 것도 아니므로 구태여 힘들게 시간 내서 절에 오는 타인의 기분까지 망칠 필요는 없다. 잘못하면 복을 빌러 갔다가 그나마 갖고 있는 미량의 복까지 까먹고 올 수도 있으니 표정과 옷매무새에 이어 행동거지를 조심해야 한다.

사찰은 인과를 철저히 가르치는 곳이다. 내가 현재 뭔가 어렵고 잘 안 풀리고 살기가 어렵다면 전생에 죄만 짓고 복을 짓지 않은 결과로 그렇게 나타난 것이라고 생각해야 한다. 그러니 그 힘듦은 누굴 탓할 수도 원망할 수도 없다. 그것은 어디까지나 내 문제이기 때문에 내가 처절히 참회해야 되는 일이다. 그러므로 내 슬픈 얼굴이나 한 서린 모습을 남에게 보여줄 필요는 없다. 결국 그것은 내 창피고 내 부끄러움이기 때문이다.

그러므로 법회 때는 기쁨의 웃음이 만발해야 한다. 불법을 만난 행운의 기쁨을 다 같이 나눠야 한다. 범부에게 근엄과 엄숙같은 표정들을 요구해서는 안 된다. 불법 속에서 기쁨에 웃고 환희에 찬 얼굴이 만개할 때 가장 이상적인 법회가 된다.

무겁고 칙칙한 느낌의 사찰 이미지에서 활력의 에너지가 차고 넘치는 사찰로 바꿔야 절도 살고 중생도 살 수가 있다. 그렇게 하려면 대승의 신자들은 무엇보다도 이타적 사고방식을 먼저 가져야 한다.

사람들은 **기신론**을 배우려 하지 않는다. **기신론**은 위에서 말했듯이 이타를 우선으로 가르치고 있기 때문이다. 이타를 행할 수 있는 사람은 여유가 있는 자다. 여유가 없는 자는 타인을 생각하지 않는다. 자신도 못 먹고 사는데 타인을 어떻게 배려해 줄 수 있겠는가이다.

자신의 이익을 챙기려고 한다면 반드시 자신의 이익을 먼저 버려야 한다고 **대보적경**은 말씀하시고 있다. 이 말을 이해하는 사람만이 대승불교를 받아들인다.

시절이 정말 이기주의의 극치를 달리는 것 같다. 옛날에는 담배를 피우다 꽁초는 꼭 발로 비벼 껐다. 꺼지지 않은 담뱃불은 정말 위험하다. 화재를 야기해 타인들의 재산에 엄청난 손해를 입힐 수 있다. 그렇지 않더라도 생담배 타는 냄새는 아주 고약하고 역겹기만 하다. 지나가는 사람들이 그 담배냄새를 맡을까 싶어서 모두 다 신발로 비벼 끄고 갔다.

그러나 요즈음은 자신만 편하면 최고다. 불이 나든지 연기가 계속 피든지 내 알 바 아니다. 일단 다 피웠다 싶으면 그대로 휙 그냥 던져버리고 간다. 아파트 지하주차장이든 골목이든 상관하지 않는다. 손가락으로 튕겨버리든지 아니면 발아래 툭 떨어뜨리고서 자기 몸만 가버린다. 물론 불꽃이 있는 담배꽁초다. 그들은 절대로 그 다음 문제는 생각하지 않는다.

그 사람들은 말한다. 세금 내고 피우는 담배다. 그러니 흡연을 너무 야박하게 굴지마라고 한다. 흡연을 탓하는 것이 아니다. 남에게 혐오와 피해를 주는 행동은 삼가야 한다는 것이다.

세금을 내는 일은 음주도 마찬가지다. 주정뱅이가 술 냄새를 고약하게 풍기면서 내 곁을 비틀거리며 지나갈 때 그 기분이 참 더럽다면, 왜 사람들이 눈치없이 흡연하는 사람들을 싫어하는지 바로 알아차려야 한다.

이 사람들보다도 더 극한의 이기주의자들이 있다. 바로 길가에서 가래를 뱉는 사람들이다. 옛날에는 사람들 간에 예의라는 것이 있었다. 잘못하다가는 타인들에게서 욕을 얻어먹을 수 있다는 조심성 때문에 대중들 앞에서 함부로 침이나 가래를 뱉지 않았다.

문제는 사람이 다가오는데 가래를 끌어올리는 것이다. 가래 끌어올리는 소리를 들어본 적이 있는가. 그 소리는 인간이 타인에게 물리력이 아닌 자신의 장기소리로 저지를 수 있는 최악의 횡포며 공격이다. 비위가 약한 사람은 바로 구역질이 올라올 정도로 소름끼치는 공포의 혐오음이다.

그들은 주저가 없다. 목구멍에 가래가 끼면 사람이 있건 없건 개념치 않는다. 길이건 등산로건 목욕탕이건 관계없이 거침없이 끌어올린다. 그것은 진짜 죽이고 싶을 정도로 두려운 소리다.

그러다가 사람 바로 앞에서 퉤하고 뱉어버린다. 절대로 자기발로 문지르고 가지 않는다. 그냥 가버린다. 자기의 더러운 분비물을 다른 사람이 보면 얼마나 추잡스러울까라는 생각이 없다. 그냥 자기 갈 길로 가버린다.

생리적인 문제를 너무 민감하게 나무라는 것이 아닌가 하고 대들 수도 있다. 생리적인 문제는 대소변도 마찬가지다. 하지만 아무리 대소변이 마렵다고 해도 사람들 앞에서는 바지를 내리지 않는다. 조금만 더 자신을 섬세하게 관리하면 이런 흉측한 모습은 남에게 충분히 보이지 않을 수가 있다.

이런 두 부류들 같은 인간들에게 불교의 가르침이 가능하다고 생각하는가. 어림도 없다. 불교는 적어도 이렇게 극한의 이기주의자들을 아주 싫어하고 경멸한다. 왜냐하면 불교는 나보다 남을 우선 생각해야 하는 세련된 마음을 가지도록 가르치고 있기 때문이다.

그런데도 그들의 종교를 물어보면 불교를 믿는다고 답하는 자가 있다는 거다. 거 참 대책 없는 인간들이다. 우웩! 더러븐 잉간들!

남을 죽이는 것은 자기를 죽이는 것이고 남을 살리고자 하는 자는 자기를 살리는 것이다고 말씀하신 **육도집경**의 말씀을 기억해야 한다.

그렇지 않으면 본능적인 생리현상 하나 처리 못하는 무뢰한으로 치부된다. 그런 자는 인간이 아니다. 부끄러움을 모르는 짐승들만이 누가 보건 말건 즉석에서 생리문제를 해결하고 가버리기 때문이다.

海東疏 所以衆生 長沒生死之海 不趣涅槃之岸者 只由疑惑邪執故也
중생은 오랫동안 생사의 바다에 빠져 있다. 그래서 열반의 언덕으로 나아가지 못한다. 그 이유는 의혹과 삿된 집착을 갖고 있기 때문이다.

믿음을 일으키고 의혹을 품지 마라. 그 믿음은 해탈을 꼭 오게 한다고 **대승밀엄경**은 말씀하시고 있다. 그런데도 부처님의 말씀이 믿어지지가 않는다. 그것은 의혹 때문에 그렇다.

의혹이 있는 한 그들은 자신을 투자하지 않는다. 그 의혹이 말끔하게 씻겨져야 안심하고 불교 속으로 들어온다. 하다못해 전세를 들어가도 전세물건의 담보를 먼저 확인한다. 뭔가 석연치 않으면 절대 계약을 하지 않는다. 그런데 하물며 목숨을 거는 신앙에 의혹이 있다면 어떻게 하겠는가. 결코 믿고 따르지 않을 것이다.

하지만 그들은 희한하게도 믿을 자는 안 믿고 안 믿을 자는 잘 믿는다. 억겁동안 살아오면서 얼마나 속아왔는지 누구의 말도 잘 안 믿다가도 용하게 사기꾼의 말은 잘도 믿는다. 그것은 자기의 본성이 이미 그런 자와 잘 통하도록 거짓말에 익숙해져 있기 때문이다. 그렇지 않고서는 절대 그들의 말을 쉽게 받아들일 수가 없다.

부처님이 그들은 사기다 조심해라고 경고해도 니나 잘하세요 하면서 그쪽을 따라간다. 통탄할 일이다. 진짜보다도 가짜가 색깔이 화려하고 때깔이 요란한 법이다. 복 없는 사람들을 한 순간에 혹하게끔 표면적으로 아주 잘 치장되어져 있다. 그래서 그들은 그쪽을 선호한다.

불교에서 막막한 인생을 말할 때 흔히 바다를 내세운다. 바다는 좌우상하 어디를 봐도 끝이 없다. 끝도 시작도 없는 인생은 광막한 바다에 빠진 한 외로운 나그네 같다는 뜻으로 고해를 말한다.

누구 하나 나를 도와주는 자 없이 혼자서 외롭게 버둥거리다 결국 밑도 끝도 없는 그 바닷물에 빠져 죽듯이 나도 이 세상에서 한평생 허덕이다가 어디로 가는지도 모르고 그렇게 홀연히 사라져 버리고 만다는 비유에서다.

바다에 빠진 자가 살려면 어떻게든 뭍으로 나가야 한다. 뭍은 열반의 언덕이다. 열반은 고요를 말한다. 바다는 언제나 나를 삼켜버릴 것처럼 공포스럽게 출렁이고 있다. 그러므로 안락한 뭍으로 나아가야 산다.

저 멀리 구조선이 보인다. 미친 듯이 손을 흔들어 자신의 위치를 알리고 도와달라고 소리쳐야 한다. 구조선이 다가오면 타고 있던 부기를 버리고 그 구조선에 바로 올라타야 한다. 그러면 산다.

그런데 어리석은 중생은 구조선을 믿지 않는다. 그저 멀뚱멀뚱 눈을 뜨고 바라보고만 있다. 저것이 진짜 구조선인지 아닌지 알 수가 없다고 한다. 지금 선택의 여지가 없다고 해도 믿지 못하겠다고 한다. 겨우 달래고 타일러서 배에 끄집어 올리면 자기의 부기도 올려달라고 한다.

부기를 실을 공간이 없다고 하니 그럼 못가겠다고 버틴다. 일단 여기에 올라타면 부기는 필요 없다고 해도 한사코 실으려고 한다. 그것이 실리면 다른 사람들과 다른 비품들이 썩는다고 해도 기어이 실어달라고 한다. 안 된다고 하면 욕을 바가지로 퍼부으면서 다시 내려버린다.

여기서 자기가 갖고 있는 부기는 삿된 집착이다. 그것을 갖고 이제까지 자기라는 잣대로 버텨왔다. 이제 그것 없으면 못산다고 생각한다. 구조선에서는 그것이 전혀 필요 없는 데도 끝까지 자기 기준의 잣대를 소지하려고 한다. 어리석은 중생이 불교를 만나도 구제를 받지 못하는 이유가 여기에 있다.

성사는 중생이 하염없이 생사를 하는 이유는 이 두 가지에서 연유한다고 보셨다. 하나는 의심이고 하나는 자기 기준이다는 것이다. 이 둘을 끝까지 완고하게 지키는 자는 부처가 이 땅에 줄을 지어 출현한다고 해도 그들에게 전혀 이익을 줄 수가 없다.

海東疏 故今下化衆生之要 令除疑惑而捨邪執
그래서 하화중생하는 데 있어서 가장 중요한 것은 그들의 의혹을 제거해 주고 그들이 갖고 있는 삿된 집착을 버리도록 하는 데 있다.

26

너희들은 생사의 바다에 빠져 있다. 빨리 나오지 않으면 죽는다. 내가 너희들을 대가없이 모두 다 구제해 줄 테니 나를 믿고 나의 구조선인 불법에 올라타라고 외치지만 중생들은 그저 콧방귀만 뀌고 있다.

한번 의심하는 자를 다시 믿도록 하는 것은 정말 어렵다. 혓바닥이 갈라지고 입술이 타는 수고로움이 없다면 그것은 정말 불가능하다. 이런 의심 많은 중생들이 그분을 전적으로 믿도록 하기 위하여 부처님은 하루 두 시간 반만을 주무시면서 45년간 600여 회의 설법을 하셨다.

이리 들쳐주고 저리 뒤져주며 갖은 비유와 온갖 신통으로 그들의 환심을 사도록 노력하셨다. 그렇지 않으면 어떻게 그들을 구할 수 있단 말인가. 죽어도 좋다고 돌아서버리면 어떻게 할 것인가. 그래서 부처님은 팔만장경을 횡으로 종으로 대각으로 상하로 주구장창 설하시면서 어떻게든 그들을 구제하고자 하셨던 것이다.

그런데도 사람들이 그분의 말씀을 한사코 따르지 않고 다 떨어진 부기에 의지한 채 여태까지 생사의 바다에 끊임없이 자맥질하고 있다.

그런데 문제는 바다도 오래 살면 거기가 땅 인줄 안다는 것이다. 그곳은 땅이 아니라 물이라고 해도 그냥 살아가기에는 큰 지장이 없다고 한다. 맞는 말이다. 아무리 삼계가 불붙는 화택이라고 해도 우리 그냥 살아가는데 큰 불편함이 없는데 왜 자꾸 그런 소리 하냐며 떨떠름하게 반응하는 중생들인데 무슨 할 말이 더 있겠는가.

세상에서 제일 무서운 자들이 누군지 아는가? 무식한 자들이 신념을 가졌을 때다. 그런 자들이 뭉치면 군중이 된다. 그 군중이 합세하면 눈에 보이는 것이 없다. 항차 불량 중학생 다섯 명만 모여도 감당이 불감당인데 중생이 함께 모였다고 생각해 보라. 무엇인들 겁내겠는가. 죽음인들 두려워하겠는가. 그래서 범부가 군중의 힘을 믿고 속절없이 죽음을 받아들이고 있는 것이다.

이에 원력 크신 마명보살이 이 사바세계에 출현하셔서 그들의 의심을 풀어주고 그들이 목숨처럼 여기는 자기 자신의 잣대를 버리도록 부처님의 말씀 중에 핵심만을 뽑아 이 **기신론**을 쓰셨던 것이다.

"관음보살이 어머니라면 마명보살은 스승이십니다."

".........?"

"어리다면 관음보살의 보살핌 속에 있어야 하겠지만 다 컸다면 누구의 지도를 받아야 하겠습니까?"

海東疏 汎論疑惑 乃有多途 求大乘者 所疑有二 一者疑法 障於發心 二者疑門 障於修行

의혹에는 많은 것들이 있지만 대승을 구하는 자에게는 두 가지가 있다. 첫째는 법을 의심하다 보니 발심을 못하는 것이고, 둘째는 문을 의심하다 보니 수행을 못하는 것이다.

불교를 믿지 않는 사람들은 부처님 말씀 자체를 의심한다. 순진한 사람들을 꼬드겨서 재물이나 영혼을 빼앗아 부처님께 종속시킬까 불안하여 자신은 물론 자기 권속들을 아예 부처님 근처에도 다가가지 못하도록 한다.

불교의 정통 가르침은 그런 기우를 말끔히 씻어준다. 불교는 잊혀진 자기 마음의 근원을 찾아가도록 도와준다. 자기를 낳아준 고향을 잃어버리면 이곳저곳의 관공서를 찾아다니며 공무원들의 도움을 받는다. 사람들의 수준은 딱 여기까지다. 한 급수 더 올라가면 마음의 근원을 찾아 나선다. 그때 십지보살들이 나타나 그들의 고향을 찾도록 도와준다. 그런 사람들을 위해 불교는 설해졌었다.

불교는 중생들을 부처의 부하나 백성으로 만들려고 하는 교리가 아니다. 결과는 전부 똑같은 하나의 열반세계로 회향하는 데 있다. 꼭 모든 물방울이 바다로 들어가면 한 개의 바다가 되는 것처럼 일체 중생을 하나의 세계로 들어가도록 한다. 그 하나의 세계가 바로 일심의 세계다.

그러므로 불교에 대해 호리만큼도 경계심을 가질 필요가 없다. 불교는 불쌍한 중생들을 상대로 눈꼴사나운 속임수를 절대 쓰지 않는다. 그러기에 정통 불교를 믿는다면 뱁새 오줌만큼도 걱정할 필요가 없다.

대승을 구하는 자란 자기의 본래 마음을 찾는 자를 말한다. 그 찾는 부처님의 말씀은 너무 방대하기만 하다. 이 스님을 만나면 **화엄경**이 좋다고 하고 저 스님을 만나면 **법화경**이 좋다고 한다. 또 다른 스님을 만나면 관음기도를 하라고 하고 또 다른 스님을 만나면 지장기도가 최고라고 한다.

5일장에 번갈아 찾아오는 약장수처럼 이 스님 말 들으면 그것이 맞는 것 같고 저 스님 말 들으면 또 그것이 맞는 것 같다. 하도 많이 다양하게 경전을 권하고 가피를 추천해서 어떤 말씀을 믿고 어떤 보살을 믿어야 할지 정신이 하나도 없다.

그러다 보니 딱 부러진 발심이 일어나지 않는다. 발심은 부처님 말씀을 따라 깨달음을 이루겠다는 염원이다. 그런데 그분의 원초적인 말씀은 배우지 않고 이사람 저사람 말들만 듣고 다녀서야 어떻게 발심을 할 수 있단 말인가. 그래서 불교의 사찰건물과 전래행사의 언저리만 맴돌 뿐 진정한 발심을 하지 못하고 있다.

또 하나는 불교의 방편이 무궁무진하다는 점이다. 너무 많은 길을 제시하다 보니 정확하게 어떤 문으로 들어가야 그 근원으로 들어가는지 알 수가 없다는 것이다.

이 절에 가면 이렇게 하라고 하고 저 절에 가면 저렇게 하라고 한다. 도통 뭐가 뭔지 자꾸만 헷갈리게만 만든다. 그렇게 이리저리 휘둘리다 보니 제대로 수행을 하지 못하고 세월만 보내고 있다. 이게 보통의 불자들이 신행에 나아가지 못하는 진짜 이유인 것이다.

海東疏 言疑法者 爲作此疑 大乘法體 爲一爲多 如是其一則無二法 無二法故 無諸衆生 菩薩爲誰發弘誓願

법을 의심하는 자는 이런 의심을 한다. 대승의 법체는 하나인가 많은가? 만약에 하나라면 두 법이 없어야 한다. 두 법이 없다면 나 외에 다른 중생은 없어야 한다. 그렇다면 보살은 누구를 위하여 큰 서원을 일으킨단 말인가 하는 의심이다.

불교의 목적은 깨달음이다. 깨달음은 부처를 말한다. 그것을 목적으로 두고 수행을 하다보면 위와 같은 의심을 하게 된다. 즉 대승의 법체는 하나인가 다양한가 이다. 법체는 우리마음의 뼈대다. 그것은 우리 마음의 본바탕이라 말할 수 있다.

어렵다면 다른 형식으로 생각하면 된다. 모든 중생의 마음과 나의 마음은 하나인가 다른가 이다. 하나라면 나 외에 다른 중생은 없어야 한다. 나의 망념에 의해 다른 중생이 잠깐의 인연으로 나타났다면 그들은 실체가 없다. 결국 나 혼자만이 실체고 주체다. 그 뼈대는 나 혼자다.

그러면 문제가 일어난다. 대승불교에서는 보살이 중생을 제도하겠다는 서원을 발해야 수행의 목적인 부처가 될 수 있다. 따라서 다른 중생이 없다면 제도할 대상이 없어져 버린다.

그런데 어떻게 서원을 일으켜 그들을 제도하는 공덕으로 부처가 될 수 있단 말인가. 그러므로 발심을 할 수가 없지 않느냐 하는 의혹이다.

海東疏 若是多法則非一體 非一體故 物我各別 如何得起 同體大悲 由是疑惑 不能發心

만약에 우리 마음의 법체가 다양하다면 하나의 몸이 아니다. 한 몸이 아니라면 다른 중생과 나는 각각 다른 개체다. 그렇다면 어떻게 동체대비를 일으킬 수 있단 말인가. 이러한 의혹으로 능히 발심을 하지 못한다.

만약에 우리 마음이 다 다르다면 이것도 상당히 문제가 있다. 마음이 다른데 어떻게 교화를 할 수 있단 말인가. 누가 누구를 교화하며 누가 누구에게 섭입이 된단 말인가. 비유하자면 쇠와 나무는 성질이 완전히 다르다. 쇠는 자석에 끌려가지만 나무는 전혀 상관하지 않는다. 그처럼 중생의 마음이 다 다르다면 보살이 어떻게 중생을 제도한단 말인가.

중생을 제도하는 이유는 동체를 가지고 있기 때문이다. 동체라는 말은 같은 몸이라는 뜻이다. 부모가 자식을 뭐라 하는 이유는 부모와 자식이 서로 동체라는 동질성을 갖고 있기 때문에 훈시하는 것이다. 사회적 생각이 다르고 추구하는 방식이 서로 다른 사람들이라면 그 인생에 대해 이래라 저래라 간섭할 수가 없다.

그러므로 바탕체가 다른 중생과 내 마음이 다르다면 부처가 되고자 하는 보살은 결코 다른 중생을 제도할 수 없으므로 발심을 할 수 없게 된다. 그런데 어떻게 그 목적을 깨달음의 부처로 두고 수행할 수 있느냐 하는 의혹이다.

海東疏 言疑門者 如來所立 教門衆多 爲依何門 初發修行 若其可依 不可頓入 若依一二 何遣何趣 由是疑故 不能其修行

문을 의심한다는 것은 여래께서 세우신 교문이 대단히 많다. 처음 발심하는 사람은 어떤 교문으로 나아가 수행해야 하는가? 만약에 다 받아들이면 빨리 진입하지 못할 것이고, 하나나 둘 정도만 택한다면 어떤 것을 버리고 어떤 것을 택해야 하는 것인가? 이런 의문 때문에 능히 수행으로 나아가지 못한다.

보편적으로 불교 신자들은 크게 네 가지 방법으로 수행한다. 참선문과 염불문, 진언문과 간경문이다. 참선은 견성성불을 목적으로 하고 염불은 정토왕생을 목표로 한다. 진언은 즉신성불을 원하고 간경은 회광반조를 꿈꾼다.

참선은 선종을 만들었고 염불은 정토종을 이루었다. 그리고 진언은 진언종을 만들었고 간경은 화엄종이나 법화종 열반종 같은 교문을 건립했다.

모두 다 자기 종파의 교리가 우뚝하고 그에 수반하는 수행이 최고다고 한다. 현재 위 네 개의 가르침은 독립적인 교리를 가지고 각기 나름대로의 종파를 운영하고 있지만 그 수행의 실천은 선종의 큰 범위에 다 들어가 있다.

그러다 보니 선종의 대표적인 종단 속에서도 근기와 인연에 따라 위 네 개의 수행을 개별적으로 다 할 수가 있다. 그것은 그만큼 서로가 자신 있게 내세우는 독창적인 수행법이 없이 상호교잡이 되어 있다는 반증이기도 하다.

위 네 가지 수행이 그렇게 다 만만한 것만은 아니다. 목표는 그럴싸하게 대단한데, 얻어지는 증과가 그리 쉬운 게 아니다. 네 개 중에 세 개는 현재에 그 증과가 나타나야 하는 것이고 정토왕생 하나는 사후에 일어나는 일을 믿는 것이다.

그렇다보니 근기가 여린 불자들은 어디에 의지해서 수행해야 할지 선뜻 방향이 잡히지 않는다.

그래서 사실 평범한 불교신자들은 이 네 가지를 한꺼번에 다 하고 있다. 새벽기도를 하는 사람들을 예로 들어보아도 먼저 **천수경**을 외우고 신묘장구대다라니 진언을 외운다.

그리고 **반야심경**이나 **금강경**인 경전을 독경한다. 그 다음에는 관세음보살이나 아미타불을 염송하다가 마지막에는 잠시 동안만이라도 참선을 한다. 어느 절에서나 어떤 신행단체나 거의 다 이 과정대로 한다. 혹시라도 이 네 가지를 다 하지 않으면 뭔가 빠뜨려진 것 같아 법회를 끝마쳐도 마음이 영 개운하지가 않다.

이런 네 가지 기본적인 수행을 요식적으로 하다 보니 사실 큰 진전이 없다. 그냥 다람쥐 쳇바퀴 굴리듯이 의식으로 주어진 순서니까 따라 할 뿐 어느 것에도 주안점을 두지 않는다.

법문이 시작되어도 그 법문 속에는 위에서 말한 네 가지 수행법이 한꺼번에 언급된다. 선 법문을 하면서 회향은 나무아미타불로 끝을 맺고, 염불법문을 하면서 조사선을 들먹인다.

그리고 기도는 천수다라니를 한다. 그러다 보니 신입불자들은 도대체 어떤 문으로 들어가 수행을 해야 제대로 된 수행이 되는지 확신이 서지 않는다.

큰 틀에서 네 가지이지만 그 네 가지가 다시 분파를 만들고 그 분파에 따라 가르치는 스님도 다 자기 개성대로 가르치니 결과적으로 많고 많은 수행의 방법이 과제로 주어져 있다.

그것들을 다 따라 하고자 하니 도저히 다 신행할 수가 없고, 한두 가지만 꼭 집어서 하려고 하니 그 한두 개가 무엇인지 알 수가 없다. 그래서 어떤 수행을 해야 할지 몰라 이절 저절 다니면서 탐색하는 것으로 신행하다 보니 진정한 수행은 전혀 못하고 있다.

마명보살은 말세에 이런 폐해가 있을 것이라는 사실을 미리 아시고 그 해결방법을 여기서 시원하게 내려 주시고자 하는 것이다.

海東疏 故今爲遣 此二種疑 立一心法 開二種門

그래서 이제 이 두 가지 의심을 버리도록 하기 위하여 일심이라는 법을 내세우고 두 가지 종류의 문을 여는 것이다.

이제 一心이 정식으로 나왔다. **기신론**의 핵심은 일심사상이다. 이 일심사상이 대승불교의 교리 전체다. 그래서 일심을 내세우고 두 문을 연다고 한 것이다. 그런 까닭으로 **기신론** 하면 의례히 一心二門일심이문이라고 말한다.

이제 한 개의 의문이 풀렸다. 중생과 더불어 나는 똑같은 일심을 갖고 있다는 것이다. 왜 그러냐 하는 의문점은 뒤에 차차 설명해 줄 것이다. 그래서 중생을 교화해서 부처가 되는 것이 가능하다고 하는 것이다. 왜냐하면 모든 중생과 나는 본질적으로 동질성을 갖고 있기 때문이다.

중생의 마음을 현상으로 보면 모두 다 제각각의 마음이지만 그 소속은 열반이라는 거대한 불성의 세계에 속해져 있다. 이 불성의 세계가 바로 우리 원래의 마음이다. 거기에 들어가야 떠돌이하면서 겪는 중생의 온갖 풍상을 그칠 수가 있다.

그렇지 않으면 끊임없이 번뇌와 무명에 휘둘리어 고통을 받는다. 태풍도 태풍의 눈 속에 들어가야 안전하듯이 우리도 우리의 원래 자리에 들어가야 더 없이 안전하게 되는 것이다.

그렇게 하기 위해서는 반드시 중생을 구제해야 한다. 구제해야 하는 이유와 당위는 페이지가 거듭될수록 명확하게 설명될 것이다. 그래서 **기신론**을 원래의 자기 마음자리로 환원하는 법을 가르친 논서라고 하는 것이다.

그렇다면 어떻게 해야 그 속으로 들어갈 수 있는가 하는 의문점이 생길 것이다. 이것이 바로 두 번째의 의문이다. 그렇게 하는 데는 많고 많은 수행의 길이 있지마는 두 갈래의 길만 수행하면 충분하다고 하셨다. 그 두 가지의 문도 이제 본격적으로 차근차근히 설명해 줄 것이다.

이런 말씀을 받아들이려면 우선 자신에게 복이 있어야 한다. 자신의 내면에 들어 있는 이기적이고 욕망적인 감정이 제어될 때 복이 생긴다. 이 복은 자신을 인간으로 성장시키는 동력이다. 이것이 없으면 마음에 수용력과 탄력성이 없다. 그러면 자신도 힘든 삶을 살고 타인도 나에 의해 힘든 삶을 살게 된다.

이것이 쌓이면 마음에 여유가 묻어난다. 그때 사람들은 그를 따뜻하게 대하고 칭송한다. 거기서 덕이 쌓인다. 즉 복은 자신이 만들고 덕은 타인이 만들어준다.

그러니까 복은 내면에서 생기고 덕은 밖으로부터 들어온다. 이 두 개가 갖추어져야 기본적인 인간이 된다.

사람들은 지식부터 먼저 배우려고 하는데 그렇지 않다. 이 복덕부터 먼저 짓고 그 다음에 지식이 들어가야 나도 이익되게 하고 타인도 이익되게 한다. 그만큼 이 복덕이라는 생물은 자신과 타인에게 더없이 중요하고 최고의 가치가 된다.

그런데 한자를 쓰지 않으면 이 복덕이라는 뜻이 전해지지 않는다. 범부에게 내려진 대승불교 전체의 내용이 바로 복덕을 짓는 것으로부터 시작하고 복덕을 짓는 것으로 끝이 난다. 즉 복덕은 대승불교의 알파이며 오메가이다. 중생 상호간에 이 복덕이 없으면 세상이 각박하고 살벌해지게 되어 있다.

그래서 사람마다 완충역할을 해 주는 복덕이 있어야 서로가 안락하게 살 수가 있다. 그런데 이미 시중에는 복과 덕이라는 단어 자체가 사장된 지가 오래되어 버렸다.

이런 복과 덕, 그리고 선업같은 문자들은 다 불교의 한자어이다. 이런 말들이 인간 세상에 통용되지 않으면 이 세상은 끝없이 황폐해지고 피폐해진다. 아주 그렇게 만들기로 누가 작정을 했는지 몰라도 세상은 그렇게 흘러가고 있다.

현대인에게 한자가 사라져버리면 동양사상은 말할 것도 없고 동양철학 자체가 휘청거린다. 유교 도교의 사상은 더 이상 전승되지 않는다고 봐야 할 것이다. 그렇다 하더라도 그 중에서 가장 많은 피해를 보는 쪽은 바로 불교다. 불교는 한자를 쓰지 않을 때부터 그 교리는 심도있게 전달될 수 없다.

그러므로 누가 불교를 죽이려고 무서운 계획을 세운 작전이 아니라면 왜 수천 년 동안 써 내려오던 한자를 이렇게까지 기어이 없애려할 필요가 뭐 있었는가 하는 안타까운 마음이 든다.

【海東疏】 立一心法者 遣彼初疑 明大乘法唯有一心. 一心之外更無別法
일심의 법을 세움으로 해서 첫 번째인 의심이 사라진다. 이것은 대승의 법이 오직 일심에 있다는 것을 밝힌 것이다. 그러므로 일심 외에는 다시 다른 법은 없다.

법은 몇 가지 뜻으로 나뉜다. 첫째는 진리의 법이다. 이 법은 중생의 언어와 문자로 드러나지 않는다. 그러므로 이치나 진리라고 부르기도 한다. 팔만대장경의 말씀이 많고 많지만 다 이것 하나를 드러내기 위한 수단이고 방법에 지나지 않는다.

둘째는 눈앞에 보이는 일체 물상들을 법이라고 부른다. 산하대지 산천초목 일월성신 남녀노소 같은 것들이 모두 현상적으로 나타난 법이다.

셋째는 정신적인 것들을 말한다. 기쁨 슬픔 고뇌 고통 환희 같은 것들을 통칭한다. 또 생각으로 만들어 낸 가짜의 허상세계도 여기에 포함된다.

넷째는 세속법이다. 두 개에서 한 개를 빼면 하나가 남는다는 논리다. 또 파란불은 가고 붉은 불은 정지하라 뭐 이런 것들이다. 즉 사람들이 서로의 안전과 편리를 도모하기 위하여 만들어 놓은 성문법이거나 관습법 자체를 말한다. 사람들은 이 네 가지 중 마지막 한 개만 법으로 여긴다.

이 네 가지 법이 경전 속에 들어 있다. 그래서 적재적소에 씌어진 그 참 의도를 명확히 파악해야 한다. 예를 들면 말은 언어와 타는 말, 그리고 한 되 두 되 되는 말, 그리고 어느 부분의 끝을 말하는 말末이 있는데, 그때그때에 따라 그 말을 골라 적절히 쓰는 것과 같다.

여기서 말한 일심의 법이란 첫 번째의 진리법이다. 대승의 법이 오직 일심에 있다고 밝힌다는 것은 일심 이외에는 다른 그 모든 것도 없다는 것이다.

꿈속에 들어가면 온갖 것들이 출현한다. 초저녁의 꿈에서도 잡다한 것들이 나타나고 사라진다. 한밤의 꿈에서도 기상천외한 허구의 물상들이 실재처럼 나타났다 사라진다. 낮에 꾸는 꿈도 이렇기는 마찬가지다. 하지만 그렇게 온갖 것들을 만들어 내는 원천은 내 마음이다. 모든 것들이 내 마음의 소산물이다.

TV에 나오는 모든 영상들은 모두 다 한 개의 화면에 있다. 화면이 없으면 그것들은 나타나지 않는다. 아무리 많은 것들이 나오고 들어가도 모두 다 한 개의 화면 속에 있다. 하늘이 나오고 땅이 나오고 바다가 나와도 화면 하나만 꺼버리면 모두 다 사라진다.

그처럼 세상천지는 한 개의 화면 같은 일심이 만들어낸 꿈같은 허상이다. 다른 무엇이 있어서 실제로 존재하는 것이 아니다. 그래서 일심 외에는 다른 법은 없다고 원문에서 말씀하신 것이다. 이렇게 일심에 의해 세상이 만들어지고 일심에 의해 세상이 없어지는 것이라고 말하는 이론이 바로 대승불교이고 일심사상인 것이다.

海東疏 但有無明迷自一心 起諸波浪 流轉六道 雖起六道之浪 不出一心之海

단지 무명이 일심을 미혹시켜 모든 파랑을 만들어 6도에 윤회케 한다. 그렇게 6도의 파랑이 일어나지만 그래도 일심의 바다로부터 벗어나지 않고 있다.

무명은 위에서도 말했지만 어리석음이다. 어리석음이 원천적으로 소소영영한 일심을 어둡게 만들었다. 일심은 꼭 거울과도 같다. 거울은 스스로 오염되지 않는다. 뭔가가 거기에 덧칠을 해버리면 비추는 작용이 이상해져 버린다. 그처럼 무명이 우리 마음을 어둡게 하면 그 기능이 이상한 쪽으로 오작동을 해 버린다. 그러면 원래의 우리 마음에 투영되는 모든 물상들이 이상한 모습으로 보이기 시작한다.

바다는 조용하다. 바다는 정지한 상태다. 물이 완벽하게 정지하면 마치 큰 거울 같은 역할을 한다. 세상을 있는 그대로 완벽하게 비추는 것이다. 거칠게 움직이는 우리 마음이 정지해 버리면 더 없이 고요해진다. 그러면 세상을 모두 다 훤하게 비추게 된다. 그 비추는 작용을 지혜라고 한다. 그것을 부처는 완벽하게 가지고 있다. 그래서 부처를 지혜라고 부른다.

문제는 범부의 마음이다. 바람이 범부의 마음을 그렇게 조용하게끔 그냥 놔두지 않는다. 그 바람은 바로 어리석음의 바람이다. 이것이 불면 마음은 정지되지 않는다. 마음이 수천수만 개로 쪼개진다. 바람이 불면 고요하던 바다에 파도가 무수하게 일어나는 것과 같다.

그렇게 마음이 요동하면 세상을 비추는 지혜의 작용이 일그러진다. 그러면 인생을 정확하게 살아가야 하는 인과길이 보이지 않는다. 우선 먹고 살아야 하기 때문에 죄라도 일단 지어야 한다. 거기에 재미를 붙여 한번 두 번 연속해서 지어 나가면 그것이 일상화된다. 그것이 쌓이고 모이면 이제 지옥으로 간다. 거기서 신극의 극에 달하는 고통과 괴로움을 모지게도 받게 된다.

뼈가 부서지고 살이 찢기는 무거운 중죄의 죄과를 거의 다 받고 나면 죄업이 가벼워진다. 그러면 자연히 위쪽으로 올라온다. 그 단계가 아귀의 세계다. 그곳은 배가 고프다. 지옥에서는 배가 고플 여가

가 없다. 고통이 뼈저리면 배고픔이 잊어진다. 하지만 이제 한 단계 위로 올라오니 배고픔을 느끼게 된다.

그러나 그 허기를 바로 채워주는 것이 없다. 먹을 것도 없고 먹고 소화시킬 수 있는 기능도 부족하다. 지옥에서 오랫동안 먹지 않다 보니 목구멍도 너무 작게 협소해졌다. 고통의 신음을 얼마나 내 질렀 던지 목구멍이 다 헤어져 있다. 그래서 조그마한 음식이라도 들어가 그 상처를 건드리면 불 같이 따갑고 아프다. 어찌어찌해서 삼켰다 하더라도 위장이 소화를 못시켜 또 다시 엄청난 고통을 일으킨다. 마치 위궤양이 있는 환자가 딱딱한 음식을 허겁지겁 먹고 난 뒤에 쓰라린 고통을 느끼는 것과 같다.

그곳에서 또 거친 죄업을 털어내면 이제 짐승의 세계로 올라온다. 그런 곳을 우리는 축생의 세계라고 한다. 너무 큰 고통을 연속적으로 받고 나면 머리가 얼얼해진다. 그래서 축생들의 머리가 대체적으로 나쁘다. 그들은 온갖 고통과 죄과를 몸소 겪고 올라온 삶의 베테랑들이다. 그들은 이제야 먹는 것을 제대로 먹는다. 그렇기에 게걸스럽게 먹는다. 그것은 아귀 때 너무 많이 굶었기 때문이다.

이제 그 위에 아수라가 있다. 줄여서 수라의 세계라고도 하는데, 이 수라는 주로 싸움을 주업으로 삼고 있다. 먹는 것이 해결되면 그 다음에는 남의 것을 뺏으려는 습성이 있다. 뺏는 대상은 재물과 여자 다. 사실 수라 수준의 재물은 천지에 깔려 있다. 동물들에게는 먹을 것이 천지에 널려 있듯이 수라들의 재물이라 해 봐야 인간으로 보면 걸레쪼가리 같은 것들이기 때문에 지천에 산재해 있다.

하지만 그들은 그것도 서로 많이 차지하려고 줄곧 싸움이다. 강아지들을 키워 보면 대강 알 것이다. 그들은 아무것도 아닌 것을 물고 다니고 또 그것을 뺏으려고 뒤쫓아 다닌다. 하다못해 나무막대 하나도 서로 차지하려고 낑낑대며 다툰다. 그 속에 수라의 세계가 보인다.

수라들은 여식을 낳지 않으려 한다. 남에게 애써 키운 내 여식을 왜 주느냐는 거다. 대신 아들을 낳아 남의 여식을 뺏어오려고 한다. 그러니 그 세계는 언제나 여자가 모자란다. 그래서 그들은 경비가 제일 허술하면서도 어여쁜 여자들이 많이 살고 있는 도리천을 향해 떼를 지어 공격한다.

하지만 그곳에는 자명고라는 북이 있다. 적들이 쳐들어오면 자동으로 울리는 북이다. 이 북소리에 도리천의 신장들이 금강저를 들고 나가 그들을 물리친다. 그들은 도망간다. 하지만 다시 또 돌아온다. 마치 방앗간의 곡식을 포기하지 못해 다시 돌아오는 참새들처럼 도리천의 신장들과 그들은 끝없는 공수의 전쟁을 벌인다.

그 위에 인간들이 있다. 인간들은 아귀와 축생, 수라의 습성을 아무도 몰래 갖고 있다. 그냥 놔두면 그 습성 때문에 어떤 사고를 칠지 모른다. 그래서 서로 자체 안전을 위하여 법이라는 것을 만들어 놓았다. 인간과 인간 사이에 법이라는 보호책을 만들어 서로를 견제하고 있다. 이것이 없다면 절단에다 큰일이 난다. 그나마도 이 법이라는 것이 있어서 이정도 인간들이 숨을 쉬고 사회가 유지되는 것이다.

그 위에 하늘나라가 있다. 하늘은 인도 간지스 강가에 있는 모래알 수보다도 더 많은 세계를 품고 있다. 그 수많은 하늘나라 중 우리와 연계된 하늘은 수직으로 28천이 있고 수평으로 33천이 있다. 위로 올라갈수록 더 풍요롭고 안락하다.

그래서 천인들은 지상인간들보다 천 배 만 배나 더 곱고 아름답다. 그것은 마치 지방에서 서울의 중심으로 들어갈수록 더 문화적이고 더 세련된 모습을 보는 것과 같다.

유명한 칼잡이가 하쿠인선사에게 왔다.
"선사, 정말 천당과 지옥이 있는 거요?"
"누구요? 당신."
"위대한 황제의 개인 경호원이오."
"똥 같은 소리."
선사는 그를 조롱했다.
"내가 보니 완전 거지새끼구만."
"뭐라꼬?!"
칼잡이는 크게 분노하여 장검을 뽑아들었다.
"Oho!"
선사는 소리쳤다.
"그 무딘 칼 갖고 내 목을 칠라꼬?"
화를 참지 못한 칼잡이가 칼을 치켜들고 선사의 목을 겨냥했다.
"그대는 지금 지옥의 문을 열고 있다."
깜짝 놀란 칼잡이가 이성을 찾고서 정중히 무릎을 꿇었다.
"그대는 지금 하늘의 문을 열었네 그려."

마음을 어떻게 쓰느냐에 따라 이런 여섯 개의 세계가 자기에게 맞게 나타난다. 마음을 좋게 쓰면 천상의 세계가 나를 맞이할 것이고 마음을 악하게 쓰면 지옥이 나를 부를 것이다.

그렇다면 마음을 안 쓰면? 안 쓰면 아무러한 중생세계가 나타나지 않는다. 이것은 자명한 일이다. 리모컨도 누르지 않았는데 TV 화면이 저절로 나올 수가 있는가. 나온다면 그 TV는 미친 TV다.

중생은 자기 마음의 요동에 따라 이런 세계를 떠돌아다니며 무수한 고통과 더불어 산다. 즉 일심 속에 이런 세계를 계속해서 중생들이 만들어 가며 사는 것이다. 거대한 바다 속에 파도가 일어났다 사그라졌다 하는 것처럼 일심의 세계 속에서 태어나고 죽고 또 태어나고 죽고를 계속하는 것이다. 성사는 여기서도 일심을 드넓은 바다로 보셨다. 일심의 바다는 바로 일심의 세계를 크고 넓게 표현한 말이다.

海東疏 良由一心動作六道故 得發弘濟之願 六道不出一心 故能起同體大悲 如是遣疑得發大心也

진실로 일심이 움직여 6도를 만들어 놓고 있기에 그들을 크게 구원하겠다는 서원을 일으킬 수 있다. 6도는 일심을 벗어나지 않기 때문에 동체대비를 일으킬 수가 있다는 것이다. 이와 같이 보면 첫 번째 의문을 없애게 되어 대승의 마음을 일으킬 수가 있는 것이다.

바다에는 한량없는 물거품이 일어난다. 물거품의 숫자가 몇 개나 될까. 일심의 세계는 바다와도 같다. 그 일심의 세계에서 물거품 같은 한량없는 중생들이 일어난다. 바다의 물거품은 바다와 하나이듯이 한량없는 중생들 모두 다 나와 같이 같은 뿌리를 갖고 있다. 그러므로 전혀 타인이 아니다.

어떻게 해서 일체중생들이 바다에서 일어난 물거품 같다고 할 수 있는가. 뒤에 가면 거기에 대해 충분히 설명해 줄 것이다.

어떤 중생이든지 열반에서 따로 벗어난 자는 아무도 없다. 그래서 중생은 같은 열반의 본성 속에서 나와 같이 함께 숨 쉬고 있다. 그 중생이 고통을 받는다. 그러므로 나는 그들을 구제해 주어야 한다. 그 이유는 내 몸과 같이 움직이기 때문이다.

예를 들면 내 몸에서 태어난 자식이 아프면 내가 불편해서 살 수가 없다. 내가 편하려면 그들부터 편해야 한다. 그래야 내가 마음이 놓인다. 마찬가지로 일체중생은 모두 불성을 나눈 내 부모형제다. 그들이 생사의 바다에 빠져 허우적거린다. 그런데 내 어찌 그들을 두고 나 혼자만 무한의 안락을 누릴 것인가. 그래서 그들을 그냥 놔둘 수 없다. 그러므로 동체대비를 일으켜 그들을 구제하고자 하는 것이다.

이로써 첫 번째의 의문은 해결되었다. 즉 일체중생과 나는 같은가 다른가에 대해서 그 근원은 모두 같다는 것이다. 그러므로 대비를 써서 그들을 구제해야 한다는 것이다. 마치 바닷물이 다른 물을 받아들여 정화시켜 주듯이 나도 남과 같이 그 본성이 같으므로 결국 교화가 가능하다는 것이다.

이제 생사를 벗어나서 부처가 되고자 할 때 첫 번째 관문인 중생과 나의 관계가 정확히 어떤 관계인지 판명되었다. 이제 그들을 반드시 제도해야 하는 당위가 주어졌다. 그것은 그들과 내가 결과적으로 한 몸이라는 전제하에서 나의 안락을 위해 그들을 먼저 구제해 주어야 한다는 것이다. 그래서 중생이 끝이 없어도 맹세코 다 구제하겠습니다라는 중생무변서원도가 일어나는 것이다.

海東疏 開二種門者 遣第二疑 明諸教門 雖有衆多 初入修行不出二
門 依眞如門修止行 依生滅門 而起觀行

두 종류의 문을 연다는 것은 두 번째의 의심을 없애는 것이다. 모든
교문이 비록 많고 많으나 처음으로 수행에 들어온 사람은 두 문을
벗어나지 않는다는 것을 밝히고 있다. 그것은 진여문에 의거해 止지
의 수행을 닦고 생멸문에 의거해 觀관 의 수행을 일으키는 것이다.

불교는 수행종교다. 수행 없는 믿음은 전혀 필요 없다. 그러므로
수행이 제일 중요하다. 하지만 어떤 수행이 제일 정통수행인지 잘
몰라 선뜻 실행에 나서지 못한다.

두 가지 큰 길은 바로 止지수행과 觀관수행이다. 즉 참선과 지혜를
말한다. 참선수행을 하는 이유는 진여문에 계합할 수 있기 때문이고,
지혜를 수행하는 이유는 생멸문을 정확히 직관하도록 하기 때문이
다. 진여문은 실상의 세계를 말하고 생멸문은 연기의 세계를 뜻한다.
이 실상과 연기의 상호관계는 **해동소** 첫 장에서 이미 알기 쉽게 매우
자세히 설명해 놓았었다.

진여문은 우리 마음의 본질을 말한다. 우리 마음은 원래 정지된
상태였다. 그런데 무명이라는 어리석음이 불어와 우리 마음을 움직
이게 만들었다. 그렇게 만들어진 결과가 이런 고통스런 중생세계를
나타나게 하였다. 그렇다면 다시 원래의 마음으로 돌아가야 되지 않
겠느냐는 거다. 마음이 움직인 결과가 좋았다면 다행인데 전혀 그렇

지 않고 고통만 끌어안고 있으니 원래의 정지자리로 돌아가서 다시 시작해야 한다는 것이다.

숲속에서 길을 잃었을 때 가장 먼저 주의해야 할 점은 그 잃은 자리를 잊어버리지 않는 것이다. 그것을 놓치면 어디로 가는지 중심을 잃고 배회하게 된다. 혹시라도 가던 길이 잘못되었다 싶으면 다시 원래 자리로 돌아가야 한다. 거기서 다른 길을 찾아야 한다.

그처럼 중생의 삶이 잘못되었다고 알았다면 원래의 자리로 돌아가야 한다. 그 작업이 바로 止수행인 참선인 것이다. 그렇게 참선수행을 하도록 만들어 주는 동력이 바로 觀수행인 지혜이다.

즉 이 중생세계는 고통의 세상이기 때문에 반드시 원래 자리인 근원으로 돌아가야 한다는 생각을 계속 일으키는 것이다. 이 觀수행이 없으면 止수행이 이루어지지 않고, 止수행이 없으면 觀수행은 한낱 말장난에 그치게 된다.

海東疏 止觀雙運 萬行斯備 入此二門 諸門皆達 如是遣疑 能起修行也
지관수행을 같이 해 나가면 만 가지 수행이 다 구비되게 된다. 이렇게 이 두 문에 들어가면 모든 수행의 문들이 모두 통달된다. 이와 같이 하면 두 번째 의심이 없어져서 능히 수행하고자 하는 마음을 일으키게 되는 것이다.

남쪽에서 서울로 가는 데도 엄청나게 많은 길들이 있다. 집을 나섬과 동시에 수많은 갈래가 벌어진다. 그 벌어진 길이 또 한량없는 길로 나눠지게 만든다. 그래서 길들이 중중무진이고 첩첩도중이다. 어디에 가도 다 길이 있고 어디를 가도 다 이정표가 있다.

바다로 들어가는 물은 큰 물줄기를 잘 만나야 가능하다. 미량의 물은 그런 물줄기를 만나기가 정말 어렵다. 그런 흐름을 만나기 전에 말라버릴 수가 있다. 마르면 전혀 다른 방향인 하늘로 올라간다. 그러다가 또 물방울이 되어 사막같은 땅에 떨어진다. 그러면 물줄기를 탈 기회가 없어진다. 말하기 좋아하는 사람들은 헤어질 때 시냇물이 바다에서 만나듯이 우리도 언젠가는 다시 만나겠지 라고들 하는데, 사실 그 바람은 대단히 희박하고 또 희박하다.

서울을 목적지로 두고 올라가는 사람들도 마찬가지다. 어디든 다 길이고 천지에 다 이정표이지만 길을 모르고 이정표를 못 읽는다면 길에서 헤매고 다닐 수밖에 없다. 표지판을 제대로 읽어야 하는데 그것을 읽을 지혜가 없다면 일단 자동차가 많이 다니는 큰 길로 나가야 한다. 그 큰 길은 열반으로 들어가는 두 가닥의 탄탄대로를 말한다.

그 길로만 제대로 나아가면 문제될 것이 없다. 그곳에서 사람들이 제일 많이 가는 쪽으로 방향을 잡고 나아가면 서울로 무사히 갈 수 있다. 혹시 못 미더우면 중간 중간 휴게소에 들러 착하게 보이는 사람들에게 확인하면 틀림없이 목적지에 도달할 수 있다.

일체의 물줄기가 바다로 연결되어져 있듯이 서울로 가는 길은 어떤 길이든 서로 연결되어져 있다. 마찬가지로 지관수행은 모든 수행과 직결되어 있다. 그러므로 이 지관수행의 길은 불교수행의 고속도로라고 말할 수 있다. 이 도로를 타지 않고서는 무사히 목적지에 도달한다고는 보장할 수 없다. 도달한다고 해도 무수한 고생과 시간을 낭비한 연후에 상처투성이의 몸으로 들어가게 된다.

이상하게 사람들은 훤하고 밝은 길은 멀리한다. 어둡고 침침한 곳을 좋아한다. 음식에 자신이 있는 식당은 밝고 훤하다. 반면 그렇지 못한 곳은 조명이 어둡다. 신분에 자신이 있는 자들은 식당 어느 자리에서나 거리낌 없이 앉는다. 하지만 떳떳하지 못한 자들은 꼭 어둡고 구석진 곳으로 가 자리를 잡는다.

복이 많은 사람들은 대로로 나온다. 하지만 복이 없고 눈치만 살피는 자들은 어떻게든 후미진 곳으로 파고든다. 초심자들은 반드시 이 두 개의 문으로 들어가면 목적지인 열반의 세계에 도달할 수 있다고 해도 죄업이 두터운 사람들은 이상하게도 별 소득이 없는 후미진 길을 기웃거린다. 그리고 그 쪽으로 들어간다.

하기야 항상 하는 말이지만 복 있는 사람이 가욋돈을 가지면 좋은 곳에 당당히 쓰려고 하고 복이 없는 사람이 가욋돈을 가지면 반드시 안 좋은 쪽을 찾아 거기서 은밀하게 소비하려는 것과 같다. 그러니 뭐 그 복 없는 사람들 탓할 수는 없겠지만 그래도 참 안타까운 마음이 드는 것은 사실이다.

"무슨 수행을 합니까?

"비파사나수행을 합니다."

"사마타수행은 안 하십니까?"

지관수행은 반드시 쌍으로 닦아야 한다. 이 두 개 중에서 어느 한쪽만 닦아도 그 효력은 전무하다. 성사는 **발심수행장**에서 行智具備

는 如車二輪이요 自利利他는 如鳥兩翼이라고 하셨다.

행지行智라고 할 때 行은 관수행을 말한다. 관수행을 제대로 하려면 반드시 복덕을 지어야 한다. 그렇게 하려면 利他의 수행을 해야 한다. 智는 지수행을 말한다. 이 수행은 자신을 맑히는 수행이다. 그것은 自利의 수행이 된다. 그러므로 지관의 수행은 수레의 두 바퀴와 같고 새의 양 날개와 같이 자리이타의 수행이 되는 것이다.

"무슨 공부를 하십니까?"
"참선 공부를 합니다."
"지혜 공부는 안 하십니까?"

참선만 하고 지혜를 닦지 않으면 제자리에 헛도는 수레바퀴와 같다. 앞으로 나아가기 위해 힘을 쓰면 쓸수록 제자리에서 헛돌게 된다. 그렇게 되면 그 자리가 깊이 파인다. 결국 그 참선이라는 것에서부터 빠져나오지 못하고 죽고 만다. 그러므로 반드시 지관수행을 겸하여야 한다고 한 것이다.

그래서 성사가 여기서도 이 두 개의 수행을 하게 되면 오만 가지 수행을 다 하게 되는 것이라고 말씀하시고 있다. 그러므로 이 지관수행은 대승불교 수행의 요체가 된다. 하지만 아쉽게도 참선을 가르치고 권유하는 곳은 많지마는 그와 병행하여 지혜를 닦고 수행하는 도량은 보이지 않으니 심히 탄식하지 아니할 수가 없다.

마명보살은 물론 원효성사도 분명히 이 둘은 같이 수행해야 한다고 말씀하셨는데 어찌된 심판인지 이 둘을 같은 비중으로 중요하게 여겨 쌍으로 가르치는 곳은 천지간에 없다는 것이다. 그러니 참으로 안타깝기만 하다. 이 문제는 **해동소** 6권에 들어가면 수행신심분이 있는데, 그곳에서 아주 상세하게 또 공부하게 될 것이다.

海東疏 捨邪執者 有二邪執 所謂人執及與法執 捨此二義 下文當說 下化衆生竟在於前也

사집을 버리게 하는 데는 두 가지 사집이 있다. 이른바 인집과 법집이다. 이 두 가지를 버리는 뜻은 저 밑에서 마땅히 풀이해 줄 것이다. 하화중생의 뜻은 앞의 설명으로 마친다.

집착은 물질적인 것과 정신적인 것이 있다. 물질적인 집착은 육신을 살리는 도구이고 정신적인 집착은 자신을 내세우기 위한 수단이다. 전자는 버리기가 쉽다. 지금 갖고 있는 것보다 더 좋은 것을 갖게 되면 그것이 가능하다. 이것은 물질 뿐만 아니라 사람관계까지 마찬가지다.

백돌이라는 총각이 있었다. 홀어머니를 모시고 남의 논밭뙈기나 붙여먹는 소작농의 아들이었다. 가진 것은 비록 없지만 심성이 착한 두메산골 청년이었다. 그런 그에게 좋아하는 여자가 생겼다. 옆 마을에 사는 부잣집 처녀였다. 그 처녀 집에 모내기를 하러 갔다가 우연히 만났다.

무엇보다도 달덩이 같은 얼굴이 좋았다. 전기가 들어오기 전의 시골 밤은 칠흑같이 어둡기만 하다. 그때 얼굴이 훤한 사람이 있으면 모두에게 움직이는 가로등이 된다. 그래서 그 처녀가 좋았다.

또 있다. 다리가 엄청 굵었다. 근력의 힘은 거기서 나온다. 추수하다가 갑자기 비가 오면 볏가마니를 번쩍 들어 옮길 수 있는 튼튼한 다리를 가지고 있어야 한다. 그런 다리가 너무 튼실해 보여 좋았다.

엉덩이도 한 아름이나 되었다. 풀 먹인 빨래를 밟다가 피곤하면 앉아서 뭉개도 충분할 것 같았다. 그것뿐이 아니라 누룩을 다질 때나 메주를 삶을 때도 꼭 필요한 엉덩이를 가지고 있었다. 그 무엇보다도 더 좋아할 수밖에 없는 이유는 그가 외동아들인데 결혼하면 아이들을 쑥쑥 많이도 낳을 것 같았다. 그래서 너무 좋았다.

밥도 많이 먹었다. 세숫대야 같이 넓은 양푼에다 이것저것 가리지 않고 쓸어 담아 커다란 숟가락으로 쓱쓱 비벼 우걱지걱 퍼먹는 모습이 더없이 복스러워 보였다. 하는 짓마다 설레게 하였고 움직이는 맵시마다 이쁘게 보였다.

그런 처녀를 보고 동네 사람들은 부잣집 맏며느리감이라고 하면서 칭찬에 칭찬을 아끼지 않았다. 그는 틈나는 대로 그녀를 찾아갔고 시간 나는 대로 만나서 사랑을 속삭였다. 그의 열정에 감동했던지 어찌되었건 그 여자를 자기 애인으로 만드는 데 성공하였다.

문제는 그녀의 부모였다. 홀어머니에 재산도 없는 가난한 총각이 하나밖에 없는 이쁜 딸을 달라고 하니 만만하게 허락을 해 줄 리가 없었다. 아무리 읍소하고 부복해도 더 이상 씨알이 먹히지 않았다. 어떻게 더 이상 방법이 없다고 생각한 백돌이는 비상수단으로 그 처녀와 함께 서울로 도망가는 수밖에 없다고 생각하였다.

그들은 도망갈 여비를 만들기 위하여 고추를 팔고 들깨를 내다 팔았다. 친구들이 무슨 일이냐고 물을 때는 비밀이라고 하면서 솔직하게 계획을 이야기했다. 꼭 성공해서 돌아올 것이니까 우리 대신 부모님 잘 부탁한다고 했다. 친구들도 흔쾌히 그럴 테니 걱정 말고 가서 살아라고 했다. 그러고서 그들은 손톱같은 초승달이 서쪽으로 빠지고 별이 쏟아지는 새벽을 틈타 부모 몰래 말로만 듣던 서울로 도망을 쳤다.

그러던 그들이 일주일 만에 다시 자기들 마을에 나타나고야 말았다. 고향에서 그들의 편지를 손꼽아 기다리던 친구들이 너무 놀라 그 연유를 물어보니, 서울에 오래 살다가는 틀림없이 이 여자를 버릴 것 같아서 내려왔다고 했다.

시골에서는 최고 여자였다. 성격 좋고 몸매 튼실하고 뭐 하나 나무랄 데 없는 여인이었는데 서울에 내놨더니 졸지에 제일 못난 여자로 보이기 시작했다고 했다. 서울역 부근 여관에서 며칠 동안 단꿈을 즐기다 그것도 시들해 명동구경을 나갔다고 했다. 거기서 서울여자들을 보고 큰 충격을 받았다고 했다.

얼마나 다들 아름답고 세련되었는지 눈이 휘둥그레지더라는 것이다. 옆에 자기만 보고 천리를 멀다않고 따라온 여자가 붙어 있는데도 전혀 아랑곳하지 않고 시선이 온통 다른 여자들에게 쏠리더라는 것이다.

차라리 혼자 올라왔더라면 백번도 더 좋았을 텐데 뭐한다고 이 혹덩어리를 데리고 올라왔나 싶어서 후회가 막심하더라는 것이다. 그렇다고 해서 이 여자를 내버릴 수도 없고 같이 평생을 살자니 울화통이 터져서 진짜 정신이 혼란스럽더라고 했다.

결정적으로 귀가 결정을 한 것은 분식집에 들어가 김밥을 사 먹으면서였다고 했다. 끝도 없이 맛있다고 먹어대는 저 식성을 어떻게 평생 다 조달하느냐는 것이었다. 농촌 같으면 논밭 천지가 먹을 것인데 서울에서는 직접 자기가 다 사 먹여야 된다고 생각하니 앞날이 아득하더라는 것이다. 하도 아귀처럼 이것저것 집어먹는 품새가 놀라워서 넋을 놓아 보고 있었더니,

"와 안 묵는교?"

평소에는 아무렇지도 않게 들리던 이 사투리가 정신을 번쩍 들게 만들었다고 했다.

서울에서 반드시 출세를 하겠다고 다짐하면서 상경했는데, 돈을 벌어 나름대로 출세를 하면 이 조강지처를 틀림없이 버리게 될 거라는 생각이 그때 확 들더라는 것이다. 출세냐 이 여자냐 둘 중 하나를 선택해야 하는데 차라리 시골에 내려가 노모를 모시면서 농사를 짓는 편이 이 여자와 평생 함께 할 수 있는 방법이라고 생각해 어쩔 수 없이 하향했다고 했다.

백돌이는 착했다. 의리도 있고 책임감도 있었다. 효도를 다하고 성실하게 살았다. 하지만 그게 다였다. 작은 것을 버리고 큰 것을 구할 줄을 몰랐다. 그는 큰 장사꾼이 못되었다. 그저 남들처럼 아들딸 키워가며 무난하게 사는 것으로 만족했다. 자기를 희생하면서 더 큰 것을 가지고자 하는 그릇은 아니었다. 그저 그녀를 데리고 힘들게 땅을 파서 먹고 사는 농사꾼으로 살아가다가 어느 날 우연히 나를

만나게 되는 인연이 있었던 것이다.

범부의 집착은 절대 버리지 못한다. 백돌이도 그랬다. 그래서 그녀를 포기 못해 도망을 갔다. 하지만 서울에 가 보니 그게 아니었다. 거기에는 그녀보다 나은 여자가 부지기수로 널려 있었다. 그래서 그녀를 버릴 것 같아 바로 하향했다. 그처럼 범부가 집착을 버리려면 현재 집착하고 있는 것보다 더 나은 것을 보았을 때 그것은 가능하다. 그것을 손에 넣게 되면 이제 그 집착에서는 완전히 벗어날 수가 있다.

집착보다 더 한 수 높은 것은 삿된 집착이다고 앞에서 말했다. 차라리 자기 목숨을 내어 놓으면 내어놓았지 이것은 놓지 않는다. 이것은 죽어도 포기하지 않는다. 어떠한 경우를 당하더라도 절대로 양보하지 않는다. 이것이 큰 병이다. 병 중에서 가장 무서운 큰 병이다.

집착에는 크게 두 가지가 있다. 인집과 법집이다. 인집은 현재의 내 모습이 진짜 나라는 것이다. 이것은 집착을 넘어 사집이다. 그래서 인집은 사집이라고 하신 것이다.

현재 내가 움직이고 있는 이 모습은 내가 아니다. 이것은 나의 연극배우다. 그러므로 진짜의 내가 아닌데 자꾸 이것이 나라고 생각된다. 이것을 인집이라고 한다. 그것이 곧 사집인 것이다.

중생은 실체가 없다. 중생은 모두 다 자기에게 맞는 가면을 덮어쓰고 있다. 가면이 겉껍데기 모습이다. 거울을 바라보면 잘 알 것이다. 거울 속에 들어 있는 자가 나의 분장된 모습이다. 그러므로 누구 할 것 없이 가면무도회 같은 삶을 살아간다. 서로 아무도 실체를 모른다. 부부는 물론 부모자식 간에도 모른다. 그래서 부처님은 중생들은 모두 다 진실된 나我가 없다고 하셨다.

그렇지만 범부는 자기가 있다고 여긴다. 아무리 그것은 네가 아니고 무도회의 너라고 해도 이것이 자기의 진짜 모습이라고 우긴다. 부처가 그것은 아니라고 하면 아닌 줄 알고 진짜의 나를 찾아야 되겠다고 생각해야 하는데 그런 마음을 일으키지 않는다.

연극을 하기 위해 입었던 옷을 벗으면 진짜의 모습이 나타난다. 마찬가지로 지금의 모습은 죄업이 연출한 연기자의 모습이다. 너무 오랫동안 대하소설 같은 연기에 젖어 있다 보니 이제 본래의 우리 모습을 망각해 버렸다.

그래서 부처가 말씀하셨다. 넌 원래가 그런 모습이 아니다. 원래의 모습을 찾아라. 그래야 고苦 라는 것이 없어진다. 무도회에는 苦라는 것이 없는데 너희들의 연극 삶은 苦의 덩어리기 때문에 거기서 벗어나야 한다고 하신 것이다.

그래도 범부는 자기 모습을 찾으려 하지 않는다. 그 모습이 뭐 그리 좋은 것이라고 죽을 때까지 끌고 간다. 이것이 병폐다. 그 모습이 자기라고 우기고 있는 한 자신 속에 들어 있는 진짜의 모습은 병들어 시들고 고사되어 간다.

둘째의 사집은 세상이 있다고 여기는 것이다. 눈에 보이는 세상은 가짜다. 진짜의 세상은 그 밑에 있다. 이 세상은 예토다. 예토라는 말은 더러운 땅이라는 뜻이다. 그 밑에 정토가 있다. 시멘트도로는 흙이 아니다. 그것을 파내면 진짜의 흙이 나온다. 죄업으로 만들어진

이 인생 세트장은 가짜다. 진짜같이 보이지만 가짜다. 그것을 드러내면 그 밑에 진짜의 인생무대가 나온다.

하지만 범부는 이 세트장이 진짜라고 한다. 아무리 아니라고 해도 진짜라고 한다. 그래서 이 세트장을 만든 죄업의 목수를 신이라고 떠받들고 있다. 신이 세상을 이렇게 멋지게 만들었다고 한다. 아니다라고 해도 맞다고 한다. 학교가 따로 있고 학예회하는 교실이 따로 있다고 해도 세상은 학예회하는 교실밖에 없다고 한다.

그렇게 이 세상이 진짜라고 우긴다. 그것을 법집이라고 한다. 아무리 설명해도 막무가내다. 우물 안 개구리가 세상은 우물뿐이다 고 고수하는 것과 같다. 그래서 사집이라고 표현했다.

에이브러햄선 감독이 만든 The room이라는 영화를 보면 창고에서 태어난 아이는 창고 그 속이 유일한 세상이라고 믿는다. 어미가 아무리 이 집 외에 다른 세계가 있다고 해도 믿으려 하지 않는다. 산천초목이 바깥에 펼쳐져 있다고 해도 어린아이는 그 창고만 세상 전부라고 생각한다.

세상을 본 자와 보지 못한 자 간에 벌어지는 인식의 차이가 모자 간에도 그렇게 큰데, 부처님이 깨달음의 세계를 우리에게 말씀하신다는 것이 얼마나 어렵고 힘드셨는지 이 영화에 의해 새삼 느낄 수 있다.

기신론은 이 두 사집을 버리도록 도와준다. 아주 논리적으로 전개해서 합리적으로 이해를 시키고 있다. 하화중생하는 두 가지 내용에 대해서 개괄적인 설명을 이제까지 해 왔다. 이제 그것을 마치도록 한다.

海東疏 此下二句 上弘佛道 除彼二邊之疑 得起決定之信 信解大乘 唯是一心 故言起大乘正信也

그 밑의 두 구절은 위로 불도를 넓히는 것이다. 두 가지의 잘못된 의심을 버리게 되면 결정적인 믿음이 일어나게 된다. 그러면 대승은 오직 이 일심이라는 사실을 믿고 이해하게 될 것이다. 그렇기 때문에 대승의 올바른 믿음을 일으킨다고 한 것이다.

밑에 있는 두 구절, 즉 불도를 넓힌다는 10字는 바로 상구보리의 뜻이다. 이 말은 위로는 깨달음을 구한다는 의미이다.

두 가지 잘못된 의심은 法법과 門문에 대한 것을 말하고 있다. 이 두 가지에 대한 자세한 풀이도 아래 **기신론**에서 조목조목 알기 쉽게 모두 다 해설해 줄 것이다.

이 두 가지가 해결되면 자동적으로 믿음이 일어나게 되어 있다. 즉 올바른 믿음이다. 法과 門에 대해서 정확히 이해를 하고 자기의 잘못된 소견을 교정 받으면 자동적으로 나아가는 방향이 보이게 된다. 즉 여태까지는 죽음의 방향으로 나아가는 삶을 살았는데 이제부터는 살 수 있는 방향이 보이게 된다. 그것이 바로 올바른 믿음이 일어나는 첫 단계인 것이다.

그 올바른 믿음은 자신의 진짜 마음을 믿는 것이다. 그것이 대승에 대한 믿음이다. 대승은 곧 일심이다. 그것을 믿기 시작하면 자신이 현재 덮어쓰고 있는 가짜의 분장복을 어떻게든 벗으려고 할 것이다. 하지만 가짜의 옷 단추가 너무 오래 잠겨져 있어서 잘 열리지 않는다. 그것을 다음 단계에서 어떻게 열어야 하는지를 도와줄 것이다.

그것이 바로 수행신심분의 내용이다.

海東疏 捨前二執分別 而得無分別智 生如來家 能紹佛位故 言佛種 不斷故也.

앞에서 말한 두 가지 집착에 대한 분별을 버리게 되면 분별이 없는 지혜를 얻게 한다. 그러면 부처의 집안에 태어나 부처의 지위를 이어받게 된다. 그래서 말하기를 부처의 종맥이 이 땅에서 끊어지지 않도록 하기 위해서라고 말한 것이다.

고집이 완고한 사람들, 쇠심줄처럼 질긴 사람들, 진리의 말씀을 듣고 자기 자존심을 굽히기보다는 차라리 죽는 게 낫다고 생각하는 사람, 이런 자들은 쥐뿔도 없지마는 자아가 굉장히 센 사람들이다. 이런 자들이 바로 인집과 법집에 집착하는 부류들이다. 이들은 사집에 단단히 묶여 있다. 그것을 **기신론**과 **해동소**는 전부 다 부숴줄 것이다. 그리고 그 묶임으로부터 해방시켜줄 것이다.

묶임에서 풀리고 나면 내가 왜 그렇게 살았던가 하는 회한으로 땅을 치게 될 것이다. 너무 오랫동안 가짜의 나에게 구속되어 살아온 내 자신이 너무 후회스러워 분통이 터질 것이다.

한 문수 작은 신발을 신고 다니다가 벗었을 때의 그 시원함과도 같이 이제 자유를 맘껏 맛볼 것이다. 그때가 되면 노예로 살아온 자신들의 삶이 얼마나 부자유스러운 삶이었던가를 새삼 실감하게 되는 것이다.

그때가 분별이 없는 지혜를 얻는 시점이 된다. 세상 사람들은 분별이 있는 지식을 배우고자 태어나면서부터 학습한다. 그 지식은 자기 하나 먹고 살기에도 급급하다. 그래서 언제나 피곤하고 바쁘다. 하지만 분별이 없는 지혜는 나뿐만 아니라 나하고 인연 있는 모든 중생들 모두 다 먹여 살리고도 남음이 있다.

그렇게 되면 그들은 부처의 족보에 이름이 오른다. 분별이 있는 지식은 중생 가문의 족보에서 두각을 드러내지만 분별이 없는 지혜는 부처의 가문에 조용히 이름이 오르도록 한다. 두각을 드러내는 것은 지렁이의 머리를 이야기하고 조용히 이름이 오르는 것은 용의 꼬리를 말하는 것이다.

부처의 종맥이 이 땅에서 끊어지지 않도록 한다고 한 말은 부처가 되는 대열을 이어나가도록 한다는 말이다. 초등생은 중학교로 들어가고 중학생은 고등학생으로 진학한다. 고등학생은 대학을 가고 그 위에 대학원생이 되어 학문을 마친다. 학생 하나하나가 모두 학문의 맥을 이어가고 있다.

초등생이 모두 중학교에 들어가지 않으면 중고와 대학은 없어져 버린다. 마찬가지로 믿음을 갖고 수행에 나아가 부처가 되는 과정을 이어가지 않으면 불교는 없어진다. 그래서 모두 다 부처의 종맥을 이어가는 수행자가 되고 10주의 계위에 오르라는 것이 바로 이 대목의 핵심이다.

그러므로 **대승기신론**은 볼품없는 범부를 10주의 계위인 부처의 족보에 올려놓는 역할을 한다. 논서에서 이끄는 대로 따라가게 되면 죄 많은 범부로 태어나 부처가 되는 기적적인 기회를 얻게 된다. 가난한 사람이 로또에 걸리면 졸지에 부자로 신분상승이 되듯이 이 **기**

신론에 의해 범부가 졸지에 부처가 되는 후보에 오르게 된다는 말씀이다.

이것은 로또 억 만 개를 한꺼번에 맞는 것만큼이나 그 횡재의 효력이 크고도 세다. 그래서 **기신론**을 동서의 현자들이 천하에서 제일 위대한 논서라고 격찬해 마지않고 있는 것이다.

海東疏 如論說云 佛法大海 信爲能入 智慧能度 故擧信智 明弘佛道
저 논에서 말하기를, 불법대해에는 믿음이라야 능히 들어갈 수 있고 지혜라야 능히 건널 수 있다고 하였다. 그렇기 때문에 믿음과 지혜를 들어서 크게 불도를 밝힌다고 한 것이다.

성사는 여기서 논서 하나를 끌어와 위 自利의 내용을 증명하고자 하셨다. 그것은 바로 용수보살이 **대반야경**을 보고 해설한 100권짜리 **대지도론**이다. 이 논서는 실상의 세계를 적나라하게 드러내 주고 있다.

불법대해라는 말은 불법의 큰 바다가 아니라 불법의 큰 세계라는 뜻이다. 이 큰 세계는 일심에 대한 믿음을 가져야만 들어갈 수가 있다. 바다 속에 무궁무진한 보물이 있다는 것을 믿는 자만이 그곳으로 들어간다. 그렇지 않으면 어떻게 그 미지의 곳으로 들어가려고 하겠는가. 그러므로 일심에 대한 확실한 믿음을 가진 자만이 신분혁명을 이루기 위하여 대승의 불법 속으로 들어간다는 것이다. **법구경** 말씀이다.

Those who when they know the law
follow the path of the law,
they shall reach the other shore
and go beyond the realm of death.

誰知佛法 수지불법

其法引隨 기법인수

隨隨相應 수수상응

脫魔到岸 탈마도안

불법을 제대로 아는 사람은
불법이 가라는 길을 따라서 간다.
그러면 그들은 죽음의 세계를
벗어나 피안에 도달하게 된다.

겁이 많고 나약한 자들은 바다에 들어가지 못한다. 그들은 시냇물에서 피리를 잡든지 웅덩이에서 중태기를 잡는 데 만족한다. 그처럼 의심이 많고 용렬한 자들은 불법의 언저리를 돌아다니며 불법의 찌꺼기를 주워 먹고 산다. 그들은 불법대해 속으로 들어가고자 하는 용기가 없다. 그러므로 평생 불교를 믿어도 그들의 곤궁한 삶은 나아지지 않는다. 언제나 쪼들리고 팍팍하기만 하다.

그러나 결연한 용기를 가진 자들은 일확천금을 노리고 불법의 바다로 들어간다. 믿는 자만이 그것을 획득할 수 있다. 그래서 견고한 믿음을 가진 자만이 불법대해에 들어간다고 말한 것이다.

일단 그곳에서 무궁한 보물을 얻었다면 다시 바다로부터 나와야 한다. 그렇게 나오도록 도와주는 것이 바로 지혜다. 이 지혜가 없다면 바다에서 보물을 안고 거기에 빠져 죽는다. 바다에 들어간 목적은 보물을 얻기 위함이지 그 속에서 살기 위함은 아니다. 그러므로 거기서 반드시 나와야 한다.

사람들은 불법을 믿기만 하면 다 되는 줄 안다. 얼마나 많은 사람들이 불교를 믿는 것으로 만족하고 있는지 모른다. 그냥 믿는다고 한다. 그런 형식으로는 불교를 천년만년 믿고 있어도 모두 다 죽을 수밖에 없다. 그 믿음을 바탕으로 보물을 구해 그곳에서 빠져 나와야 한다. 그것이 바로 지혜가 하는 일이다.

완전히 빠져 나오면 이제 언제 빠져 있었느냐 할 정도로 홀연히 자유로워진다. 이것을 **금광명경**에서는 꿈에서 강을 건너는 것으로 표현하고 있다. 아무리 폭류가 세찬 생사의 바다라도 그것이 꿈의 물이라면 깨어났을 때 몸에는 물 한 방울도 안 묻는다는 말씀이다.

자동차는 운행하는 물체다. 그것을 그냥 갖고만 있으면 주차자리만 차지하고 세금만 낼 뿐이다. 남들에게 자동차 하나 갖고 있다고 자랑거리는 될지 몰라도 자신에게는 그 어떤 이익도 없다.

믿음도 마찬가지다. 믿음은 가지고 있는 것이 아니라 그것을 바탕으로 그 속에서 굉장한 이익을 만들어 내야 한다. 그것이 바로 지혜라는 것이다.

믿음의 세계에서 이익을 챙겨 나올 수 있는 방법은 지혜뿐이다. 믿음은 대승에 대한 올바른 믿음을 말하는 것이고 지혜는 부처의 종맥을 잇기 위해 수행하는 것을 말한다.

그러므로 대승의 믿음을 가진 자들은 반드시 수행해야 한다. 그래야 그 믿음의 결과가 나온다. 그렇다면 어떻게 믿고 수행을 해야 한단 말인가. 그것은 **해동소** 5권과 6권에 아주 잘 설명하여 줄 것이다.

海東疏 偈首言爲 下結云故者 爲明二意故 造此論也 歸敬述意竟

게송의 머리 윗부분에 爲 자와 아래에 결론지어서 말한 故 자는 이 논서를 쓰는 두 가지 뜻을 밝히고 있다. 귀경게송과 저술의 뜻을 설명하는 것은 이제 마친다.

두 가지 뜻은 바로 자리와 이타이다. 이것은 마명보살이 이 논서를 쓰시면서 利他自利는 대승불교의 요체라는 뜻을 드러내고자 한 것이다. 그 利他의 10자, 즉 爲欲令衆生위욕령중생 除疑捨捨執제의사사집 이라는 문장 속에 法과 門에 대한 의심을 제거하고 아집과 법집의 삿된 집착을 버리게 하였다.

그 아래 10자 起大乘正信기대승정신 佛種不斷故불종부단고는 自利를 말하는데, 대승의 올바른 믿음을 일으키도록 도와주고 이어서 그 신심을 가지고 수행하게 되면 부처의 종맥이 이 땅에서 끊어지지 않으니 중생들로 하여금 그렇게 하도록 하기 위해서 이 논서를 쓴다고 하셨다.

결과적으로 利他 속에 들어 있는 法과 門을 정확히 이해하면 自利 속의 올바른 믿음이 일어나고, 利他 속의 인집과 법집을 버리도록 수행하게 되면 自利의 부처종맥이 이 땅에서 영원히 끊어지지 않게 된다는 말씀이다.

이렇게 교리와 수행이 상하로 교차함으로 해서 대승이 완성되는 것은 바로 자리와 이타가 하나로 수행되어야 한다는 뜻을 밝히고자 하신 것이다. 물론 自利인 소승과 利他인 대승이 결국 하나라는 사실을 말하고 있다는 것은 가히 불문가지다.

이제까지 **대승기신론** 원문 3줄을 풀이하였다. 앞의 두 줄은 삼보에 귀경하는 내용인데 혈맥기 1권에서 다 풀이하였다. 여기 이 한 줄은 **대승기신론**의 저자가 이 논서를 왜 저술하였는지 그 저술한 의도를 설명한 것이다.

그래서 이 한 줄의 이름을 저술한 의도라는 뜻으로 述意라고 부른다고 했다. 앞으로 이 술의는 수시로 언급될 것이다. 그러므로 술의라는 단어를 잊지 말고 계셔야 한다.

海東疏 △此下第二正立論體 在文有三 一者總標許說 二者擧數開章 三者依章別解 文處可見

두 번째는 이 논서의 본체를 정확히 내세우는 부분이다. 거기에 세 부분이 있다. 첫째는 앞으로 전개되는 내용을 모아 표시하는 부분이고, 둘째는 숫자를 들어 조목을 열며, 셋째는 그 조목에 의거해 개별로 풀이하는 것이다. 문장을 보면 그때마다 그렇다는 것을 알게 될 것이다.

기신론에 세 등분이 있다고 앞장에서 밝혔었다. 즉 서론과 본론 그리고 결론이다. 그 서론에 해당되는 부분이 앞에서 설명한 귀경계와 술의다. 본론이 되는 부분은 지금 이 대목부터 시작된다. 이 대목은 거의 6권 뒤까지 뻗친다. 그리고 결론이 되는 부분은 마지막 회향 게송이다.

다시 말하자면 부모님께 편지를 쓸 때 먼저 안부를 여쭈는 부분과 왜 편지를 쓰는지에 대한 이유를 밝히는 부분이 서론에 해당되고, 그 이유에 대한 내용을 설명하는 것이 이 대목에 해당된다. 그리고 마지막에 잘 계시라는 부분이 이 논서의 끝맺는 부분에 해당된다고 보면 된다고 1권에서 말했었다.

위 원문의 첫째 부분은 전체의 핵심을 짚어주고 둘째는 하나하나에 대한 조목을 전개한다. 셋째는 그 전개된 조목을 알기 쉽게 풀이하는 형식으로 **기신론**을 해설한다고 성사는 말씀하시고 있다.

起信論 論曰 有法能起摩訶衍信根 是故應說

내 이제 말할 것 같으면 어떤 하나의 법이 있다. 그것이 마하연에 대한 믿음을 일으켜 뿌리를 내리게 한다. 그렇기 때문에 그것을 응당히 설하고자 한다.

지금부터 **기신론**의 중심내용은 시작된다. 이제까지의 설명은 서문에 그쳤을 뿐이다. 이제야 **기신론**의 본론이 드러나기 위해 장엄한 장막이 걷히는 것이다.

마명보살은 어떤 특별한 법이 있는데 그것이 대승에 대한 믿음의 뿌리를 내리도록 한다고 하셨다. 대승은 몇 번이나 말하지만 우리 중생의 마음이다. 우리 중생의 마음속에 뭔가가 있다는 것이다. 하지만 사람들이 그것을 믿지 않으니, 마명보살 당신이 가지고 있는 어떤 특별한 법이 있는데 그것이 그 믿음을 도와 뿌리를 단단히 내려줄 것이다고 하신 것이다.

그러므로 생사에 고통 받는 중생들을 그냥 더 이상 두고 볼 수 없어서 이제 그것을 어쩔 수 없이 설한다고 하신 것이다. 원문에 응설이라고 하신 것은 바로 이 뜻을 말씀하신 것이다.

마하연이라는 말은 마하야나의 음역이다. 원래는 마하연에다 나那까지 붙여야 하는데 편의상 那자를 떼어버렸다.

어떤 하나의 법이 있어서 대승에 대한 믿음을 일으킨다고 했다. 대승은 마음의 원래자리인 부처로 환원하고자 하는 중생의 마음작용이라고 했다. 그러니까 어떤 무엇이 내 자신을 부처로 돌아가도록 도와주고 있다는 것이다.

어떻게 하면 중생들이 생사의 고통으로부터 벗어날 수 있을까 하는 문제로 노심초사하던 마명보살이 이제 그 방법을 알고 그것을 아무런 대가 없이 중생을 위해 해설해 주겠다는 것이다. 그래서 응당히 설한다고 하신 것이다.

그렇다면 도대체 무슨 법이 있어서 대승의 올바른 믿음의 뿌리를 내릴 수 있단 말인가. 여기에 대해 원효성사의 말씀을 들어보자.

海東疏 初中言有法者 爲一心法 若人能解此法 必起廣信根 故言能起大乘信根 信根之相 如題名說

첫 부분에서 말한 어떤 법이 있다는 것은 일심의 법을 말한다. 만약 사람들이 능히 이 법을 이해한다면 반드시 광대한 믿음의 뿌리를 일으킬 것이다. 그렇기 때문에 말하기를, 능히 대승에 대한 믿음의 뿌리를 일으킨다고 하신 것이다. 믿음의 뿌리라는 말은 제목을 설명할 때 설명한 것과 같다.

일심의 법은 우리 마음의 근원을 말한다. 모든 사람들은 다 자기 마음을 갖고 있지만 마음이 도대체 무엇인지를 모른다. 언제부터 생겼으며 왜 생겼으며 어떻게 생겼는지 도통 아는 사람이 없다. 그러면서 모두 다 그것을 쓰고 있다.

자기의 육신은 자기 것이라고 여겨 언제부터 생겼으며 왜 생겼으며 어떻게 생겼는지 모두 다 잘 알고 있다. 하지만 마음은 정말 오리무중이다. 알 수가 없다. 도대체 무엇이며 어떤 것인지 전혀 감을 잡을 수가 없다. 그런데도 언제나 내 마음 내 속마음 내 진짜 마음이라고 한다.

사실 범부는 자신의 마음에 대하여 별 관심이 없다. 오로지 육신에 대한 생각만 지대하게 갖고 있다. 육신에 대한 투자는 조금도 아까워하지 않고 모든 것을 다 해 주지마는 자기 마음에 대해서는 정말 스크루지 같은 자린고비로 살아가고 있다.

맛있는 것을 먹는다면 아무리 비싸도 주저 없이 지갑을 연다. 기름지고 영양 많은 것들만 골라 먹으면서 육신만 이롭게 한다. 자기 육신을 아름답게 꾸밀 수만 있다면 더없이 힘들고 모진 고통이라 해도 다 감내할 준비가 되어 있다. 그 어떤 충격을 당하더라도 자신의 육신만 아름다워질 수 있다면 죽음까지도 각오하겠다는 사람들이 바로 이런 부류들이다.

그래서 **발심수행장**에서 사람들은 밥을 먹으면 굶주린 창자가 위로 되는 줄은 알지마는 불법을 배워서 어리석은 마음을 고치려고는 하지 않는다고 하셨다. 그만큼 범부들은 자기 육신을 살리는 데는 무슨 방법이든지 서슴지 않는 사람들이지만 자기 정신을 살리는 데는 대단히 아까운 마음을 갖고 있다.

1권에서도 한 번 언급했지마는 몸이 더러운 사람하고는 살 수가 있지만 마음이 더러운 사람하고는 진짜 살 수가 없다. 몸이 더러울 때 나는 냄새보다도 마음이 더러울 때 나는 냄새가 더 역하고 더 끔찍하기만 하다. 그런데도 마음에는 냄새가 나지 않는다고 한다. 냄새가 왜 안 나는가. 자기들도 똑같이 마음이 더러우니 상대방의 더러운 냄새를 맡지 못하고 있을 뿐이다.

거지들은 추우면 엉키어 잔다. 목욕도 양치질도 하지 않는다. 그런데도 그들끼리는 냄새가 나지 않는다. 부잣집 아들이 그들과 아무 거리낌 없이 하룻밤을 엉키어 같이 보낼 수 있을까. 절대로 불가능하다. 코를 막고 비위가 상하다며 바로 뛰쳐나가 버릴 것이다.

마찬가지다. 인간은 더러운 사람을 보면 돈 들여서 좀 씻으라고 한다. 그런데도 그들은 돈 들여서 마음도 좀 닦아라 소리는 하지 않는다. 수준이 딱 자기 몸이 주인이라고 알기 때문이다. 그런 사람들에게 마음 이야기를 하면 얼마만큼이나 통할까. 하루 종일 입 아프게 말해도 무슨 뚱딴지같은 소리를 하나 할 것이다.

하지만 지혜로운 사람들. 자신을 정말로 사랑하는 사람들, 똥오줌만 만들기 위해 육신을 건수하는 사람들이 아닌 육신으로 지혜를 일으키고자 하는 사람들, 진정으로 자신의 주인이 육체가 아니고 마음이라고 생각하는 사람들은 마명보살과 원효성사의 말씀을 따라 일심에 대한 깊은 믿음을 일으키고 그 믿음을 뿌리 내리기 위해 여기서 주저 없이 신행으로 들어가는 것이다.

사실 **기신론**을 다 배우고도 신행에 들어가지 않는 자들이 있다. 이런 사람들은 두 부류다. 하나는 **기신론**에서 말씀하시는 내용이 아직까지 무엇인지 정확하게 핵심을 파악하지 못하는 사람들이고, 또 하나는 자신의 기준만큼의 수준에 의해 **기신론**을 이해하는 사람들이다. 결론은 앞의 사람은 말이 많고 뒤의 사람은 욕심이 많다. 이 둘은 아는 것만 많고 실속이 없는 공통점을 가지고 있다.

이런 사람들을 조심해야 한다. 이런 자들을 경계하지 않으면 한평생 불교 속에 있다 하더라도 불교의 진수를 맛보지 못하고 만다.

海東疏 信根旣立 卽入佛道 入佛道已 得無量寶

믿음의 뿌리가 일단 내려지면 그때서야 불도에 들어가게 된다. 불도에만 들어가면 무량한 보물을 얻는다.

"우리는 조상 대대로 불교 믿습니다."
"쓸데없는 소리."

불교는 부처와 그 가르침을 합하여 부르는 말이다. 쥐뿔도 부처에 대한 믿음도 없고 그 말씀에 대한 확신도 없는데 믿기는 뭘 믿는단 말인가. 자기 기분에 들면 믿고 자기 기분에 안 들면 안 믿는 수준을 갖고 뭐 조상대대로까지 들먹일 필요가 어디 있는 건가.

70

얼마나 많은 사람들이 불교를 믿는다고 하는가. 그런 사람들치고 사실 불교를 아는 사람은 거의 없다. 그런데 어떻게 불도를 믿는다고 하는가.

그런데도 믿는다는 사람은 많다. 다 부처를 믿는다고 한다. 믿으니까 절에 다닌다고 한다. 맞는 말이다. 다 믿는다. 하지만 불교를 모르니까 그 믿음이 맹신이라서 연속성이 없다는 것이다. 좀 믿는가 하면 집에 갈 시간이고 집에 가면 그 믿음이 바로 사라진다. 집에서도 부처님 말씀이 믿어진다는 사람은 경계해야 한다. 거짓말일 확률이 99%이기 때문이다.

설령 불교를 제대로 알고 대승에 대한 믿음을 일으킨다 하드라도 그 믿음의 뿌리가 쉽게 내리지 않는다. 그렇게 하려면 일단 진득하게 기다려야 한다. 그런데 삶이 바빠서 그럴 여유가 없다. 여유가 있어야 조용히 기다릴 수 있는데 범부의 입장에서는 그렇게 할 수가 없다. 먹고 살기 바빠 정신없이 뛰어다니다 보니 믿음 그 자체도 이내 시들어져 버린다. 그리고 또 사는 게 힘이 들면 다시 절에 찾아와 믿음을 배운다. 그리고는 또 뛰어다닌다.

부평초라는 풀이 있다. 흔히 개구리밥이라고 하는 수생식물이다. 특이한 것은 이 풀은 뿌리가 없다. 언제나 물에 떠다닌다. 바람이 이리 불면 이리로 밀려오고 저리 불면 저리로 밀려다닌다. 어느 한 곳에 안착을 해서 뿌리를 내리지 못한다. 그러다 보니 꽃도 없고 열매도 없다. 범부도 마찬가지다. 무명의 바람이 불어오면 이리 밀리고 저리 밀려서 믿음의 뿌리를 내리지 못한다. 그래서 부평초 같은 삶이라고 한다.

믿음이 뿌리가 내려져야 불도에 들어간다. 불도라는 말은 부처가 되는 길을 말한다. 즉 부처가 되는 궤도에 정확히 오른다라는 뜻이다. 그 전에는 이 궤도에 아귀를 맞추려고 애를 쓰는 정도다. 이것이 지금 일반적인 스님들이 하는 고된 수행이다. 그러므로 스님들은 아직까지 믿음이 완성되지 않아 불도에 들어가지 못하고 있다.

사람들은 스님이 됨과 동시에 믿음이 완성된 줄 알고 있는데 결코 그렇지 않다. 스님들도 믿음의 뿌리를 내리려고 힘들게 수행하는 집단일 뿐이다. 그러므로 그들은 믿음이 완성된 자들이 아니다. 그래서 가끔가다 세속인들에게 크나큰 실망감을 주기도 한다.

한차 풀씨도 뿌리를 내리려면 며칠을 걸려야 하는데 믿음의 뿌리가 내리려면 정말 오랫동안의 피나는 노력이 있어야 한다. 그 노력은 일 년 이년이 아니고 백년 천년도 아니다. 정말 상상할 수 없는 오랫동안의 기간을 말한다. 지칠 줄 모르는 수행과 다함없는 발원을 계속해 나가면서 복을 지어야 한다. 그래야 마음이 안정을 찾는다. 그때서야 믿음의 뿌리가 내린다.

여기서 말하는 불도는 부처가 되는 길을 말한다. 즉 믿음에 대한 뿌리가 내려져야 부처가 되는 길에 올라간다는 말씀이다. 그 길은 10주의 계위이다. 이 십주에 올라가면 불도에 들어가는 것이 된다. 그 전에는 마음을 믿는다 하여도 그 믿음이 여일하지 못하기 때문에 믿음의 뿌리가 내리지 않는다. 이런 믿음은 공중에 뜬 믿음이라서 아무 소용이 없다. 결과를 기약하려면 뿌리가 있어야 한다. 그 뿌리가 이런 믿음의 성취를 만들어 낸다.

믿음의 뿌리가 내리면 정식으로 진불자라고 말할 수 있다. 이 자리가 소승에서는 아라한의 계위가 되고 대승에서는 믿음이 성취되는 초발심 자리가 된다.

아라한은 하늘을 날고 물에 잠입한다. 감기는커녕 신체적인 어떤 질병으로도 고생하는 일이 없다. 대승 같으면 **반야심경**이 터득되는 지위다. 즉 신분은 현자가 되고 계위는 초발심보살이 된다. **화엄경**에서 이 현자의 첫자리를 초발심자리라고 하셨다. 그래서 법성게에서 초발심시변정각이라고 했던 것이다. 이 자리에 올라가면 드디어 부처의 종맥을 잇는 후보가 된다.

그러면 바로 무궁한 보물을 얻을 수 있다. 무궁이라는 말은 한도 없고 끝도 없다는 뜻이다. 이 보물만 얻으면 사바세계 전체를 준다고 해도 코웃음이 나온다. 이 보물은 이런 사바세계 억만 개를 사고도 또 덤으로 더 억만 개를 사고도 남을 보석이기 때문에 그렇다.

그런 보물을 놔두고서 세속의 조그마한 재물과 명예, 그리고 권력 따위에 무슨 관심을 보이겠는가. 그것은 하늘을 나는 봉황새가 땅을 기는 벌레의 먹이를 탐하는 것과 같은 것이니 절대로 그런 일은 있을 수가 없다.

누가 어떤 스님이 이 정도의 보물을 갖고 있는가. 아무도 없다. 있다면 그는 일반적인 스님이 아니다. 그는 허공을 산보하고 바다 속을 유영하는 십주보살이다. 그래서 그 어떤 스님도 믿음의 뿌리를 내린 자가 없다고 한 것이다.

보물이라고 하니 언뜻 세속적인 보석을 떠올릴 수 있다. 그것은 아니다. 그것은 한낱 오색의 광채가 나는 비싼 돌덩어리의 보석이 아니다. 그것은 다른 세계다. 그 내용은 앞으로 자세하게 나올 것이다.

如是大利 依論而得 是故應說 總標許說 竟在於前

이와 같은 큰 이익을 이 논서에 의해 얻게 되므로 내가 응당히 설하고자 한다고 하신 것이다. **대승기신론**에 대한 개괄적인 설명은 이것으로 마친다.

범부가 왜 무시로 삶에 고통을 당하는지 아는가. 그것은 풍족하지 못하기 때문이다. 모든 것이 풍족하다면 왜 고통이 일어나겠는가. 언제나 모자라고 부족하기 때문에 번뇌가 일어나고 걱정이 떠날 날이 없다. 하지만 모든 것이 부유하고 한없이 넉넉하다면 무엇을 걱정하며 무엇을 근심하겠는가.

성사는 이 **기신론**에 말할 수 없는 큰 이익이 들어 있다고 하셨다. 그러므로 인생에 이익을 보고자 하는 자들은 반드시 이 **기신론**을 배워야 한다. 하지만 범부 중에서 복 없는 범부는 꼭 손해 보는 일만 찾아다닌다. 그러니 어떻게 그 인생이 평안하고 안락하겠는가.

인생은 말라가는 웅덩이에서 살아가는 물고기와 같은 신세다. 자기의 생명줄은 이미 정해져 있다. 남은 삶은 자신의 생명을 죽이는 마이너스시간인 셈이다. 그 마이너스가 임계점에 다다르면 이제 목숨을 내어 놓아야 한다.

하지만 **기신론**은 그 마이너스의 삶 속에서 엄청난 큰 이익을 제시해 준다. 가난에 쪼들려 하루하루를 버티는 범부들에게 세상을 다 사버릴 만큼의 금덩어리를 쥐어 주고자 하는 것이다. 그러므로 누구든지 공짜로 그것을 얻고자 한다면 반드시 이 **기신론**을 배워야 한다. 그런 방법이 이 속에 들어있기 때문에 마명보살께서 응당히 설해 준다고 하셨다. 가난과 고통으로부터 벗어나고 싶은가. 그렇다면 지금부터 **기신론**의 말씀에 귀를 기울여야 한다.

가난한 사람들은 빈정거린다. 다이아몬드반지 없어도 다 잘 산다. 구태여 그것을 꼭 손가락에 껴야만 하나. 결국 그것도 광석 아닌가. 뭣 한다고 무거운 돌조각을 손가락에 끼고 다녀야 하나 라고 한다.

부자는 말한다. 다이아반지는 단순한 돌조각이 아니다. 이것은 일종의 사회적 재산이다. 얼굴이 예쁜 사람들은 얼굴도 하나의 재산으로 삼는다. 그와 같이 이것을 손가락에 낌으로 해서 자신이 생기고 사회적 신분이 올라간다.

기신론을 배운 자와 못 배운 자가 대화를 하면 꼭 이런 수준이다. 다이아몬드를 가져 본 자는 안다. 드러나지 않은 다이아몬드의 숨은 가치가 얼마나 대단한지를 안다. 하지만 없는 사람은 아예 없기 때문에 그런 것을 모른다. 그리고 중요한 것은 그들도 돈이 생기면 반드시 다이아몬드 반지를 자기도 모르게 끼게 된다는 사실이다.

못 배운 사람들은 말한다. 돈 들여서 고등교육을 힘들게 받을 필요가 뭐 있냐. 마 그냥 되는대로 편하게 살면 되는 것이지 라고 한다. 교육을 받은 사람들은 말한다. 인간은 교육을 통해서 성장한다. 교육은 세상의 정보와 내가 교환하는 통로다. 이것을 배우지 않으면 세상을 모르고 나는 세상에 갇힌다. 물은 사람을 빠뜨린다. 그 사실을 알고 수영을 배우면 물에서 놀고, 배우지 않으면 물에 빠져 죽는 것과 같다고 한다.

불교를 배운 사람은 세상을 어떻게 살아야 하는지를 알고 불교를 배우지 않은 사람은 그냥 부딪히며 세상을 살아간다. **기신론**을 배운 사람과 배우지 않는 사람도 꼭 이와 같다. 여기서 중요한 것은 그들도 장차 여유가 있고 지혜로워지면 반드시 **기신론**을 배우게 된다는 사실이다.

돈 없는 사람들은 싼 술만 마신다. 돈 있는 사람들은 브랜드 있는 포도주나 최고급 술을 마신다. 전자는 마시고 후자는 음미한다. 전자는 취하고자 하고 뒤의 사람은 사교를 위해 마신다.

기신론도 마찬가지다. 복 없는 사람들은 **기신론**의 글귀에 취한다. 하지만 복 있는 사람들은 **기신론**을 갖고 부처와 자신 간에 구제의 가교를 놓는다.

起信論 說有五分 云何爲五 一者因緣分 二者立義分 三者解釋分 四者修行信心分 五者勸修利益分

내가 말하고자 하는 데는 다섯 부분이 있다. 첫째는 인연분이고, 둘째는 입의분이며, 셋째는 해석분이고, 넷째는 수행신심분이며, 다섯째는 권수이익분이다.

기신론은 다섯 묶음으로 엮어져 있다. 이 다섯 묶음에 일곱 가지 내용이 들어 있다. 그 내용은 이 다섯의 묶음을 풀어낼 때마다 보석처럼 영롱하게 빛을 발할 것이다. 그렇다면 그 일곱은 무엇인가.

① 依一心 의일심. 일심을 적나라하게 파헤친다.
② 開二門 개이문. 부처와 중생 두 방향의 문을 연다.
③ 顯三大 현삼대. 마음의 본체와 속성, 작용을 드러낸다.

76

④ 起四信 기사신. 네 가지 믿음을 일으킨다.

⑤ 修五行 수오행. 다섯 가지 수행을 한다.

⑥ 念六字 염육자. 6자 염불로 정토왕생을 발원한다.

⑦ 勸七寶 권칠보. 칠보의 누각에서 살 수 있도록 한다.

기신론 하면 흔히 사람들은 1심 2문 3대 4신 5행 6자로 구성되어 있다고 한다. **혈맥기**는 거기에 하나를 더 붙였다. 그것은 일곱 번째의 7보를 말한다. 7보는 **기신론**의 말씀을 액면 그대로 받아들이면 칠보로 된 누각 위에서 살 수 있는 행운이 주어진다는 것을 말하고 있다.

정리하자면 ① ② ③은 교리부분이다. 이것은 인연분과 입의분과 해석분에서 자세히 설명하고 ④ ⑤ ⑥은 실천부분인데 이것은 수행신심분에 상세하게 다 들어 있다. ⑦은 위의 모든 내용을 따르면 무궁한 이익을 얻을 수 있다고 권수이익분에서 마무리하고 있다.

더 세분화하면 ④, ⑤는 자력신앙을 말하고 ⑥은 타력신앙을 말한다. ⑦은 타력신앙의 결과가 굉장하다는 것을 드러낸다. 그러므로 이 **기신론** 속에는 자력신행과 타력신행이 같이 들어 있다. 왜냐하면 대승불교 속에는 소승불교가 자연적으로 들어있기 때문이다. 그러므로 근기에 따라 그 수행의 방법을 선택해서 신행하면 된다.

海東疏 第二擧數開章 有五分者 是擧章數 云下以下 列其章名

두 번째는 숫자로 그 묶음을 연다는 것이다. 거기에 다섯이 있다. 이것은 묶음의 숫자를 말한 것이다. 원문에 운하 이하 부분은 그 묶음의 이름을 열거한 것이다.

첫 번째는 지금부터 말하고자 하는 내용 전체를 모아서 설한다고 했다. 위에서 나에게 어떤 법이 있는데 그게 마하연의 신근을 일으킨다고 하는 그것을 말한다.

이제 두 번째가 나왔다. 두 번째는 **기신론**의 구성을 밝힌다. 그것은 다섯 묶음으로 되어 있다는 것이다.

해동소는 원효성사가 **기신론**의 문장을 따라가면서 그 내용을 푸신 해설서이다. 그러므로 운하 이하 부분이라고 할 때에는 바로 **기신론**의 원문을 봐야 한다. 거기에 云何라는 한자가 들어 있다. 그러면 성사는 거기서부터 그 내용을 풀이하는 것이다.

이제부터 그 묶음을 따라 그 속에 들어 있는 내용을 적절하게 풀어 나가도록 하겠다.

海東疏 因緣分者 非無所以 而造論端 智者所爲 先應須知故
인연분에는 이 논서를 쓰는 분명한 이유가 있어서 이 논서를 쓴다고 하셨다. 이것은 智者를 위해서 저술되었다는 사실을 먼저 응당히 모름지기 알아야 할 것이다.

마명보살이 아무 이유 없이 **기신론**을 쓰시지는 않았다는 것을 성사는 밝히시고 있다. 범부나 성인은 무슨 일을 할 때 그에 맞는 적당한 원인으로 움직이는 것이지 아무 이유없이 행동을 하지는 않는 법이다.

이 **기신론** 또한 마명보살이 어떤 특별한 이유가 있었기에 이 글을 직접 쓰셨다는 것을 성사는 밝히시고 있다. 그래서 한자에서 非無비무라는 언어를 고르셨다. 그것은 까닭이 없지 않아서라는 뜻이다.

또 성사는 智者지자라는 어휘를 택하셨다. 사실 이 智者는 두 가지 뜻을 한꺼번에 갖고 있다. 하나는 저술하시는 분이 智者라는 뜻이고, 둘은 그 저술을 배우는 자가 智者여야 한다라는 뜻이다. 이 둘의 절묘한 조화를 智로 표현하셨다.

즉 지혜로운 자가 이유 없이 쓰시지는 않았다는 것이고, 또 지혜로운 자라야만이 그 내용을 알 수 있다는 것이다. 그래서 이 글은 두 뜻으로 풀이할 수가 있다.

그러니까 성사는 중생들을 위해 이 智 자를 기가 막히게 선택하신 것이다. **기신론은** 말세 중생들을 위해 지혜를 가진 마명보살이 다 그만한 이유가 있어서 쓰신 것이니 분명히 알아라 라는 뜻이고, 또 그것은 지혜를 가진 자만이 마명보살의 숨은 뜻을 이해할 수 있을 것이라는 전제하에 이 글을 쓰셨다는 사실 또한 반드시 알아라 라고 하신 것이다.

성사의 先應須知선응수지라는 글은 대단히 강조적인 말씀이다. 먼저는 무엇보다도 라는 뜻인데다, 응당히가 그 뒤에 붙어 있다. 응당히는 반드시보다 더 당위가 있는 말씀이고, 거기다가 모름지기라는 글자가 또 붙어 있다.

그러니까 세 字가 연이어 앞에 드러난 智를 알아라 라고 강조하고 있다. 그만큼 앞의 智 字가 두드러지게 중요한 것이다. 그뿐이 아니다. 마지막에 故 字 역시 그 사실을 잘 알고 있어라 라는 강조어로 붙어 있다.

그러므로 반드시 꼭 어찌됐든 필히 그 사실을 알아라 라고 하는 것이다. 즉 의심할 거 없이 보살성자가 쓰셨다는 사실과, 그것을 이해하려면 머리가 좋은 사람이라야 그것을 배울 수 있다는 말씀이다. 이 둘이 맞아 떨어져야 신행의 작품이 나오게 되어 있다. 이것은 꼭 명품의 거문고는 백아와 같은 명 악사가 연주할 때라야만이 그 진가가 유감없이 발휘되는 것과 같다.

海東疏 立義分者 因緣旣陳 宜立正義 若不略立 不知宗要故

인연분을 이미 설하였다면 마땅히 올바른 뜻을 내세워야 하는데 그것이 입의분이다. 간략하게나마 그것을 내세우지 않으면 그 종요를 알지 못하기 때문이다.

입의분은 **기신론**의 종요를 말하고 있다. 종요는 근본이 되는 요지다. 이것 때문에 **기신론**을 쓰는 인연을 말하였고, 이것을 풀이하기 위하여 뒤따라 해석분이 나온다. 그만큼 이 입의분은 **기신론**의 골자고 요지다.

비록 아홉 줄 밖에 되지 않지마는 **기신론**이 말하고자 하는 핵심을 모두 다 담고 있다. 그래서 그 핵심의 뜻을 내세운다는 의미로 입의분이라고 하였다. 이 입의분만 제대로 이해한다면 해석분은 필요 없다. 바로 수행신심분으로 넘어가 수행에 전념할 수가 있기 때문이다.

그렇다면 이 입의분에서 무엇을 말하고자 하는가. 정확히 일심에 두 문이 있다는 것을 전제한다. 그리고 중생의 문에서 三大를 드러내고 있다. 이것이 바로 **기신론**의 골자고 요지이다.

海東疏 解釋分者 立宗旣略 次應廣辯 若不開釋 義理難解故

종요를 간략하게나마 내세웠다면 다음으로 아주 넓게 그것을 설명해야 하는데, 그것이 해석분이다. 만약에 그것을 열어 풀이해 주지 않으면 그 뜻과 이치를 이해하기가 어렵기 때문이다.

해석분은 위에서 말한 입의분에서 내세운 뜻과 이치를 풀이한 대목이다. 여기서 一心과 二門과 三大가 나온다. 그것을 이 해석분에서 아주 자세하고 심도 있게 풀어나간다. 우리의 마음에 대한 개괄적인 설명과 작용, 그리고 깨달음과 오염같은 것들을 총망라해서 차근차근하게 모두 다 빠짐없이 설명한다.

이 설명에 의해 수행에 나가는 당위를 얻기 때문에 해석분에서 일심의 세계를 필히 이해하여야 한다. 만약에 완벽하게 이해가 되지 않으면 실천이 따를 수가 없기 때문에 어떻게든 이 입의분의 내용을 이해시키려고 저자는 무진 애를 쓸 것이다. 물론 성사도 그것을 알기 쉽게 풀이하여 중생들의 상태를 인식시키려고 자비의 마음을 끝까지 놓지 않으실 것이다.

海東疏 修行信心分者 依釋起信 必應進修 有解無行 不合論意故

정확한 해설에 의해 이해가 되면 믿음이 일어나게 된다. 그러면 반드시 수행에 나가게 된다. 그 대목이 수행신심분이다. 아는 것만 있고 수행이 없다면 그것은 이 논의 뜻에 부합되지 않기 때문이다.

가난한 자에게 보물이 있는 곳을 가르쳐 주는 데도 듣고 일어서지 않으면 그 사람은 두 가지 부류 중 한 사람이다. 하나는 제정신이 아니고, 또 다른 하나는 게으름이 극에 달한 자이다.

보물지도라는 확실한 증명이 되면 지혜로운 자는 틀림없이 그것을 찾으러 가게 되어 있다. 어떤 고난과 역경이 기다린다고 해도 그것을 취득하기 위해 전진해 나아간다. 나아가지 않는 자는 아직도 뭔가를 잘 모르고 있다. 즉 **기신론**의 내용을 정확히 파악하고 있지 못하다는 뜻이다. 정확히 아는 자는 그냥 있지를 않는다. 목숨을 걸고 나아가게 되어 있다.

알면서도 나아가지 않는다는 것은 **기신론**의 저자인 마명보살의 의도에 부합하지 않는 것이다. 얼마나 많은 사람들이 **기신론**을 배우고 실행에 옮기지 않는지 알 수가 없다. 모두 다 **기신론**을 언제 어디서 몇 번이고 배웠다고만 한다. 고명하신 스님들의 존함을 들먹이거나 아니면 방송에서 아주 심혈을 기울여 들었다고 한다. 하지만 그렇게 다 배우고 들은 것으로 끝이 나 있다.

그들은 부처님과 마명보살, 그리고 원효성사의 간곡한 부탁을 모두 저버리고 있다. 그렇게도 간곡하게 그분들의 말씀을 따라 행하라고 하셨건만 그들은 그 고구정녕한 말씀들에 맞서고 있다. 그분들은 제발 좀 하라고 하고 그들은 죽어도 안 하겠다고 버티고 있다. 그러면서도 언제나 그분들의 말씀은 들었다고 한다.

海東疏 勸修利益分者 雖示修行信心法門 薄善根者 不肯造修 故擧利益 勸必應修 故言 勸修利益分也

82

선근이 얕은 자에게는 비록 신심을 수행하는 법문을 제시해 준다 하더라도 그들은 기쁘게 수행하지 않는다. 그러므로 수행하면 이익이 있다는 것을 제시하여 반드시 수행하도록 권하는 대목이 권수이익분이다. 그러므로 수행하면 이익이 있다는 것을 권하는 부분이라고 했다.

범부는 이익이 없으면 움직이지 않는다. 이익에 얼마나 민감하게 반응하는지 혀를 내두를 지경이다. 잔머리와 얕은꾀로 이익을 도모하는 데 있어서는 그 어떤 중생도 이에 추종을 불허한다. 그만큼 이익을 밝히고 손해를 보지 않으려 한다.

그런데 어쩌랴! 그렇게 똑똑하게 구는 범부가 하는 짓거리마다 모두 다 실패한다. 그러다 마지막에는 인생 자체가 거덜나 버린다. 그리고 엄청난 죄업의 부채를 떠안는다. **화엄경** 게송이다.

A snake drinks water produces poison,
A cow drinks water produces milk.
Study wisdom produces Bodhi
Study ignorance produces Samsara.

뱀이 물을 마시면 독을 이루고
소가 물을 마시면 젖을 만든다.
지혜를 배우면 깨달음을 이루고
어리석음을 배우면 생사를 이룬다.

못 된 사람은 해야 할 일은 하지 않고 하지 말아야 할 일을 찾아다닌다. 그 결과로 마지막에 교도소에 간다. 그리고 폐인이 된다. 사람들은 여기까지만 안다. 한 수 더 높은 사람은 한 단계 더 나아간다. 범부는 평생 배워야 할 것은 배우지 않고 배우지 말아야 할 것은 배운다. 그러면 마지막에는 죄업의 빚을 떠안고 지옥에 간다. 인생 자체가 망가져 버릴 뿐 아니라 다음 인생까지도 박살이 난다.

사람들은 자기 체질에 대단한 관심을 가진다. 병에 취약한 체질을 타고 났다면 어떻게 해서든 지금부터 면역력을 높이는 체질로 바꾸고자 한다. 사람들의 수준은 딱 여기까지다.

그러나 한 수 높은 사람들은 한 단계 더 나아간다. 그들은 인간이 탑재하고 있는 죽음으로의 방향키를 돌리려고 한다. 즉 인간이 죽도록 내장되어 있는 DNA 자체를 바꾸고자 한다. 그러면 다음 인생이 보장된다.

죽으려고 하는 사람이 아닌 자들, 살려고 하는 자들은 반드시 이 **기신론**을 배워 그대로 실행해야 한다. **기신론** 속에는 인간이 품을 수 있는 엄청난 이익이 산더미만큼이나 많이 들어 있다는 것을 알아야 한다.

겨울들녘에는 아무것도 없지만 시절이 도래해 씨를 뿌리고 가꾸면 엄청난 수확이 있게 되듯이, 아무것도 아닌 것 같은 **기신론** 한 권이 삼계의 거지를 우주의 제왕으로 바꿔주는 역할을 한다. 그것은 이 **기신론**이 바로 법보의 핵이기 때문이다.

법보는 험로를 뚫고 나가는 인도자와 같으므로 중생들을 잘 인도하여 보배가 있는 곳으로 다다르게 한다. 삼세여래가 설하신 묘법은 이런 불가사의한 작용을 하기 때문에 법보라고 한다고 **심지관경**은 말씀하시고 있다.

그러므로 **기신론 해동소**는 반드시 배워야 한다. 목숨을 걸고 익혀야 한다. 마명보살이 거기에 이익이 있다는 것을 가르쳐 준 이상 현명하고 똑똑한 자들은 생명을 담보로 잡고서라도 그것을 배워야 한다.

하지만 어리석은 자들은 언제나 이 핑계 저 핑계로 이것을 배우지 않고 어리석음만 배우다가 마지막에는 쓸쓸히 지옥으로 들어간다. 그렇게도 이익만을 챙기고자 하던 자들이 그렇게 허망하게 끝이 나고 마는 것이다.

海東疏 △此下第三依章別解 卽爲五分

이 아래로는 세 번째로 묶음을 열어 개별적인 풀이를 하는 부분이다. 거기에 다섯 부분이 있다.

첫 번째는 **기신론**에서 말하고자 하는 주안점이 무엇이란 말인가였다. 둘째는 숫자로 묶음이 몇 개며 무슨 뜻을 가지고 있는가에 대해서 설명했다. 이제 세 번째로 한 개 한 개의 묶음을 풀어 그 묶음이 갖고 있는 내용을 풀이한다고 하는 것이다. 거기에 다섯 부분이 있다.

△初中有二 先牒章名 次顯因緣

첫 번째에 두 개의 뜻이 들어 있다. 먼저는 묶음의 이름을 기록하고 다음에는 인연을 나타낸다.

다섯 묶음 중에 첫 번째를 이제 풀이한다. **기신론**은 다섯 묶음으로 엮어져 있다고 했다. 인연분 입의분 해석분 수행신심분 권수이익분 이다. 그 중에서 이제 첫 번째가 시작된다는 말씀이다.

2. 본론

1) 인연분

起信論 初說因緣分

첫 번째인 인연분을 풀이한다.

기신론의 첫 번째 본 내용이 나오기 시작했다. 인연이라는 말은 원인에 반연을 보탠 것이다. 원인은 씨고 반연은 그 씨를 싹 틔우게 하는 조력이다. 이 둘이 제대로 만나야 그 어떤 동작이 태동하게 된다.

옛날에는 글을 쓰는 것을 짓는다고 했다. 그 어원은 바로 지을 작作이나 지을 술述, 또는 지을 조造에서 나왔다. 그러나 이제 시대가 변해서 글을 짓는다는 말 대신 글을 쓴다로 바뀌었다. 예를 들어서 글짓기대회가 이제는 글쓰기대회로 바뀌었다.

누가 소설을 짓는다 하는가. 누가 수필을 짓는다 하는가. 모두 다 쓴다로 바뀌었다. 그렇기 때문에 **기신론** 원문에 造와 述자가 나와도 쓴다로 번역하는 것이 더 매끄럽다.

그렇다면 **기신론**을 지은 인연, 아니 쓴 인연은 무엇이란 말인가?

海東疏 △顯因緣中 有二問答 一者直顯 二者遣疑

인연을 나타낸 가운데 두 가지 문답이 있다. 첫째는 직접 그 인연을 드러내고, 둘째는 의심을 보내버리는 대목이다.

기신론을 써야만 했던 그 원인과 조연에 대해 두 가지 문답이 있다. 이제부터 원인과 조연을 합쳐서 인연이라고 부른다. 거기에 두 종류의 물음과 대답이 있다.

첫째는 직접 **기신론**을 써야만 한 그 이유를 밝히고, 둘째는 사람들이 갖고 있는 의심의 선입견을 털어버리는 것이다. 이 말은 사람들이 왜 마명보살께서 **기신론**을 쓰셨을까, 무슨 큰 이득을 우리에게서 챙기기 위해 그것을 쓰셨을까 하는 의심의 눈초리를 없애버리고자 하는 것이다.

起信論 問日 有何因緣 而造此論 答日 是因緣有八種 云何爲八

묻겠다. 어떤 인연이 있기에 이 기신론을 쓰게 되었는가? 답하자면 거기에는 여덟 가지 인연이 있다. 그 여덟 가지는 무엇인가?

기신론을 쓰게 된 동기에 대해서 저자가 직접 그 이유를 밝히시는 부분이다. 이것은 누가 저자의 면전에서 그 이유를 단도직입으로 물은 것이 아니다. 저자가 생각하였을 때 분명히 어떤 사람이 이렇게 물을 것이라는 예측으로 자신이 묻고 자신이 답하는 형식을 취했다.

그러니까 왜 **기신론**을 쓰셔서 시중에 내어 놓았습니까 라고 누가 묻는다면 여덟 가지 이유 때문에 그것을 쓰게 되었다는 말씀이다. 이것이 바로 그 유명한 **기신론**의 조론팔유다. 그렇다면 造論八由가 되는 여덟 가지는 무엇이란 말인가?

起信論 一者因緣總相 所謂爲令衆生 離一切苦 得究竟樂 非求世間 名利恭敬故

첫째는 인연이 되는 전체의 뜻이다. 말하자면 중생들로 하여금 일체의 고통을 벗어나게 하고 그들에게 최고의 즐거움을 주고자 하는 데 있다. 세간의 명예와 이익과 공경을 바라는 것은 아니다.

조론팔유 가운데서 첫 번째가 바로 총상인 전체의 뜻이다. 총상은 7개의 별상을 하나로 모은 것을 말한다. 즉 첫 번째 1개는 총론이고 그 뒤 7개는 각론이라고 보면 된다.

기신론을 쓴 단 한 개의 이유는 바로 중생들의 고통을 없애주고 그들에게 무한의 즐거움을 주고자 하는데 있다. 이것을 줄여 발고여 락拔苦與樂이라고도 한다. 발고라는 말은 고통을 뽑아내 준다는 말이고, 여락은 열반의 즐거움을 준다라는 뜻이다.

제불보살이 중생을 위해 하시는 일이 정확하게 이것이다. 어떻게 하면 중생들이 받고 있는 고통을 제거해 줄 수 있을까. 그리고 그들에게 최고의 즐거움을 줄 수 있을까를 생각한다.

마명보살도 대승십지보살이기 때문에 그 마음은 마찬가지다. 그래서 이런 자비심으로 기꺼이 **기신론**을 지어 중생들에게 내어놓으셨던 것이다.

그분은 이처럼 인류사에 가장 소중한 논서 한 권을 쓰셨다. 하지만 그것을 씀에 있어서 중생들에게 공치사를 들으려 하지 않으신다고 하셨다. 그리고 이 저서에 의해 손톱만큼도 어떤 개인적인 이익을 추구하려 하지 않으신다고 하셨다. 또 이 **기신론**을 두고 중생들에게서 공경을 바라는 마음은 추호도 없다고 하셨다.

누가 묻지도 않는데 지레 이렇게 말씀을 하시는 것은 사람들은 언제나 순수하게 있는 그대로를 보지 못하고 의혹심을 잔뜩 가지고 보기 때문이다. 혹시나 책 한 권을 써서 사람들에게 명예와 이익, 그리고 공경을 받기 위함이 아닌가 하는 그들의 의구심을 해소해 주기 위하여 먼저 이렇게 선수를 치신 것이다.

그때도 지금처럼 얼마나 많은 사람들이 불교 속에서 불교를 위함이 아닌 개인의 사적 이익을 취하고자 하였으면, 마명보살이 이런 말씀까지 직접 하시면서 조심스럽게 논서 하나를 내놓으려고 했겠는가를 생각하니 그저 가슴이 먹먹해 올 뿐이다.

그래서 **보살영락경**에 이런 말씀이 있다. 내가 열반에 들고 난 뒤에 불교 속에서 사사로운 이익을 탐하는 자는 나 부처를 믿는다고 할 수 없다. 비록 내 대중 속에 있다 하더라도 나와의 관계는 아주 멀다고 하셨다. 가슴이 뜨끔하다. 나도 그렇지 않나 한 번씩 생각해 봐야 할 말씀이다.

起信論 二者 爲欲解釋如來根本之義 令諸衆生正解不謬故
둘째는 여래의 근본 뜻을 풀이해 주기 위해서이다. 그로 인해 모든 중생들로 하여금 정확히 이해하여 그릇되지 않게 하기 위해서이다.

중생을 향한 여래의 근본 뜻이 무엇인가. 그것은 생로병사의 해탈을 가르친 것이다. 여래는 중생의 삶을 협력하는 조력자가 아니다. 여래는 중생의 삶에는 관여하지 않는다. 오직 중생으로부터 벗어나고자 하는 자를 위해 여래는 움직인다.

보통의 사람들은 불교가 중생의 삶을 도와준다고 생각하는데 그것은 큰 오산이다. 중생은 제 멋대로 내버려둘 때 가장 중생다운 몸짓이 나온다. 그들에게 종교라든가 도덕은 그다지 중요치 않다. 그냥 본능이 시키는 대로 자기 멋에 살다가 죽으면 끝이다고 생각하고 있기 때문에 불교까지 나서서 죽어가는 그들의 삶을 요란하게 덧칠해줄 필요는 없다.

또 사람들은 말한다. 불교를 믿으면 뭐가 좋으냐고 한다. 믿는다는 것은 지극히 개인적인 마음이다. 이 마음은 믿음을 가져본 자만이 안다. 무엇이든 가져보지 않은 자는 가진 자의 마음을 알 수가 없다. 그래서 여래께서 설하신 것을 믿지 않는 자는 어리석은 사람이다. 길이 괴로움을 받을 수밖에 없다고 **증일아함경**에서 말씀하시고 있는 것이다.

돈을 가져보면 알 것이다. 가진 자의 그 여유로움을 가지지 않은 자는 모른다. 피부에 감미롭게 달라붙는 명품의 속옷 느낌은 입어보지 않은 사람은 모른다. 그들은 늘어나고 뒤틀어진 속옷을 입고도 나름대로 잘 살아가고 있기 때문이다.

그만큼 불교는 그 믿음을 가져 본 자만이 안다. 뭐가 좋으냐고 묻기 전에 먼저 그것을 가져보면 그것이 얼마나 좋은지 스스로 금방 느낄 수가 있다.

그때가 되면 불교를 믿지 않는 사람들에게 연민의 정이 나온다. 정확히 과거에 자신이 거부하고 반항했던 그들이 이제 안타깝고 가련하게 보이기 시작하는 것이다. 그래서 무엇이든 가져보지 않은 사람은 가진 자의 마음을 존중해야 한다. 그들은 자기가 미처 가지지 못한 것을 이미 가지고 있기 때문이다.

불교의 근본교의는 중생들의 생사해탈이라고 하였다. 이 가르침 외에 다른 모든 종교와 학문들은 중생과 같은 방향으로 움직이고 있다.

하지만 불교는 반대방향으로 나아간다. 중생들은 모두 어둠 속으로 들어가는데 불교는 밝음 쪽으로 중생을 이끌어 간다. 어둠은 죽음이고 지옥이며, 밝음은 영원이고 안락이기 때문에 불교는 그들을 밝음 쪽으로 인도하는 것이다.

밝음의 원천은 불이다. 그래서 부처를 불이라고 한다. 불이 없으면 생육할 수 없을 뿐만 아니라 살아갈 수가 없다. 그러므로 불은 생명 있는 자에게 꼭 필요하다. 하지만 그렇게 좋은 것만큼 대단히 위험하기도 하다. 불은 잘못 다루면 자기는 물론 재산까지도 모두 다 태워버릴 수 있기 때문이다.

그래서 사람들은 불을 겁낸다. 그러므로 불은 어른들만 만지는 것이다. 아이들이 건드리면 큰일 날 수 있기에 그렇다. 어른들은 복이 많은 사람들을 말하고 아이들은 복 없는 자들을 뜻한다. 근기가 수승한 자만이 불교를 가질 수 있다. 복이 없으면 불교가 감당이 되지 않는다. 그래서 그들은 지레 겁을 먹고 불쪽으로 감히 오려고 하지 않는다.

고압선은 위험하다. 하지만 고압의 전기는 인간 세상에 반드시 있어야 한다. 잘만 다루면 엄청난 이익을 주지만 잘못하면 정말 큰일 난다. 그래서 어떤 전기든 그것을 다루려고 하면 반드시 전기에 대한 기본지식을 배워야 한다. 그러면 생활에 큰 풍요를 누릴 수 있다.

불교도 마찬가지다. 아무리 위험한 불이라 하더라도 불의 속성을 제대로만 파악하면 전혀 두려울 게 없다. 그 속성을 배우는 것이 바로 여래의 근본교의를 익히는 것이다. 그것을 제대로만 배우면 육체적으로는 고통이 없고 정신적으로는 번뇌가 없어지는 횡재를 얻는다.

불은 육신에게 필요하고 불교는 정신계에 필요하다. 불에 대한 사용법을 배우면 중생의 삶이 용이하고, 불교의 근본교의를 배우면 정신이 무한의 자유를 얻는다. 그래서 마명보살이 중생들에게 불교의 근본교의를 정확히 해설해 주어 그들에게 열반의 즐거움을 얻도록 하겠다고 하신 것이다.

그 밑의 대목이 대단하게 의미심장하다. 그것은 중생들에게 불교를 정확히 이해시키도록 하겠다는 것이다. 불교를 모르는 사람이 세상에 어디에 있나. 전부 다 불교를 안다고 한다. 하지만 정통의 불교를 아는 사람은 정말 극소수에 불과하다.

범부는 귀하고 소중한 것일수록 사실 가볍게 취급한다. 부모는 존귀하다. 하지만 사람들은 그렇게 존귀하게 생각하지 않는다. 공기와 물은 소중하다. 하지만 그것들도 너무 흔하다 보니 소중하게 취급하지 않는다.

불교는 소중하다. 하지만 천지에 절이고 보이는 것이 불교유적이다 보니 그렇게 귀중하게 여기지 않는다. 그렇지만 범부에게 위의 네 가지가 없으면 바로 범부는 큰 혼란에 빠지게 된다.

그래서 범부는 부모를 모시는 법을 배워야 한다. 그리고 물과 공기의 중요성을 익혀야 한다. 그리고 불의 원천인 불교를 정확히 배워야 한다. 지금처럼 어정쩡하게 알거나 수박 겉핥기 정도로 알아서는 결코 안 된다. 정확히 알아야 한다. 그렇게 하려면 지금부터 마명 보살이 불교의 근본 뜻을 해설해 주시는 말씀을 목숨 바쳐 경청해야 한다.

불교를 잘 모르면 신행이 엉망이 된다. 오류투성이로 범벅이 된다. 오류는 그릇됨을 말한다. 밭에다 뿌려야 되는 씨를 논에다 뿌리면 씨앗이 죽는다. 반대로 논에다 심어야 되는 작물을 밭에다 가꾸면 그 작물은 말라 죽는다. 힘들게 노동은 계속하는데 수확하는 소득은 없다. 그것이 바로 뭔가를 잘못 알고 움직이기 때문에 그렇다.

불교는 언제나 강조하는 말이지만 반드시 배우고 움직여야 한다. 그렇지 않으면 틀림없이 손발이 고생한다. 방향을 알고 가지 않으면 움직인 것만큼 손해를 본다.

그런데도 불교신자들은 불교를 배우지 않고 신행부터 먼저 하려고 한다. 참 대책 없는 사람들이다. 아무리 배우고 움직여야 된다고 입이 마르도록 충고해도 끝까지 막무가내다. 고집이 악어 뒤통수다. 그런 사람들은 그릇된 신행으로 반드시 개고생하게 된다. 바라보고 있자니 안타깝고 말하자니 듣지를 않는다. 딱해 보이지만 어쩔 수 없다.

起信論 三者爲令善根成熟衆生 於摩訶衍法堪任不退信故

세 번째는 선근이 성숙한 중생들에게 대승의 법을 가르쳐 주어 그 신심이 물러나지 않도록 하기 위해서이다.

여기서 분명히 알아야 할 사항이 있다. 대승의 법은 선근이 성숙한 중생이 받아 지닌다는 사실이다. 선근이 성숙하지 않으면 줘도 못 가지는 법이 이런 것이다. 어린아이 손은 사과하나 가지기에도 벅차지만 어른들의 손은 사과궤짝조차도 거뜬하게 들고 다닌다.

지금 이 글을 읽는 당신은 선근이 성숙한 자인가. 그렇다면 대승의 법을 받아들일 그릇이 된다. 하지만 그렇지 못하다면 이 대목은 아무래도 당신에게는 안 맞는 가르침인 것 같다. 그것은 꼭 자동차가 아무리 좋다고 해도 아이들에게는 핸들을 맡길 수 없는 것과 마찬가지다.

우리가 어릴 때 어른들로부터 간간히 듣던 꾸지람이 있었다. 그것은 바로 배 꺼진다 뛰지말아라 였다. 골목에서 뛰어다니면 으레 이 소리를 들었다. 그런 어른들 눈에 요즈음의 등산행렬은 어떻게 비쳐질까. 기겁할 일이 될 것이다. 무슨 할 일이 없어서 비싼 밥 먹고 배 꺼주러 산에 돌아다니느냐며 심하게 힐난할 것이다.

밥 톨 하나가 물그릇에 들어 있어도 그것이 우려진 밥물이라고 그 물을 다 들이마시고자 했던 사람들에게 시꺼멓고 입에 쓴 커피 한잔을 오천 원이나 주고 마시는 것을 보면 과연 뭐라고 할까. 커피 한잔 값이 피보다 귀한 보리쌀 몇 되보다도 더 비싸다고 하면 그들이 과연 뭐라고 할까.

녹차 중에서 우전은 고급차에 속한다. 그런 우전을 정성스레 우려 배곯았던 농촌 노인에게 대접하면서 그 차 값을 말해주면 그 사람들 표정이 어떻게 변할까. 이 무슨 쇠죽냄새 같은 두렁풀 값이 쌀 한가마보다 더 비싸다냐 하면서 혀를 끌끌 찰 것이다. 그들의 삶에는 즐김의 문화가 없었다. 배고픔을 면하는 것이 삶의 전부였기 때문에 그렇다.

사람들은 이제 그 배고픔으로부터 벗어났다. 그래서 그들은 삶의 한 단계를 높여 문화를 즐기고 있다. 문화는 배부른 사람들이 삶의 풍요를 위해 누리는 수단이다. 영화를 보고 여행을 간다. 차를 마시고 스포츠를 즐긴다. 이러한 즐김은 배고픈 사람들에게는 진짜 언감생심의 차원이다.

모든 사람들의 수준은 거의 여기에 머물러 있다. 고작 배고픔을 면한 수준에 그치고 있다. 잘 알 것이다. 한때 길거리마다 고기를 팔던 가든이라는 식당이 정말 많이도 있었다. 진짜 동서남북 천지에 생고기식당들이 한정없이 널려 있었다. 고기 한 점 제대로 못 먹고 지내던 사람들이 돈을 만지다 보니 그 고기에 한이 맺혀서 참 끝도 없고 원도 없이 먹고 또 먹어치웠다.

그 게걸스러움이 좀 수그러지자 그 다음에 아작 낸 것이 생선회였다. 산간오지가 아니더라도 내륙지방 사람들은 생선에 목말라 있었다. 제삿날이나 되어야 고작 죽은 문어나 말린 상어고기 한 점 얻어먹을 정도다 보니 생선은 정말 꿈에 그리던 고기였다.

가끔가다 갈치 한 마리를 사려고 해도 아침 일찍 서둘러서 5일장에 가야 했다. 생긴 게 갈치 모양이지 이거야 원 몸통 전체가 성한 구석이 없을 정도로 하품 중에 하품만 진열되어 있었다. 쥐가 뜯어먹었는지 상해서 살점이 떨어져 나갔는지 몰라도 모양이 참 거시기한 갈치에 시꺼먼 왕소금을 잔뜩 뿌린 것을 새끼줄에 묶어 온종일 시장 바닥을 돌아다녔다.

소시장에 갔다가 신발가게에 갔다가 또 막걸리 집에 들렀다가 혹 가다 아는 사람 만나 담배 한 대 피울 때도 어김없이 그 갈치는 수도 없이 땅바닥에 내려놓고 들어올려지고 하면서 밤늦게야 집으로 겨우 가져올 수 있었다.

미국 소설가 어니스트 헤밍웨이가 쓴 노인과 바다의 줄거리가 이와 비슷하다. 산티아고라는 노인이 거대한 청새치를 잡아 항구로 끌고 오는데 수많은 흉상어들이 달려들어 그 청새치의 살점을 다 뜯어먹어 버린다. 노인은 결국 그 청새치의 앙상한 뼈만 끌고 항구에 다다르게 된다는 내용이다.

하지만 그들은 비록 잔모래나 흙 같은 것들을 수없이 묻혀 왔지만 그 다음날 아침은 온 동네에 갈치냄새를 풍길 수 있었으니 산티아고 보다는 더 나은 시장낚시를 했다고 해야 할 것이다.

그런 애잔한 추억을 갖고 자란 사람들이다보니 이제 고기를 넘어 생선에 손을 대기 시작했다. 처음에는 생선을 구워 먹고 조려먹다가 나중에는 생선회에 미치기 시작했다. 산중사람들이라 생선회 맛을 모르던 사람들이 졸깃하고 담백한 회 맛을 알고 난 뒤에는 그 감칠맛 나는 활어회에 환장하기 시작한 것이다.

그렇게 수십 년 동안 못 먹고 자란 한풀이를 다 했다. 그 한의 응어리가 끝날 때쯤에 사람들의 구강구조가 변해가고 있었다. 즉 질긴 것을 씹고 딱딱한 것들을 으깨기 위해 발달된 턱관절이 앞에서 뒤로 밀리기 시작한 것이다. 옛날에는 오로지 저작을 위해 아래턱이 크고 둥글었는데 이제는 거친 것을 먹을 필요가 없다 보니 달걀 같은 곡선으로 이쁘게 바꿔지게 된 것이다.

먹는 것이 해결되고 난 뒤 그 다음 단계로 노는 한을 풀려고 하였다. 허기진 삶에 쪼들리다 보니 마음 놓고 소리를 지르거나 떠들고 웃을 시간이 없었다. 그래서 그들이 만들어 낸 것이 노래방문화와 스포츠였다.

틈만 나면 삼삼오오 무리를 지어 노래방으로 갔다. 거기서 누구에게도 말 못하고 가슴에 응어리져 있던 애환을 노래로 해소했다. 참 많이도 부르고 흔들었다.

스포츠도 마찬가지다. 프로야구나 축구경기를 보면서 가슴에 쌓인 울분과 설움을 마음껏 토해 내었다. 고함도 목이 터져라 질렀고 욕설도 입에서 나오는 대로 다 뱉어 내었다. 이제 진짜 해볼 거 다 해봤다. 먹는 것도 양껏 먹었고 노는 것도 원대로 놀아 보았다.

사람들은 거기서 만족하지 않았다. 이제 여행이다. 그들이 본격적으로 사찰구경을 하고 부터 경내에 무시로 돋아나던 잡초가 사라졌다. 생명력이 강한 잡초를 제거하기 위해 우리는 시간만 나면 드넓은 도량에 여기저기 쪼그리고 앉아 호미를 들고 힘들게 풀을 매었는데 고맙게도 그들이 그 풀뿌리마저 다 밟아 죽여 버렸다.

그러던 그들이 외국으로 나가기 시작했다. 국내관광이 시들해질 무렵 해외관광자유화가 되자 그들은 보따리 대신 케리어를 밀고 오대양 육대주를 섭렵하기 시작한 것이다. 그렇게 틈만 나면 외국으로 나가고 짬만 나면 여행갈 동지를 모았다. 이제 그것도 한풀 꺾였는지 아니면 다닐 곳 다 다녀왔는지 여행 붐이 좀 숙지막한 것 같다. 정말 피곤하기도 하고 질릴 때도 된 모양이다.

거기서 한 발자욱 나아간 것이 바로 정적인 삶과 서정사고다. 서로 경쟁하듯이 산을 넘고 바다를 건너보아도 사람 사는 세상은 다 거기가 거기라는 생각에 봇물처럼 터지듯 동적 움직임이 정적 움직임으로 가라앉기 시작한 것이다.

온몸으로 부딪치는 삶 대신 마음으로 섬세하게 터치하고 가슴으로 잔잔하게 느끼는 서정적인 삶을 도모하는 데 관심을 기울이기에 이르른 것이다. 그래서 조용하고 느린 삶을 즐기기 위해 분위기 있고 뷰가 좋은 찻집을 찾아 다식을 즐기며 인생의 정담을 나누는 정도까지 올라간 것이다.

여기서 삶의 질이 한 수 더 올라가면 이제 인생이 무엇인지에 대해 철학적인 사고를 하게 된다. 그 다음 단계가 종교다. 그 위에 마음이 있다. 그러니까 범부가 자기 마음에 대해 관심을 갖는다는 것이 얼마나 어렵고 차원 높은 일인지 이제서야 알 것이다.

그 전에는 모른다. 절대 알 수가 없다. 고작 먹고 즐기는 차원을 넘어서 문화적 수준까지만 올라온 사람들에게 이 마음의 세계는 허공 저 끝보다도 더 멀리에 있는 것이다. 그런 마음속에 대승이 들어 있다고 하는데 누가 그것을 믿으려 하며 누가 거기에 관심을 기울이 겠는가다.

그래서 대승은 선근이 성숙한 자에게 말을 해야 그것이 통하고 그 것을 이해하며 그것을 증득하려고 하는 것이다. 그런 통 크고 가슴이 넓은 자들에게 대승을 가르쳐서 그 대승에 대한 믿음이 뒤로 물러나지 않도록 하기 위해 이 논서를 쓴다고 마명보살은 말씀하시고 있는 것이다.

起信論 四者 爲令善根微少衆生 修習信心故

넷째는 선근이 미소한 중생으로 하여금 신심을 수습케 하기 위해서이다.

복 없는 사람들, 자기 혼자만 근근이 살아가는 사람들, 아니면 자기 가족하고만 이 넓은 세상 한쪽 귀퉁이에 땅 몇 평 사서 빠듯하게 살아가는 사람들, 정신적으로 여유가 없고 물질적으로 나눌 수 없는 팍팍한 사람들, 그 사람들을 일컬어 선근이 미소한 자들이라고 한다.

그냥 한 달 동안 입에서 단내가 나도록 뛰어다녀야 겨우 한 달 먹고 사는 사람들, 복이라는 말은 꿈속에서나 들려오는 아련한 소리로 여기는 사람들, 덕이라는 말은 동화 속에서나 있어야 하는 언어로 생각하는 사람들, 그러나 전생에 불교하고 인연이 있었던지 마냥 불교가 좋아 불교의 언저리를 맴도는 사람들, 그런 사람들을 일러 선근이 미소한 중생이라고 한다.

불상만 보면 절을 하는 사람들, 불법이라는 말만 들어도 그냥 기분 좋은 사람들, 스님들만 보면 왠지 모를 숙연한 기분이 드는 사람들, 석탑만 보면 합장하는 사람들, 그런 사람들을 일러 선근이 미소한 중생이라고 한다.

마애불상을 보면 순간 가슴이 뭉클해오는 사람들, 불교를 욕하는 소리를 들으면 자신도 모르게 변호하는 사람들, 사찰을 파괴하는 행위들을 보면 울분을 일으키는 사람들, 그 사람들을 일러 선근이 미소한 사람들이라고 한다.

불교의 큰 행사나 재일 같은 날 절에 가는 사람들, 누가 물으면 자기는 불교신자라고 말하는 사람들, 불교를 믿는 마음을 조금이나마 갖고서 선업을 행하는 사람들, 죄를 지으면 그 죄과를 겁내는 사람들, 누가 죄를 지으면 벌 받는다고 경고하는 사람들, 그런 가여운 사람들 모두를 일러 선근이 미소한 사람들이라고 한다.

아직도 인과의 도리를 믿고 있어서 무엇인가가 잘 풀리지 않으면 전생의 죄업과 연결시키는 사람들, 종교가 불교라 하지만 불교가 뭔지 확실히 모르는 사람들, 불교를 배우고는 싶지만 여유가 없어서 못 배우는 사람들, 그래도 불교를 말하면 가만히 들어주는 사람들, 그런 사람들을 일러 선근이 미소한 중생이라고 한다.

불교는 믿지만 신심이 견고하지 못하는 사람들, 누가 다른 종교를 믿자고 하여도 한사코 불교의 믿음을 붙들고 있는 사람들, 그렇게 버티다가 더 이상 견디지 못하고 결국 교회로 따라가는 가여운 사람들, 그런 사람들 모두를 선근이 미소한 사람들이라고 한다.

그냥 놔두면 믿음이 없어져 버리거나 조금의 나쁜 인연을 만나면 그 믿음이 비틀어져 버릴 수 있는 사람들, 그런 사람들의 믿음은 보호되어야 한다. 그러면 어떻게 보호해야 한단 말인가. 다섯 가지 수행을 스스로 하여야 된다.

그러면 그 공덕으로 보잘 것 없는 믿음이지만 현재 자기의 믿음이 보호될 수 있다. 그렇게 인도하기 위하여 마명보살은 이 글을 쓴다고 하셨다.

그러므로 신심이 익지 않은 사람들, 그릇이 하근기라서 아무리 불교를 배워도 모르는 사람들, 절에는 다니고 싶어도 시간과 돈이 없는 사람들은 이 대목을 눈여겨보아야 한다. 그러면 자기도 살리고 타인도 살리는 방법이 나온다. 분명히 기대해도 좋을 것이다. 마명보살은 그런 사람들을 결코 그냥 버려두지 않으시기에 그렇다. 그런 사람들을 위해 이 **기신론**은 저술되어졌기 때문이다.

起信論 五者爲示方便消惡障 善護其心 遠離癡慢 出邪網故
다섯째는 죄악의 업장을 소멸시키는 방법을 제시해 준다. 그래서 그 신심을 잘 보호해 주고자 한다. 그것은 어리석음과 교만심을 버리도록 해서 삿된 그물로부터 벗어나도록 도와주기 위해서이다.

참회가 없다면 정진은 없다. 잘못된 것이 없는데 무슨 별다른 정진을 한단 말인가. 그러므로 정진을 하려면 참회가 전제되어야 한다. 하지만 사람들은 참회하고 싶어도 참회하는 방법을 모른다. 부처님께 엎드려서 지나간 잘못된 행동에 대해 무조건 용서해 달라고 하는 부복회루가 전부 다다.

이 대목에서는 참회하는 방법을 제시해 준다. 어떻게 하면 자신의 죄업장을 소멸시킬 수 있는가에 대한 수단을 가르쳐 준다. 자신의 죄업장이 산같이 두껍고 바다같이 깊다는 사실을 인정하고 마음으로 절절이 후회하고 행동으로 지성껏 참회하는 방법을 일러준다. 이것이 선행되어야 그나마도 갖고 있는 신심이 보호될 수 있다.

신심을 향상시키지 못하는 이유는 어리석음과 교만이 막기 때문이다. 뜨거운 눈물을 흘리며 참회를 계속하는 사람들, 무릎연골이 다 닳을 정도로 자신의 죄업장을 녹이는 사람들을 우습게 보지 말아야 한다. 그들이 당신만큼 똑똑하지 못해서 그런 참죄업장을 하고 있는 것은 아니다. 그들은 자신을 위해 마음거울을 눈물로 닦고 있는 것이다. 하지만 그대는 그것을 구경만 하고 있다. 누가 더 똑똑한 사람인가?!

어리석은 마음은 버려야 한다. 교만심도 버려야 한다. 그러면 삿된 가치의 그물에 걸려 있는 자신이 해방될 수 있다. 범부는 모두 자신의 기준잣대를 가지고 있다. 그 잣대를 버리지 않는 한 절대로 상향되지 않는다. 어리석고 교만에 찬 사람들은 자신의 교만심을 더 견고히 하기 위해서 결코 참회하는 신행에 나아가지 않는다.

마명보살은 그런 교만의 삿된 그물에 갇혀 있는 자들을 해방시켜서 그 미소한 신심을 지켜 주기 위해 이 논서를 쓴다고 하셨다. 그분의 자비에 무한의 고개를 숙인다.

起信論 六者爲示修習止觀 對治凡夫二乘心過故

여섯 번째는 지관을 수습하는 방법을 제시한다. 그것은 범부와 이승이 갖고 있는 잘못된 마음을 고쳐 주기 위해서이다.

지관은 참선과 지혜를 말한다. 止는 참선을 말하고 觀은 지혜를 뜻한다. 이 둘을 모아 지관이라고 한다고 했다. 마명보살은 참선하는 이유와 그 방법을 분명하고 자세하게 제시하셨다. 그 방법은 6권에 아주 상세하게 잘 나올 것이다.

참선하는 이유는 이제 간단히 밝혀졌다. 참선하는 이유가 무엇인가? 그것은 범부와 이승들이 갖고 있는 마음기준이 틀렸다는 것을 인지시키고 그것을 고치고자 하는 데 있다고 하셨다.

범부의 정의가 무엇인가? 범부는 현재의 자기가 진짜 자기라고 여기는 자들이라고 하였다. 그렇다면 이승은 무엇인가? 이승은 성문과 연각을 말한다. 이것은 1권에서 대승을 풀이할 때 이미 다 설명하였다.

범부와 이승이 갖고 있는 그런 마음을 갖고서는 이 세상을 벗어날 수 없다. 범부는 범부대로 고통을 만들어내고 이승은 이승대로 작은 열반에 묶여 있다. 그래서 참선을 하여 그 묶임으로부터 벗어나야 한다. 하지만 그들은 모른다. 자신이 처해진 상태를 확실히 모른다. 그래서 그런 마음을 교정시켜 주기 위하여 참선을 해야 한다고 하셨다.

그렇다면 참선을 하면 어떻게 되는가? 참선을 하면 부처가 되는가? 그렇지 않다. 참선을 하면 복이 생긴다. 그 복이 있어야 비뚤어진 마음을 바로 하고 네 가지 믿음이 일어난다. 그렇다면 그 네 가지는 무엇인가? 그것은 앞으로 또 자세하게 설명해 줄 것이다.

범부에게 깨달음이란 인위적으로 이뤄지는 것이 아니라 복에 의해 깨달아지는 것이다. 그 복을 갖고 정정취에 올라간다. 그러면 불각이 된다. 불각의 수준은 어느 정도인가. 그것도 앞으로 시각의 대목에서 명확히 짚어 줄 것이다.

불교 TV를 시청했다는 어떤 사람이 와서 물었다. 원효성사의 오도송이 무엇이냐는 것이다. 왜 뜬금없이 그것을 묻느냐고 하니 어느 스님이 장엄염불 첫 구절인 청산첩첩미타굴이라는 사구 게송이 있는데, 그 게송이 원효성사의 오도송이라고 말씀하시더라는 것이다.

참고로 게송을 소개하고 그 숨은 뜻을 풀이해 드리기로 한다.

靑山疊疊彌陀窟 청산첩첩미타굴
蒼海茫茫寂滅宮 창해망망적멸궁
物物拈來無罣碍 물물념래무괘애
幾看松亭鶴頭紅 기간송정학두홍

첩첩산중은 미타굴이고
망망대해는 적멸궁이다.
물상과 마음 어디에도 걸리지 않으려면
송정에 앉은 학의 붉은 벼슬을 자세히 보라.

사실 이 선시만큼 승속에 많이 알려진 게송은 없다. 그래서 장엄염불 첫머리에 두고 있다. 하지만 이 선시의 주인공은 아직 누구인지 정확하게 밝혀진 바가 없다. 일설에는 나옹대사 선시라고 하지마는 그것은 다만 억측일 뿐이다.

나옹스님은 고려 말기 스님으로 인도의 지공스님제자이면서 무학대사의 스승이다. 그분의 당호가 매우 이색적이다. 나옹이라는 이름은 늙은 문둥이라는 뜻이기 때문이다.

이 게송은 여느 선시처럼 사구로 되어 있다. 첫째 줄의 청산첩첩미타굴은 제법의 현상을 뜻한다. 청산첩첩은 겹겹이 겹쳐진 중생세계를 표현하고 있다. 산을 넘으면 중생이 있고 또 그 산 너머에 또 중생들이 살고 있기에 그렇다. 중생세계는 굴곡이 있고 그 굴곡을 높고 낮은 청산으로 에둘러 읊었다. 그 청산 사이 중생이 사는 곳마다 자성미타가 보이지 않게 그들을 정화하고 있다는 뜻에서 굴이라는 글을 썼다.

두 번째 줄은 제법의 본질을 말하고 있다. 망망은 아득하고 끝이 없다는 뜻이다. 이 말속에는 굴곡과 가변이 없다는 뜻을 함유한다. 그런 곳은 천지에 적멸인 열반밖에 없다. 열반은 상태적으로 움직임이 정지되어 있고 작용적으로 거울처럼 평면으로 우주를 그대로 담고 있다.

궁은 굴과 달리 복덕과 지혜가 충만한 곳이다. 그래서 완성의 뜻으로 궁을 썼다. 현상은 협소한 굴로 표현하고 본질은 드넓은 궁으로 표현한 것이 흥미롭다.

세 번째 줄은 본질에서 인연으로 나타난 허상의 세계를 말하고 있다. 물물은 모든 물상을 뜻하고 염래는 그 객관적 대상을 생각하는 마음이다. 그러니까 물질과 마음을 의미한다. 그것들은 어디 하나에도 걸림이 없다는 것이다. 마음에 물상은 걸림없이 나타났다 사라졌다 하기 때문이다.

마음도 결국 실체가 없기에 걸림이 없다. 그런데 범부는 물상에도 걸리고 마음에도 걸려 고통을 만든다. 어떻게 하면 인연으로 나타난 물심의 허상으로부터 벗어날 수 있단 말인가. 그것은 마지막 줄에서 해답을 내어 놓는다.

네 번째 줄은 우리 마음속에 들어 있는 본각을 말하고 있다. 기간은 자세히 보라는 뜻이다. 기幾 자를 몇으로 보면 뜻이 나오지 않는다. 보통 다 그렇게 풀이하는데 그러면 안 된다. 幾는 자세하게 볼 기 字다. 이것은 유서인 **예기**에도 그렇게 쓰여진 문장이 있다.

송정은 소나무 속의 정자다. 소나무는 사철 언제나 푸르다. 정자는 안락의 장소를 뜻한다. 거기다가 학은 순수를 말하고 머리는 천지를 내다보는 역할을 한다. 그 위의 붉은 벼슬은 정확히 불성을 나타낸다.

그러니까 이 게송은 마음의 현상을 먼저 말하고 그 바탕은 적멸이라고 표현하고 있다. 여기서의 미타는 서방의 극락세계에 계시는 아미타불이 아니라 자신의 내면에 있는 자성미타를 말하고 있다. 이것을 **기신론**에서는 대승으로 표현하였다.

현상 속에서 우리 마음은 본질로 돌아가고자 하지만 우리 마음은 이미 본질에 있다고 말하고, 현재의 우리 모습은 본질을 들락거리는 허상이라서 걸림이 없다고 읊고 있다. 그 도리를 알려면 언제나 변함없이 독야청정한 마음의 불성을 자세히 관찰해 보라는 뜻으로 마무리를 지었다.

"원효대사의 오도송이 아니란 말씀입니까?"
"뚱딴지같은 소리."

결론부터 말하자면 이 게송하고 원효성사하고는 전혀 관계가 없다. 오도송이라는 말은 도를 깨달은 내용을 게송으로 읊은 것을 말한다.

그런데 원효성사가 도를 깨달으셨던가. 어디에 그분이 도를 깨달 았다고 직접 말씀하신 적이 있는가. 그분의 저술 300권을 넘게 다 뒤적여도 그런 말씀은 없다.

도를 깨달았다 안 깨달았다는 말은 조사선에서 하는 말이다. 대승 불교하고는 전혀 해당사항이 아니다. 도교에서 말하는 도 닦는 사람 들이 즐겨 쓰는 말이다. 스님들께 넌지시 물어보라.

"스님은 무엇하는 분이십니까?"
"도 닦는 사람입니다."

이렇게 대답하면 그 스님은 도교수행자거나 조사선 수행자일 확률 이 대단히 높다. 그러므로 정통불교 수행자라고 말할 수가 없다.

조사선은 신라 말에서 고려 초에 한국에 본격적으로 들어왔다. 주 로 중국의 마조선사 문하들로부터 유입되어 구산선문이 만들어졌다. 여기서 조사선이 힘차게 부흥되고 그 사상이 크게 드날렸다. 그러니 까 원효성사가 열반하신 지 약 200년이 지난 뒤의 일이 된다.

초발심자경문에서 **자경문**을 쓴 스님이 야운이다. 한때 이분이 원 효성사의 제자가 아닌가 하는 설도 있었지마는 그가 쓴 내용 가운데 조사관이라는 말이 나오는 바람에 고려시대의 스님으로 정리되기도 하였다.

그러므로 신라시대 때의 고승들에게서는 오도송이니 열반송이니 하는 그런 것들이 없다. 그래서 자장율사나 의상대사나 할 것 없이 어느 누구도 오도송을 남기지 않았다. 아예 그런 이상한 말조차도 없었다. 그런데 어찌 원효대사가 오도송을 남기셨겠는가. 참 우스운 일도 다 벌어지는 세상이다.

정리하자면 신라의 불교는 순수 대승불교고 고려의 불교는 대승불교에서 한 수 낮아진 조사불교다. 물론 이조불교와 지금의 불교도 조사불교의 맥이다. 그 조사불교의 폭풍같은 교세에 눌려 대승불교는 깊이 묻혀 버렸다.

그런데 이제 조사불교의 선법이 다됐는지 사람들의 선호가 예전 같지 않아 그 교세가 급격히 시들해져가고 있다. 그냥 두었다가는 조사불교의 바탕인 대승불교까지 존치의 위협을 당하게 되었다.

그래서 이제 한물 간 조사불교를 미련 없이 버리고 대승불교를 다시 회복하여야 한다는 것이다. 그 역할을 **대승기신론 해동소**가 선두에서 잘 이끌어줄 거라고 확신하고 그 바람막이로 먼저 **혈맥기**를 천지에 내어 놓은 것이다.

起信論 七者爲示專念方便 生於佛前 必定不退信心故

일곱 번째는 오롯한 염불방법을 제시해 준다. 그래서 부처님 계신 곳에 반드시 정정취로 태어나게 만들어 그 신심이 뒤로 물러나지 않도록 하기 위해서이다.

염불은 왜 하는가. 도대체 염불이라는 것은 무엇인가. 왜 절에서 염불을 권장하는가. 염불을 하면 어떤 공덕이 일어나는 것인가. 염불하면 현세와 내세에 어떤 이익이 있단 말인가. 여기서 말씀하시는 염불과 보통 절에서 외우는 염불의 차이는 무엇인가에 대한 설명을 해 줄 것이다.

여기에서의 염불은 어느 한 부처님이 계시는 곳에 태어나기 위해서이다. 그 부처님은 아미타불이다. 그 부처님이 계시는 곳이 극락세계다. 그 세계에 태어나 아미타불을 뵙도록 만들어주는 것이 **기신론**의 키워드다.

정정취라는 말은 부처의 후보자로 태어난다는 말이다. 중생을 편의상 세 부류로 나누었을 때 부처가 될 수 있는 확정된 무리를 정정취라고 한다. 아미타불이 계시는 극락세계에만 태어나면 부처가 되는 일은 떼 논 당상이다. 그러므로 정정취의 신분으로 태어난다고 하신 것이다.

그곳에만 태어나면 아무리 연약하고 깊이 없는 신심이라도 없어지지 않는다. 그뿐만 아니라 그 신심이 뒤로 물러나는 일도 없다. 그곳에는 그 신심이 떨어지도록 만드는 나쁜 인연이 없기 때문이다. 그렇기 때문에 누구든지 자기의 자그마한 믿음이라도 끝까지 지키려고 한다면 반드시 극락세계에 태어나야 한다. 그러면 그 작은 믿음을 갖고 거기서 부처를 이루게 될 수가 있다.

마명보살은 그런 복 없고 죄 많은 중생들이지만 순수한 믿음 하나만 갖고 있으면 모두 다 우주제일의 수행도량인 극락세계에 태어날 수 있도록 그 방법을 제시해 주시고자 이 논서를 쓰셨다고 하신 것이다.

起信論 八者爲示利益 勸修行故 有如是等 因緣所以造論

여덟 번째는 가르쳐 준 대로 수행하면 이익을 가질 수 있다. 그래서 그렇게 하도록 권하기 위해 이 논서를 쓰는 것이다.

이익이 없다면 누가 자신에 대한 믿음을 일으킬 것인가. 믿음을 일으키면 엄청난 이익이 자신에게 돌아온다는 확신을 가져야만 그것이 가능한 일이다. 그렇기 때문에 누구든 **기신론**에서 제시한 대로 수행하기만 하면 분명하게 이익이 있다는 것을 강조한 부분이 이 대목이다.

사람들은 얼마나 이익에 민감한지 모른다. 명예와 권력 재산 이 모든 것은 이익을 기준으로 나타나 있다. 이익이 없다면 그깟 것들은 아무짝에도 필요가 없다. 이익이 발생한다면 무엇을 못하겠는가. 오죽하면 양잿물도 공짜라면 그 공짜의 이익을 위해서 들이마신다고까지 했을까.

그러므로 **기신론**에서 말하는 대로 하기만 하면 반드시 이익을 본다. 이익을 원하는 사람들은 이 기회를 놓치면 안 된다. 남에게 창피를 당하거나 남을 상해하거나 남을 해롭게 하면서 이익을 챙기는 것이 아니다. 다른 사람들과는 전혀 상관없이 어마어마한 이익을 가질 수 있다.

세상의 모든 이익은 손해의 리스크가 있다. 하지만 이 이익은 손해가 전혀 없다. 움직인 것만큼 이익이 따라붙는다. 그러므로 똑똑하고 현명한 자들은 이 이익에 매달려야 한다. 그러면 결코 후회함이 없는 투자가 될 것이다. 그것을 마명보살과 원효성사가 보증을 해 주시고 있다. 그것이 권수이익분이다.

初問可見 答中有三 總標 別釋 後還總結

처음 물음은 가히 알 것이다. 답에는 세 가지가 있다. 전체의 뜻을 표시하고, 개별로 풀이하고, 뒤에는 원래로 돌아와서 전체적인 것을 결론짓는 부분이다.

　처음 물음은 무엇 때문에 이 논서를 쓰는가 하는 의문의 질문이다. 이 말은 무슨 뜻인지 바로 이해가 갈 것이다. 거기에 대한 답이 세 개가 있다는 말이다.

　첫째는 거기에 여덟 가지 이유가 있다는 것이 전체의 뜻을 표시한 것이다. 둘째는 여덟 개를 개별로 떼서 하나하나 풀이했는데, 그것이 개별로 풀이한 부분이고, 세 번째는 마지막에 이러한 인연 때문에 이 논서를 쓴다 라고 한 부분이 바로 원래로 돌아와서 전체적인 것을 결론짓는 부분에 해당된다는 말씀이다.

第二別解 八因緣中 初一是總相因緣 後七是別相因

두 번째로 개별적인 풀이를 하는 것에 여덟 가지 인연 중 첫 번째는 총상인연이고, 뒤에 일곱 개는 별상인연이 된다.

　조론팔유에 대해 앞에서 말했었다. 이 논서를 쓰는 여덟 가지 이유를 짧게 조론팔유라 부른다고 하였다. 이 가운데서 첫 번째는 뒤 일곱 개의 전체적인 내용이 되는 총상이고 뒤의 일곱 개는 개별적인 이유가 되는 별상이다는 것이다.

다시 말하자면 여덟 개의 이유 중에서 첫 번째는 핵이라 할 수 있는 총론이 되는 것이고, 뒤의 일곱 개는 분야별 특징을 갖는 각론이 된다. 즉 첫 번째는 일곱 개를 모은 뜻이 되고 각론은 일곱 개가 각각의 이유와 뜻을 갖고 있다는 말씀이다.

海東疏 初言總相 有其二義 一者凡諸菩薩有所爲作 每爲衆生離苦得樂 非獨在此 造論因緣 故曰 總相

처음 그 총상에 두 뜻이 들어 있다. 첫째는 모든 보살은 하시고자 하는 일이 있다. 그것은 언제나 중생들이 고통을 벗어나 즐거움을 얻도록 하는 데 있다. 그 마음은 이 논서를 쓰는 인연에만 있는 것이 아니다. 그래서 총상이라고 한다.

원문에서 일체의 고통을 벗어나 구경의 즐거움을 얻도록 한다는 것을 성사는 바로 이고득락이라고 표현하고 있다. 離苦得樂이고득락은 한자 그대로 고를 벗어나 낙을 얻는다는 말이다. 이런데서 한자의 묘미가 있다.

원문의 이일체고득구경락을 이고득락이라고 줄여버리면 복잡하지 않으면서도 그 속에 들어 있는 뜻을 모두 안고 있어서 대단히 이해하기가 쉽다.

離苦得樂이라는 한자가 무슨 자인지 모른다면 그 사람은 불교교리를 배우는 데 상당히 어려움이 있다. 이런 기본 한자조차도 모르는 국민이 오늘날 태반을 넘어가는데 어떻게 이 나라의 사람들에게 불교의 전법이 가능할 수 있단 말인가.

앞에서 한번 언급했지마는 누가 아주 교활하고 음흉하게 불교를 말살시키려고 한글전용을 부르짖지나 않았나하고 의심해 본다. 대승불교의 교리는 한자를 떠나서는 설명과 전법이 사실 불가능하다.

그중에서도 복이나 공덕 같은 언어는 불교수행에 있어서 절대적으로 필요한 최상의 언어들이다. 그런데 그런 언어들이 점차 사회 속에서 사라져가고 있다.

그런데 어떻게 복덕을 지을 수행을 가르칠 수가 있겠는가. 이제 그런 복덕같은 한자어 말을 하면 대번에 케케묵은 소리로 알레르기 반응을 일으키려 할 텐데, 어떤 언어로 불교의 수행법을 표현해 줄 수 있단 말인가.

이 땅에서 유교가 망한 이유도 여기에 있다. 없어져야 할 교리고 시대에 뒤떨어진 훈시들이지만 해방 후 급작스럽게 사라지게 된 이유는 신세대들이 한자로부터 멀어져버린 결과라 아니할 수 없다. 그래서 향교나 서당이 졸지에 전설 따라 삼천리 속의 교육장소가 되어 버렸듯이 불교사찰도 곧 그들과 같은 전철을 밟을 수밖에 없을 것이다.

어쨌거나 이 정도의 한자를 이해하는 데 어려움을 갖고 있다면 어떤 다른 말을 해 줘도 이해하는 데 한계가 있다.

그러므로 어쩔 수 없이 이런 한자 문구는 계속해서 쓸 수밖에 없다. 스마트폰만 봐도 애플에서 제공하는 모든 서비스 언어를 다 이해하지 못하고 필요한 부분만 골라서 쓴다. 마찬가지로 이것을 다 수용 못하고 필요한 부분만 이해한다 하더라도 인생에 엄청난 도움이 된다.

그러므로 어렵다느니 한글전용으로 해 달라느니 하는 말은 그저 구차한 요구거리밖에 되지 않는다.

발고여락이라는 말이 있다. 拔苦與樂발고여락은 중생의 고통을 뽑아주고 그들에게 즐거움을 준다는 뜻이다.

그러므로 이고득락은 그렇게 하겠다는 사람들의 바람이고 발고여락은 그렇게 하겠다는 사람들의 바람을 이뤄주는 구제자의 발원이 된다. 이 말은 이고득락하고자 하는 중생은 발고여락하는 분들의 가피가 있게 된다는 말씀이다.

海東疏 二者此因雖望立義分文作緣 然彼立義分 總爲解釋分等作本 此因亦通爲彼作緣 依是義故 亦解總相

둘째는 이 원인이 비록 입의분의 글을 끌어오는 반연이 되지만 저 입의분은 전체적으로 해석분 등의 근본이 된다. 그러다보니 이 원인 또한 저 해석분의 반연으로 통하는 것이다. 이런 뜻이기 때문에 또한 총상이라고 한다.

이 원인은 발고여락이다. 이것을 설하기 위하여 입의분을 내세운다. 그리고 그 입의분의 내용을 집중적으로 풀이한 것이 해석분이다. 그것뿐이 아니다. 해석분과 수행신심분, 그리고 권수이익분까지 모두 다 이 발고여락 때문에 쓰여 진 내용들이기 때문에 총상이라고 한다고 한 것이다.

팔만장경과 보살들의 구제사상, 조사들의 심지법문들은 모두 다

발고여락사상들이다. 그 어느 것 하나 이것으로부터 벗어난 것은 없다. 그러므로 발고여락을 불교 전체의 총상이라고 하는 것이다. 이 총상에 의해 이고득락하고자 하는 자들이 무한의 가피를 입는다. 그리고 고통의 세계를 벗어나 열반의 안락세계로 나아간다.

그러므로 발고여락의 구제를 받고자 하는 자는 우선 이고득락하고자 하는 마음을 가져야 한다. 그래야만이 제불과 보살의 구제가 작동하기 시작한다. 그것을 명심해 둬야 한다.

海東疏 言離一切苦者 分段變易一切苦也

일체의 고통이라는 것은 분단생사와 변역생사를 하는 모든 고통을 말한다.

일체의 고통은 생로병사다. 그것을 줄여서 생사라고 표현한다. 나고 죽는 그 속에 일체의 고통이 다 들어 있다. 그런 생사는 두 가지가 있다. 하나는 범부의 생사고 또 하나는 보살의 생사다.

범부는 마디마디의 생사를 한다. 태어남의 숙명이 있고 죽어야 하는 운명이 있다. 그 사이에는 자기가 죽고 싶어도 죽지를 못한다. 죽을 때가 되어야 죽는다. 그리고 이 세상에 태어날 때가 되어야 출생한다. 자기 임의대로 자기의 생사를 조절할 수가 없다. 이것이 범부의 생사고 그 이름을 분단생사라고 한다.

분단생사는 부모를 의지한다. 돈에 따라 육신이 거처할 장소가 정해지듯이 복에 따라 탁태될 부모가 정해진다. 그러므로 돈이 있으면 육체가 좋은 곳에 태어나고 복이 있으면 마음이 안락한 부모를 만난다.

우리는 흔히 부모가 자식에게 무한의 애정과 재물을 아낌없이 주는 분들이라고 생각한다. 그렇지 않다. 그분들도 조금 있으면 나에게 남이 되어 버린다. 인연에 의해 그분들이 나의 부모가 잠깐 되었을 뿐이지 내가 그분들께 모든 것을 조건 없이 혜택 받아야 할 권리는 없다.

그러므로 그분들의 은혜를 될 수 있는 한 다 갚아야 한다. 그래야만이 내생에 자식에게 빚진 부모가 되지 않는다. 부모자식 간에도 절대로 공짜는 없다. 받은 만큼 되돌려드려야 한다. 효도라는 이름을 빌려 그 은혜를 베풀어드릴 때 한량없는 공덕을 짓는다.

여기 좋은 예가 하나 있다. 부처님의 전생 얘기를 묶어놓은 **자타카**에 나오는 이야기다. 그중에서 가장 인상적인 한 토막이 있어 번역해 싣는다.

사바띠에 어마어마하게 재산이 많은 유명한 부자가 살고 있었다. 그에게는 너무나 사랑하는 아들이 하나 있었다.

어느 날 그 아들이 발코니에서 무심히 거리를 내려다보고 있는데, 수많은 군중들이 제타바나에 계시는 부처님께 향과 꽃을 올리려고 줄을 이어 가는 것을 보게 되었다. 그도 부처님의 법문을 들어야 되겠다는 생각으로 의복과 약, 그리고 꽃과 향을 구해 그 무리의 뒤를 따라 나섰다.

수도원에 도착하여 생필품은 비구들에게 나눠드리고 꽃과 향은 부처님께 지성스레 공양을 올렸다. 그리고는 공경스러운 마음 가득히 한쪽 구석으로 가 조용히 앉았다.

드디어 부처님의 설법이 시작되었다. 그는 겸손하면서도 조심스럽게 부처님의 가르침을 깊숙이 받아들였다. 탐욕과 어리석음은 나쁜 결과를 가져오므로 탐욕과 어리석음이 없는 성스러운 삶을 산다는 것은 하나의 축복이라는 것을 즉시 이해하였다.

거기서 그는 큰 감동을 받았다. 법회가 끝나고 난 뒤 부처님께 나아가 출가를 하겠으니 수계를 내려달라고 하였다. 그러자 부처님은 그것은 부모의 허락이 있어야 한다고 하셨다. 그래서 **근본유부비나야**에서는 출가할 때는 반드시 부모에게 허락을 받아야 한다고 되어 있다.

젊은이는 못내 아쉬운 마음을 누르며 집으로 돌아왔다. 그리고 부모에게 출가를 청원하였으나 부모는 그가 하나밖에 없는 외아들이므로 안 된다고 거절하였다. 그는 어떻게 해서든지 비구가 되어야 되겠다는 일념으로 부모가 허락해 줄 때까지 단식을 하기로 하였다. 그가 곡기를 끊은 지 일주일이 지나자 그토록 완고하던 부모의 마음도 어쩔 수 없이 누그러져 출가를 허락할 수밖에 없었다.

젊은이는 수계를 하고 부처님 밑에서 대단히 열성적으로 수행을 하였다. 그리고 부처님이 가르치신 불법을 이론적으로는 거의 다 이해하였다. 하지만 그와 수반되는 증과는 전혀 이루지 못하였다.

그렇게 제타바나 수도원에서 5년이라는 세월이 흘러갔다. 그러던 어느 날, 여기는 너무 번잡하다. 만약 내가 계속 여기에 머문다면 깨달음이 대단히 늦어질 것 같다. 그러므로 여기보다 더 깊이 수행할 수 있는 장소를 찾아 거기로 가는 편이 낫겠다.

이렇게 생각하고 부처님을 찾아가 간곡히 말씀드렸다. 부처님은 그의 청원을 갸륵하게 받아들이셨다.

그는 즉시 아무도 살지 않은 깊고 깊은 산속으로 들어갔다. 거기서 다시 5년 동안이나 깨달음을 얻기 위하여 줄기차게 정진을 계속해 나갔다. 하지만 그렇게 열정적으로 수행에 임하였으나 야속하게도 이렇다 할 깨달음은 아무것도 증득하지 못하였다.

그러던 어느 날 떠돌이 비구 한 사람이 그가 머물고 있는 토굴로 우연히 들어왔다. 그는 진심으로 그를 따뜻이 맞이하면서 어디서 오는 길이냐고 물어 보았다. 그러자 그는 지금 제타바나 수도원에서 오는 길이라고 대답하였다.

그가 제타바나에서 온 비구라는 사실을 알고 너무 기뻐서 눈이 번쩍 뜨였다. 그래서 부처님과 대중들이 어떻게 다들 잘 계시느냐며 안부를 여쭈었다. 객승은 부처님도 건강하시고 대중들도 다 무고하다고 하였다.

뒤이어 자기의 신분을 밝히지 않고 그의 부모에 대한 소식을 넌지시 물어보았다. 뭐 하는 사람인지 그리고 이름이 누군지에 대해 알려 주다가 나중에는 사바띠에서 크게 무역을 하는 유명한 부자라는 것도 자세히 말해 주었다. 그때서야 그 객승은 잔뜩 찌푸린 얼굴로

"아이고! 그 집 이야기는 하지 마십시오."
"왜요?! 무슨 일이 있어요?"

객승은 그 집 이야기는 언급도 하고 싶지 않다고 하였다. 갑자기

불안감을 느낀 그는 무슨 일인지 자초지종으로 얘기를 좀 해달라고 졸랐다. 그러자 그 스님은 잠시 머뭇거리더니만 다음과 같이 말하였다.

내가 듣기로는, 그 집에 아들이 하나 있었는데 출가를 해서 비구가 되었다더군요. 그가 부모 곁을 떠나자 그의 부모는 매우 상심하였답니다. 그래도 다행이라 여긴 것은 제타바나수도원이 그리 멀리 떨어져 있지 않아 수시로 아들을 보러 갔다는 겁니다.

하지만 어느 날 그 아들이 갑자기 행적을 감추었다는군요. 울며불며 부처님을 찾아 아들의 행방을 여쭈었더니 혼자만의 수행을 하러 떠났으므로 더 이상 찾지 않는 게 좋을 거라고만 하셨대요.

그때부터 그 노부부는 출가한 아들이 그리워서 사업과 재산에 대해 신경을 쓰지 않고 슬픔에만 젖어 있었대요. 그런 절망적인 생활이 지속되자 드디어 그 집이 망하기 시작했어요.

소작인들은 하나같이 그들을 속여 곡물을 적게 수납하고 임원들은 무역한 물건 값을 중간에서 다 편취해 버렸대요. 그 바람에 다른 직원들의 월급을 줄 수가 없는 파산지경까지 가게 되었답니다.

그들이 망할 것이라는 소문이 돌자 오랫동안 같이 사업하던 거래처들도 점점 그들에게서 멀어져 갔고 회계를 담당하던 자들도 자기들만 살기 위해 재빨리 재산을 빼돌리고 하인들도 이제 그들의 주인을 무능력한 노인들이라고 막 대들며 집안에 있는 값나가는 물건들을 마음대로 내다 팔기 시작했답니다.

이런 상태로 몇 년이 지나자 그 집안은 결국 쑥대밭이 되어 버렸어요. 그래서 그들은 어쩔 수 없이 궁궐 같은 대 저택을 완전 헐값에

팔지 않을 수 없었어요. 그리고는 사방으로 이리저리 얽힌 빚잔치를 했답니다. 그래도 얼마간의 돈이 남아 있었는데 믿었던 재무담당 사람이 또 그 돈을 들고 야반도주를 해 버렸답니다.

그들은 결국 쫄딱 망하여 밥을 얻어먹는 생거지가 되었답니다. 바짝 마른 늙은 몸으로 넝마를 걸치고 길거리에서 동전을 구하고 식은 밥을 얻어먹는 처지가 되었답니다. 이것은 정말 비극 중의 상비극입니다. 그래서 그곳 사람들은 누구든지 그 노인들 일을 입에 올리지 않으려 하고 있습니다.

이 기막힌 이야기를 다 듣고 있다가 그는 슬픔을 억제하지 못하고 그만 대성통곡을 하고 말았다. 그러자 그 객승이 너무 당황하여

"스님, 스님. 도대체 왜 그러십니까?"
"그분들이 바로 저의 부모님입니다."

그 객승은 너무 놀랐다. 도저히 믿어지지 않는 일이 눈앞에 벌어지고 있는 것이다. 황망함을 감추지 못하던 그가 자세를 바로잡고 그 스님께 조용히 충고했다.

"그 말이 사실이라면 그분들이 그렇게까지 폐인이 되어버린 것은 모두가 다 당신 때문이오. 그분들은 당신 부모요. 그러니까 이제 당신이 돌아가서 그분들을 돌보아야 하지 않겠소?"

스님은 애절한 슬픔을 가누지 못한 채 냉정히 자신의 처지를 살펴

보았다. 10년 동안 쉬지 않고 정진을 해 왔다. 그런데 아무것도 없다. 길도 찾지 못했고 결실도 없다. 나는 정말 수행하는 비구하고는 체질이 안 맞는 것인가. 아무래도 세속으로 돌아가 부모님을 정성껏 모시고 그 복덕으로 천상에 태어나는 것이 지선인가 보다 라고 생각했다.

이튿날 그는 그의 토굴을 그 객승에게 물려주고 사바띠로 출발했다. 하루빨리 부모님을 뵈어야 되겠다는 일념으로 돌아가다 보니 몇 일만에 사바띠 시내가 보이는 언덕에 올라설 수 있었다.

그런데 그의 앞에 두 갈래의 길이 나타났다. 하나는 사바띠 시내로 바로 가는 길이고 또 하나는 제타바나 수도원으로 가는 길이었다. 갈림길에 다다르자 그는 그 자리에 얼어붙듯이 서고 말았다. 어디로 가야 하나. 부처님인가 부모님인가. 그는 망설였다. 어디로 먼저 가야 하는 거지?

지나간 날 나는 부모님과 많은 시간을 보내었다. 내가 돌아왔으니 앞으로도 그럴 것이다. 그러니 지금은 어쨌거나 사바세계에서 정말로 뵙기 힘든 부처님을 먼저 친견하고 그분의 설법을 우선 들어야 되겠다. 그리고 내일 부모님을 찾아가야 되겠다. 이렇게 생각하고 그는 제타바나 수도원으로 가는 길을 택했다. 그때가 벌써 저녁시간이 넘어가고 있었다.

부처님께서는 늘 하시던 대로 혜안을 가지고 세상을 둘러보시고 계셨다. 거기엔 특별히 관심을 가지고 살피는 비구 하나가 있었다. 그분은 오랫동안 그 비구가 갖고 있는 잠재성을 가만히 지켜보고 계시던 중이었다. 그런데 그 비구가 그 토굴에 없었다. 어이된 일인가 싶어 다시 천안통으로 찾아보니 이미 당신이 계시는 제타바나 법회

장소에 와 있지 않는가.

그래서 부처님은 그를 위하여 **마투포사카경**을 설하시었다. 그 내용은 부모의 은혜를 10가지로 나누어 설법한 경이었다. 10가지의 제목은 그대로 두고 거기에 따른 부연설명을 내 나름대로 해 보기로 한다.

첫 번째는 임신을 기뻐하시는 은혜다. 내 영혼이 복이 있으면 나를 기다리는 곳으로 들어간다. 그러면 엄청난 환대를 받는다. 부모도 임신하였다고 좋아서 어쩔 줄을 모른다. 재산은 넘쳐나는데 물려줄 후손이 없어 고심하는 집안에 탁태되었을 때를 생각해 보라. 그 집안에서는 잔치를 벌일 것이고 그 부모들은 안도의 한숨을 내쉬게 될 것이다.

불교는 복 있는 사람들을 위해 설해진 가르침이라고 수도 없이 말해 왔었다. 이 경전만 하더라도 마찬가지다. 복 있는 사람을 중심으로 설하시다 보니 첫 번째 같은 말씀이 나온 것이다.

복이 없는 영혼들은 복 없는 태중에 들어간다. 그러다 보니 여자의 입장에서는 그것이 결코 반가울리 없다. 먹고 살기 힘들거나 받아들일 준비가 되어 있지 않았는데 기어이 그 영혼이 달라붙게 되면 사실 여인으로서는 대단히 황당할 수밖에 없다. 그러면 그들은 그 태중에서 쫓겨나거나 거기에 눌러 있다하더라도 온갖 천대와 멸시를 받는다.

이 글을 읽는 당신은 부모에게 임신의 환대를 받았는가, 아니면 무관심의 대우를 받았는가, 아니면 절망감을 받았는가. 환대를 받았다면 당신은 참 복 많은 사람이고 무관심 속에서 자랐다면 당신은 정말 복이 없는 사람이다. 마지막에 절망감을 받았다면 당신은 초대 받지도 않았는데 남의 자궁으로 임의로 들어간 참 뻔뻔한 영혼이었 다는 것을 인정해야 한다.

두 번째는 임신 중에 나를 보호해 주신 은혜다. 복 있는 영혼은 뱃속에서부터 극진 대우를 받는다. 조금도 불편하거나 성가신 일이 없도록 한다. 집안의 모든 대소사가 태아를 중심으로 움직이고 주고받는 언어와 먹는 음식이 모두 태아를 위주로 이루어진다. 금인 들 이보다 더 귀하며 은인들 이보다 더 소중할 것인가의 보살핌을 받는다.

그러나 복 없는 영혼은 가족들 전부가 다 거의 냉대다. 아무 데서 나 재우고 아무것이나 먹이고 아무 자세나 취하고 아무 말이나 다 한다. 태아의 건강보다도 그들의 먹을거리가 우선시되고 태아의 느 낌보다도 그들의 삶이 먼저가 된다.

그래도 끝까지 탯줄에 붙어 있으면 어떻게든 낳아줄 것이고 도저 히 못 견뎌서 나가면 나가는 대로 그만이라는 인상을 받는다. 하지만 쉽게 떨어져 나갈 수도 없다. 그 탯줄에서 나간다 해도 어딘들 자기 를 쉽게 환영해 줄 탁모가 없다는 것을 본능적으로 잘 알고 있기 때 문이다.

셋째는 안전하게 낳아주신 고마운 은혜다. 복 있는 사람들이 이 세상에 태어날 때는 대체적으로 힘들게 태어난다. 골반이 으깨지고 생살이 찢어지는 아픔을 감내하면서 새 생명을 내어놓는다. 새 생명과 자기의 생명을 맞바꾸는 고통과 긴장의 의식을 통과해야 한다. 그래서 진땀을 콩죽같이 흘리며 정신을 잃는다. 모든 기력을 다 쏟아 붓기 때문이다.

고등동물일수록 출산이 어렵고 신고하다. 그만큼 그 존재의 출생이 존귀하다는 뜻이다. 그러므로 그렇게 태어난 신생아는 금지옥엽이 된다. 남아나 여아나 상관없이 출생하자마자 엄청난 환호를 받는다. 산모는 산모대로 그동안의 노고를 칭찬받고 아기는 아기대로 애지중지의 귀여움을 받는다.

반대로 복 없는 사람들은 대체적으로 쉽게 태어난다. 그런 만큼 누구에게나 축복을 받지 못한다. 출생도 경제논리로 따지고 성별도 호불호로 나뉜다. 산모나 가족에게 기쁨보다는 걱정을 더 안겨준다. 이런 대우를 받고 태어난 자들이다 보니 앞날이 그리 순탄지만은 않다. 부모에게서도 환대를 못 받고 이 세상에 나타났는데 세상 어느 누구가 자기를 살갑게 대해 주겠는가. 참으로 힘들고 고독한 세상을 혼자서 헤쳐 나가야 한다.

넷째는 좋은 자리를 내어 주시는 은혜다. 자리에 의해 그 놓아지는 사물의 가치가 매겨진다. 가치를 모르면 가게의 제일 중앙 상단에 있는 물건을 눈여겨보면 된다. 그것이 그 집에서 최고로 값지고 귀한 것이라고 보면 틀림없다. 가장 소중한 것은 어디서나 최고로 좋은 자리를 차지하고 있기 때문이다.

복 있게 태어나는 아이는 더없이 부드럽고 안락한 자리에 뉘어진다. 집안에서 이보다 더 소중하고 값진 것이 없기 때문이다. 자리가 습하거나 바닥이 고르지 않은 곳에 아기를 두는 일은 없다. 부모는 진자리에 앉고 자식은 마르고 안전한 자리를 골라 눕히고 앉힌다. 이것은 꼭 먹을 것이 없던 시절에 밥상은 가마니판 위에 두고 본인은 맨땅에 앉아 밥을 먹는 것과 같다.

하지만 복이 없으면 아무 데나 내팽개치듯이 방치한다. 집에서는 쥐에게 쫓기고 밖에서는 벌레에게 뜯기면서 붓듯이 커나간다. 복 있는 생명은 쉽게 죽는다. 대우가 그 집 말고도 더 좋은 집이 많기에 미련 없이 떠나려 한다. 하지만 복 없는 생명은 아무렇거나 던져 놓아도 그 집 외에는 갈 곳이 없다. 그래서 악착같이 그 집에서 살아남으려 한다.

다섯째는 좋은 것만을 먹이시고자 하는 은혜다. 영아의 음식은 그 집에서 제일 맛나고 부드러운 것만 먹인다. 아무리 귀하고 찾기 힘든 것이라 해도 아이에게 필요한 것이라면 무엇이든지 구해 먹인다. 목구멍을 넘어가는 음식이라도 아이가 달라고 하면 주저없이 그것을 꺼내어 아이에게 먼저 먹이고자 한다.

아기들 옷이 아무리 비싸다 해도 어떻게든 다 사 입힌다. 값을 따지지 않고 성장에 필요한 고단위의 영양식단을 꾸린다. 부모는 졸지에 아이의 요리사와 영양사가 되어서 상전 모시듯이 시중을 든다. 어떻게 잘못 먹여서 배탈이 나거나 잠깐 방심해서 몸에 작은 상처라도 난다면 집안 식구 전체가 뒤집어질 정도로 비상이 걸린다.

복이 없다면 아무거나 먹어야 한다. 벽지도 뜯어 먹어야 하고 땅바닥에 흙도 집어 먹어야 한다. 그러면서 큰다. 거칠고 딱딱한 음식밖에 없다면 조모가 그것을 먼저 씹고 으깨어서 손자의 입에 넣어준다. 요즘같이 먹을 것이 넉넉한 시대에서는 결코 있을 수 없는 일이다.

고등동물들 중에서 금수들은 자식을 먹여 살릴 때 입과 입으로 그 먹이를 전해 준다. 먹이를 연하게 해 주는 역할뿐 아니라 그 음식이 갖고 있는 특유의 독성을 우선 순화시켜서 먹이는 것이다. 그 덕분에 새끼들은 다양한 질병에 걸리지 않고 무럭무럭 성장한다.

인간도 오래전에는 사실 그렇게 키웠다. 더럽다는 시각보다 순기능이 더 많았으니 놀랄 일만은 아니다. 충치가 전달된다거나 헬리코박터균이 옮겨진다는 것은 억측이다.

그렇게 안하는 요즘 아이들이 충치가 더 많다. 그리고 옛날 어른들의 위장에 헬리코박터균은 없었다. 오히려 건강염려증을 갖고 있는 현대 사람들에게 헬리코박터균이 더 많은 것만 보아도 금방 알 수가 있다.

여섯째는 젖을 먹여주시는 은혜다. 젖은 피다. 사람의 몸에서 가장 중요한 것이 이 피다. 이것이 가슴의 어느 선을 통과하면 젖이 된다. 정말 경이로운 메카니즘이다. 자식에게 젖을 먹인다는 것은 자기 생명의 피를 빼내서 먹이는 것과 같다.

복 있는 자는 이 젖을 먹고 자란다. 어떻게든 젖을 먹게 된다. 엄마가 더 이상 직장을 다니지 않고 모유수유를 하게 한다. 하지 않으면 하도록 만든다. 아빠가 엄마의 발목을 걷어차 버린다. 엄마가 발목을 삔다. 직장을 다닐 수 없는 엄마에게 아이는 따뜻한 젖을 얻어먹는다. 이것이 아이의 복이다. 그때부터 아이는 엄마의 품에서 엄마의 심장소리를 듣고 자란다. 자애로운 눈빛 속에 따뜻한 정감을 느끼면서 토실토실 커 나간다.

하지만 복 없는 아이는 다르다. 엄마가 아예 젖이 나오지 않는다. 냉동 젖이 아니면 소젖이나 소젖가루를 먹어야 한다. 그것도 감지덕지다. 배가 고플 때는 칭얼거리면서 허공에 손을 휘젓는다. 그러면 끈적한 젖병이 잡힌다. 그것을 빨고 그대로 던져버린다.

더 복 없는 아이는 풀죽 같은 미음을 먹고 자라기도 한다. 언제나 배가 고파 악을 쓰면서 울기만 한다. 그래도 누가 바로 달려오지 않는다. 숨 넘어가게 울고 또 울어야 짜증난 얼굴로 다가와 먹을 거 얼마를 주고 이내 또 가버린다.

일곱째는 더러운 옷을 세탁해 주시는 은혜다. 똥을 산 기저귀를 차고 있는 것은 고역 중에 고역이다. 사람으로 살았던 영혼이 다시 태어났을 때는 미치고 환장할 노릇이다. 말은 할 수 없지만 그 축축하고 불쾌함은 도저히 참을 수가 없다. 영아라고 해서 어른과 다를 바가 없다. 느낌이 어른보다 더 민감하다.

복 있는 아이는 이때 그것이 바로 해결된다. 딱새 어미가 새끼의 똥을 즉각 치워주듯이 엄마가 다가와 바로 기저귀를 갈아준다. 아이의 찡그린 모습이 이내 환한 얼굴로 돌아온다. 기분이 좋다는 재롱을 부린다. 엄마는 그 똥 묻은 기저귀를 빤다. 조금도 더럽게 느끼지 않는다. 더럽다면 이미 자기 자식이 아니다.

이런 세탁은 성인이 될 때까지 이어진다. 그래서 그들의 옷은 언제나 깨끗하다. 얼룩이 묻거나 때가 낄 시간도 없이 연방 세탁해 새것 처럼 입는다.

복 없는 자식들은 다르다. 똥을 싸고 자지러지게 울어도 일정 시간 은 그냥 방치다. 목이 쉬도록 울어대면 짜증스런 어투로 뭐라 궁시렁 거리면서 거칠게 뒤처리를 해 준다. 그리고 그냥 또 휙 나가버린다. 재롱을 부리고 싶어도 보아줄 사람이 없다. 가짜 젖꼭지를 물고 혼자 서 놀다가 쓸쓸히 잠이 든다. 영아 때부터 고독하고 외로운 삶이 연 속된다.

옷은 언제나 질감이 떨어지고 때 묻은 옷을 입는다. 유행에 뒤떨어 지고 더러워져도 부모가 관심을 가지지 않는다. 자식이 입는 의복에 신경을 쓸 만큼 그렇게 여유 있는 부모를 만나지 못했다.

그러다 보니 옷을 입어도 단정치 못하고 매양 후줄근하다. 그러다 좀 크면 자기가 자기 옷을 직접 챙기고 더러우면 자기가 손수 빨아서 입어야 한다.

여덟째는 언제나 나를 기다리시는 은혜다. 복이 있는 자식은 항상 부모의 관심 속에 있다. 언제 어디를 가고 오더라도 부모의 마음과 함께 움직인다. 몸은 서로 떨어져 있지마는 마음은 늘 하나로 연결되 어져 있다. 그래서 혼자지만 혼자가 아니다. 외롭고 힘들더라도 항시 부모의 숨결을 느끼고 산다.

부모는 언제나 자식을 기다린다. 처마에 등불을 매달아 놓고 자식 이 올 때까지 잠을 자지 않는다. 잔다고 해도 잠깐씩 선잠을 자며 자식의 발걸음에 귀를 기울인다. 그런 부모를 생각하는 자식은 어디에 있더라도 늘 부모의 품을 그린다. 그럴 때마다 휑한 가슴에 따뜻한 기운이 감돈다.

복이 없는 자는 부모가 자식이 어디서 무엇을 하는지 모른다. 그냥 무소식이 희소식이다. 서로가 애틋하게 보고 싶음이 없다. 연락이 안 와도 좋다. 자기들 먹고살기 바빠서 그렇겠지 한다. 가끔씩 보이면 반갑다고 하지마는 자주 보이면 귀찮다고 한다. 만나도 남 대하듯이 하고 언제나 서로 손익을 따지면서 어떻게든 손해를 보지 않으려고 한다.

집에 간다고 해도 부모가 기다리는 법이 없다. 삶에 지쳐 있는데 자식 기다리며 밤잠을 설칠 여유가 없다. 불을 끄면 기절하다시피 잠에 떨어져야 내일 또 벌어먹는다. 밥상을 차리기 귀찮으니 밖에서 간단히 요기를 하고 오라고 한다.

자식은 불 꺼진 집안에 들어가 자기 자리를 찾아 눕는다. 베개도 없다. 그냥 방바닥에 통나무 넘어지듯이 쓰러져 곯아떨어진다. 서로가 힘들고 고달픈 삶이다.

아홉 번째는 자식을 위해서는 무슨 짓이든 다 하시는 은혜다. 자기의 생명을 나누었기에 무엇을 아까워하겠는가. 그런 자식의 안위를 위해서라면 더 이상 무엇을 못한단 말인가. 해 줄 수 있는 것은 다 해준다. 자식을 향한 부모의 사랑은 무조건이다. 무엇이든 해 달라고 하면 안 해 줄 수가 없다. 자식 이기는 장사가 없다는 말이 여기서 나온다. 어디선가 들은 이야기 하나가 있다.

애꾸눈의 자식을 가진 과부가 살고 있었다. 남편은 오래 전에 이름 모를 병을 앓다가 죽었다. 자식은 어릴 때 혼자 마당 한구석에서 놀다가 넘어졌는데, 하필 뾰족하게 잘린 나뭇가지에 눈이 찔리고 말았다. 그래서 왼쪽 눈이 애꾸가 되었다. 그들의 생활은 비참했다. 겨우 남의 논밭 일을 해 주면서 입에 풀칠할 정도로 살아가고 있는 처지였다.

자식이 점점 장성해지자 자식이 도지를 짓는 논밭일이 많아졌다. 그래서 팍팍하던 그들의 삶이 조금씩은 나아져 가고 있었다. 문제는 그 자식이 장가들 나이가 되었다는 것이다. 그래서 그에 맞는 짝을 구하고자 하는데 이 자식이 황당하게도 그 마을에서 제일 권세있는 부잣집 딸을 마음속에 품고 있다는 것이다. 그 처녀가 아니면 절대로 장가를 가지 않겠다고 어미에게 떼를 쓰는 것이었다.

그 처녀는 곱고 예쁘기로 사방에 소문이 나 있었다. 거기다가 무남독녀이기도 해서 그 집에서는 아주 금덩어리보다도 더 귀한 그런 보물 같은 자식이었다.

그래서 남의 눈을 탈까봐 한 번도 밖으로 내 보낸 적이 없었는데 어떻게 그 처녀를 가슴에 품고 있게 되었는지 알 수가 없었다. 아마도 마을 사람들의 입담에 오르내리는 그녀의 공주같은 이야기에 넋이 나간 모양이었다. 그래서 자기 혼자 그녀를 맘껏 상상하며 극도로 흠모하고 있는 것 같았다.

그것은 불가능한 일이었다. 차라리 최진사댁 셋째 따님을 데리고 왔으면 데리고 왔지 그 처녀의 집안은 절대 난공불락이라는 것을 어미는 잘 알고 있었다. 쳐다볼 걸 쳐다봐야 하는데 이 경우는 뱁새가 황새를 쳐다보고 있는 것과 같은 격이다. 그러므로 이것은 너무나 무모하고 절대로 불가능한 억지인 것이다.

기가 막히는 현실을 접한 어미는 순간 말문이 막혀버렸다. 여기서 어미가 할 수 있는 말은 단 한마디다. 너의 마음을 알았으니 가만히 있어라. 이것은 다른 사람이 알면 큰일 난다. 그러니 너의 속마음을 결코 입 밖에 내어서는 안 된다고 다짐을 주는 것뿐이었다.

이런 어쭙잖은 상태로 하루하루를 겨우 보내고 있는데 기어이 불에다 기름을 붓는 일이 벌어졌다. 그것은 그 처녀가 곧 시집을 간다는 소문이었다. 그 소리를 듣고 자식은 아예 드러누워 버리고 말았다. 그녀를 곧 잃고 만다는 절망감과 허탈감에서였다.

그 처녀는 너의 배필이 아니라고 입이 닳도록 설명해 주어도 자식은 막무가내였다. 그 처녀가 아니면 이대로 굶어 죽어버리겠다고 했다. 아무리 타이르고 윽박질러도 한번 독하게 마음먹은 자식의 요구는 요지부동이었다. 그러다 자식은 결국 음식을 끊고 자리에 드러눕고 말았다.

나날이 죽어가는 자식을 보고 있는 어미의 마음은 억장이 무너지는 것 같았다. 어떻게든 살려내어야 하는데 어찌할 방도가 없다. 몇 날 며칠을 자식과 함께 곡기를 끊고 끙끙대던 어미의 뇌리에 번갯불 같은 생각이 하나 퍼뜩 떠올랐다.

그녀는 벌떡 일어나서 외출준비를 하였다. 자식이 어디 가느냐고 물었다. 어미는 자식이 이렇게 죽어 가는데 손을 놓고 마냥 있을 수만은 없지 않으냐 하면서 그 처녀를 어떻게든 만나야 되겠다고 했다. 그래서 목숨을 걸고 빌고 또 빌어 봐야 하지 않겠냐고 하면서 한숨을 쉬며 문지방을 넘어갔다.

외출에서 돌아온 어미의 얼굴은 희색이었다. 지성이면 감천이라고 하더니 그 처녀가 자식의 소원을 들어주겠다고 했다고 한다. 하나밖에 없는 오른쪽 눈빛이 바로 생기를 찾았다. 결혼은 힘들다고 했다. 하지만 하룻밤은 어떻게든 같이 보내줄 수 있다고 했다. 대신에 부끄러워서 얼굴은 절대로 보여줄 수가 없다고 했다. 그리고 대화도 일절 하지 말아야 한다는 조건을 달았다. 자식은 그 정도라도 어디냐며 자리에서 벌떡 일어났다.

어미는 말했다. 이것은 너와 나만이 아는 평생비밀이다. 발설했다가는 그 처녀가 큰 곤욕을 치를 수가 있다. 내일 모레는 그믐이다. 그날 밤 아무도 모르게 온다고 했다. 방에 불은 반드시 꺼야 한다고 했다. 그러니 아무 걱정 말고 너는 그때까지 기운을 차리고 그냥 기다리고 있으면 된다고 했다.

그믐날 저녁이 되자 자식은 목욕을 했다. 그리고는 특별한 옷도 없지마는 그중에서도 가장 좋아하는 색상의 옷을 골라 입었다. 흥분이 되고 심장이 떨렸다. 모든 준비는 어미가 다 알아서 해 주었다. 한밤이 되어가자 어미는 그 처녀를 데리러 간다고 했다. 그 처녀가 오면 어미를 찾지 말라고 했다. 다 큰 자식이 여자와 하룻밤을 치루는 데 어미가 보고 있다면 흉스러운 일이라고 했다. 자식은 당연히 그러시라고 했다.

이윽고 그 처녀가 왔다고 바깥에서 어미의 떨리는 목소리가 들려왔다. 심장이 터질 것 같이 쿵쾅거렸다. 곧 장포로 얼굴을 가린 처녀가 조심조심 칠흑 같은 방안에 들어왔다. 진한 분 냄새와 이상한 향

수냄새가 어찌나 강한지 콧구멍을 깊숙하게 찔렀다. 정신이 혼미할 지경이었다.

자식은 떨리는 손으로 그 처녀를 소중하게 안고 깨끗하게 펼쳐진 자신의 이부자리에 고이 눕혔다.

자식을 위해 그렇게까지 할 수밖에 없다면 그렇게라도 하시고자 하는 분이 어미다. 여름에 기력이 떨어졌다고 허약한 자식을 위해 닭 모가지를 비틀어 털을 뽑는 게 어미다. 평상시에는 바퀴벌레조차도 겁내는 어미가 자식을 위해서라면 그렇게 담력이 커지고 사납게 돌변하는 여자가 어미다.

그래서 어미의 치마폭은 천혜수호의 요새가 된다. 자식이 무슨 짓을 했든 그 속에만 들어가면 그 누구도 어떻게 할 수가 없다. 고기를 문 사자의 입에서 고기를 뺏으면 뺏었지 그 치마 속에 숨어든 자식은 뺏어갈 수가 없다. 목숨을 걸고 자식을 지키고 나서는 부모의 저항에 그 어떤 괴물도 손을 들고 만다.

하지만 복이 없는 자식은 이상한 부모를 만난다. 어릴 때부터 수없는 학대를 당한다. 자식의 배보다 자신들의 입이 우선이다. 담배나 술을 살 돈은 있어도 자식들의 군것질에는 인색하기만 하다. 장난감은커녕 그 흔한 동화책 한 권도 사주지 않는다.

길가다 넘어져서 자지러지게 울어도 애써 돌아보지 않는다. 악을 써서 울다가도 어미를 잃을까 주섬주섬 일어나 훌쩍이며 따라간다. 그나마 제때 따라가지 않으면 미련 없이 버리고 가기도 한다.

무릎에는 넘어진 흉터가 그칠 날이 없고 몸에는 해충이 물지 않은

곳이 없다. 길게 자란 덤불머리에 찌든 냄새가 배인 떨어진 옷, 지저
분한 몸에 새까만 손발톱, 질질 흐르는 콧물에 한 번도 닦지 않은
누런 치아, 덧니가 제멋대로 난 잇몸, 깡마른 체구에 불룩 나온 배,
각종 종기자국에 얼룩진 피부와 영양결핍에 나타나는 퀭한 눈동자를
갖고 유년시절을 보내게 된다.

부모는 매일 싸운다. 싸울 때마다 쌍스런 욕들이 터져 나오고 가재
도구들이 깨진다. 그럴 때마다 어린 가슴은 상처를 입고 기가 죽는
다. 학교를 다녀도 집안일 때문에 반은 결석이다.

비가 오는 날이라 해도 우산이 없다. 그 흔한 비료포대도 없이 그
냥 학교에 가라고 한다. 낡아서 미끌거리는 검정고무신을 신고 쏟아
지는 빗줄기 사이로 학교에 간다. 그렇게 젖은 몸으로 반나절이 지나
면 자기 체온에 옷들이 전부 말라 있다. 그런데도 통신표에 성적이
떨어지면 다른 아이들과 비교를 하면서 온갖 구박과 사정없는 매질
을 가한다.

커서도 마찬가지다. 학비는 모두 다 본인이 번다. 단 한 푼도 집안
의 도움을 받지 못한다. 학생이 아니라 노동자의 일상을 보낸다. 그
래도 부모는 자기 자식이 대학을 다닌다고 자랑한다.

군대도 마찬가지다. 내일 입대한다고 해도 들은 체 만 체다. 부대
에서 휴가를 나가도 반겨줄 가족이 없으니 기다리던 휴가조차도 나
가지 않는다. 집에 가도 그만이고 귀대해도 그만이다. 떡 쪼가리 하
나 없이 빈손으로 귀대하면 다른 동료들을 볼 낯이 없으므로 그냥
내무반에 눌러 앉아 제대할 때까지 버티며 산다.

사회생활을 하게 되면 시시때때로 돈을 달라고 한다. 카드는 언제나 연체고 공과금은 모두 다 자식에게 미룬다. 가장 듣기 싫어하는 말이 있다. 너거들 어떻게 키웠는데, 하는 말이다. 키운 게 아니라 컸을 뿐인데도 언제나 그 말을 한다. 또 있다. 자기들 삶을 살아 놓고는 너거들 보고 살았다고 한다. 지겹다. 전화가 와도 좋은 소식은 없다. 언제나 안 좋은 소식만 전하기에 전화벨이 울릴까봐 겁이 난다.

결혼을 해도 달라지지 않는다. 아무것도 해 주는 것은 없는데 해 달라는 요구는 많다. 배운 게 없는 사람들이 개똥철학같은 훈시는 빠지지 않는다. 부모라는 권위와 허세는 쩐다. 보기 싫고 듣기 싫어도 부모라서 어쩔 수 없다. 늙어갈수록 계속 돈 타령이다. 염치도 없고 절도도 없다. 자식 심정이야 어떻든 자기 하고 싶은 말은 다 한다. 삐치기도 잘 하고 염장질도 최고급이다.

열 번째는 끝까지 사랑해 주시는 은혜다. 부모의 사랑은 시작은 있지마는 끝은 없다. 자식을 향한 다함없는 사랑은 죽어도 변하지 않는다. 자식이 병고에 시달리면 대신 아프려고 하고 죽음에 처하면 함께 죽으려 한다. 이것이 부모의 지칠 줄 모르는 사랑이다.

부모는 자식을 연민으로 바라본다. 언제나 철없는 어린아이로 보인다. 그래서 항상 보호본능을 일으킨다. 팔십 먹은 부모의 눈에 비치는 육십 먹은 자식은 늘 가엾고 불쌍하다.

자식의 머리가 희어지거나 주름이 늘기 시작하면 부모의 애틋한 마음은 끝 간 데를 모른다. 늘 자식에 대한 무한의 안위와 걱정으로 간장이 타들어간다.

부모가 아파도 자식이 걱정할까봐 괜찮다고 한다. 뭐가 필요하냐고 물으면 정작 필요한 것이 있어도 하나도 없다고 한다. 뭘 사드리고 싶어도 줄여가면서 살겠다고 한사코 거절한다. 늙은 부모 걱정 말고 너희들이나 오순도순 잘 살아라 라고 다독여주고 힘을 실어준다.

하지만 복 없는 부모를 만나면 대책이 없다. 늙어가면서 더 뻔뻔해지고 더 낭비적이다. 말도 많고 탈도 많다. 그러면서 맛있는 것은 다 찾고 안락한 것은 다 누리려고 한다. 자식만 보면 항상 아프다고 엄살을 떤다. 매일 죽는다고 하면서도 몸에 좋다는 약은 어디서 구했는지 방안에 한가득 재어 놓는다. 효도하는 남의 자식을 보고 자기도 그렇게 받기를 원한다.

농 안에 입을 옷이 가득한데도 마땅히 입을 옷이 없다고 투덜댄다. 다른 자식들은 해외여행을 해마다 시켜주는데 자기는 자식 잘못 만나 외국도 자주 못 나간다고 엄살을 부린다. 앉으면 불만이고 누우면 타령이다. 자식의 삶에 격려는커녕 화닥증만 일으킨다.

그렇게 피하고 싶은 치매 증세도 보이기 시작한다. 건망증이 심하다 했더니 치매가 시작된다고 한다. 나이가 많으면 또 모르겠는데 뭐가 그리 좋다고 벌써부터 치매가 나타난단 말인가. 만정이 떨어지고 오장이 뒤틀리지만 나를 낳은 부모니까 버리지도 못하고 정말 어쩔 수가 없다. 미치고 환장할 노릇이다.

나의 경우는 정확히 후자에 속한다. 당신들은 어떠하신가? 좋은 부모를 만나셨는가? 나는 그렇지 않다. 이제까지 말한 것은 내가 복 없는 부모를 만나서 살아온 과거의 쓰라린 이야기다.

하지만 그래도 나는 아주 특별한 기회를 얻었다. 그분들을 통로로 이 험난한 세상에 태어났지만 그래도 천만다행히 불법이라는 것을 만났기 때문이다. 그 불법의 가르침에 의해 두 번 다시 복 없는 범부를 부모로 두는 일은 세세생생 없어지게 되었다. 이것은 내 인생 최고의 행운이며 최대의 축복이다고 말할 수 있다.

내가 만약 복 있는 부모를 만났었다면 우선적으로 육신은 편했을 것이다. 따뜻한 잠자리와 부드러운 음식에 이어 편안한 삶이 영위되었을 것이다. 하기야 동물들도 자기자식이 어릴 때에는 먹을 것을 세심히 챙겨주고 커서는 이 세상 살아나갈 방법을 다 가르쳐 주는데 복 있는 인간의 부모야 자식을 위해 뭣인들 못해 주겠는가.

그렇게 그 수준에 끝났을 것이다. 그것이 다였을 것이다. 정해진 죽음으로 나아가는 과정에서의 호의호식은 어떻게든 다 받았을 것이다. 사실 그것은 사형수에게 내려진 마지막 만찬 같은 허망한 행복인데, 그것을 모르고 그분들의 인생을 닮으려고 그쪽 길로만 열심히 뒤쫓아 갔을 것이다.

과정이 아무리 화려해도 결과가 엉망이면 빛 좋은 개살구에 불과하지만, 과정이 아무리 힘들다 해도 그 결과가 좋으면 그것은 성공한 삶이 된다.

결과적으로 나는 금생에 복 있는 부모 대신 불법을 만나 죽음의 철장에서 벗어나는 기회를 얻게 되었다. 그렇게 되도록 나를 낳아주신 그 복 없는 부모가 이제 고마워서 한없는 효도를 다하고 있는 것이다. 그래서 자동차 뒤 유리에

- 아이 대신 노부모님을 모시고 있습니다. -

라는 종이를 붙이고 가끔가다 짜장면을 먹으러 다니기도 한다. 부처님은 사람이 천지의 귀신을 섬긴다 해도 그 부모에게 효도하는 것만 못하다. 그 부모야말로 천지간에 최고의 신이기 때문이다 라고 **사십이장경**에 말씀하셨지 않으셨는가.

또 있다. 은혜를 아는 것은 선업을 여는 첫문이다 라고 **대지론**은 밝히고 있다. 부모의 은혜뿐만 아니라 사람은 모름지기 은혜를 입었다면 은혜를 갚을 줄 알아야 한다. 이런 마음이 기본이 되어 있지 않으면 그 사람은 단지 주민등록번호만 갖고 있지 어찌 사람이라고 할 수 있겠는가.

주자학에 나오는 말이다. 은혜를 베풀었으면 빨리 잊어버리고 은혜를 입었으면 절대로 잊지 마라고 했다. 참 아름다운 격언이다. 불편한 진실 같지만 속이 좀 뜨끔한 사람이 있을 것이다. 그들은 은혜를 베푼 것은 잘도 기억하고 있으면서 은혜를 입은 것은 까맣게 잊어버리고 있는 사람들이다. 그렇다면 지금부터라도 빚진 은혜를 갚도록 노력하면 될 것이다. 기분만 나빠하지 마시고 용기 있게 행동으로 은혜를 갚으시기 바란다.

보통의 사람들은 다음에 다시 태어나면 좋은 집안에다 훌륭한 부모를 만나고 싶다고 한다. 그들은 모두 금수저를 물고 태어나고 싶다고 한다. 참 언감생심 꿈도 야무지다. 이것은 한 푼 없는 거지가 10성급 호텔에서 10달을 놀고먹겠다는 심보와 다를 게 없다. 10성급 자궁호텔이 바보천치가 아닌 이상 그 거지를 반갑다고 그냥 받아들일 턱이 없다.

그래서 누구든 다음 생애에 좋은 부모를 만나려고 한다면 반드시 복부터 먼저 지어놓아야 한다. 그래야 존귀한 탁모를 얻을 수 있다. 그런 보험도 없이 그냥 대책 없이 죽으면 또 복 없는 부모에 복 없는 자식으로 태어나는 것은 자명할 수밖에 없다. 하기야 그런 입장이라도 사실 사람부모는 횡재일 수가 있다.

불행히도 금수부모를 만나면 첫날부터 비릿한 피 냄새부터 맡아야 하거나 살벌하기 짝이 없는 형제간의 생존투쟁을 벌여야 할 거니까 그렇다.

부처님께서 **마투포사카경**에서 말씀하신 내용은 복이 있는 부모자식 간의 내용이 주류를 이룬다. 복 없는 부모와 자식이라면 이것을 보고 서로 간에 끝없는 원망과 분노에 앞서 자신들의 박복을 먼저 탓해야 한다. 그래야만이 다음 생애를 보장받을 수 있다. 그렇지 않으면 그 악인연으로 내생에는 더 참혹한 인과의 관계가 만들어지게 될지 모른다. 조심해야 한다. 자기 자신을 위해서는 정말!

다시 본론으로 돌아와서 부처님께서 설법한 **마투포사카경**의 내용을 듣고 비구는 말할 수 없는 감동을 받았다. 그가 토굴을 떠날 때는 퇴속을 하여 세속인으로써 부모를 모셔야 되겠다고 결심했다. 그러나 부처님의 설법을 듣고 부모를 모시는 것은 비구의 신분으로도 가능할 것 같았다.

나는 5년 동안 숲속에서 고독하게 살았다. 중도를 잃고 고행주의자가 되어갔다. 나날이 나의 몸을 혹사시키는 모진 수행이 연속되었지만 그렇다할 증과는 없었다. 이제 내가 이곳에 살면서 수시로 부처님의 지도를 직접 받는다면 내 앞길이 훤해질 것 같다. 물론 비구로서 부모님을 모시고 살면서 그렇게 할 것이다 라고 다짐하였다.

이튿날 그는 걸식을 하러 사바띠에 들어갔다. 예전에 했던 것처럼 발우를 들고 시내를 돌아다녔다. 제일 먼저 죽이라도 받으면 바로 부모님을 찾아 그분들께 갖다 드리도록 해야겠다는 마음이었다.

실로 오랜만에 뵙게 되는 부모님인데 빈손으로 만나고는 싶지 않았다. 그래서 그는 먼저 죽이라도 얻어야겠다고 생각한 것이다. 다행히 그가 원하는 대로 공양을 받았다. 지체 없이 그는 그의 옛날 집으로 갔다.

객승의 말에 의하면 그의 부모는 혹시라도 출가한 아들이 한번이라도 돌아올까 봐 옛날 집을 떠나지 못하고 그 집으로 들어가는 길목에 살고 있다고 하였다. 먼 곳에서 보니 그 스님의 말대로 그의 부모가 옛집에 들어가는 길목의 바닥에 힘없이 앉아 있었다.

흙 담 벽에다 야윈 등을 기대고 머리를 산발한 채였다. 목숨은 질기고 모질다더니 겨우 묽은 수프 같은 저급한 음식을 구걸해 먹으면서 간신히 생명을 이어가고 있었던 것이다.

그런 부모의 모습을 보자 비기가 끓어올라 더 이상 다가갈 수가 없었다. 그저 장성처럼 서 있는 그의 눈에는 뜨거운 눈물이 하염없이 흘러내릴 뿐이었다. 그런 모습이 그의 어머니에게는 한 명의 비구가 걸식을 위해 자기들에게 다가서고 있는 것처럼 어슴푸레 보였다. 그래서 뼈마디만 앙상한 두 손을 모아 공손하게 합장을 하고서

"스님이시여. 우리는 가진 것이 없습니다. 그냥 지나가 주옵소서."

부모는 오랫동안 크나큰 고통에 절망적인 삶을 살아가다 보니 두 분 다 시력을 거의 잃어버렸다. 자식의 출가에 대한 허전과 상심, 사업의 실패, 거기다가 믿었던 사람들의 배신이 너무 큰 충격이었다. 그래서 가까이 와 있는 아들도 정확히 알아볼 수가 없었다. 황색의 가사와 발우를 든 행색으로 보아 그저 흔하게 거리를 돌아다니며 걸식을 하는 여느 스님으로 희뿌옇게 보였던 것이다.

그 소리를 듣고 스님은 또 다시 가슴이 찢어지는 비통을 느꼈다. 어떻게 도저히 발걸음을 떼어 그분들께 다가갈 용기가 나지 않았다. 노모는 두 번에 이어 세 번까지 똑같은 말을 번복하면서 가진 것이 없어서 공양을 올리지 못하는 자기들의 처지를 용서하라고 중얼거렸다. 그래도 움직이지 않자 그때서야 그의 부친이 조용히 말했다.

"할멈. 혹시 우리 아들이 온 것 아니오? 가서 한번 확인해 보시오."
"네에?!"

그 소리에 그의 어머니가 황급히 일어나 그에게 비틀거리며 다가왔다. 그리고는 가슴이 메어 눈물만 흘리고 있는 그의 발을 조심스럽게 더듬기 시작했다. 얼마 지나지 않아 노파는 가느린 손을 부르르 떨면서 자기 아들이 틀림없다고 소리쳤다. 그 소리에 놀란 그의 아버지가 절룩이며 다가와 그의 다리를 잡고 꺼이꺼이 울었다.

그렇게 세 사람은 한 덩어리가 되어 결코 떼놓을 수 없는 뜨거운 가족의 정을 통곡으로 나누었다. 그리고서 그들은 아들이지만 비구가 되어 있는 한 수행자의 발아래 무릎을 꿇고 공경의 예배를 지성으로 올렸다. 그러자 아들이 말하였다.

"부모님. 너무 슬퍼하지 마십시오. 이제부터는 제가 직접 모시겠습니다."

그는 걸식한 죽 한 그릇을 드렸다. 그들이 허겁지겁 게 눈 감추듯 밥그릇을 비우자 스님은 이제 자신의 배고픔을 해결하기 위해 다시 시내로 들어가 밥을 탁발했다.

그는 본격적으로 부모님을 모시기 위해 아무도 모르는 적당한 장소를 물색했다. 그리고는 나날이 먼저 걸식한 공양을 그의 부모에게 우선 가져다 드렸다. 그리고는 다시 그의 음식을 위해 또 시내로 들어가 탁발을 하였다.

힘이 들고 지칠 때는 **인욕경**의 말씀을 되새겼다. 선의 최상은 효도보다 더한 것은 없고 악의 최상은 불효보다 더 한 것이 없다고 하셨는데 나는 효도를 하고 있으니 이것도 선행의 수행이 아닌가 하면서 자신을 위로하였다.

날마다 비가 내리는 우기에는 두 번의 공양을 얻기가 정말 힘들었다. 그래도 그는 싫어하는 내색 없이 질퍽한 길을 이리저리 맨발로 다니면서 밥을 얻어 부모를 봉양했다. 그리고 우기를 잘 지낼 수 있도록 신도들이 제공한 비구의 생필품을 모두 부모에게 드렸다. 자신은 다 떨어진 옷들을 주워 와 아무도 모르게 흙물을 들여 기워 입었다.

보통 때는 부모와 자기 세 사람이 충분히 먹을 만큼 넉넉하게 밥을 얻어오는 날도 있었지만 어떤 때는 두 사람 양만 겨우 얻어오는 때도 있었다.

그때마다 스님은 속이 불편하다며 방문을 닫고 밖으로 나가 있기도 하였다. 문제는 아무것도 얻어오지 못할 때였다. 그럴 때에는 스님의 배고픔보다도 자기 앞에서 끼니를 굶고 있는 부모의 얼굴을 차마 죄송해서 쳐다볼 수가 없었다.

이런 힘든 생활이 계속되자 그는 점점 창백하고 수척해져 갔다. 그러자 걸식 중에 만나는 다른 비구들이 지나가는 말로 모두 다 한마디씩 하는 것이었다. 옛날에는 얼굴이 밝고 좋았는데 왜 요즘은 공양을 부지런히 얻으러 다니면서도 저리도 야위고 창백해 보이는지 알수가 없다고 하였다.

어디 심각하게 아픈 거는 아니냐면서 진지하게 묻는 자도 있었다. 그럴 때마다 그는 괜찮다고 하였다. 아무 데도 아프지 않다고 대답하였다.

그런데도 나아질 기미가 보이지 않자 몇몇 동료들이 일신상에 큰 문제라도 생긴 것이 아니냐며 진짜로 걱정을 하기에 이르렀다. 그때서야 할 수 없이 그는 지금 처해진 사실을 있는 대로 털어 놓았다. 감당하기 어려운 짐이지만 어떻게 할 수 없는 일이 아니냐며 눈물을 글썽였다.

얘기를 다 듣고 난 동료들은 크게 놀랐다. 하나는 출가한 비구가 아무도 모르게 자기 부모를 모시고 있다는 것이고, 또 하나는 시주밥을 사사로운 용도로 쓰고 있다는 것이다. 한참동안 할 말을 잊고 그를 쳐다보던 동료들은 점잖게 그를 꾸짖기 시작했다.

"부처님은 그런 것을 허용하지 않았습니다. 스님은 설령 부모라 하더라도 공양물을 세속인에게 주게 되면 경구죄를 범하는 것입니다."

여기서 참 특별한 것이 보인다. 한국불교 속에서는 동료들이 어지간하게 잘못해도 그냥 눈감아주는 경우가 허다하다. 부처님이 제정하신 계율을 파하거나 승가의 품위를 손상하는 눈꼴사나운 장면을 보더라도 당사자에게 대놓고 싫은 소리를 하지 않는다. 그 스님과 직접 나쁜 감정을 섞고 싶지 않기 때문이다.

다른 절 스님들이 잘못하면 욕을 바가지로 퍼붓다가도 자기 절 스님이 잘못하면 방편상 어쩔 수 없는 착한 잘못이 되어 버린다. 그만큼 한국 사람들은 친한 사람들끼리의 인정스러움이 다른 나라보다도 참 독특하고 짙다는 것만은 부인할 수 없다.

중국 수도원에 있을 때 있었던 일이다. 팽판이라는 스님이 있었는데, 독감을 심하게 앓고 난 뒤에 회복이 늦어져 골골거리고 있었다. 그것을 보다 못해 먼 친척뻘 되는 신자 한 사람이 시간 날 때 집에 한번 오라고 했다. 수도원 밥보다 더 맛있게 집 밥을 한 상 차려주고 싶었던 모양이었다.

그래서 어느 날 시간을 내어 그 친척 집으로 갔는데 거기에 마침 친척의 친구가 와 있었다. 친척 할머니는 출가한 스님이지만 그래도 안쓰러웠던지 식탁에서 이것저것 챙겨주면서 많이 먹으라고 권하였다. 그러다가 삶은 달걀 두 개를 내어 주면서 거절 말고 어서 먹으라고 하였다.

중국스님들은 철저히 채식주의자다. 그래서 빵이나 과자도 가려 먹는다. 그 속에 달걀이 들어가 있기 때문이다. 성분을 분석하고 달걀이 없다고 확인이 되면 그때서야 먹는다.

그것을 잘 아는 노친척이지만 그 스님의 건강을 생각해서 힘겹게 달걀을 내놓았던 것이다. 스님은 그러면 안 되는 줄 알지만 기력이 쇠잔해 가다보니 어쩔 수 없이 그것을 받아먹었다. 그것이 화근이 되었다. 그 친척 친구가 후일 사찰에 그 스님의 달걀육식을 고자질해 버렸기 때문이다.

내가 수도원장인 방장스님께 인사를 갔을 때 그 스님이 마침 이 일로 혼이 나고 있었다. 나중 방장스님께 이 이야기를 듣고 난 뒤에 나도 잘못하다가는 진짜 큰일 나겠구나 하면서 상당히 겁을 먹고 매사에 조심하면서 수행하였던 기억이 난다.

이와 반대로 한국 신자들은 참 인정스럽다. 진짜 어지간해서는 아무 말을 하지 않는다. 고기를 먹든 술을 먹든 담배를 피우든 돈 놀이를 하든 자기 스님의 행동에 대해서는 거의 시비를 걸지 않는다. 어떻게 보면 참 좋은 것도 같지만 다른 한편으로 보면 대단히 편협적인 이중성을 갖고 있다고 해야 하나 뭐 그런 것이다.

그러다가도 그 스님하고 일단 수가 틀어지게 되면 그때부터 사실 절단난다. 감당이 불감당이 된다. 인정사정을 가리지 않고 그 스님을 아주 난도질해 버린다. 하지만 그렇게 되기 전까지는 그래도 대체로

관대하고 후한 것만은 틀림없다.

다시 **자타카**의 이야기로 돌아간다. 그들의 날카로운 힐난을 듣고 그는 매우 당황하였다. 그는 연약하고 병든 부모를 모셔야 되겠다는 일념으로 그렇게 해 오다 보니 그것을 미처 생각하지 못한 것이다. 이제 동료들의 질타를 듣고 나니 너무 가슴이 아리고 슬펐다. 그러면서 말할 수 없는 부끄러움이 일었다.

결국 동료들은 그를 그냥 두지 않았다. 인정상 그냥 묵과하고 넘어갔다가는 상가 자체의 법도가 흔들릴 수 있기 때문이었다. 결국 그들은 이 기막힌 사실을 부처님께 직접 보고하고 말았다.

부처님은 신통술로 이미 이 사실을 알고 계셨다. 하지만 불법의 법칙을 견고히 다지기 위해서는 그에 맞는 처벌을 내리지 않을 수 없었다. 그래서 그분은 급히 그 스님을 제타바나로 불러들였다. 그리고 대중들 앞에서 취조하듯이 엄하게 물으셨다.

"사실이냐? 비구야. 걸식을 해서 세속인을 먹여 살렸느냐?"
"사실입니다. 부처님이시여. 저를 용서하소서."
"확인을 한다. 그들이 누구인가?"
"저의 부모님입니다. 부처님이시여."

계속되는 이야기는 부피 상 어쩔 수 없이 **혈맥기** 3권에 연재된다. 지금까지의 내용은 전체의 아주 작은 부분에 그치고 있기 때문이다.

중국 선종에서도 이와 비슷한 이야기가 있다. 대웅산호랑이라고 명성을 떨치던 황벽선사가 바로 그 주인공이다. 젊을 때 출가한 황벽은 눈 밝은 선지식을 찾아 천하를 주유했다. 그렇게 10년 동안을 구름처럼, 또는 물처럼 인연 따라 운수행각을 하였지만 실상 얻은 것은 아무것도 없었다.

10년의 세월은 강산도 변화시킨다는데 자기는 아무러한 수행의 증과가 없으니 생각은 다급하고 마음은 늘 불안하였다. 세상을 등지고 은둔해 있는 수많은 선사들을 찾아 다녔지만 자신을 직접 지도하고 이끌어줄 만한 인연 있는 스승은 그리 쉽게 나타나지 않았다.

그 무렵 단 하나밖에 없는 아들을 출가시킨 부모는 아들이 못내 보고 싶어서 견딜 수가 없었다. 밥을 먹어도 먹는 둥 마는 둥 하고 잠을 자도 자는 둥 마는 둥 하는 생기 없는 삶을 살아야 했다. 그러던 어느 날 그의 부친은 마침내 병을 얻어 시름시름 앓다가 끝내 죽고 말았다.

부친의 장례를 치르고 오갈 데 없던 그의 모친은 출가한 아들을 한 번이라도 봐야겠다는 일념으로 괴나리봇짐을 싸서 아들을 찾아나섰다. 하지만 중국 대륙을 누비고 있는 자식을 찾기가 그리 녹록치만은 않았다.

우선 발길이 닿는 사찰마다 들어가서 아들의 법명을 대고 그 행방을 물어보았다. 혹시 희운스님을 아느냐고. 희운은 황벽의 법명이다. 하지만 수백만 명의 스님들 속에서 아들을 찾는다는 것은 강바닥에서 바늘을 찾는 것만큼이나 불가능한 일이었다.

그땐 그랬었다. 출가한 스님들 수가 적어도 수백만 명은 넘었었다.

당나라 무종황제가 불교를 박해하면서 44,600여 절이 헐리고 26만5
백여 스님들이 환속을 당하였다는 기록을 보면 분명 그 정도 숫자는
넘어갔을 거라 생각된다.

군대 간 아들이 있는 사람은 군인들만 보아도 가슴이 뛰고 목이
메이는 것처럼 천지에 가득한 사찰마다 걸림 없이 오가는 스님들을
바라보는 출가승 어미의 마음은 어떠하였겠는가. 모두가 다 내 자식
같이 보이고 모두가 다 내 혈육같이 생각되어져 마주치는 스님마다
눈물이 삐져나오고 예사스런 움직임에도 심장이 울렁거려서 차마 눈
길을 돌리지 못하였다.

그렇게 애타게 찾고 목마르게 보고픈 마음이 사무쳐 결국 그녀는
시력을 잃고 말았다. 이제 자식을 찾아다닐 수가 없었다. 할 수 없이
당대에 최고 고승이 살고 있다는 백장산을 찾아 나섰다.

백장산에는 백장선사라는 걸출한 선지식이 살고 있었기 때문에 아
들이 틀림없이 거기로 올 것이라고 생각했기 때문이다. 천신만고 끝
에 백장산에 도달한 모친은 거지처럼 마을에서 밥을 얻어먹어 가며
사찰로 드나드는 스님들의 발을 씻겨드리는 일을 하기 시작했다.

눈이 멀어 자식을 알아보지 못하지만 왼쪽 발에 큰 흉터가 있다는
것을 알고 있었기에 발을 씻기다 보면 그 흉터를 찾아내지 않을까
해서다. 그 흉터는 어릴 때 뱀에 물려 제때 치료를 하지 못하다 보니
살이 조금 불룩 솟아나와 여느 발과는 만지는 느낌이 분명 다르다는
것을 알고 있었던 것이다.

그렇게 3년이 지난 어느 날, 그날도 예외 없이 일주문 앞에다 물동
이를 두고 한 분 두 분 스님들 발을 씻겨드리고 있었다. 그냥 지나치

는 스님이 없도록 간절한 목소리로 이 불쌍한 늙은이에게 복을 짓도록 해 주십시오 라고 애원했다.

그 애달픈 소리에 누구 하나 그냥 지나치지 않고 그 노파에게 냄새 나는 발을 잠시 맡겨주었다. 지성이면 감천이라고 했던가. 한 스님이 저 멀리서 발우와 장삼이 담긴 헤어진 걸망을 메고 삐죽삐죽 땀을 흘리면서 허덕허덕 다가오고 있었다.

걸어오는 진동과 움직이는 느낌에 의해 노파는 또 한 분의 납자가 오시는구나 싶어서 공손히 인사를 하였다. 그리고서는 발을 씻겨드릴 테니 신발을 벗고 발판 위에 발을 올려놓으라고 하였다. 먼 길을 걸어온 희운의 발은 지칠 대로 지쳐 있었는데 노파가 원하는 대로 신발을 벗고 물을 덮어쓰니 더 없이 시원하고 상쾌하였다. 그때 노파가 발을 씻기면서 어느 스님에게나 하듯이 희운에게도 물었다.

"혹시 스님은 희운스님을 아십니까?"
"예엣?!"

희운은 그때서야 소스라치게 놀랐다. 백만 볼트의 전기에 감전된 것처럼 심장이 멎어버릴 것 같은 충격을 받았다. 앞을 못 보는 봉사지만 고향에 있는 자기 모친의 모습과 음성이 틀림없었다. 희운은 넋을 잃고 내려다보았다. 단정하게 빗은 하얀 머리, 깡마른 체구, 여윈 어깨, 굵은 손마디, 틀림없는 자기 어머니였다. 그의 발을 씻기던 노파의 손이 순간 멈칫하면서 균형을 잃고 파르르 떨렸다. 그리고는 둘 다 한동안 아무 말이 없었다.

몇몇의 스님들이 다가와 그 고요를 깨지 않았다면 그 둘은 그렇게 굳어버렸을지 모른다. 노파는 떨리는 목소리로 왼쪽 발을 내어놓으라고 하였다. 희운은 왼발에 종기가 나 있어서 씻으면 안 된다고 하며 그 자리를 표표히 떠나갔다.

희운은 북받치는 감정을 주체할 수 없어 지그시 입술을 깨물었다. 피가 터져 나오는 아픔이었지만 전혀 아프지 않았다. 뜨겁게 흐르는 눈물이 앞을 가렸다. 장삼자락으로 눈물을 훔쳤다. 언뜻 뒤돌아보니 모친은 아무 일도 없었다는 듯 뒤따라오던 스님들의 발을 계속해서 씻겨주고 있었다. 단지 달라진 게 있다면 그때부터는 누구에게든 희운스님을 아느냐고 묻지 않았다는 것이다.

노파는 노파 나름대로 염불수행을 계속하고 있었던 것이다. 어지간한 염불수행의 내공이 없었다면 순간 그 비통을 주체하지 못하고 크나큰 실수를 저질러버렸을지도 모른다.

그렇지만 그녀는 이내 평정심을 되찾고 냉정을 유지하였다. 그 바람에 희운도 격한 감정을 진정시킨 채 자기에게 주어진 수행의 길을 옹골차게 계속해 나갈 수 있었던 것이다.

뿌옇게 보이는 모친의 모습을 뒤로하고 희운은 마음속으로 대성통곡하면서 불이문을 통과하였다. 그리고는 하늘을 우러러보며 고독하게 울부짖었다.

- 한 집에 한 스님이 제대로 나면 구족이 좋은 데 간다고 했다. 내 기어이 깨달음을 이루어 부모의 은혜를 갚을 것이다. -

고 맹세했다. 그리고 퉁퉁 부은 얼굴로 당대 최고의 고승인 백장선사 앞에 고목이 쓰러지듯이 자기를 던져 넣었다.

다시 본문으로 돌아와서, 변역생사는 삼현보살과 십지보살이 하는 생사다. 삼현보살은 복에 의해서 좋은 몸을 받고 편안히 살다가 때가 되면 죽는다. 그리고 다시 수행자로 태어난다.

십지보살은 원력으로 태어나고 인연에 따라 죽는다. 그분들도 형체적으로 세상에서 나고 죽는다. 그러므로 변화하고 바꾸는 죽음을 한다. 그래서 변역생사라고 한다.

중요한 것은 죽는다는 것이다. 죽음은 누구에게든 비극이다. 어쨌든 이 죽음은 그렇게 좋은 모습이 아니다. 하지만 죽어야 한다. 죽음은 극한의 고통을 유발한다.

범부의 죽음은 죄업에 의해 죽으므로 엄청난 고통을 일으킨다. 삼현은 복된 삶의 죽음이기 때문에 범부들보다 한결 쉬운 죽음을 한다. 그리고 십지보살은 중생을 위한 변역의 죽음을 하지만 그래도 죽음은 일단 죽음이다. 죽음으로부터 완전히 벗어난 자는 오직 한 분뿐이다. 그분은 부처님이시다.

그분 외는 다 죽는다. 나도 당신도 다 죽는다. 죽는다는 것은 겁난다. 무섭다. 정말 겁난다. 그러므로 죽지 않는 세계에 가고자 불교를 받아들이는 것이다. 그런데 뭐가 겁나나. 다른 사람들도 다 죽는데 하나도 겁 안 난다 하는 사람들에게는 불교가 필요치 않다.

죽음을 받아들이고자 느릿하게 자살해 가는 사람들에게 그들을 살리고자 하는 불교가 무슨 필요가 있겠는가. 죽음에 저항하여 끝까지 살아야 되겠다고 맞서 있는 자들에게만 불교는 진정 그것으로부터 벗어나는 훌륭한 도구가 되어주는 것이다.

海東疏 究竟樂者無上菩提大涅槃樂也
구경락이라는 것은 최고의 깨달음이 되는 대열반을 말한다.

구경락은 즐거움 중에서 최고수준이다. 즐거움을 누리는 데도 등급이 있다. 미물들은 즐거움을 모른다. 축생은 겨우 그것을 느낀다. 인간은 이제 즐거움을 안다. 인간 중에서도 가지각색으로 즐거움을 누린다. 아이들은 만화 한권에 즐거움을 일으키지만 어른들은 연인의 손을 잡고 3D 영화를 보면서 즐거움을 맛본다.

노래방 수준을 보면 대번에 알 수가 있다. 아이들은 반주가 없어도 노래를 즐긴다. 평범한 사람들은 노래연습장에서 나름대로 즐거움을 만끽한다. 하지만 그 위에 단란주점이 있고 더 환각적인 가라오케 주점도 있다.

더 나아가면 룸싸롱도 있고 더 올라가면 밴드가 대기하고 있는 특급룸도 있다. 돈에 따라 즐거움을 누리는 차원이 다르다. 그처럼 복에 따라 즐거움을 일으키는 정도가 천차만별이다.

수평의 세상을 넘어 수직으로 보면 인간의 즐거움은 정말 허접스럽기 짝이 없다. 고기 식당 구석진 곳에서 뼈다귀를 핥는 강아지가 어찌 석쇠 위에서 지글거리며 익어가는 소고기안심 맛을 상상이나 할 수 있을까.

공포에 떨며 수초 사이로 바쁘게 들락거리는 피래미가 어찌 대양을 유유자적하게 헤엄쳐 다니는 고래의 통 큰 즐거움을 알 수가 있을까.

마찬가지다. 인간이 지금 누리는 즐거움은 우리 위의 생명체가 누리는 즐거움에 비교하면 강아지나 피라미에도 미치지 못한다. 그만큼 우리가 추구하는 즐거움의 한계는 저급하고 얕기만 하다. 그러니 한 수 위의 세계에서 우리를 보면 뭐라 할 것인가.

기신론은 이런 볼품없는 범부들에게 그들이 상상할 수 없는 최고의 즐거움을 아낌없이 주고자 한다. 그러므로 이런 즐거움을 받으려 한다면 수용하는 수준부터 높여야 한다. 그러면 그 수준에 따라 거기에 맞는 즐거움이 주어지게 된다.

최고의 수준으로 자신을 높이면 최고의 즐거움을 누리게 된다. 그렇게 도와줄 것이다. **대승기신론**은 생사의 고통에서 허우적대는 범부에게 최고의 즐거움을 주고자 하는 데 그 목적이 있다.

그 최고의 즐거움은 위없는 깨달음을 얻었을 때의 열반락을 말한다. 그렇다면 깨달음도 단계가 있단 말인가. 그렇다. 그러나 위없는 깨달음은 이것 이상 더는 없는 경지를 말한다. 그것이 바로 무상보디고 무상각이다. 그러면 작은 열반이 아닌 대열반을 성취하는 즐거움을 얻을 수 있다. 이것이 정점이고 극점이다. 그러므로 대열반의 즐거움, 즉 구경락이라고 하는 것이다.

海東疏 非求世間者 不望後世人人天富樂也 名利恭敬者 不求現在
虛僞之事也

세간을 구하는 자가 아니라 함은 후세 사람들에게 인천의 부귀와
즐거움을 바라지 않는다는 뜻이고, 명예와 이익과 공경이라는 말은
현재에 허위적인 일을 구하지 않는다는 뜻이다.

　세상 사람들은 언제나 이익에 의해 움직인다. 거창하게 무슨 도리
니 명분이니 해도 모두다 손익에 의해 피아가 갈린다.

　그러다 보니 하다못해 보살이 논서 한 권을 써 내어도 모두 다 무
슨 일인가 하는 곱지 않은 눈초리를 보낸다. 우리에게 무슨 이익을
보려고 저렇게 책을 써 내어 놓았을까를 계산한다. 자기도 무슨 이익
이 있기에 우리에게 그 이익을 주려고 한다 하는 것이지 자기가 무슨
손해를 봐가면서 우리를 이익되게 하겠는가 하는 의구심을 갖고 바
라보는 것이다.

　하긴 그때 그랬었다. 논서가 활발히 저술되던 아비달마시대에는
자고 일어나면 누구의 봉정식이고 해가 뜨면 누구의 저술 기념식이
라 하면서 축하법회가 끊이질 않았었다. 한두 권도 아니고 썼다 하면
보통 수 십 권에서 100권씩을 넘어가다 보니 사람들은 그들의 학식
과 저력에 탄성과 환호를 보내고 저술자는 저술자대로 논서 계통에
큰 명예를 얻기도 하였다.

　그래서 마명보살이 직설적으로 말씀하셨다. 이 책은 오로지 중생
들 스스로가 이고득락하도록 그 길을 인도한 책이다. 나는 그렇게
원하는 자들을 발고여락해 주고자 하는 마음으로 이 글을 썼을 뿐

절대 다른 의도는 없다고 하신 것이다.

다른 의도란 후세 사람들을 제도한 공덕으로 이 인간세상에서는 좋은 가문에 태어나고 죽어서는 천상의 복락을 받으려고 하는 것은 아니다 라는 것이다. 사실 그때 당시에는 인도의 사성계급이 철석처럼 굳어져 있었기 때문에 좋은 집안에 태어난다는 것은 정말 행운 중에 행운이 되는 것이었다. 그래서 그런 바람은 없다고 하신 것이다.

또 하나는 후세 사람들에게 당신의 저술이 최고의 논서로 평가받아 그들로부터 존경과 칭찬을 받고자 하는 것은 아니다 라고 하셨다. 그와 동시에 현세에 명예와 이익, 공경을 받을 욕심으로 이 책을 쓴 것도 아니라고 하셨다.

나의 마음은 순수하게 중생의 안위를 위해 쓴 것이지 그런 것을 바라고 이 논서를 쓴 것은 아니다고 하신 것이다. 그 이유에 대해, 그것은 정말 헛되고 위선되는 일이기 때문이다고 덧붙이셨다.

[海東疏] 此下七種是其別因 唯爲此論而作因故 望下七處作別緣故
아래에 있는 일곱 가지는 개별적인 연유들이다. 그래도 그것들은 각각이 논서를 짓는 인연이 되는 것이다. 그렇게 일곱 항목이 모두가 다 각별한 인연이 되는 것이다.

조론팔유 가운데서 하나가 풀이되었다. 그 하나를 총상이라고 하고 그 나머지를 별상이라고 했다. 그 일곱 개의 별상들이 모두다 제각기의 뜻을 가지고 있지만 그것들은 이 **기신론**에서 말하고자 하는 총상의 특별한 이유에 포함된다는 것이다.

그 총상의 특별한 이유는 바로 이고득락이다. 이 내용을 벌리면 각각 일곱 개의 별상인 개별적인 이유가 된다. 즉, 별상이라 해도 그 뜻을 모으면 모두 총상에 들어가고 그 뜻을 펼치면 일곱 개의 별상이 된다는 것이다. 다른 말로 하자면 반연의 중심은 총상이고 총상의 나열은 별상이 된다는 말씀이다.

그만큼 조론팔유 가운데서 첫 번째인 총상의 뜻은 중요하다. 그것은 바로 불교 전체의 핵심인 발고여락의 구제사상이 들어 있기 때문이다. 이것을 모르면 부수적 가르침으로 백 개를 설명해도 결과적으로 아무것도 아닌 것이기에 그렇다.

[海東疏] 第二因者 解釋分內 有三段中 爲二段而作因緣 謂顯示正義 對治邪執

두 번째 인연은 해석분 속에 세 문단이 있는데, 그 중 두 문단이 여기에 속한다. 말하자면 현시정의와 대치사집이다.

현시정의라는 이름을 가슴에 딱 새겨 놓아야 한다. 현시정의는 정의를 나타내 보인다는 말이다. 정의란 부처님께서 원초적으로 말씀하시고자 한 가르침의 핵심이다.

그러니까 이 말은 부처님께서 말씀하신 45년의 정수가 되는 셈이다. 그러므로 현시정의를 기억해 놓아야 한다. 그 정의가 무엇인지는 이제 곧 나올 것이다.

현시정의에 의해서 술의의 첫 번째 문제가 해결된다. 술의를 기억하라고 했다. 술의에는 네 개의 의제가 들어 있었다. 그중 첫 번째가 중생들이 갖고 있는 의심을 제거해 주기 위해서 이 논서를 쓴다고 하였는데, 그 의심을 풀어주는 해석이 바로 이 현시정의에 의해서이다.

대치사집은 삿된 집착을 상대하여 다스려준다는 말이다. 그 삿된 집착은 인집과 법집인데, 위에서 여러 번 언급하였다. 보다 더 자세한 것은 저 아래 내용에서 다시 나올 것이다.

海東疏 顯示正義之中說云 依一心法有二種門 是二種門皆各總攝一切諸法 當知卽是如來所說一切法門之根本義

현시정의 가운데 설한 것은 일심의 법 속에 두 종류의 문이 있다는 것이다. 이것이 각각 일체의 모든 법을 다 가지고 있다. 마땅히 알라. 그것이 곧 여래가 설한 일체 법문의 근본 뜻이 된다.

우리의 일심 속에 두 종류의 문이 들어 있다는 것이 바로 부처님께서 말씀하신 근본 뜻이라는 것이다. 이것이 바로 현시정의다. 정의는 일심 속에 두 종류의 문인 진여문과 생멸문을 풀이한 것이다. 진여문은 부처의 세계고 생멸문은 중생의 세계를 말한다. 즉 우리 마음속에 부처와 중생이 들어 있는데, 어느 쪽 문으로 나아가느냐에 따라 부처도 되고 중생도 된다는 말씀이다.

진여문과 생멸문은 전 우주법계의 세계를 다 가지고 있다. 그러므로 이 둘을 벗어난 세계는 없다. 어떤 생명체건 간에 이 두 문 속에서 다 살아간다. 그러므로 이 둘은 일체의 모든 법을 총섭하고 있다고 한 것이다.

성사가 마땅히 알아라 라고 하신 것은 그만한 이유가 여기에 있기 때문이니 마땅히 알아야 한다. 즉 일심 속에 두 문이 있다는 것이 바로 부처님이 설한 근본 핵심이니 마땅히 알아야 한다고 하신 것이다.

海東疏 以是一心二門之內 無一法義而所不攝故 故言爲欲解釋如來根本之義也

일심 이문 속에 한 법도 포함되지 아니함이 없다. 그러므로 여래의 근본 뜻을 해석해 주기 위해서라고 하셨다.

부처님의 장광설법이 비록 많다고 하더라도 모두 다 이 一心을 二門으로 벌린 것에 지나지 않는다. 그러므로 팔만대장경이 아니라 백만대장경을 설하셨다 하더라도 이 一心 二門의 범주에 다 들어가게 되어 있다.

一心을 二門으로 벌리면 무량한 경전이 쏟아져 나오지만 二門을 모으면 一心 속으로 흔적도 없이 사라진다. 한 개의 촛불이 무량한 거울에 비치면 한량없는 촛불이 나타나지만 비쳐지는 거울을 치우면 한 개의 촛불만 남게 되는 것과 같다.

그래서 부처님의 전체 말씀을 이해하려면 일심을 궁구하여야 한다. 일심의 도리만 파악하면 45년 설법이 그대로 이해되어 버리기 때문이다. 그래서 조사선에서 경전을 보지 않고 바로 이 일심을 이해하기 위하여 화두란 깨달음의 방법을 제시했던 것이다.

海東疏 彼第二段對治邪執者 即令衆生捨離人法二種謬執 故言爲令衆生正解不謬故也

두 번째 문단의 대치사집이라는 것은 곧 중생들로 하여금 인집과 법집 두 종류의 그릇된 집착을 버리게 하는 것이다. 그래서 중생으로 하여금 정확하게 알게 하고 그릇되지 않도록 하기 위해서라고 하셨던 것이다.

두 번째 문단인 대치사집은 중생들이 갖고 있는 두 가지 집착을 버리도록 하는 데 그 의도가 있다. 두 가지 집착은 인집과 법집이라고 했다.

인집은 현재의 내가 진짜의 내 자신이라고 집착하는 것이고, 법집은 눈앞에 보이는 세계가 진짜의 세계라고 믿는 것을 말한다 라고 했다.

이 두 삿된 집착은 현시정의를 제대로 잘 배우면 바로 꺾어질 것이다. 그래서 현시정의를 정확히 이해시키고자 한다고 하셨다. 그래도 그 집착의 고집을 꺾지 않으면 이 대치사집 문단에서 집중적으로 그 고집을 교정시켜 줄 것이다. 그래서 삿된 집착을 상대하여 꺾어준다는 뜻에서 대치사집이라고 한 것이다.

海東疏 第三因者 爲解釋分內 第三段文而作因緣.

세 번째 인연은 해석분 속에 세 번째 문단이 그 인연이 된다.

세 번째 문단은 분별발취도상이다. 해석분 속에 세 문단이 있다.

첫 번째는 현시정의고 두 번째는 대치사집이며 세 번째는 이 대목이다.

분별발취도상이라는 말은 수준에 따라 발심해서 불도의 길로 나아가는 모습이라는 뜻이다. 즉 사람에 따라 초등학교에 가는 자가 있고 중학교에 들어가는 자가 있으며 고등학교에 들어가는 자가 있는 것과 같다.

이들 모두는 대학에 들어가는 과정을 등차적으로 배우듯이 이 무리들 또한 부처가 되어가는 과정 속에서 수준에 따라 발심을 하여 깨달음을 향해 수행의 세계로 나아가고 있다.

그래서 이 대목을 잘 이해하면 앞 술의 부분에서 세 번째로 말한 대승의 올바른 믿음을 일으키도록 한다는 말씀에 부합하는 것이다. 그러면 발심을 하여 부처가 되는 도상에 올라갈 수가 있다. 발심에는 근기의 우열에 따라 세 가지가 있다. 거기에 대한 자세한 것은 **해동소** 5권에서 다뤄질 것이다.

海東疏 彼文分別發趣道相 令利根者 決定發心進趣大道 堪任住於 不退位故 故言爲令善根乃至 不退信故

분별발취도상은 근기가 영리한 자들을 위한 글이다. 그들은 결정적인 발심으로 대도에 진취해 나아가는 자들이다. 그들은 불퇴위의 지위에 안주하고 있다. 그러므로 선근이 있어서 그 믿음이 뒤로 물러나지 않는다고 한 것이다.

분별발취도상은 수행자가 발심하는 양상이라고 말했다. 즉 세 가지 발심으로 깨달음을 향해 나아가는 상근기 수행자들의 모습이다. 이런 수행자들은 이미 대단한 근기의 소유자들이서 뒤로 물러나는 일이 없다. 그래서 성사는 이분들을 일러 근기가 영리한 자들이라고 하셨다.

이런 자들은 10주의 계위 위에 올라와 있다. 그래서 그들을 정정취의 수행자들이라고 한다. 그들은 대승의 불도에 정확히 안착해 있다. 그것은 너무나도 많은 세월 동안 선업의 뿌리를 심어 왔기 때문이다.

선근은 선업의 뿌리라는 말이다. 이 말은 믿음의 뿌리라는 말과 상통한다. 믿음의 뿌리를 신근이라고 한다. 이것은 위에서 이미 성사께서 한번 언급해 놓으셨다. 이 뿌리가 내려지면 불도에 들어가게 되고, 불도에 들어가게 되면 무궁한 보물을 얻는다고 하셨다. 그 무궁한 보물이 바로 발심의 도상에 들어간다는 말씀이다. 거기에 들어가면 이제까지 범부로써 상상할 수 없던 휘황찬란한 세계가 펼쳐진다. 그것이 바로 얻게 되는 보물 가운데 하나다.

海東疏 第四因者 爲下修行信心分初四種信心及四修行之文而作因緣 故言爲令修習信心故也

네 번째 인연은 저 아래 수행신심분 첫부분에 있다. 네 가지 신심과 네 가지 수행의 글들이 이 인연이 된다. 그러므로 중생들로 하여금 신심을 수습하게 하기 위해서라고 하였다.

네 번째 이유는 **해동소** 여섯 권 가운데서 6권 째에 나오는 수행신

심분이다. 다섯 권까지는 이론으로 마음을 배웠다면 여섯 권 째부터
는 이제 실천으로 마음을 수행하는 단계로 나아간다.

신심에는 네 가지가 있다. 그 네 가지 신심을 일으키려면 다섯 가
지 수행이 나오는데, 그 중에서 네 가지를 이 대목에서 설명한다.
네 가지는 보시와 지계와 인욕과 정진이다.

이 문단에서는 범부가 왜 바라밀을 닦아야 하는지 그 이유를 상세
히 설명해 준다. 이것을 배우지 않으면 복을 짓는 이유를 알 수가
없다.

그러므로 복을 지으려면 이 네 가지를 왜 어떻게 실천해야 하는지
먼저 배워야 한다. 그래야 신행에 시행착오가 일어나지 않는다. 여기
서 4信과 5行이 나온다.

海東疏 第五因者 爲下第四修行末云 復此若人雖修信心 以從先世
來多有重惡業障以下 說除障法五行許文而作因緣 故言爲示方便
消惡業障乃至出邪網故

다섯 번째 이유는 수행신심분 말미에 만약 사람이 비록 신심을 수행하
지만 전생부터 지어온 수많은 중죄와 악한 업장 때문에 한 그 이하
부분이 여기에 해당된다. 거기 5줄쯤에 죄악을 제거하는 방법이 나오는
데 바로 그 이유가 이것이다. 그러므로 말하기를 방편으로 악업장을
제거하는 방법을 제시해서 삿된 그물에서 벗어나게 하기 위함이다
라고 하셨다.

누구든 불교를 믿고 싶지 않은 사람이 그 어디에 있겠는가. 제대로

불교를 알면 반드시 믿고 따르게 되어 있다. 계속해서 하는 말이지만 이것은 자기 마음을 가르친 종교이기 때문에 진심으로 거부할 이유가 전혀 없다. 그런데도 따라 하지 않는 이유가 있다. 그것은 바로 전생에 지은 죄업장 때문이다.

업장이 두꺼우면 이 불교에 대해 두 가지 반응을 일으킨다. 하나는 아무리 설명해도 무슨 말인지 이해를 못한다. 귀도 열려 있고 머리도 잘 돌아가는데 유독 이 불교만은 가슴 속에 들어오지 않는다. 그럴 뿐만 아니라 아예 무슨 말인지 도통 감을 잡지 못한다. 이것은 비닐 옷을 입은 사람에게 물을 퍼부어 그 안에 옷이 젖도록 하는 것보다 더 힘이 드는 일이다. 한 시간을 입 아프게 얘기해도 일어나면서 뚱딴지같은 소리로 사람 허파를 뒤집어 버린다.

또 하나는 처음부터 들으려 하지 않는다. 불교라는 이야기만 나와도 손을 흔들고 고개를 저어 버린다. 불교하고 무슨 원수진 사람처럼 부처님이라고 하면 먼저 신경질적인 반응만 내보인다. 이런 사람들을 보고 업장이 두꺼운 사람이라고 한다. 그래서 **팔대인각경**에서 마음은 악의 근원, 몸은 죄의 덤불이라고 하신 것이다. 이런 사람들에게는 입이 닳도록 불법을 설해도 돌아서면 하나도 기억나는 게 없다고 해 버린다.

그들은 알아야 한다. 업장이 두껍다는 말은 쉽게 내뱉는 말이 아니다. 그 언어에는 엄청난 칼날이 들어 있다는 것을 알아야 한다. 즉 과거 전생에 나 때문에 얼마나 많은 사람들이 고통을 당했는가를 생각해 봐야 한다. 그들이 가만히 있지를 않는다. 왜 그들이 그런 억울한 일을 당했는데 그냥 있겠는가. 기회를 봐서 반드시 복수를 해 올 것이다. 그런데 불교를 믿어 해탈해 버리면 그들은 복수할 기회를 잃어버린다.

그래서 한사코 불교를 받아들이지 못하도록 그들의 원한이 장막을 쳐놓고 못 나가도록 막고 있는 것이다. 그것을 먼저 생각해야 한다. 얼마나 행해진 원한이 사무쳤으면 죽어도 놔주지 못하겠다는 그 처절한 복수심을 먼저 이해하여야 한다.

그렇게 빠져나가지 못하도록 쳐 놓은 장막이 삿된 그물이다. 죄를 지은 자는 무슨 수를 써도 빠져 나가지 못하는 촘촘한 그물이다. 그 속에 일단 갇히면 누구도 도망갈 수 없다. 일단 죄업의 그물에서 나와야 뭘 하든지 할 터인데 그 죄업의 묶임으로부터 절대 벗어날 수가 없다.

설령 죽을힘을 다해 탈출했다 하더라도 또 다른 죄업의 그물에 갇혀 버린다. 삐딱한 마음과 불온한 사상, 거기다가 삿된 종교를 좋아하는 쪽으로 들어가 그 속에 자신을 또 가둬 버린다. 문제는 자기가 그런 곳에 갇혀 있다는 것을 모르고 있다는 데 있다.

기신론은 그런 자들에게 먼저 당면한 현실을 직시시켜 그곳으로부터 일단 빠져 나오도록 그 방법을 도와준다. 물론 그가 지은 죄업의 대가는 충분히 보상하도록 한다. 그것이 바로 죄업을 없애는 참회와 방편이라는 수단이다. 그것을 정확히 가르쳐 줄 것이다. 정확하지 않으면 손발만 고생하고 효험이 없다. 그러므로 확실하게 죄업을 없애고 그 그물에서 벗어나는 방법을 가르쳐 줄 것이다. 그게 이 대목이다.

海東疏 第六因者 爲彼云何修行止觀以下 乃至止觀不具則無能入
菩提之道 三紙許文而作因緣 故言修習止觀乃至心過故

여섯 번째 이유는 어떻게 지관을 수행하느냐 에서부터 지관을 함께
닦지 않으면 깨달음의 길에 들어가지 못한다고 한 3장정도의 문장이
여기에 해당된다. 그러므로 말하기를 지관 수행은 마음의 과실을 대치
하기 위해서 라고 하셨다.

　마명보살은 지관의 수행에 대하여 3장 정도를 쓰셨지마는 원효성
사는 여기에 대해 장장 13장이나 되는 파격적인 지면을 할애하였다.
그만큼 성사가 보시기에는 이 지관의 수행이 다른 그 어떤 수행보다
도 더 중요한 부분이라 여기셨던 것이다.

　그분은 **유가론**에서 소승 성문들이 아홉 단계를 거쳐 마음을 한 군
데로 모으는 참선법을 인용하시면서 그것을 대승의 참선수행으로 짝
을 맞추는 자비를 보이셨다. 그러함으로 해서 소승에서의 심일경성
이나 대승에서의 진여삼매는 동일한 위치가 된다고 하셨다.

　이것은 마명보살이 미처 언급하지 않으신 소승수행을 참고로 인용
해 참선의 진행상황을 쉽게 이해하도록 자세하게 설명해 놓으신 것
이다.

　성사는 특히나 참선을 하는 수행자들이 맞닥뜨려야 하는 수많은
魔마들과의 대결을 아주 상세하게 언급하시면서 그 대치법을 조목조
목 세심하게 짚어주셨다. 그만큼 그분은 말세에 참선을 수행하는 자들
을 어떻게든 마의 공격으로부터 보호하고자 하셨던 것이다. 그 대목에
이르면 그분의 자비로운 마음씨가 가슴 깊숙이 느껴지게 될 것이다.

海東疏 第七因者 爲彼修行信心分末云 復此衆生初學是法以下 勸
生淨土八行許文而作因緣故 故言爲示專念方便生於佛前等也

일곱 번째 인연은 수행신심분 말미에 다시 또 중생들이 처음으로
이 법을 배우나 한 그 이하 부분에 정토에 태어나기를 권하는 여덟
줄쯤이 이 인연에 해당된다. 그러므로 오롯한 염불방편으로 부처님
전에 태어나는 것을 보여주기 위함에서라고 하셨다.

여기에 나오는 다섯줄은 누가 뭐래도 **대승기신론**의 백미이며 정수
가 된다. 이것을 우리에게 말씀하시고자 마명보살은 **대승기신론**을
쓰셨던 것이다.

그러므로 이 대목을 정확히 이해하지 못하면 **기신론** 전체를 외우
다시피 다 익혀도 이익이 없다. 옷을 제 아무리 화려하게 잘 만들어
도 마지막 단추가 없으면 제 기능을 발휘하지 못하듯이 이 가르침이
없다면 **기신론**은 공중에 뜬 허황된 이론밖에 되지 않는다. 그것은
기신론의 전반적인 가르침들이 박복한 범부들에게는 너무나도 요원
하고 난해하기만 해 전적으로 이익을 주지 못하기 때문이다.

중국에 유학을 갔던 신라의 스님들은 대부분 가문이 좋고 학벌이
출중했던 귀족들이었다. 거기다가 정통 불교까지 배웠으니 그들의
기세는 하늘을 찌르는 듯하였다. 그들의 학문은 끝이 없을 정도로
깊었고 그들의 법문은 돌장승이 춤을 출 정도로 심오하기만 하였다.

그러다 보니 신라불교는 완전히 궁중불교에다 귀족불교로 굳혀 가
고 있었다. 그런 결과로 보통의 범부들은 그들의 불교로부터 저 멀리
소외되고 철저하게 무관심이 되어져 갔다.

그때 원효성사가 혜성처럼 나타났던 것이다. 성사는 그런 범부들에게 당당히 말씀하셨다. 기죽지 마라. 제 아무리 그들이 똑똑하고 대단하다고 해도 이 한마디를 결코 넘어가지 않는다. 이 한마디만 제대로 가지면 그들과 그들을 따르는 귀족들보다 절대 못할 게 없다고 하셨다.

이 한마디가 바로 六字다. 즉 나무아미타불이다. 그러니까 이 여섯 자의 염불을 위해 기신론은 一心과 二門과 三大와 四信과 五行이 설해졌던 것이다.

원효성사가 내세운 이 육자의 깃발에 의해 신라의 평민들은 자나깨나 나무아미타불을 부르기 시작하였다. 언제 어디서나 평민이 사는 곳이라면 나무아미타불의 염불이 끊이지 않아 신라의 천촌만락이 불국토로 되어 갔던 것이다. 그때부터 귀족들이 갖고 있던 형식적이고 이론적인 불교가 내용적이고 실천적인 평민불교로 바뀌게 된 것이다.

그래서 **혈맥기** 겉표지가 바로 극락세계의 삼성=聖 그림으로 장식되어져 있다. 이 그림은 팔만대장경 판에 있는 **대승기신론해동소** 교재에 판각된 그림을 직접 영인한 것이다. 그만큼 이 그림의 뜻이 심장하고 의미 있기에 주저 없이 겉표지로 썼던 것이다.

나무아미타불, 그 육자의 의미와 왕생의 방법, 그리고 왕생하고 난 뒤의 생활 같은 것들은 이 대목에서 아주 잘 나오게 될 것이다. 하지만 복 없는 범부는 꼭 이 대목을 설명할 때 결석하거나 빠지고 만다.

海東疏 第八因者 爲彼第五勸修利益分文而作因緣 故言爲示利益
勸修行故.

여덟 번째 인연은 다섯 번째인 권수이익분 문장 전체가 그 이유가
된다. 그러므로 이익을 제시해서 수행하기를 권하기 위함에서다 라고
하신 것이다.

 부모가 자식을 학교에 보내는 이유는 무엇인가. 학문을 배운다는
것은 아이들에게 어떤 이익이 있기 때문이다. 그래서 돈을 들여 자식
을 공부시킨다. 현자와 성자가 범부들에게 불교를 권유하는 이유는
무엇인가. 불교는 그들에게 반드시 이익이 있기 때문에 간절하게 믿
으라고 말씀하시는 것이다.

 자식이 부모 말을 잘 들으면 효자가 된다. 반대로 부모의 바람을
저버리면 불효자가 된다. 어른들이 성자의 말씀을 잘 들으면 착한
어른이 된다. 어른들이 성자의 말씀을 거부하면 어떻게 될까. 못된
어른이 된다.

 식당도 착한 식당이 있듯이 어른도 착한 어른이 있다. 하지만 안
착한 식당이 더 많듯이 안 착한 어른이 더 많다는 데 문제가 있다.
그런데도 그들은 착해지려고 노력조차 하지 않는다. 그러면서 착한
아이나 착한 식당은 어떻게든 찾으려고 한다.

 부모가 자식에게 재산을 물려주면 자식은 고마워한다. 자식은 그
재산으로 육신을 먹여 살린다. 성자가 어른들에게 이 가르침을 주면
어른들은 고맙게 생각해야 한다. 그러면 이 가르침이 그들의 영혼을
해탈하게 한다.

그러므로 **기신론**은 세상에서 가장 가치 있는 상속으로 계속해서 이어져 가야 한다. 그러면 문제 많고 탈도 많은 이 중생들이 왕생의 목적의식을 갖고 살아가기 때문에 한없이 기뻐하고 밝은 삶을 살아갈 수 있게 된다.

그러므로 이 **기신론**은 사람이라면 이 세상에서 반드시 얻어 가져야 하고 기필코 자식에게 보물로 넘겨주어야 한다.

그래야 극락세계로 나아가는 대열이 끊어지지 않고 영원히 이어져 무량한 후손들이 무한의 이익을 볼 수 있게 되는 것이다. 그런 의미에서 이 권수이익분을 권칠보勸七寶 문장이라고 하였다. 즉 고단한 윤회의 삶을 접고 칠보로 된 누각에서 안락하게 살 수 있는 길을 열어 주신 대목이라는 뜻으로 그렇게 이름 붙인 것이다.

海東疏 次言有如是等因緣所以造論者 第三總結也 直顯因緣竟在於前

그 다음에 말한 이와 같은 등의 인연이 이 논서를 쓰는 이유라고 한 것은 세 번째로 전체를 결론짓는 부분이다. 인연을 바로 나타낸 대목은 앞의 설명으로 마친다.

여기서 그 유명하다는 조론팔유의 내용이 마무리된다. 조론팔유는 이 논서를 쓰는 여덟 가지 이유라고 했다. 그 이유 하나하나가 이제 조목조목으로 마명보살과 원효성사의 금과옥조같은 말씀들로 풀이될 것이다.

여러분들은 이 여덟 개의 항목 중 어떤 내용이 제일 맘에 드시는

가. 즉 어떤 항목을 집중적으로 배우고 싶으신가. 사람들은 주로 네 번째나 일곱 번째에 더 많은 관심을 기울이던데 당신은 어느 항목이 제일 마음에 와 닿으시는가.

과목에서 세 번째라는 말은 조론팔유를 설명할 때 성사는 세 대목으로 이것을 나눈 것을 말한다. 첫째는 전체적인 내용을 드러내고, 그 다음에 개별적인 설명을 하고, 마지막에 전체적인 것을 결론 맺는 순서로 엮어져 있다라고 하셨는데, 이제 마지막 세 번째의 결론을 내린다는 말씀이다.

起信論 問曰 修多羅中具有此法 何須中說
묻겠다. 수다라 중에 이런 말씀들이 다 들어 있는데 뭐 한다고 다시 말씀하시는 겁니까?

묻겠다는 것은 위에서 말했다시피 누가 물어서 묻는 것이 아니다. 이것은 누가 그렇게 반드시 물을 것이다는 전제하에 미리 선수를 친 자문자답이다고 했다. 내가 조론팔유를 중점적으로 쓴 **기신론**을 보고 어떤 누가 이렇게 시비를 걸어 올 것이 자명하다. 사람들은 좋은 것을 그냥 좋게 보지를 않는다. 반드시 거기에 대한 시비를 일으켜 태클을 걸 것이다고 예견하시면서 이렇게 자문자답한 것이다.

그 물음은, 당신이 말한 조론팔유는 이미 경전 속에 다 들어 있는 것이 아닌가. 그런데 왜 새삼스럽게 그것을 다시 말하고자 하는가 이다. 이런 자문자답은 앞으로도 종종 본문에서 보일 것이다.

수다라는 범어 수트라Sutra의 음역이다. 수트라는 꽃으로 꿰어진다발이라는 뜻이다. 즉 부처님의 말씀 한마디 한마디가 모여서 경전이 되었는데 그것은 한 개 한 개의 꽃이 모여 꽃다발이 된 것과 같은 것이다는 뜻이다. 좀 더 세분화하면 부처님 말씀 중에서 산문체로 쓰여진 경전 전체를 수다라라고 한다.

사람들은 성서는 바이블이라고 잘도 알고 이슬람경전은 꾸란이라고 주저 없이 대답하면서도 불교 경전에 대한 세계 공통어는 까맣게 모르고 있다. 이번 기회에 같이 좀 알아두어도 크게 손해 볼 일은 없을 것이라 생각한다.

海東疏 第二遣疑 有問有答 問中言經中具有此法者 謂依前八因所說之法 如立義分所立法義 乃至勸修分中所示利益 如是等諸法 經中具說

두 번째는 의심을 없애는 대목인데, 여기에 문답이 있다. 묻는 가운데서 말한 경전 가운데에 그러한 법이 구족되어져 있다. 말하자면 앞의 조론팔유는 입의분에서 내세운 法법과 義의에 이어 권수이익분까지의 이익들이다. 그와 같은 모든 법들은 경전 가운데 이미 설하여져 있다.

첫 번째는 바로 조론팔유를 쓰는 이유를 나타내었고, 두 번째는 사람들의 의심을 없애버리는 것이라고 했다. 이제 그 두 번째에 대한 것을 풀이하고 있다.

조론팔유에서 말하는 입의분에서 부터 권수이익분 까지 모든 내용들이 경전 속에 이미 들어 있는데 무슨 이유로 다시 쓰느냐에 대한 질문에 대한 답변이다. 그런 의심을 없애야 그 내용에 대한 비판과

172

비방이 없어지는 것이다.

입의분에서 내세운 法과 義라는 뜻은, 법은 본질이고 의는 현상을 말한다고 했다. 그러므로 이제 우리 마음을 본질과 현상에 나누어 아주 심도 있게 파헤칠 것이다.

海東疏 皆爲衆生離苦得樂 而今更造此論重說彼法者 豈非爲求名利等也 以之故言何須重說 是擧疑情而作問也

그 말씀은 모두 다 중생을 이고득락시키는 법인데, 이제 다시 이 논을 지어 그 법을 거듭 말하는 것은 어찌 명예와 이익을 구하는 것이 아닌가 하는 것이다. 무엇 때문에 거듭 말하는가 하는 말은 의심을 가지고 묻는 것이다.

아비달마시대는 저술폭탄시대라고 해도 과언이 아니다. 글을 좀 한다하는 사람들은 모두 다 나름대로 경전에 대한 해설서를 써서 세상에 내어 놓으려 하였다. 그 길이 자기들의 이름을 드날리는 좋은 기회라고 여겼던 것이다.

이렇다 보니 사람들은 마명보살을 보고 당신도 한 권의 책을 써서 유명해지고 싶어하는 것이 아니냐 하며 지레 힐난할 것 같았다. 그래서 마명보살이 나는 절대 그런 이유로 이 글을 쓰지 않았다고 손을 내저었다. 그만큼 그때 사람들은 저술가에게 눌리고 또 질렸던 것이다.

요즘 출판의 세계도 마찬가지다. 어느 고명한 스님이 책을 한 권 썼다고 하면 그 문도들과 신도들은 가슴에 축하의 꽃 한 송이씩을 달고 출판기념회를 성대히 열어 그분의 책을 얼마씩 사 주는 것으로 미덕을 삼는다.

이런 경우가 몇 번 있고 나면 일반인들이 경조사비를 걱정하듯이 아는 스님의 출판기념법회가 그리 반가울 리가 없다. 그래서 나는 단 한 번도 출판기념법회를 열어본 적이 없다.

한 때는 이런 일도 있었다. 고승선서화전이 시도 때도 없이 열려지던 시절이 있었다. 이 도시에 가도 그런 전시회가 열리고 저 도시에 가도 그런 전시회가 열린다고 언론과 신문들은 심심찮게 선전을 하였다.

유명한 스님들과 인연관계를 맺고 있던 신자들은 어쩔 수 없이 그분들의 서화작품을 인사치레로 사드릴 수밖에 없었다. 그런데 소품이라도 그 가격이 상당히 높은 가격이다 보니 보통 부담이 되는 것이 아니었다. 그렇지만 울며 겨자 먹기로 한 점씩 구매해야 되는 딱한 경우가 더러 있었다고 아니할 수 없다.

그런데 정작 그 작품들을 걸어 놓을 데가 없다는 것이다. 거의가 다 장롱 위에 포개 놓거나 그대로 창고에 보관하는 정도였다. 그런데 이제 그들의 주거지가 주택에서 아파트로 옮겨가자 그 병풍들과 액자들이 골치 아픈 물건 덩어리로 변해 버린 것이다. 썩 좋은 글이거나 괜찮은 그림들은 틀만 제거한 작품만 가져가고 그렇지 않은 것들은 돈을 주고 버리는 폐품이 되어버린 것이다.

나에게도 몇 사람이 진지하게 문의해 왔다. 저걸 어떻게 하면 좋겠느냐는 투로 처리방법을 몰라 고민하던 사람들이었다.

"절에 갖다 놓으까요?"

"절이 뭐 고물 창고입니까?!"

　그런 사람들에게 누가 다시 선서화전을 여니까 같이 가자고 하면 기꺼이 가벼운 마음으로 가지는 않을 것이다. 이런 기분이 바로 아비달마시대에 일어났던 그때 사람들의 저술폭탄 느낌이었을 것이다. 그래서 마명보살이 나는 명예와 이익에 관심이 없다고 직접 대놓고 강력하게 말씀하신 것이다.

起信論 答曰 修多羅中 雖有此法 以衆生根行不等 受解緣別

답하자면 수다라 중에 비록 이런 법이 있지만 지금 중생들의 근기와 행업이 균등하지 않다보니 받아들여 이해하는 수준이 제각기인 것이다.

　사람의 종류는 천층만층 구만층이라고 했다. 참 실감나는 평론이다. 죄업이 모두 다른 사람들이 사람이라는 동일한 테두리를 갖고 한 데 어울려서 살아가는 것은 꼭 종류가 다른 수많은 식물들이 제각기의 모습이지만 하나의 산 속에서 서로 엉켜 사는 것과 같다.

　사람들, 누가 뭐래도 정말 다양하고 각색이다. 도로를 달리는 자동차 후미를 보고 자동차 디자이너들은 대단히 머리가 아프겠다고 생각한 적이 있다. 저 좁은 후미 부분에 자동차회사마다 특정한 로고나 독특한 디자인을 새겨 넣으려 하니 얼마나 골치가 아프겠냐는 것이었다.

그러나 사실 그것은 인간에게 비하면 아무것도 아니다. 네 개의 팔다리를 가진 비슷한 몸체에 제각기의 얼굴을 만들어내는 인간은 상상 이상의 디자인 능력자이다. 자동차 디자이너와 다르다면 그들은 죽어 있는 후미에 디자인하는 것이지만 인간은 살아 있는 자기 자신에게 디자인하는 것이 다르다는 것이다. 그래서 **화엄경**에 네 가지 불가사의한 것이 있다고 하셨다.

첫째는 중생이 갖고 있는 죄업의 힘이 불가사의하다. 불가사의하다는 말은 범부의 생각과 언어로써는 근접할 수 없는 영역이라는 뜻이다. 즉 범부로서는 아무리 생각해도 그것을 상상조차 할 수 없다는 것이다. 그러므로 중생 제각기 갖고 있는 죄업은 아무도 모르고 그 죄업이 작용하는 것도 아무도 모르는 것이다.

둘째는 업력이 불가사의하다. 업력, 그것이 어느 날 어느 곳에서 무엇과 어떻게 작동되는지에 대해서 범부로서는 오리무중이다. 그저 그 죄업이 발아해서 사건이 터져야만 알아차리는 수준이다. 이것은 마치 휴화산 속에 들어 있는 마그마가 언제 터져 나와 활화산이 되는지 그 시기를 가늠할 수 없는 것과 마찬가지다. 1권에 이어 앙굴리말라의 전생을 보면 이 말이 이해가 갈 것이다.

날마다 요리사는 죄수 한 명씩을 죽여 그의 사악한 왕에게 인육을 공급했다. 이런 사실은 아무도 모르게 계속되었다. 그러다 교도소가 텅 비게 되자 요리사는 왕에게 이제 어떻게 하면 좋겠느냐고 물었다. 왕은 걱정하지 말라며 하나의 방법을 제시하였다.

길가에 돈주머니를 흘려두고 그것을 주워가는 자를 체포하라고 하였다. 그런 계획은 엉뚱한 방향으로 대성공을 거두었다. 시민들은 그것이 관청에서 도둑을 잡기 위해서 흘린 일종의 미끼라는 사실을 즉각 알아차렸다.

그러자 거리에는 좀도둑마저 사라져버렸다. 그리고 모든 사람들이 순간 착해졌다. 어느 한 사람도 자기 것이 아닌 것은 손대지 않았다. 금이나 보석 같은 것들이 길 한가운데에 떨어져 있는 것을 봐도 먼저 겁을 먹고 저 멀리 돌아가는 것이었다. 미리 큰 화를 방지하기 위한 자구책이었다.

왕은 자기가 내린 그 방법이 별로 신통치가 않자 요리사를 비밀리에 불렀다. 그리고 어둡고 후미진 곳에 숨어 있다가 혼자서 걸어가는 행인을 직접 덮쳐 죽여서라도 인육을 제공하라고 엄하게 명령을 내렸다.

이런 결과로 매일 아침 시내에서는 훼손된 시체를 두고 통곡의 소리가 들려왔다. 어느 날은 그것은 우리 아버지 것이다. 또 어느 날은 그것은 우리 어머니 것이다. 또 다른 날은 그 그것은 우리 큰 형의 것이다고 하면서 통곡과 애곡이 끊이지 않았다.

"사자나 야차가 한 짓이다. 그것들이 매일 사람을 공격하는 것이다. 틀림없다."

이런 흉흉한 소문이 걷잡을 수 없이 시내로 퍼져나가자 시민들은 완전 패닉상태에 빠졌다.

"봐라!"

그중에서 한 명이 소리 질렀다.

"이 상처는 칼로 베어진 것이다. 결코 사자나 야차의 이빨자국이 아니다."

이어서,

"틀림없이 어떤 인간이 칼로써 살점을 도려내었다. 정말 끔찍한 일이 아닐 수 없다. 이것 혹시 식인종을 누가 이 도시에 풀어 놓은 것이 아닌가."

하는 사람도 있었다.

많은 사람들이 모여들어 나름대로 분석을 하고 흥분을 하였다. 그들은 더 이상 공분을 참지 못하고 궁전으로 몰려갔다. 그리고 왕에게 이 극악스러운 사건에 대해 어떻게 좀 신속하게 해결해 줄 것을 요구하였다.

왕은 그들의 다급한 요구를 듣고 남의 일처럼 떨떠름하게 중얼거렸다.

"그래서 나에게 뭘 도대체 어떻게 하란 말인가?"

"폐하!"

모든 사람들이 동시에 소리쳤다.

"도시에 사람을 잡아먹는 악마가 설치고 다닙니다. 그가 칼을 들고 밤마다 사람들의 뒤를 쫓고 있습니다. 그 살인을 멈추게 하여 주옵소서."

"내가 그것을 어떻게 하라고……."

사람들은 남의 일같이 말하는 그 왕을 기가 막혀서 쳐다보았다. 왕은 아주 대수롭지 않다는 듯 딴전을 피웠다.

"나는 그가 누군지 모른다. 그리고 다음에 누구를 공격할지도 모른다. 그대들은 이 왕이 밤마다 직접 나가서 도시를 지키라는 것인가?"

사람들은 왕의 태연함에 욕지기가 났다. 그래서 군대의 사령관을 찾아가 청원했다. 사령관의 이름은 칼라하띠였다. 그들은 그에게 제발 이 무자비한 살인자를 잡아달라고 부탁했다. 칼라하띠는 그들의 불평을 대단히 진지하게 받아들였다. 그는 단호하게 말했다.

"일주일만 시간을 주시오. 내가 그를 잡아 단죄를 하겠소이다."

그리고는 즉시 군인들에게 갑호비상령을 내렸다. 밤마다 도시 전체에 경비를 세우고 그 식인자를 만나면 실수 없이 잡으라고 했다.

그 날도 요리사는 인육을 구하기 위해 왕궁을 빠져 나왔다. 두려움으로 손발이 중풍걸린 사람처럼 떨렸지만 왕의 명령이라 어쩔 수 없이 바쁘게 오고가는 행인들을 노려보았다.

그때 혼자서 종종걸음으로 걸어가는 여인을 발견했다. 그는 발걸음을 죽이며 뒤따라갔다. 그리고 그 여인을 잽싸게 공격하였다.

그리고는 순식간에 그녀를 분해하여 큰 바구니에 담기 시작했다. 하도 정신없이 움직이느라 병사들이 가깝게 오는 것을 미처 알아차리지 못하고 말았다. 그것을 본 병사들은 일격에 그를 낚아채 넘어뜨렸다.

그리고는 그의 손을 뒤로 묶고 소리쳤다. 우리가 식인자를 체포했다. 그러자 그 주위의 주민들이 밖으로 뛰어나와 그 잔인한 요리사에게 사정없는 공격을 가하였다. 그 위세에 눌려 군인들은 어떻게 그 식인자를 보호할 수가 없었다. 거의 맞아 죽다시피 한 식인자는 자기 힘으로 일어날 힘조차 없었다. 병사들은 피투성이가 된 그를 바구니와 함께 사령관 앞까지 끌고 갔다.

칼라하띠 장군은 피가 낭자하게 흐르고 있는 살인자를 조심스럽게 살펴보았다. 빼빼 마르고 자그마한 그저 평범하게 생긴 그런 나이 많은 남자였다. 이리저리 살펴보던 사령관은 이자가 그렇게 사람을 잡아먹는 살인자라고 믿어지지가 않았다.

"너는 현행범으로 체포되었다. 너는 이 여자를 죽인 것이 확실하다. 네가 가진 바구니에 여인의 시체가 들어 있다. 아무리 봐도 이것은 요리를 하기 위한 것 같다. 말하라. 네가 수많은 사람들을 죽였는데 네가 먹기 위함이었나? 아니면 누가 너를 고용해 저렇게 하도록 시켰는가?"

"저를 위해 저 여자를 죽이지 않았습니다. 돈 때문에도 아닙니다. 폐하의 명령에 의해 어쩔 수 없이 살해했습니다. 그분은 사람고기를 먹습니다. 저는 단지 그분의 요리사로써 일했을 뿐입니다."

칼라하띠 장군은 기겁을 하였다.

"우리의 왕이 그런 흉칙한 식성을 갖고 그대를 움직여 사람을 죽였다는 것을 우리에게 믿으라는 것이냐? 왕에게 직접 가서 진실을 밝혀야 되겠다. 그러나 이미 날은 저물었다. 내일 아침 그 사실을 파헤치겠다."

"좋습니다. 장군님. 내일아침 가급적 빨리 왕 앞에 데려다 주십시오. 나는 왕 브라마다따 앞에서 진실을 말할 것입니다."라고 요리사는 말했다.

사령관은 요리사를 감옥에 가두고 경비를 바짝 강화했다. 새벽이 되자 시내 전체는 시민들의 소란으로 왁자지껄했다. 모든 사람들은 왕의 요리사가 잡혔다는 것을 들었다. 어떻게 된 일인지 요리사의 자백에 의하면 이 사건에 왕이 깊이 개입되었다는 데 대하여 사람들은 크게 술렁거렸다. 그들은 말할 수 없는 큰 충격을 받았다. 사령관은 궁궐 부근에 군대를 주둔시키고 시민들의 동요를 막고 있었다.

그는 냄새가 고약한 시체 일부분이 담긴 바구니를 다시 요리사의 목에 걸고 삼엄한 경비 속에 궁궐로 향하였다.

브라마다따 왕은 어제 점심을 먹고 난 뒤에 아무것도 먹지 않았다. 그는 저녁을 건너뛰었다. 그는 식탁 위에서 밤새도록 요리사가 가져올 고기를 기다리고 있었다.

그런데 아침까지 그 요리사는 보이지 않았다. 게다가 무슨 일인지 밖이 크게 소란하여 의아해하고 있었다. 그때 사령관이 거칠게 문을 열고 요리사를 왕의 방에 끌어들였다. 그리고 그는 아주 차갑게 왕을 추궁했다.

원래는 왕은 전하라고 부르고 황제는 폐하라고 부르지만 어감을 살리기 위해서 1권부터 폐하라고 부르고 있으니 호칭을 이해하여 주시기 바란다.

"폐하. 이 요리사가 말하기를, 폐하의 명령에 의해 무고한 남녀를 죽였다는데 사실입니까? 그리고 당신에게 사람의 고기를 제공했다는 데 맞습니까? 폐하, 이것이 거짓이라고 말 씀 좀 해 주십시오."

"사실이오."

왕은 그 어떤 변명도 없이 덤덤하게 대답했다.

"나의 요구에 의해 그는 행동했소. 그러니 요리사를 풀어주시오."

사령관은 어안이 벙벙했다. 우리의 왕은 짐승이다. 그는 아무것도 변명하지 않고 있다. 왜 사람들이 그렇게 많이 실종되었는지 이제야 이해가 간다. 그가 아주 오래 전부터 사람고기를 먹어온 것이 틀림없다. 이 잔인한 야만행위를 어떻게든 멈추도록 해야 한다고 생각했다.
그는 왕 앞에 무릎을 꿇고 읍소해 애원했다.

"폐하!"

그는 큰소리로 말했다.

"이제 모든 것이 밝혀졌습니다. 당신은 즉시 멈추어야 합니다. 두
번 다시 사람고기를 먹으면 안 됩니다."

"칼라하띠!"

왕은 아주 냉정하게 사무적으로 그를 불렀다. 그리고는,

"나는 멈출 수 없다. 네가 뭐라 해도 나는 포기할 수가 없다. 내
의지로는 그것이 불가능하다."

"만약 당신이 멈추지 않으면 당신 자신과 당신의 국토는 다 파괴
될 것입니다."

"장군. 나는 그렇게 할 수가 없다. 설령 내가 내 왕국을 잃는다
하더라도 나는 나의 식인욕망을 제어할 수가 없다."

"폐하. 한 토막의 예를 들겠습니다."

그러면서 칼라하띠 장군은 다음과 같은 이야기를 하나 들려주었다.

옛날 대단한 크기의 물고기 여섯 마리가 대양에 살았습니다. 그들
의 이름은 아난다, 티미난다, 아쪼로하는 각기 5미터나 되었고, 티미
가로와 티미라피가로와 마하티미라키가로는 각기 10미터나 되는 크
기였다. 이렇게 큰 물고기들이지만 그들은 거머리말이라는 해초를
먹고 별탈없이 잘 살았다.

아난다는 대양의 한쪽 코너에서 살았다. 그리고 한량없이 많은 고

기들이 자신을 보러 왔다. 그러던 어느 날 평범한 물고기 하나가 이렇게 생각했다. 동물의 왕국에서는 모두 다 왕이 있다. 두 발 달린 동물도 그렇고 네 발 달린 동물들도 다 왕이 있다. 그러나 우리 물고기는 왕이 없다. 왜 우리는 통치자가 없어야 하나 라고 외쳤다.

이 문제가 공론이 되자 모든 물고기들이 모여서 회의를 열었다. 그리고 아난다를 그들의 왕으로 추대하고 만방에 선포하였다. 그러자 대양에 있던 무수한 물고기들이 아침저녁으로 아난다에게 다가와 공경의 예를 올리고 갔다.

그러던 어느 날 아난다가 수초 숲에서 거머리말을 먹고 있을 때 사고로 조그마한 물고기 한 마리를 씹게 되었다. 그 맛이 그를 전율케 했다. 내 인생에 이것보다 더 맛있는 것은 먹어본 적이 없다. 그 어떤 무엇도 이것보다 더 맛있는 것은 없었다. 도대체 이게 뭐지?! 그는 그것을 씹으면서 매우 의아하게 생각했다. 이게 뭔가. 무엇이지?!

마침내 그는 그것을 밖으로 뱉어내 보았다. 그리고 먹은 것은 다름이 아니라 작은 물고기였음을 알아차렸다. 그는 놀랐다. 이런 작은 물고기에서 그런 기막힌 맛이 나오다니 이해할 수가 없었다. 어쨌든 다시 먹어봐야 되겠다고 생각했다. 물고기들이 내일 나에게 예경을 드리러 올 때 제일 뒤에 떠나는 한 마리를 집어삼켜야 되겠다고 벼르게 되었다.

만약에 내가 극도로 조심한다면 그 누구도 그것을 알아차리지 못할 것이다. 그들이 내가 하는 짓을 알게 될 때는 더 이상 나에게 오지 않을 것이다. 그러면 나는 더 이상 그들을 먹지 못하니 정말 조심해야 되겠다고 음흉하게 생각했다.

이튿날부터 아난다는 작은 물고기를 잡아먹기 시작했다. 그것도 모르고 물고기들은 계속에서 아난다에게 예경의 인사를 표하러 왔다. 그리고 매번 올 때마다 한 마리씩 순식간에 사라져 버렸다. 그들이 인사를 하고 돌아가는 맨 뒷줄의 물고기가 쥐도 새도 모르게 아난다의 입으로 빨려 들어가 버리는 것이었다.

시간이 지나자 물고기들은 그들의 동료가 하나둘씩 없어진다는 것을 알아차렸다. 하지만 왜 그런지 도저히 상상이 가지 않았다. 그러던 중 나이 많고 현명한 한 마리의 물고기가 이 문제를 심각하게 생각하고 최후로 아난다를 의심하기 시작했다.

그것은 그들의 왕이 가장 좋은 기회를 갖고 있기 때문이었다. 그 물증을 잡기 위해 물고기들이 왕을 방문할 때 아난다의 귀 볼에 숨어 있었다. 그의 혐의는 바로 입증되었다. 아난다가 자기에게 인사를 하고 돌아서는 마지막 한 마리를 순식간에 낚아채는 것을 똑똑히 보고야 말았던 것이다.

그는 왕이 게걸스럽게 그의 동료를 아주 맛있게 먹으며 헐떡이는 것을 보았다. 현명한 물고기는 조용히 흥분을 억누르고 있다가 아난다가 잠이 들자 살금살금 그의 귀 볼에서 빠져나와 그가 본 것을 다른 물고기들에게 모두 다 말하였다.

다른 물고기들이 이 사실을 듣게 되자 분통을 금치 못하였다. 그들은 또한 그 왕에게 큰 공포를 느꼈다. 그래서 그들은 더 이상 그런 왕은 필요 없다며 그들의 안전을 위해 대양의 다른 곳으로 모두 피신해 버렸다.

아난다는 처음에 아무도 자신을 찾아오지 않는 것에 놀랐다. 그러다 배가 고파 도저히 더 기다릴 수가 없어서 직접 물고기들을 찾아 나섰다. 그렇지만 그의 눈에는 단 한 마리의 물고기도 보이지 않았다. 도대체 어디로 가버렸단 말인가. 물고기 맛에 중독이 되어 있다 보니 이제 더 이상 거머리말로는 만족이 되지 않았다.

다른 것은 다 필요 없고 단지 물고기의 싱싱한 살맛만 생각났다. 그러다 보니 그의 몸은 배고픔으로 점차 여위어져 갔다.

그렇게 애타게 물고기를 찾아 돌아다니던 중 깊은 바다에서 솟아오른 조그만 섬 하나를 발견했다. 아마도 얼마간의 물고기가 그 섬의 동굴 어딘가에 숨어 있을 거라는 막연한 기대로 그 동굴 주위를 기웃거렸다.

동굴 주위를 돌면서 다른 물고기들이 있나 없나 동태를 살펴보니 분명 그들이 그 동굴 속으로 들락거리는 것이 확실해 보였다. 그래서 그 속에 똬리를 틀고 있다가 그들을 잡아먹어야 되겠다고 생각하고 그의 길고 유연한 몸을 동굴 속으로 가득히 집어넣었다.

그때 갑자기 그는 보았다. 눈앞에 큰 물고기의 꼬리가 보였던 것이다. 이제 작은 물고기 큰 물고기를 가릴 처지가 아니었다. 그는 그대로 돌진하여 그의 면도칼같이 날카로운 이빨로 그 꼬리를 사정없이 물어뜯어 버렸다. 그와 동시에 그의 입에서 극심한 고통의 신음소리가 쏟아져 나왔다. 그것은 똬리를 틀기 위하여 끌어당기고 있는 자신의 꼬리를 보고 그대로 물어버린 것이었다.

아난다의 피 냄새에 대양의 수많은 식인 물고기들이 그에게 몰려들었다. 처음에는 피가 흐르는 쪽으로 달려들었지만 얼마 지나지 않아 아난다의 콧등까지 물어뜯기 시작하였다. 그들은 쉴 틈 없이 그를 공격하고 그의 살을 파먹었다.

결국 아난다는 그들의 무자비한 공격을 막지 못하고 속수무책으로 당하다가 결국 거대한 뼈만 남기는 신세가 되고 말았다.

"폐하!"

칼라하띠는 결론을 내렸다.

"아난다 왕의 죽음은 필연적인 것이었습니다. 그것은 무자비한 식욕의 노예가 된 결과였습니다. 그는 그의 왕국과 더불어 그의 모든 것을 다 잃어버렸습니다. 제 말을 좀 귀담아 들으십시오. 폐하, 사람의 고기를 먹는 것을 그치십시오. 그렇지 않으면 그 물고기와 같은 비극적인 운명을 맞이하게 될 것입니다."

조용히 듣고 있던 브라마다따 왕은 걸기어린 눈동자로 나지막하게 그를 불렀다.

"칼라하띠. 나도 그대에게 다른 이야기 하나를 들려주겠다."

옛날 그러니까 아주 오랜 옛날에 장자 한 사람이 여기 바라나시에 살았었다. 그 사람 이름은 수자타였다. 그는 500명이나 되는 고행주의자들을 먹여 살리고 있었다. 그 사람들은 히말리야 산 속에서 고행하던 사람들이었는데 혹독한 겨울을 피해 자기 집 부근에 내려와 있었다.

그는 매일 그들에게 정성스런 공양을 베풀었다. 그들은 수자타의 공양으로 아무런 불편함이 없이 수행을 계속할 수 있었다. 그런데 그중에서 어떤 한 고행자가 어느 큰 무역상으로부터 잠부라는 과일

조각을 얻었다. 그 잠부는 그들이 히말리야 산에서 즐겨먹던 음식이 었기에 감회가 새롭게 일어났다. 그래서 그들은 잠부를 먹기 위해 그 무역상이 머무는 숲으로 옮겨가 자리를 잡았다.

수자타는 그들의 설법을 듣기 위해 그의 어린 아들을 데리고 그 숲으로 갔다. 마침 그들은 잠부로써 점심 식사를 마치고 평안하게 쉬고 있던 참이었다. 수자타는 그들에게 예경의 인사를 드리고 그간 의 안부를 여쭈었다. 그리고는 설법시간을 기다리기 위해 한쪽 구석 에 가 앉았다. 그 광경을 보고 있던 고행자 중 하나가 그 아들이 귀엽 다고 자기 몫으로 남겨진 잠부조각 하나를 가져다 주었다.

아이는 고맙다고 인사를 하고 그것을 받아먹었는데 정말 기가 막 히게 맛있었다. 아주 그냥 정신을 잃을 정도였다. 아이는 그 맛에 취해 그것으로 만족하지 못하고 더 먹고 싶다고 칭얼대기 시작했다. 설법을 듣고 싶어 기다리고 있는데 아들의 요구가 심해지자 그는 몹 시 당황했다. 수자타는 아들을 꾸짖으면서 울지 마라. 집으로 돌아가 면 잠부를 실컷 먹게 해 주겠다고 달래어 그 난감함으로부터 벗어날 수가 있었다.

고행자들의 설교가 끝나고 수자타는 그의 아들과 함께 집으로 돌 아왔다. 아들은 즉시 그에게 잠부를 달라고 하였다. 물론 수자타는 그에게 잠부를 줄 수가 없었다. 그것은 처음부터 집에 없던 것이었 다. 불쌍한 아이는 그의 아버지가 임시로 한 거짓말에 그대로 속아버 렸다. 그는 계속해서 울면서 잠부를 달라고 졸라대었다.

몇 날 며칠이 지나도 아이의 보챔은 수그러들지 않았다. 할 수 없 이 수자타는 잠부를 얻기 위해 그 거상이 머무르는 숲으로 다시 갔다. 하지만 안타깝게도 그들은 이미 다른 곳으로 이동해 버리고 난 뒤였다. 빈손으로 돌아와 아이를 달래며 더 이상 잠부를 구할 수가 없다고 하였다. 그래도 아이는 그 맛을 포기할 수가 없었다.

다른 음식을 전혀 먹지 않고 오로지 설탕에 절인 그 잠부만을 먹겠다고 고집하는 아이는 나날이 수척해져 갔다.

그 아이에게는 단 한 번이지만 그 잠부의 기막힌 맛은 아이를 단번에 중독시켜 버렸던 것이다. 어쩔 수 없이 수자타는 외아들을 살리기 위해 그 거상이 간 행적을 따라 잠부를 구하러 떠나야 했다.

수자타가 거상의 무리를 좇아가 잠부조각을 얻어 집에 돌아오는 시간은 예상외로 오래 걸렸다. 그 어떤 음식도 거절하고 오로지 그것만을 기다리던 아이는 아버지가 잠부와 함께 헐레벌떡 집으로 뛰어들어오기 전에 그만 숨을 거두고 말았다. 더 이상 잠부를 기다리며 버틸 여력이 없었던 것이었다.

브라마띠 왕은 칼라하띠에게 다음과 같이 단호하게 말하였다.

"칼라하띠. 수자타의 아들처럼 나도 모든 음식에서 가장 맛있는 음식을 맛보았다. 그러므로 그 어떤 것도 나의 입맛을 바꿀 수는 없다. 만약에 나에게 인육을 못 먹게 한다면 나도 그 아이처럼 굶어죽을 수밖에 없다."

이 앙굴리말라 이야기는 장구하게 이어진다. 그러므로 어쩔 수 없이 여기에서 끝을 내고 **혈맥기** 3권으로 넘어간다.

셋째는 능력이 불가사의하다는 것이다. 중생이 갖고 있는 잠재적 능력은 정말 불가사의하다. 어느 정도가 없고 어느 한계가 없다. 정도는 인공지능 로봇인 AI를 만들어내고 한계는 화성을 넘어 우주 공간을 넘나든다. 그만큼 범부의 능력은 대단하고 굉장하다. 그러므로 범부가 갖고 있는 그 잠재된 힘의 무한능력은 아무도 모른다.

넷째는 선정력 불가사의다. 범부의 마음은 요동한다. 요동하는 마음이 만들어 낸 세계가 육도의 세계다. 지옥도 만들고 아귀도 만들고 천상도 만든다.

그런데 그 반대로 요동하는 마음이 정지되었을 때 만들어 내는 세계는 또 어떤 세계일까. 하지만 범부는 모른다. 마음이 정지된 적이 한번도 없기 때문이다. 이것은 꼭 초등학생에게 대학의 세계를 말하는 것과 같다. 그들이 대학생이 되어 봐야 대학을 알 수가 있는 것이다. 그래서 선정의 힘은 불가사의 하다고 한다.

다섯째는 불법력 불가사의다. 불법의 힘은 아무도 모른다. 부처가 내리는 자비와 그 가르침은 범부로서는 갈피를 잡을 수가 없다. 병아리를 만들어 내는 어미닭의 마음과 능력은 알로서는 상상이 가지 않는다. 알이 부화되고 나서야 그 어미닭이 보이기 시작하는 것처럼 범부가 범부의 껍데기를 벗어나 봐야 부처가 내리는 자비와 가르침의 손길이 보이기 시작하는 것이다.

海東疏 答中有三 略答 廣釋 第三略結答 答中言修多羅中雖有此法者 如彼問辭也 根行不等受解緣別者 奪其疑情也

답에는 세 가지가 있다. 간단하게 답하고, 널리 풀어주고, 세 번째는 간략하게 결론짓는다. 답 가운데서 수다라 중에 비록 이런 법이 있다고 한 것은 저 묻는 말과 같이 한 것이다. 근기와 행업이 고르지 않아 받아 이해하는 인연이 다르다고 한 것은 그 의심하는 생각을 없애버리고자 한 말이다.

　행업이 고르지 않다 보니 똑같은 말을 들어도 제각기의 기준으로 듣고 똑같은 사물을 봐도 제각기의 시선으로 보게 된다. 쪽 곧은 나무 한 그루를 두고도 목수는 기둥을 연상하고 어부는 삿대를 생각한다.

　확 트인 들판을 보고 농부는 곡식을 생각하고 부동산업자는 투기를 생각하며 건축업자는 아파트를 생각한다. 그만큼 자기의 기준에 의해 사람을 판단하고 세상을 본다.

　하나의 물체를 보고 세상 사람들은 다 틀리게 이름 붙인다. 한국 사람은 한국 이름을 붙이고 다른 나라 사람들은 그 나라에 맞는 다른 이름을 붙이는 것과 같다.

　동양 사람들이 손바닥을 볼 때 서양 사람들은 손등을 본다. 동양 사람들이 해를 볼 때 서양 사람들은 달을 본다. 그렇게 양면으로 보는 시각이 다른데 사각으로 보는 시각인들 어떻게 같겠는가. 그래서 모두 다 틀리게 본다.

　장소에서만 그런 것이 아니다. 설령 똑같은 지점에서 똑같은 시각으로 보았다고 하더라도 그 사람이 갖고 있는 숙세의 기준에 의해 다르게 보여진다. 이것이 바로 제 눈에 안경이 되는 셈이다. 그러니 부처님 말씀인들 어떻게 다 동일하게 듣고 일정하게 이해하겠는가 라고 말씀하신 것이다.

起信論 所謂如來在世 衆生利根 能說之人 色心業勝 圓音一演 異類
等解 則不須論

이른바 여래가 세상에 계실 때에는 중생들의 근기가 영리하였다. 거기
다 능히 설법하시는 분의 형체와 마음, 그리고 행업이 수승하셨다.
그래서 그분이 원음으로 한 번 연설하시면 모든 중생들이 고르게
이해하여 논서가 필요하지 않았었다.

초등학교에는 초등선생이 오고 중등학교에는 중등선생이 온다.
작은 그릇은 작게 받고 큰 그릇은 크게 받는다. 받아내는 사람의 근
기가 출중하면 넣어주는 능력이 대단한 분이 온다.

그래서 부처는 부처의 말씀을 들을 수 있는 자들에게 나타난다.
그러므로 부처를 만나려면 자신의 수준을 높여야 한다. 그러면 부처
는 자연적으로 거기에 나타난다.

부처님이 이 땅에 출현하실 때에도 최고로 근기가 수승한 지역을
택하셨다. 그곳이 바로 인더스문명의 발상지인 인도북부였다. 거기
가 지구상에서 정신적으로 가장 풍요함을 갖고 있었다. 수많은 고행
주의자와 사상가, 거기에다 철학자와 구도자들이 모여 살면서 그들
을 구제해줄 위대한 스승을 애타게 기다리고 있었던 것이다.

부처는 그곳을 택해 고오타마 싣다르타라는 왕자로 출현하였다.
그리고 중생을 제도하는 기획에 따라 부처가 되어 그들을 제도하기
시작하셨다. 그분의 형체는 아름답기 말할 수 없었고 그분의 마음은
자비롭기 한이 없었다. 거기다 어떻게든 중생들을 모두 다 구제해야
되겠다는 원력이 충만하셨다.

그 원력의 힘에 의해 부처님은 한 개의 언어로 말씀하셨지마는 청취하는 사람들에게는 신기하게도 그들의 언어로 다 들렸다는 것이다. 이것이 바로 한 개의 언어가 한량없는 언어로 바뀌어져 나간 것이다. 이것은 꼭 한 개의 태양이지만 그 태양에 의해 알파선 감마선 자외선 적외선 등 수많은 광선이 쏟아져 나와 필요한 곳에 적절이 도움을 주는 것과 같은 것이다.

설법하시는 부처님이나 듣는 제자들이나 모두 다 근기가 수승하여 한 번 연설하시면 즉각 이해하다 보니 그분의 말씀은 듣는 자 쪽에서 원음이라고 한 것이다. 그래서 부처님 말씀을 해설하는 논서가 필요하지 않았다는 것이다.

海東疏 經論所說雖無別法 而受解者 根行不同 或有依經不須論者 或有依論不須經者 故爲彼人必須造論 答意如是.

경론에서는 비록 별다른 법이 없지만 받아 이해하는 자의 근기와 행업이 동일하지 않았다. 어떤 사람은 경전에 의거하다 보니 논서가 필요하지 않았고, 혹은 어떤 사람은 논서에 의거하다 보니 경전이 필요하지 않았다. 그런 후자를 위해서 반드시 논서를 쓸 필요가 있다고 생각한 것이다. 답의 뜻은 이와 같은 것이다.

똑같은 교육을 받는 사람들이 다 다른 방향으로 성장해 나아간다. 신기하지 않은가. 같은 학교 같은 선생 같은 급식을 먹고 같은 교육을 받는데 학생마다 진로가 다르고 성격이 다르고 행동이 다르게 나타난다.

학교교육은 다양한 사람들의 생각과 행동을 하나로 묶어 인간 상호끼리 더불어 살아가야 할 규칙 속에 가두는 것이다. 이 규칙의 틀 속에 들어가지 않으면 이방인이 되고 아웃사이더가 된다.

그런 사람들이 새로운 세상을 만들고 정체된 사상을 이끌고 가지마는 또 한편으론 그런 자들 때문에 규칙 속에서 살아가는 사람들이 당황하고 혼란스러워지는 것도 사실이다.

하지만 우리는 그런 사람들이 필요하다. 남이 아닌 내가 그런 사람이 될 때 남은 나에게서 또 다른 삶의 방향을 얻는다. 우리는 그런 일을 힘들지만 담당해야 한다. 아무도 먼저 가려 하지 않는 길이라도 거기에 중생의 이익이 있다면 **혈맥기**의 길처럼 고난을 무릅쓰고라도 거기에 도달할 수 있는 길을 터 주어야 한다. 그것이 바로 우리가 해야 하는 일이다.

자식도 마찬가지다. 다 같은 부모 밑에 태어나 자랐지만 생각이 다르고 취미가 다르다. 보는 시각도 다르고 품는 그릇도 틀리다. 이 것은 바로 전생부터 익혀온 생각과 행위가 바탕이 되고 있기 때문이다. 그래서 중생은 각양각색의 차별성을 갖고 있다고 하는 것이다.

인간뿐만이 아니다. 세상에 존재하는 것은 모두 다 다르게 움직인다. 어느 누구도 같은 생각을 가지고 있지 않는 것처럼 무엇 하나도 같은 운동을 계속하고 있지 않다.

세상에 나타난 무수한 별들에서부터 한없는 생명체들까지 모두 다 자기식대로 움직이고 있다. 그 어떤 것 하나도 동일하게 움직이는 것은 없다. 그러니 부처님 말씀인들 어찌 다 똑같이 받아들이겠는가.

次則廣顯 於中有二 先明佛在世時說聽俱勝 後顯如來滅後
根緣參差

이제부터는 널리 그 뜻을 나타내는 부분이다. 그 가운데 두 가지가
있다. 먼저는 부처님이 세상에 계실 때에는 설하시는 분과 듣는 사람들
이 모두 수승하였다는 것이고, 뒤에는 여래가 열반에 드신 후에는
근기와 인연이 각기 차별이 있게 되었다는 것을 나타내고 있다.

부처님이 열반에 드시고 난 뒤 그분이 남기신 말씀을 보고도 가지
각색으로 다르게 생각한다. 그래서 한국만 해도 각자의 종지와 종헌
을 가진 불교종단이 7백 개가 넘는다. 모두 다 아전인수식으로 부처
님 말씀을 해석하고 신자들을 교육시키며 종단운영을 하고 있다.
어떤 종단은 경전을 중심으로 종지를 삼는 곳도 있고, 또 어떤 종
단은 논서를 중심으로 종지를 삼는 곳도 있다. 어떤 종단은 진언을
종지로 삼고 또 어떤 종단은 참선을 종지로 삼는 곳도 있다.
그만큼 부처님 말씀을 받아들이는 근기와 그릇이 차별 나게 다르
다. 그런데 어찌 그런 말씀이 경전에 다 들어 있는데 왜 다시 논서를
써 세상에 내어 놓으려 하느냐고 묻는다면 참 답답한 마음이 들 것
이다.

海東疏 初中言如來在世衆生利根者 明聽人勝 能說之人色心業勝
者 顯說者勝

첫 번째 중에서 말한 여래가 세상에 계실 때에는 중생들의 근기가
영리했다는 것은 듣는 사람이 총명했다는 것을 밝힌 것이다. 설법하시

194

는 분의 몸체와 마음, 그리고 행업이 수승했다는 것은 설법하시는 분이 훌륭했다는 것을 나타내고 있다.

여래가 세상에 계실 때의 부처는 석가모니불을 말한다. 중생들의 근기가 영리했다고 하는 것은 무엇을 받아들일 준비가 되어 있다는 뜻이다. 근기라고 할 때 根은 사물의 근본 되는 힘이고, 機는 발동하는 성능을 말한다. 그러므로 무엇인가가 발동할 때 그것을 받치는 기본 힘을 근기라고 한다.

명마가 나타나면 명장이 출현하는 것처럼 훌륭한 중생이 있으면 훌륭한 스승이 나타나게 되어 있다. 이렇게 만나야 최고의 효과를 만들어 낸다. 좋은 목재가 있으면 좋은 목수가 나타나고 좋은 악기가 있으면 그에 맞는 악사가 나타난다. 참한 공주가 있으면 멋진 왕자가 틀림없이 나타나는 법이다.

중요한 것은 사람들은 언제나 누가 밖에서 나를 구제하러 오는 것을 기다리고 있다는 것이다. 누가 와서 나를 다듬어줄 것이라는 막연한 기대를 가지고 있지만, 여기서 말하는 것은 내가 구제될 준비가 되어 있으면 기다리지 않아도 구제자가 바로 다가온다는 사실이다.

부처는 헛일을 하지 않으신다. 범부들이나 매양 소득 있는 일이라고 하는 일이 헛일로 끝나버리지만 부처는 처음부터 되지 않을 일은 하지 않으신다.

부처는 가르칠 자만을 가르친다. 그래서 원효성사는 부처님이 하시는 일은 교화 가능한 중생을 가르치는 것이라고 **해동소**에서 말씀하시고 있다.

거지들을 모아놓고 그대들은 거지의 아들이 아니고 부처의 아들이라고 아무리 공들여 가르쳐도 뭐가 어떻게 달라진단 말인가. 그들은 적어도 배가 고프기 전까지는 겉으로 열심히 듣고 있다. 그들의 귀를 즐겁게 하는 소리가 나올 때마다 옆에 앉은 거지와 함께 기분이 좋아서 박수를 친다. 그러다 설법이 끝나면 바로 깡통을 들고 밥을 얻어먹으러 간다고 **제법집요경**은 말씀하시고 있다.

이 말씀은 우리에게 시사하는 바가 상당히 크다. 부처님 말씀을 받아들일 복도 되지 않고 이해할 머리도 없는 하근기 신자들을 법당에 모아놓고 주장자를 들고 할을 하며 깨달음을 강조해 왔다. 도대체 무슨 소리를 하는 거야 하면서도 가끔가다 자기들 수준에 맞는 내용이 나오거나 좀 코믹한 소재를 연출하면 박수를 치고 저 스님 법문 잘한다고 옆 사람과 숙덕거리기도 한다.

가진 것이 없어 남에게 베풀 것도 하나 없는 사람들, 스스로 기억력이 없어 들으면 바로 잊어버린다는 근기 낮은 신자들, 자신의 해탈보다는 가족의 부귀영화를 기원하는 기복신자들에게 대승의 법은 이타를 우선시하며 자신의 해탈을 위해 반드시 바라밀을 닦아야 한다고 목 아프게 설법을 해 왔다.

신자들은 그저 큰스님의 법문을 들으면 좋다 라는 막연한 심리로 가만히 앉아들 있다. 그저 듣는 것으로 만족하는 수준의 신자들이다. 더 이상은 결코 향상할 수 없는 신자들인데도 스님들은 했던 말 또 하고 또 하고를 지겹도록 반복한다. 하지만 그들의 뇌리에 남은 것은 아무것도 없다. 그저 그런 스님을 한 번 보고 그런 설법을 한번 들어봤다는 것밖에 없다.

그들은 반은 졸고 반은 딴 생각을 하면서 어서 빨리 법문이 끝나기를 기다린다. 그래야 맛있게 점심을 먹을 수 있기 때문이다. 드디어 법사의 마지막 게송이 읊어지고 목탁소리가 내리면 우르르 식당으로 들어가 떠들썩하게 공양을 하고 삼삼오오 무리를 지어 집으로 가는 사람들을 우리는 수없이 바라보았다.

이런 신자들을 가르쳐 왔다. 여기에 무슨 메리트가 있는가. 설법하는 스님과 듣는 사람 사이에는 언제나 형이상학의 공백이 있었다. 스님의 설법내용이 전혀 그들의 가슴을 진동시키지 못했다. 그저 법회의 요식행위로 설법을 했을 뿐 그들을 결코 변화시키지 못하였다. 그들은 아예 변화가 될 수 없는 자들이었다. 그들은 자신이 어떻게든 변화해야 된다는 급박의 당위성을 가지고 있지 않았기 때문이다.

조사어록이나 대승의 법은 처음부터 그들에게 해당되지도 않은 내용이었고 이해가 되지 않았던 사람들이다. 그런 사람들을 앞혀놓고 백 번 천 번을 깨달음과 공덕에 대해 말해 왔으니 그 결과가 이제 이렇게 참담하고 허허하게 드러나게 된 것이다. 참 소득 없는 장사를 한 셈이다.

그래서 대승의 법은 아주 부조리한 것 같지만 남을 도울 수 있는 여유가 있어야 그 법을 받아들일 수 있고 교육수준이 높아 이해력이 빠르고 똑똑해야 그 법을 듣고 환희하며 용약한다고 말해 왔던 것이다.

그렇지 않으면 그들은 불교가 아닌 도교신행을 하는 수밖에 없다. 도교수행은 아무것도 가진 것이 없어도 좋고 머리가 나빠도 좋다. 베풀 복이 없어도 좋고 남을 위하지 않아도 좋다. 날짜를 정해 기도

하기에 안성맞춤이고 죄를 짓고 나서도 그냥 엎드려 지성으로 치성만 올리면 되는 것으로 자기신행이 해결될 수가 있다.

그러나 부처님은 설법하실 때 당신의 말씀을 듣고 충분히 이해할 수 있는 자들이 있을 때 설법하시는 것이다. 그분이 그때 설법하셨다는 것은 이미 그 수준의 설법을 들을 수 있는 근기의 청중이 모여들었다는 뜻이다. 그래서 성사는 듣는 자와 설하는 자가 모두 수승하였다고 하신 것이다.

[海東疏] 圓音一演者 成說者勝 異類等解者 成聽人勝 則不須論者 結俱勝義

원음으로 한 번 연설하시면 한 것은 설법하신 분이 수승했다는 것을 말한 것이고, 모든 중생이 고루 이해했다는 것은 듣는 사람이 수승했다는 것을 말한 것이다. 곧 논서가 필요하지 않았다는 것은 그 두 분들이 수승했다는 뜻을 결론지어서 한 말이다.

스승이 멋지게 가르치고 제자가 제대로 이해한다면 그 어떤 참고서도 필요 없다. 스승은 제자가 확실히 이해할 때까지 심혈을 기울여 직접 지도한다. 제자가 스승의 지도를 명확하게 알지 못하면 스승은 때와 장소에 맞게 온갖 비유와 은유로 제자의 이해를 돕는다. 그것이 스승이 하는 일이다. 그러므로 스승을 모시고 있는 자는 따로 어떤 참고서나 정보지가 필요 없다.

하지만 선생은 다르다. 선생은 학생들을 모아놓고 주입식 교육을 한다. 스승처럼 일대일의 교육이 아니라 일대 다수의 교육을 시킨다.

스승은 자기가 직접 체험한 것을 가르치지만 선생은 자기가 간접적으로 들은 것을 다시 전달해 준다. 그러다 보니 선생의 정보교육이 학생들에게 고루 미치지 못한다. 그것은 학생들의 이해력이 다 다르기 때문이다. 그래서 선생 밑에서 수학을 하는 자는 반드시 보조지식을 얻기 위해 참고서와 학원이 필요하게 된다.

여기서 논서가 필요하지 않았다는 말은 바로 부처님 말씀을 이해하기 위한 참고서의 역할이 필요치 않았다는 말씀이다. 그것은 설법하시는 스승이 위대하고 그것을 받아들이는 제자가 똑똑하였기 때문이다. 그러므로 부처님이 직접 제자를 훈육할 당시에는 따로 그 어떤 논서도 필요가 없었다는 것이다.

海東疏 此言圓音 卽是一音 一音圓音 其義云何 昔來諸師說者不同
여기서 말한 원음은 곧 일음이다. 일음과 원음의 뜻은 무엇인가? 그것에 대해 옛날부터 몇몇 분들의 설명이 동일하지 않다.

일음은 하나의 음성이고 원음은 무한의 음성을 말한다. 빵틀에서 찍혀 나온 제각기의 빵은 배고픈 사람들을 먹여 살린다. 빵틀은 한 개의 모형이지만 그것을 먹는 사람은 부지기수다. 한 개의 일음 빵틀이 배고픈 각기 다른 사람들에게 가면 원음이 된다.

한 개의 심장이 움직일 때마다 내 몸의 내장 전체가 작동한다. 심장은 한 개지만 그 영향을 받는 모든 지체는 제각기의 기능을 일으킨다. 손발톱도 자라고 머리카락도 자란다. 다리도 움직이고 팔도 움직인다. 심장의 일음에 의해 온몸 전체가 원음으로 작동한다.

하늘에 있는 달은 하나다. 하지만 그 달은 수많은 물그릇에 나타난다. 금으로 된 밥그릇에 나타나면 금그릇의 달이 되고 은그릇에 나타나면 은그릇의 달이 된다. 연못에 나타나면 연못달이 되고 우물 속에 나타나면 우물달이 된다. 하늘의 달은 일음이고 각기 다른 그릇에 나타난 그 투영된 달은 원음이 된다.

부처님이 한 번 원음으로 설법하시면 모든 중생들이 다 고루 이해하였다고 하신 것에 대한 설명으로 성사는 그 원음이 곧 일음이다 라고 하셨다.

여기서 원음은 부처님이 설법하실 때 그곳에 모인 대중들이 모두 다 이해하였기 때문에 원음이라고 하신 것이다. 그 원음은 결국 부처님의 한 음성에서 나온 것이다.

一月普現一切水 일월보현일체수
一切水月一月攝 일체수월일월섭

하늘에 한 개의 달은 무량한 연못의 달을 만들어내고, 그 무량한 달은 하늘에 한 개의 달에 들어간다는 **종경록**의 시구가 이 바로 이 말이다.

海東疏 有師說云 諸佛唯是第一義身 永絶萬像無形無聲 直隨機現 無量色聲 喻如空谷無聲 隨呼發響 然則就佛言之 無音是一 約機論 之 衆音非一

어떤 분은 말하기를, 부처님의 몸은 오로지 제일의 몸이시기에 영원히

만상이 끊어져서 형체도 없고 소리도 없다. 그러기에 근기를 따라 바로 무량한 형체와 소리를 나타내신다. 비유하자면 빈 골짜기와 같아서 소리가 없지만 부름을 따라 메아리가 일어나는 것과 같다. 그러므로 부처님 쪽으로 말할 것 같으면 무음 하나만 있을 뿐이다. 그러나 그 기틀로 보면 중음이지 일음은 아니다고 한다.

성사는 이 원음과 일음에 대하여 세 부류의 사람들을 언급하시면서 세 분 다 여기에 생각이 다르다고 하셨다. 그 이유는 삼신을 따로 보기 때문이다. 그 첫 번째가 법신불을 보고 그 음성을 판단하고 있다.

법신불은 제일의 몸을 갖고 계신다고 했다. 제일의 몸은 진리의 몸을 말한다. 진리의 몸에는 어떤 특정한 모습과 소리가 없다. 이 말은 그만큼 무수한 형체와 무량한 소리를 나타낼 수 있다는 것을 의미한다.

빈 골짜기는 특정한 소리가 없다. 언제나 무음이다. 하지만 그 누가 소리를 지르면 그에 맞는 메아리가 즉시 들려온다. 여자가 부르면 여자의 소리가 들려오고 아이가 부르면 아이소리가 그대로 들려온다.

부처님은 무음 하나만 있는데 부르는 사람에 따라 한량없는 음성이 되돌아온다. 그러므로 부처님 쪽으로 보면 어떤 특별한 소리를 갖고 있지 않고 다만 부르는 사람에 따라 그에 맞는 하나의 음성을 나타낸다고 하는 것이다.

비록 하나의 음성이라고 해도 중생 쪽에서 보면 중음이 된다. 중음은 다양한 음성을 말한다. 그러므로 법신불은 무음이지만 부르는 사람에 따라 한 개의 음성인 일음만 나온다. 하지만 부르는 사람이 천만이 되면 그 음성도 천만이 되기 때문에 그 일음이 중음이 된다고 한 것이다.

[海東疏] 何意說言一音圓音者 良由一時一會異類等解 隨其根性各得一音 不聞餘聲 不亂不錯 顯是音奇特 故名一音

무슨 뜻으로 일음과 원음이라고 하나. 진실로 일시 일회에 이류들이 고르게 이해하는 것은 그 근기와 성질을 따라 각기의 일음을 얻고 다른 소리는 들리지 않기에 그렇다. 그 소리는 혼란하지도 않고 섞이지도 않는다. 그렇게 나타난 소리는 기특하므로 일음이라고 한다.

부처님이 설법하실 때에는 비단 지상의 인간들뿐만 아니라 전 허공계의 무량한 세계에서 구도자들이 몰려온다. 그들은 한 분의 수행자가 드디어 부처가 된 사실을 경축하며 그분의 설법을 들으려고 한다. 하지만 수많은 행성에서 오다 보니 각자마다 나라가 다르고 언어가 틀린다. 그런데 어떻게 똑같이 그들에게 설법을 할 수 있단 말인가.

그때 부처는 언어에 구애 없이 하나의 언어로 설법을 하신다. 신기하게도 그 언어는 내방자들에 맞는 제각기의 언어로 전환된다. 이것이 바로 부처가 일음으로 설법하시면 모든 구도자들이 원음으로 이해하는 경우이다.

이 언어는 특이하고 기특하다. 유엔총회에서처럼 언어전환 이어폰을 거추장스레 끼지 않더라도 부처님의 말씀은 아주 또렷하고 깨끗하게 전환된다. 거기에는 기계가 내는 그 어떤 소음이나 혼선의 잡소리도 나오지 않는다. 부처님 말씀 그대로가 그대로 옮겨진다. 그러므로 기특한 일음이라고 한다.

海東疏 音徧十方 隨機熟處無所不聞 故名圓音 非謂如空徧滿無別韻曲 如經言 隨機類音 普告衆生 斯之謂也.

그 음이 시방에 두루하여 근기가 익은 곳이라면 들리지 않는 곳이 없기에 원음이라고 한다. 그것은 허공처럼 천지에 가득하지만 특별한 음곡이 없는 것은 아니다. 경전에서 근기에 따라 그 부류가 갖고 있는 음성으로 널리 중생에게 고해진다고 하신 말씀이 이것을 말씀하신 것이다.

부처님의 말씀은 범부들의 언어처럼 떠들다가 사라지는 것이 아니다. 그분의 말씀은 천지에 스며들어간다. 그 어디에든 그 어느 장소에서건 그분의 말씀을 받아들일 준비가 되어 있는 곳이라면 그분의 음성이 들리지 않는 곳이 없다. 그런 목소리의 기능을 원음이라고 한다.

그 목소리는 특이한 음곡을 가지고 살아 있다. 그러기에 세상에 가득한 죽은 허공과는 차별이 있다. 똑같이 세상에 변재하지만 하나는 살아 있고 하나는 죽어 있다는 것이 다르다.

음곡은 소리가 갖고 있는 곡조를 말한다. 곡조는 음성이 갖고 있는 가락이다. 부처는 부처의 특이한 음곡이 있다. 그 음곡이 어떻게 특이한지에 대해서는 **범망경** 말씀을 빌려 **혈맥기** 1권에서 이미 밝혀

두었다.

여기서 성사는 당신의 말씀을 증명하기 위하여 경전 하나를 끌고 오셨는데, 그것은 바로 **화엄경**이다. 부처님께는 특정한 소리가 없지만 그 근기에 따라 특정하게 들린다고 하셨다. 그러니까 첫 번째 스님은 무음이면서도 중음을 말하고 있다. 그것은 어떤 특정한 음성을 갖지 않은 법신의 목소리이기 때문에 그렇다는 것이다.

海東疏 或有說者 就佛言之 實有色聲 其音圓滿 無所不徧 都無宮商之異 何有平上之殊 無異曲故名爲一音

혹은 어떤 분은 말하기를, 부처님 쪽으로 보면 그분은 실제로 육신의 음성이 있으시다. 그 음성은 원만하셔서 두루하지 아니함이 없으시다. 그 음성은 궁상과 다름이 없는데 어찌 평상과도 다름이 있겠는가. 그렇게 이상한 음곡이 없기 때문에 일음이라고 한다.

이제 두 번째 사람이 말한다. 그 사람은 부처라고 해서 독자적인 목소리가 없겠느냐는 것이다. 어떤 부처님이든 그 부처님은 그분만의 독특한 신체적 목소리를 가지고 있다고 한다. 이것은 화신의 부처를 두고 한 말이다.

중생에게 나타난 화신의 부처님은 언어로 중생을 제도하신다. 그러므로 그분은 반드시 그분이 쓰시는 음성이 있기 마련이다. 그래서 이제 이 사람은 부처는 모두 다 자기의 목소리를 갖고 있다고 한 것이다.

궁상이라는 말은 동양의 전통음악에서 쓰는 다섯 음계를 말한다.

즉 궁상각치우인데, 서양의 음계와 비슷하다. 평상이라는 것은 중국의 한자음을 그 성조에 따라 네 종류로 나눈 것이다. 즉 평성 상성 거성 입성을 말한다. 요즘 같으면 엑센트 정도다. 궁상은 궁성과 상성을 뜻하고 평상은 평성과 상성을 붙인 말이다.

그러니까 화신의 부처님은 보통 중생들이 쓰는 음계와 강약의 음성이 있는데 어찌 그분만이 가지고 있는 일음이 없겠느냐 하는 것이다. 그런 의도로 그분에게 별다른 음곡이 없겠냐고 한 것이다.

海東疏 無不徧故說爲圓音 但有是圓音作增上緣 隨根差別現衆多聲 猶如滿月唯一圓形 隨器差別而現多影

두루하지 아니함이 없기 때문에 원음이라고 했다. 단 이 원음은 증상연을 일으킨다. 그리고 근기의 차별을 따라 수많은 소리로 나타난다. 그것은 마치 보름달은 한 개의 둥근 모양이지만 그릇에 따라 한량없는 그림자가 나타나는 것과 같다.

석가모니부처님은 평생 동안 한 언어만 쓰셨다. 빠리어 지방어인 프라크리트Prakrit만을 갖고 설법을 하셨지만 중생들은 모두 다 자기 언어로 들었다. 자기 언어로 듣게 만드는 것이 바로 증상연을 일으킨다는 뜻이다.

개와 소 같은 축생은 적록색맹 때문에 세상을 볼 때 노란색과 파란색, 갈색 계열만 본다. 인간은 빨강 파랑 노랑색의 삼원색을 바탕으로 보지만 볼품없는 갯가재는 무려 16색의 색상으로 세상을 본다.

그러므로 인간이 무지개를 보고 7개의 색상을 보는 데 반해 갯가재는 거기서 112개의 색상을 보게 되는 것이다. 한 개의 태양에 의해 보여지는 사물의 색상이 이렇게 다른 것처럼 한 분의 설법에 천차만별의 자기 소견이 나온다.

우박이 쏟아지면 그것을 받는 물질의 성질에 따라 온갖 가지의 소리가 난다. 물에 떨어지는 소리와 기와에 떨어지는 소리에 이어 나무에 떨어지는 소리가 다르다. 한 개의 망치로 실로폰을 치면 실로폰 각판마다 나오는 소리가 다른 것과 같다.

이 일음은 귀가 열린 자에게만 원음으로 들리어진다. 그 말은 받아들일 준비가 된 자에게만 들린다는 뜻이다. 아무에게나 다 들리면 범부들의 귀는 윙윙거리는 부처님의 말씀으로 정신을 차릴 수가 없을 것이다.

옛날 선비들은 뜰 앞에 파초를 심고 뒤뜰에 대나무를 심었다. 파초 잎에 떨어지는 빗소리는 빗소리 중에서 가장 청량하고 대나무 사이를 지나는 바람은 바람 중에서 가장 맑은소리로 즐겼었다.

하지만 배고픈 노비나 소작인들은 그 소리들이 너무 싫었다. 하나는 비가 와 눅눅해서 싫었고 또 하나는 춥고 스산한 기분이 들어서 싫었다.

그처럼 부처님의 설법을 받아들일 수 있는 자들은 복덕을 갖추고 마음이 일단 안정되어야 그 말씀이 그대로 깊이 들어오는 것이다.

한 번의 벼락이 내리쳐도 마찬가지다. 똑같은 벼락인데 유아는 자지러지게 울고 나그네는 그 빛으로 길을 찾는다. 죄 지은 사람은 두려움에 떨고 사진가는 사진을 찍으려 한다. 소리는 똑같은데 반응은 모두 다 다르게 나타나는 것도 이와 같은 것이다.

海東疏 當知此中道理亦爾 如經言 佛以一音演說法 衆生隨器各得
解故

마땅히 알아야 한다. 이 가운데 도리 또한 그렇다는 것을 말이다.
저 경에서 부처님이 하나의 음성으로 설법을 하시면 중생들은 그릇을
따라 각기 이해를 한다고 하셨다.

부처님의 말씀에 의해 불교교단이 만들어졌다. 이 교단에 의해 사
람들은 제각각의 이익을 얻는다. 어떤 사람들은 이 교단에서 복을
짓고 어떤 사람들은 죄를 짓는다. 더러는 이 교단을 이용해 장사를
하고 더러는 이 교단을 이용해 사기를 친다. 혹자는 이 불교를 통해
돈을 벌고 혹자는 이 불교를 갖고 명예를 얻는다.

부처님은 중생을 부처로 만드는 일을 하시는데 사람들은 거기에는
관심이 없다. 모두 다 자기 그릇만큼 세속적인 이익만 챙기고 있다.
큰 나무는 따가운 햇볕을 가려주고 강한 바람을 막아준다. 그리고
크고 맛있는 과일을 만들어준다. 하지만 개미는 거기에 관심이 없다.
벌레도 그렇고 그 밑에 사는 미물도 마찬가지다. 모두 다 거기서 자
기 쪽의 조그마한 이익을 챙기는 데 여념이 없다.

중생구제라는 모토로 크고 작은 사찰이 곳곳에 지어져 있다. 그
건물에서 중생들은 저마다의 그릇을 갖고 자기들의 삶을 도모한다.

용마루를 타고 내려온 기왓장 밑에는 참새가 알을 낳고 새끼를 친
다. 그들은 거대한 절 건물을 그렇게 둥지로 이용하고 있다.

처마 밑에는 비둘기들이 삼삼오오 모여 살고 있다. 그들은 거기를
가장 안전한 자기들의 정해진 교류장소로 삼고 배설을 하는 화장실

로 사용하고 있다.

절속에 들어오면 파리들이 살고 있다. 파리는 절 천장을 날아다니며 거기다 똥을 싸고 절 음식을 탐한다. 개나 고양이는 사찰에 살고 있는 사람들에게 애교를 부리거나 꼬리를 흔드는 대가로 던져주는 먹이를 받아먹고 만족히 살아간다.

큰 절이면 고용된 사람들이 있다. 그들은 거기서 돈을 벌어나간다. 매표부터 주차장 관리인, 경비들에 이어 공양주 청소원들까지 거기서 노동한 대가만큼 돈을 벌어 가족을 먹여 살린다.

신도들도 마찬가지다. 시주와 보시를 해서 거대한 절을 지어놓고 볼품없는 법만 가지고 간다. 주로 방편으로 내려진 불공의식이나 각종 행사 참석에 그치고 있다. 거기다 저급한 불교교리를 배우고 산신각과 용왕당을 들락거리며 재수와 횡재를 기원한다.

그 절에 사는 일부 스님들도 마찬가지다. 대궐 같은 절에 살면서 고작해야 죽은 자들을 위해 제사를 지내거나 신자들의 기복기도를 올려주는 것으로 생업을 이어가고 있다.

제일 후미진 사찰 시궁창에서는 쥐들이 터전을 잡고 있다. 그들은 거기서 먹을 것을 찾아내 새끼들을 기르고 자식들 공부시키며 결혼도 시킨다.

겉으로 보기엔 절이 다 똑같이 보이지만 그 속에서 살아가는 중생들은 이렇게 모두 다 자기의 그릇에 맞게끔 참으로 작고도 적은 것들만 챙겨가기에 바쁘다.

그처럼 부처님이 한 개의 음성으로 설하시게 되면 그 음성 속에서 많고도 많은 중생들이 다 자기 그릇만큼 그 말씀을 챙겨가는 것이다.

그래서 **법성게**에 중생수기득이익衆生隨器得利益이라고 한 것이다.

두 번째 사람은 부처님의 말씀은 일음이면서도 원음이 된다고 하였다. 이것이 바로 마명보살이 말씀하신 원문과 같은 음성이 된다.

海東疏 或有說者 如來實有衆多音聲 一切衆生所有言音 莫非如來法輪聲攝

어떤 사람은 말하기를, 여래는 진실로 많고 많은 음성을 갖고 계신다. 일체중생이 갖고 있는 언어와 소리는 여래가 법륜을 굴리는 소리에다 들어가지 아니함이 없다.

이 대목은 보신부처님을 두고 하신 말씀이다. 보신부처님은 무량한 언어를 갖고 계신다. 일체중생들이 쓰는 소리라는 소리는 모두다 알고 계신다. 그러므로 일체중생 그 어떤 생명들과 더불어 살아도 아무런 불편함이 없다.

그들과 더불어 사는 이유는 단 하나다. 그들을 이끌어 고통의 세계를 벗어나게 하고자 하는 데 있다. 그 말씀이 바로 법륜이다. 그러므로 보신부처님이 일체중생들의 언어를 다 안다는 것은 바로 중생을 제도하기 위한 방편으로 다 알고 계신다는 뜻이다.

만약에 언어가 통하지 않는다면 얼마나 답답하고 불편할까. 제도를 하는 쪽도 그렇고 제도를 받는 쪽도 그럴 것이다. 그것을 이미 알고 계신 부처님은 법륜을 굴리시는데 언어로 장애가 없도록 미리다 대비하신 것이다.

그러므로 자기가 어떻게든 살려고만 한다면 부처님은 반드시 자기

곁으로 다가와 걸림 없는 소통을 해 주신다. 문제는 자기가 죽으려고 만 하니 부처가 그렇게 많은 언어를 가지고 계시면서도 응답을 해 주시지 않는 것이다. 즉 귀를 열고 들어야 하는데 한사코 귀를 닫고 들으려고 하니 그 말씀이 귓전에만 뱅뱅 돌 뿐이다. 그것도 모르고 응답이 없다고 부처의 영험을 원망하고 있는 범부들이니 참으로 딱하고 가엾기만 할 뿐이다.

海東疏 但此佛音無障無碍 一卽一切 一切卽一 一切卽一 故名一音 一卽一切 故名圓音

오로지 이 부처님의 음성만이 장애가 없고 걸림이 없다. 하나이면서도 일체에 즉합하고 일체이면서도 하나에 즉합한다. 일체가 곧 하나이기에 그 이름을 일음이라고 하고, 하나가 곧 일체가 되기 때문에 그 이름을 원음이라고 한다.

세상에 소리라는 소리는 모두 다 장애가 있고 걸림이 있다. 하지만 보신부처님의 음성은 그런 것이 없다. 그분의 음성은 시간을 초월하고 공간을 월경한다. 그분의 입으로 나온 한 개의 말씀은 일체중생에게 골고루 들어가고, 그 들어간 일체의 음성은 원래 한 개의 음성과 연결되어져 있다.

즉 **화엄경**에서 말씀하신 千江有水千江月천강유수천강월이다. 천 개의 강에 천 개의 달이 나타난다는 뜻이다. 천 개의 물 달은 하늘에 떠 있는 한 개의 달에 다 섭입된다. 이것은 한 사람의 모습은 천 개의 텔레비전에 골고루 나타나고 그 천 개의 영상은 원래 한 개의 실상에 들어간다는 말과 같다.

한 개의 숟가락 통은 여러 개의 숟가락을 내어서 여러 사람들의
배고픔을 해결해 준다. 그리고는 다시 그것들은 한 개의 수저통에
들어간다. 그리고는 시기가 되면 또 거기서 나와 다른 인연있는 배고
픈 사람들을 먹이게 된다. 여기서 수저통은 일음이 되는 것이고 배고
픈 사람들을 먹이는 수저는 원음이 되는 것이다.

세 번째 사람은 이렇게 부처의 음성이 중음이면서도 일음이라고
표현하고 있다.

海東疏 如華嚴經言 一切衆生語言法 一言演說盡無餘 悉欲解了淨
密音 菩薩因時初發心故

화엄경에 말씀하시기를, 일체중생들이 쓰는 언어의 법은 한 개의 언어
로 연설해도 결코 모자람이 없다. 그 청정하고 비밀스런 음성을 완전히
알기 위해서 모든 보살들은 그 말씀을 들을 때 초발심을 하는 것이다
라고 하셨다.

부처는 무엇이든 연설하시면 머뭇거리거나 막히는 일이 없다. 바
람이 나뭇가지를 지나가는 것처럼 걸림이 없고 시냇물이 자갈을 쓰
다듬으며 흐르는 소리와 같다. 그러면서 누구에게나 다 그분이 내는
일음의 의미를 정확히 전달해 주신다.

그들이 볼 때 부처의 일음은 청정음이다. 깨끗하기 이루 말할 수
없어서 일단 어떤 중생이든지 귀에 들리면 그 내용이 바로 이해된다.
그리고 비밀음이다. 이것은 일반 범부로서는 상상할 수 없는 능력으

로 연설하는 음성이기에 비밀음이 될 수밖에 없다.

그것을 보고 초심의 보살은 놀란다. 어떻게 저토록 다양한 언어를 구사할 수 있는 능력을 가질 수 있을까 하는 경외감을 갖는다. 그리고 그들도 부처님처럼 그와 같은 언어를 통달해 중생을 제도할 수 있으면 얼마나 좋을까 하는 바람으로 자신을 향상시키고자 한다. 그것을 증상연이라고 부른다. 그런 부러움의 마음이 바로 초발심에서 깨달음으로 이어지는 동력이 되는 것이다.

海東疏 又此佛音不可思議 不但一音言卽一切音 亦於諸法無不等徧 今此略擧六雙 顯其等徧之相

또 이 부처님의 음성은 불가사의하다. 일음의 언어가 곧 일체음이 될 뿐만 아니라 또한 모든 법에 두루하지 아니하는 바가 없다. 이제 그것을 간략하게 6쌍으로 들어 전체에 두루한 모습을 나타내 주겠다.

일음의 언어가 일체음이 된다는 것은, 언어가 다른 세계 각국의 학생 앞에서 한 선생이 한국말로 강의하면 모두가 다 자기 모국어로 알아듣는다는 것이다.

그러므로 부처님 앞에서 자기의 언어가 부처님께 통하지 않을까 하는 염려는 하지 않아도 된다. 부처님은 일체중생들이 쓰는 언어에 통하지 않음이 없기 때문이다.

부처님께 하고 싶은 발원이나 찬탄은 그 어떤 언어로 해도 상관없다. 굳이 화신의 부처님이 쓰시던 언어를 찾아 그 언어대로 의식을 집행해야 된다는 생각은 고루하다. 문제는 얼마나 지성스런 마음으로 부처님께 접근하느냐는 것이지 그분이 쓰시던 언어에 집착해서 발음이 틀리니 맞느니 할 필요는 없다.

모든 법에 두루하다는 말은 일체의 세계에 두루 미친다는 뜻이다. 보통의 소리는 장막이나 장벽을 만나면 자동으로 소멸되어 버린다. 그런데 부처님의 언어는 잔잔한 호수의 여울처럼 멀리멀리 우주 공간에 퍼져 나간다. 그러므로 불가사의하다고 한 것이다.

그 일음은 아직도 그대로 작용하고 있다. 어떤 중생이든지 간에 부처님의 일음을 들을 그릇이 된다면 그 일음은 지금 당장 그에게 원음으로 작용한다.

그러므로 부처님의 음성은 중생들의 생각을 벗어나 있고 언어를 초월해 있다. 따라서 먼 후일 과학이 고도로 발달되면 수천 년 전에 석가모니부처님이 설하신 45년의 설법을 우주 공간에서 그대로 채록하는 날이 분명 있게 될 것이다.

6쌍이라는 말은 여섯 부분의 짝으로 두루하다는 말인데 그 설명은 뒤따라 나온다.

[海東疏] 一者等於一切衆生及一切法　二者等於十方諸刹及三世諸劫　三者等於一切應身如來及一切化身諸佛

첫 번째는 일체중생과 일체법에 두루하다는 것이고, 둘째는 시방의 모든 세계와 삼세의 모든 겁에 두루하다는 것이며, 셋째는 일체 응신여래와 일체 화신의 제불에 두루하다는 것이다.

여섯 짝 중에서 첫 번째는 일체중생과 일체법으로 짝이 되었다.

부처님의 말씀은 살아 있는 일체중생은 말할 것도 없고 일체의 무생물들에게까지 다 스미어 들어간다는 것이다.

둘째는 시방에 있는 모든 세계와 삼세의 시간에까지 다 뻗친다는 것이다. 여기서 찰은 절이 아니고 세계를 말한다. 또 모든 겁이라고 하였는데, 겁은 시간을 말하고 있다. 그러므로 공간과 시간에 구애됨이 없이 부처님의 말씀은 다 통한다는 것이다.

셋째는 응신여래와 일체 화신여래로 짝이 된다. 응신여래는 위에서도 언급했듯이 중생들 쪽에서 보는 부처를 응신여래라고 하고, 부처 쪽에서 중생들을 위해 나타난 부처를 화신여래라고 한다. 즉 부처는 중생들에게 화신으로 나타나고 중생은 그 부처를 자기 기준으로 보는데 그 부처를 응신여래라고 한다.

똑같은 불상의 모습이지만 불자는 불상으로 보고 외도는 우상으로 본다. 이것은 똑같은 금덩어리이지만 사람들은 값나가는 보석으로 보고 짐승들은 그냥 빛이 나는 이상한 돌멩이로 보는 것과 같다.

海東疏 四者等於一切法界及虛空界　五者等於無礙相入界及無量出生界　六者等於一切行界及寂靜涅槃界

네 번째는 일체의 법계와 허공계에 두루하고, 다섯째는 무애상입계와 무량출생계에 두루하며, 여섯째는 일체 움직이는 세계와 적정한 열반 세계에 두루하다.

일체의 법계는 형상 있는 전 세계라는 뜻이고, 허공계는 형상이 없는 텅 빈 세계를 말한다. 그러니까 부처님의 말씀은 유형무형의 세계를 가리지 않고 전체에 녹아든다고 한 것이다.

　무애상입계라는 말은 부처가 필요에 따라 편리하게 만드는 세계를 말한다. 건축될 아파트를 보여주기 위해서 모델하우스를 짓는 것처럼 부처가 중생들을 교화하기 위해 임시로 짓는 세계를 말한다. **법화경**에서 말한 화성비유품의 화성이 바로 이런 예에 속한다.

　사람들도 텅 빈 지대에 무엇인가를 필요에 의해 짓고, 그것이 필요없으면 없애버리는 것처럼 부처도 이 우주 공간에서 필요에 따라 세계를 창조하고 또 흔적 없이 없애버린다. 그러므로 부처는 천지의 창조주이며 정리자라고 말할 수 있다.

　무량출생계라는 말은 자동적으로 생성되고 소멸되는 세계를 말한다. 무애상입계가 누군가에 의도에 의해 만들어진 세계라면 무량출생계는 인연에 의해 자연히 나타났다 사라지는 세계를 말한다. 이런 세계는 지금도 우주 공간에서 무수하게 생성되고 간단없이 사라지고 있다.

　존재의 세계는 크게 두 가지로 나뉜다. 행동하는 세계와 적정한 열반의 세계다. 하나는 중생들이 사는 곳이고 다른 하나는 부처들이 사는 세계다. 부처님의 말씀은 어느 세계를 가리지 않고 그런 모든 곳에 다 깊이 스미어 들어간다고 한 것이다.

|海東疏| 此義如華嚴經三種無礙中說 隨一一聲等此六雙 而其音韻恒不雜亂

이러한 뜻은 화엄경 삼종무애 가운데서 설하신 것과 같다. 그렇게 하나하나의 음성이 이 여섯 짝에 들어가는 데도 그 음운은 항상 그대로

여서 어디에 섞이거나 혼란스러워지지 않는다.

삼종무애라는 말은 부처님이 갖고 있는 세 가지 걸림이 없는 능력
을 말한다.

첫째는 선근무애다. 큰 총지인 진리를 증득하여 선법을 잃지 않고
중생들을 이익되게 한다. 중생을 위해서는 설령 방편이라 하더라도
악법이라는 악법은 추호도 사용하지 않는다. 그리고 중생들이 갖고
있는 온갖 언어와 문자는 물론 그들이 살아가는 모든 인연들을 전부
다 아는 데 있어서 걸림이 없는 능력을 말한다.

둘째는 설법무애다. 큰 변재술을 증득하여 중생을 제도하는 데 전
혀 장애가 없는 것을 말한다. 변재술은 상대방을 이해시키기 위한
탁월한 언어의 기술을 말하는데, 여기서 말한 언어의 능력은 바로
이것을 뜻하고 있다.

셋째는 교리무애다. 부처님은 큰 지혜를 증득하여 대승교와 소승
교, 또는 외도와 천도 그 어느 것에도 걸림이 없는 위력을 갖고 있다.
부처는 불교만 아시는 것이 아니라 중생들이 갖고 있는 모든 종교와
문화 풍습에 이어 귀신과 영계의 세계까지도 전부 다 알고 계신다.
그런 능력에 걸림이 없는 것을 말한다.

어쨌거나 부처님은 중생을 위한 특이한 음성을 갖고 계신다. 그런
음성이 이 여섯 세계에 고루 스며들어 가지만 그들이 가진 언어와
소리에 섞이거나 혼성되지 않고 그 특이의 음운을 항상 일정하게 지
키고 있다.

海東疏 若音於此六雙有所不徧 則音非圓 若由等徧失其音曲 則圓
非音 然今不壞曲而等徧 不動徧而差韻

만약에 이 여섯 짝에 두루하지 아니하다면 그것은 일음이지 원음이
아니다. 또 이 여섯 짝에 두루하지만 그 음곡을 잃어버린다면 그것은
원음이지 일음이 아니다. 그리하여 그 음곡을 무너뜨리지 않고 전체에
두루하면서도 조금도 동요없이 차별된 음운을 그대로 유지하고 있다.

연사가 발언을 하면 거기에 모인 청중만 그 목소리를 듣는다. 말을
하는 쪽에서 보면 일음이고 듣는 쪽에서 보면 원음이다. 이것은 인간
에게 국한된다. 하지만 부처는 위에서 말한 여섯 짝의 세계에 그대로
통한다. 그것이 부처와 중생이 갖는 능력의 차이다.

인간은 똑같은 언어를 쓰는 자들에게만 일음이 원음이 된다. 그리
고 장소와 거리에 의해 그 일음이 장애를 받는다. 하지만 부처의 일
음은 장소가 어떻든 간에 정확히 들려지고 거리가 어디든지 간에 깨
끗하게 전달된다.

위에서 말한 여섯 짝에 두루한 것은 오직 허공이 그렇다. 허공은
자체 소리를 낼 수가 없다. 무엇에 의해 그 소리를 울려주기만 한다.
모든 세계에 그 허공의 소리는 두루하지만 허공은 자체의 음성이 없
다. 그 자체의 음성을 갖고 여섯 세계에 고루 균등하게 미치는 소리
는 부처님이 갖고 계시는 특이한 음성 하나뿐이다.

정리하자면 전체에 두루하지 않으면 일음이지 원음이 아니고, 전
체에 두루하지만 그 특이한 음성을 잃어버리면 원음이지 일음이 아
니다는 말씀이다.

由是道理 方成圓音 此非心識思量所測 以是法身自在義故
一音之義 略說如是

이러한 도리로 바야흐로 원음과 일음을 이루고 있다. 이런 것들은
심식의 사량으로 헤아릴 바가 아니다. 그것은 법신에는 자재한 뜻이
들어 있기 때문이다. 일음의 뜻은 간략하게 이와같이 해설한다.

　어떻게 그럴 수 있느냐고 의아해할 필요는 없다. 유아들의 언어와
어른의 언어를 비교해보면 금방 이해가 갈 것이다. 유아들은 자기
부모하고도 소통이 되지 않지만 어른들은 몇 개 국어도 거뜬히 할
수 있다. 이렇게 비교하면 범부와 부처의 능력 차이가 분명 그럴 수
있을 거라고 이해할 수 있다.
　범부의 생각이 미치지 못한다고 해서 부처님이 갖고 계시는 일음
의 무애성을 부정해서는 안 된다. 아이들에게 딱딱하고 무거운 이런
땅들이 허공에 비눗방울처럼 많이 떠 있다고 한다면 그들은 믿지 못
할 것이다. 그것은 그들의 생각 범주를 넘어서기 때문이다. 그처럼
부처님의 일음과 원음은 범부의 마음과 생각으로부터 벗어나 있으므
로 범부들이 알 수 있는 영역은 아니라고 성사는 말씀하시고 있는
것이다.
　화신과 보신의 본체인 법신부처에게는 중생이 상상할 수 없는 굉
장한 능력이 있는 것이다. 그것은 성문과 연각을 넘어 보살이 되어
서도 티끌만치 정도로 겨우 알 수가 있는데, 어찌 하물며 범부의 의
식과 생각으로 그분들의 언어능력을 사량하고 측량하겠는가 하신
것이다.

海東疏 且止餘論 還釋本文

이제 그런 이야기는 그만두고 돌아와 본문을 풀이하기로 하자.

성사는 원문에서 마명보살이 원음으로 한 번 연설하시면에 대한 문구에 대해서 이제까지 장구한 설명을 해 오셨다. 그것은 그만큼 중생을 향해 내리시는 부처님의 음성은 다양하면서도 중요하다는 뜻으로 보신 것이다.

이제 그분이 갖고 있는 일음과 원음이 어떻게 작용하고 어떠한 기능을 갖고 있는가는 충분히 설명되었다. 그러므로 그러한 이야기는 이 정도에서 정리하고 다시 **기신론** 원문으로 돌아가 다음 문장을 풀이하자고 하신 것이다.

海東疏 此下第二明佛滅後根行參差 於中別出四種根性 初二依經 而得解者 後二依論方取解者

이 밑으로는 두 번째로 부처님이 멸도한 이후에 중생들의 근기와 행업이 다 다르다는 것을 밝히고 있다. 그중에서 따로 네 가지 종류의 근성을 나타내었다. 처음의 둘은 경전에 의해 이해하는 자들이고, 뒤의 둘은 논서에 의한 방법으로 그 의치의 뜻을 이해하는 자들이다.

기신론의 내용은 경전에 이미 다 들어 있는데 왜 또 다시 썼느냐고 물었을 때 두 가지 대답을 한다. 첫 번째 대답은 이제까지 해 왔었다. 그것은 부처님 당시에는 설법하시는 분과 듣는 사람 모두의 근기가 출중해서 해설서인 논서가 필요 없었다고 하는 내용이었다.

이제 두 번째 대답이 나온다. 그것은 부처님이 멸도하신 이후에는 중생들의 근기가 천차만별이다 보니 어쩔 수 없이 해설서인 논서가 필요하다는 말씀이다. 그러면서 네 가지 부류의 수행자를 예로 들었다.

원문에서 불멸이라고 하였는데, 불멸은 부처님이 열반에 드신 이후라는 뜻이다. 멸은 멸도의 준말이고, 멸도는 열반의 번역어이다. 즉 滅度멸도 중에 滅은 중생이 갖고 있는 일체의 죄업이 없어졌다는 뜻이고, 度는 생사의 세계를 건넜다는 뜻이다. 이 둘을 모아 멸도라고 한다.

起信論 若如來滅後 或有衆生 能以自力廣聞而取解者 或有衆生亦以自力少聞而多解者

여래가 멸도한 후에 어떤 중생은 자력으로 폭넓게 부처님 말씀을 전해 듣고 그 뜻을 취해 아는 자가 있고, 혹은 어떤 중생은 또한 자력으로 적게 듣고 많이 이해하는 자가 있다.

많은 장경을 가지고 있는 사람을 본 적이 있다. 경전으로 자기 서재에 도배를 했다. 없는 장경이 없었다. 빠리장경인 남전장경부터 중국장경인 속장경이 빽빽하게 꽂혀 있었다. 거기다가 일본의 신수장경과 한국의 고려대장경까지 책장 칸이 휘어질 듯 사방 벽에 진열되어 있었다.

그뿐만이 아니다. 부처님의 초기말씀이라는 **우따나**와 **수타니파따**에 이어 희귀경본이라는 패엽경과 두루마리경전까지 없는 것이 없었다. 북한에서 출간된 한글장경과 고려대장경을 번역한 우리말 대장경도 빈틈없이 촘촘히 박혀 있었다.

정말 대단한 구경거리였다. 방 하나 전체가 경전으로 둘러싸여 있는 그것은 사설 도서관과도 같았다. 그 많은 경전들을 다 구입하려면 금액만 해도 수천만 원은 족히 들고도 남았을 것 같았다. 정말 놀랄 노자였다.

그 중앙에 폼 나는 응접실 세트가 놓여 있었다. 손님이 오면 거기에서 차를 대접했다. 난 어쩌다 그와 함께 대소승의 경전성립 과정에 대해 진지한 대화를 나누게 되었는데 시간이 갈수록 그는 경전수집가이지 진정한 불교신자가 아니라는 생각이 들었다.

오잉! 그러고 보니 그 많은 경전들은 단지 그 방의 인테리어 소품 역할만 담당하고 있었던 것이 아닌가.

海東疏 初中言能以自力廣聞而取解者者 依廣經聞得解佛意 而不須論 故言自力也

첫 번째 중에서 말한 능히 폭넓게 부처님 말씀을 전해 듣고 그 뜻을 취하는 자라고 한 것은 광범위한 경전에 의해 부처님 말씀을 전해 듣고 부처님의 진의를 이해하는 자들이므로 논서가 필요치 않다는 것이다. 그래서 말하기를 자력自力이라고 하였다.

경전을 보는 사람들은 평생 동안 경전을 손에서 놓지 않는다. 그들을 우리는 경사라고 하든지 강백이라고 부른다. 그들은 부처님의 진의를 경전에서 파악하고 있다.

그들은 부처님이 무슨 말씀을 하셨는지 누구보다도 더 잘 알고 더 많이 알고 있다. 언제 누구와 어디서 어떻게 해서 무슨 경전을 설하시게 되었는지 그런 이력에 대해서는 가히 독보적인 지식을 가지고 있다. 그러므로 그들에게는 따로 어떤 논서가 필요하지 않다.

하지만 그게 대체적으로 다다. 더 이상의 진전은 거의 없다. 그러므로 아는 것만으로 그치는 수가 허다하다. 알면 움직여야 되는데 움직이지 않고 그 아는 것에 취해 있다.

그들은 환자에 대한 진단을 계속한다. 환자는 치료를 받아야 하는데 그 환자의 상태만 계속해서 말하고 있다. 환자가 직접 치료에 나서도록 강력하게 도와주고 밀어줘야 하는데 그런 박력적인 에너지를 크게 가지고 있지를 않다. 그것이 흠이라면 흠이다.

대승기신론을 한 번 배우면 무슨 말인지 사실 어벙벙하다. 그러다 두 번 보면 상당한 매력을 느낀다. 두 번을 보고 나면 세 번을 안 볼 수가 없게 만든다. 세 번을 들여다보면 자기 나름대로 안목이 생긴다. 그래서 네 번을 본다. 네 번을 보면 이제 번역하려고 애를 쓴다. 이런 형식으로 결국 **기신론**을 손에서 놓지 못하고 만다.

경전에 매혹된 사람도 이와 마찬가지다. 그런 사람들은 부처님의 말씀에 마법처럼 걸려 있다. 결코 거기서부터 벗어나지 못하고 있다.

그래서 **대승기신론**은 딱 한 번 배우는 것이 가장 이상적이다. 정성을 기울여 한 번만 제대로 배우면 그 속에 들어 있는 골수는 분명 건질 수 있다. 그 골수는 수행으로의 발췌다.

이것 없이 그 말씀이 좋다고 해서 번거롭게 또 뼈를 발라먹고 살을 씹어 먹으며 국물을 마실 필요는 없다. 골수 하나면 그것으로 아주 충분하고도 남기 때문이다.

起信論 或有衆生亦以自力少聞而多解者

혹은 어떤 중생은 자신에게 힘이 있어서 조금 듣고 많이 이해하는 자가 있다.

농사를 지으려면 농사를 짓는 이유부터 알아야 한다. 그 이유는 바로 곡물을 얻기 위함이다. 곡물을 얻으면 육신이 산다. 육신이 살려면 농사짓는 법을 배워야 한다. 잘 알지도 못하면서 아무렇게나 지으면 소출이 없어 굶어 죽는다.

경전을 본다는 것은 수행을 하기 위함이다. 경전을 봐야 수행을 할 수가 있다. 그래야 마음이 산다. 그러려면 그 살 수 있는 방법을 경전에서 우선 배워야 한다. 잘 알지도 못하고 제멋대로 수행하면 마지막에 미쳐 버린다. 그런데도 그들은 수행만 하려고 한다.

반면 농사짓는 법만 배우고 농사를 짓지 않으면 아무런 이익이 없다. 경전을 산더미처럼 쌓아두고 수행을 하지 않으면 아무런 메리트가 없다.

경전 그거 종이뭉치가 되면 정말 무겁다. 이사하면서 갖고 다니기 진짜 힘들다. 포장에서부터 다시 재 진열하는 데 어깨가 빠진다. 그것이 나를 변화시키는 수단을 하지 못할 때 그것은 산같이 무거운 종이덩어리가 된다. 그것이 나를 누른다. 숨도 쉬지 못할 정도로 나를 누른다. 그 누름에서 빨리 벗어나지 못하면 그 경전에 도리어 깔려 도리어 죽게 되는 수가 있다.

젊었을 때는 세계 곳곳에서 출판되는 불교관계 책들을 어떻게든 구해 보려고 했다. 책값과 우송료를 지불하기에도 벅찼지만 멀리서 오는 책이라 받아보는 재미가 솔솔 있기도 하였다.

하지만 지금은 외국에서 책을 보냈다 할까봐 지레 겁부터 난다. 한 번씩 좋은 책이 나왔다고 보내주겠다고 해도 정중히 사양한다. 한두 권씩이지만 온갖 나라에서 보내온 것이 모이면 그것도 큰 부피가 된다.

이미 갖고 있는 책들도 쉽게 어쩌지 못하고 있는데 거기다 더 보태어서 뭘 어떻게 하겠다는 건가라며 자조한다. 앞으로 누가 그것들을 볼 사람도 없다. **혈맥기**도 안 보는데 누가 그것들을 보고 수행에 나아가려 하겠는가. 그냥 호기심으로 몇 장 뒤적거리다 다시 덮어놓는 수준으로 그칠 것이다.

주로 영어와 한자, 그리고 일본어로 되어 있는 불학관계 서적들은 이제 모두 나와 함께 버려야 한다. 내가 떠나기 전에 정리해 줘야 남아 있는 자들의 마음이 편할 것이다. 더 이상 종이뭉치로 취급받지 않으려면 그렇게 하는 수밖에 없다는 것이다.

海東疏 第二中言亦以自力少聞而多解者者 未必廣聞諸經文言 而能深解諸經意致 亦不須論 故言自力

두 번째 가운데서 말한, 또한 자신에게 힘이 있어서 조금 듣고 많이 이해하는 자는 구차히 모든 경문들의 말씀을 많이 듣는 것이 아니라 모든 경전의 의치를 깊이 이해하는 자들이다. 그래서 그들 또한 논이 필요하지 않다. 그러므로 자력이라고 하였다.

224

또 한 사람을 만났다. 나름대로 참선을 한다고 했다. 소의경전은 **금강경**이라고 했다. 필에 꽂인 대목은 應無所住而生其心응무소주이생기심이라고 했다. 마음을 내되 선입견 없는 마음을 내라는 뜻이다. 범부는 그렇게 할 수가 없다. 그렇게 한다면 그는 이미 범부가 아니다. 그런데도 그는 그 말씀에 매혹 돼 **금강경**을 손에서 놓지 못한다고 했다.

그가 읽은 것은 **금강경** 한 권이 전부라고 했다. 한 권만 읽으면 경전 전체를 다 꿰뚫어볼 수 있다고 했다. 맞는 말이다. 산이라고 할 때 산 하나에 모든 나무들과 초목들이 전부 다 포함되어 있는 것과 같기 때문이다. 그가 말했다. 팔만장경 전체가 다 자기 마음 깨달으란 말씀인데, 마음을 깨닫기 위해 수행해야지 샌님처럼 책만 봐서 뭣하겠느냐는 것이다.

하지만 그는 잘못했다. **금강경** 한권만 보면 안 되는 것이다. **금강경**은 선정에 들도록 하는 경전이기 때문에 선정에 들어야 하는 이유를 밝힌 연기경을 놓친 것이다.

그래서 그에게 마음을 깨닫는 데는 선정바라밀인 참선도 좋지만 지혜바라밀인 직관은 더 좋은 것이다면서 **천수경** 한 권을 읽기를 권하였다. **천수경**이라고 하니 뭐 그런 수준 낮은 경전을 권하느냐 하는 언짢은 인상을 순간 보였다.

조금만 더 겸손한 자였다면 **금강경**과 **천수경** 두 권의 경전을 읽는 수고로움을 덜어 한 권으로 대체할 수 있는 방법을 가르쳐 주었을 텐데 아쉽기만 한 만남이 되고 말았다.

起信論 或有衆生無自心力 因於廣論而得解者

혹 어떤 중생은 자신에게 심력이 없어서 광론을 봐야 이해하는 자가
있다.

논서는 경전의 해설서라고 했다. 지식이 일천한 범부는 직접 경전
속으로 들어갈 수가 없다. 경전의 내용은 심심하고 미묘하기 때문이
다. 그것은 유아들에게 천체학을 설명해 주는 것과 같다. 그들은 듣
고 있어도 이해하지 못한다. 그것을 이해하려면 먼저 고등교육부터
받아야 한다.

그처럼 근기가 낮은 중생은 경전의 내용을 직접 이해할 수가 없다.
그것은 강렬한 빛을 발산하는 발광체와도 같다. 그 눈부심을 막아주
는 것이 바로 논서의 역할이다. 그것을 빌려 경전 속에 들어 있는
깊은 의미를 찾을 수 있기 때문이다.

海東疏 第三中言無自心力者 直依佛經則不能解 故言無力

세 번째 가운데서 자신의 심력이 없어서라고 한 말은 직접 불경을
보아서는 그 진의를 능히 이해하지 못하므로 힘이 없는 자라고 하였다.

심력이라는 말은 마음이 가지는 힘을 말한다. 광론은 광대한 논서
를 칭한다. 논서의 부피는 적어도 이것들이 모이면 팔만장경 백 배를
넘어간다.

위의 사람들은 나름대로 대단한 학식과 해박한 지식을 소유하고
있다. 하지만 그들도 그 논서의 명자와 언설에 갇혀 버리면 그저 말

장난에 빠진 서생정도에 그칠 수가 있다.

그것을 알기 때문에 그들은 그렇게 되지 않으려고 그 방법을 또 논서에서 찾으려고 한다. 하지만 찾으면 찾을수록 자기도 모르게 더 깊이 빠져드는 어리석음을 범할 수가 있다. 그들은 그것을 주의해야 한다. 어느 순간 수행자가 아닌 학자가 되어있지 않으려면 그것을 정말 조심해야 한다.

海東疏 因於智度瑜伽等論 方解佛經所說意趣 故言因於廣論得解者

지도론과 유가론 등의 논서로 인해 바야흐로 불경에서 설한 바의 의치를 이해하는 것이다. 그래서 광범위한 논서로 인해 이해하는 자라고 하였다.

지도론은 실상경전의 해설서이고 **유가론**은 연기경전의 해설서이다. 둘 다 백 권이나 되는 분량의 논서다. **지도론**은 용수보살이 지었고 **유가론**은 미륵보살이 썼다. **지도론**은 우리 마음의 본질에 대한 내용이고 **유가론**은 우리 마음의 현상을 다각도로 분석하였다. 이 둘은 한 분야씩을 설명한 최고의 대표 논서로 꼽힌다.

그 외 현창이 지은 **화엄론** 600권에 이어 영변이 지은 **화엄론** 100권과 더불어 **종경록**이 100권 **법원주림** 100권 **선원제전집** 101권 **일체경음**의 100권 같은 논서들이 수없이 많고도 많다.

의치라는 말은 그 속에 들어 있는 뜻과 나아갈 바의 방향이라는 뜻이다. 부처님이 설하신 경전에 대해 그 숨은 뜻을 찾아내고 그 경전이 취향하는 방향을 잡아내는 데는 해설서만큼 좋은 참고내용이 없다는 것이다.

그래서 논서를 좋아하는 사람들은 계속해서 논서를 뒤지며 부처님의 진의를 파악하고자 한다. 어느 보살은 그것을 이렇게 보고 또 어느 존자는 그것을 이렇게 표현하더라 라는 현학적 미학에 빠져 계속해서 해설서를 뒤지고 있다.

논서는 한두 사람이 쓰는 것이 아니다. 수많은 사람들이 각자 자기의 견해를 갖고 쓰다 보니 아주 다양한 해설이 나오게 된다. 그 다양함이 바로 자신의 이해를 돕는 도구가 될 수 있지만 잘못하다가는 그 도구에 발등이 찍힐 수가 있다. 어찌 되었든 그들은 광범위한 논서를 연구해 부처님의 의치를 찾아내려고 하는 자들이다.

起信論 亦有衆生復以廣論文多爲煩　心樂總持少文而攝多義能取解者

또한 어떤 중생은 다시 광론은 글이 많아 번잡하다고 여겨 마음으로 총지같은 적은 글에 많은 뜻을 함섭하고 있는 것을 좋아하여 능히 그 뜻을 취해 아는 자가 있다.

총지는 진언의 능력이다. 진언은 모든 것을 다 가지고 있다. 總은 모을 총 字고 持는 가질 지 字다. 그래서 총지라고 한다. 인간의 언어는 그 언어가 말하는 것만 내포한다. 하지만 진언은 세상 전부의 뜻을 다 포함한다. 그래서 총지라고 한다. 이 총지에는 두 가지가 있다. 하나는 만트라고 또 하나는 다라니다.

만트라는 짧은 진언이다. 정구업진언이나 참회진언 같은 것들을 말한다. 다라니는 만트라가 모인 긴 장구다. 즉 신묘장구대다라니나 대명왕대수구다라니 같은 것들을 일컫는다. 진언의 효능은 크게 네 가지로 말할 수 있다.

첫째는 암호다. 총칼이 번뜩이고 무장한 적의 매복이 사방에 깔렸다 하더라도 암호 하나면 간단히 적진을 통과할 수 있다. 모든 조직화된 적들은 다 암호를 갖고 있다. 그 암호만 적절히 구사하면 제 아무리 삼엄한 적의 요새라 하더라도 쉽게 뚫을 수 있다.

여기서 적의 요새는 말할 것도 없이 나를 더 이상 해탈의 길로 나아가지 못하도록 막는 魔마의 장벽을 말한다.

현재 나는 무엇인가에 갇혀 있다. 그러므로 행복이 없고 자유가 없다. 그 행복과 자유를 찾으러 나는 밖으로 나가야 한다. 그런데 총칼을 든 魔의 병사들이 삼엄하게 길목을 지키고 있다. 어떻게 저 검문소를 통과해 밖으로 나갈 수 있을까.

그때 필요한 것이 바로 암호의 기능을 가진 진언이다. 진언을 치면 순식간에 바닷물이 갈라지듯이 모든 마의 병사들은 일제히 총칼을 거두고 앞길을 훤하게 틔어준다. 그래서 갇힘 속의 해탈에는 반드시 진언이 필요하다.

둘째는 마왕의 이름들이다. 조무래기 魔들이 언제나 문제를 일으킨다. 큰 魔들은 어지간하게 중요한 곳에는 직접 나타나지 않는다. 큰 魔의 이름을 빌린 조무래기들이 마을이고 시내를 거들먹거리며 안방처럼 휘젓고 다닌다. 그렇게 사납고 난폭한 조무래기지만 일단 자기들의 마왕 앞에 서면 완전 토종강아지처럼 꼬리를 팍 내리게 된다.

그러므로 그런 조무래기들 앞에 그들의 최고 두목 이름들을 거침 없이 불러대는 것이다. 자기들은 감히 대장의 얼굴조차 똑바로 쳐다보지도 못하는 졸자들 주젠데 이 암송자는 그런 대장의 이름을 마음대로 불러대는 거 보니 분명 마왕과 절친한 친구거나 아니면 아주 잘 아는 지인이 틀림없다 라고 생각하고 지레 겁을 먹고 도망가 버린다.

그래서 조무래기 魔들은 진언 암송자의 길을 감히 막아서지 못한다. 그러므로 무슨 일을 할 때 魔의 방해로 장애가 많은 사람들은 그에 합당한 진언을 치면 된다. 그러면 효과 백 배가 나타난다.

셋째는 부처님의 도장이다. 도장은 주인이 갖는 모든 힘을 대리한다. 그러므로 도장은 바로 주인의 분신과도 같다. 부처님의 도장이라는 말은 부처님의 위대함이 직접 드러나는 위신력의 징표다. 부처님은 불이다. 겁 없이 불을 막고 불을 건드리는 자는 결국 불에 타 죽거나 불에 의해 소멸된다.

魔들이 통행증을 달라고 한다. 그때 부처님의 도장을 제시한다. 그들은 순간 눈이 부셔서 그것을 볼 수가 없다. 기겁을 하면서 바로 통과시켜 준다. 그 불이 그대로 비춰지면 사악한 자기들의 모습과 궁전이 훤하게 드러나 버리기 때문이다.

진언은 그런 불의 역할을 한다. 인생을 살아가는 데 있어서 무엇이거나 자꾸 걸리고 막힘이 있으면 바로 이런 진언을 쳐야 하는 이유가 여기에 있다.

넷째는 비밀어이다. 이것은 힘 있는 魔의 목을 조아 자기가 원하는 바의 소원을 성취하는 방법이다.

세상 사람들은 모두 다 나름대로 약점이 있다. 출세한 사람은 출세하기 위해 저지른 비겁한 약점이 있을 것이고 출세하지 못한 사람이라 해도 그 나름대로 남에게 떳떳이 밝히지 못하는 약점이 있을 것이다. 그래서 사람은 누구나 다 크고 작은 약점 한 가지씩은 어쨌거나 깊이 숨기고 살아간다.

어떤 사람이 있다. 현재 그는 대단한 권력과 금력을 가지고 있다. 최고의 권력자와 맞먹을 정도로 굉장한 권세를 가지고 있다. 그래도 그는 거기서 만족하지 않고 만인지상이 되겠다고 온갖 정치술을 발휘하고 있다. 그런데 그가 그 정도의 지위를 얻기까지 거쳐 온 행적은 너무너무 더러우면서도 야비했고 치사하면서도 졸렬하였다. 그것을 내가 잘 알고 있고 그도 나만이 그 사실을 잘 알고 있다고 생각한다.

그런데 나는 너무 못산다. 돈도 없고 권력도 없다. 나는 도덕적으로 착했고 그는 악하고 부도덕했다. 나는 그의 비밀을 다 알고 있다. 그는 거만하고 몰인정하다. 현재 나의 처지는 말할 수 없이 곤궁하다.

그런 내가 그에게 나의 이 어려운 사정을 부탁하면 조금이라도 들어줄 것인가. 아니다. 그는 아주 냉정하게 거절해 버릴 것이다. 그는 그런 인간이고도 남는 냉혈인간이다. 나는 그것을 잘 알고 있다.

이때 내가 살 수 있는 방법은 단 한 가지다. 그 결정적인 카드는 바로 그의 비밀을 폭로해 버리겠다고 으름장을 놓는 것이다. 방송국 카메라와 신문사기자들 앞에서 과거에 그가 저지른 모든 비리를 폭로하여 매장을 시켜 버리겠다고 하는 것이다.

그러면 그가 어떻게 나올까. 비서를 통해 즉각적인 반응이 나올 것이다. 아주 급하면서도 다급하게 도대체 원하는 것이 무어냐고 물어올 것이다.

그때 내가 원하는 것을 제시하면 그는 무엇이든지 다 들어주게 되어 있다. 그렇지 않으면 그의 야망이 한순간에 무너져 버리기 때문이다. 신속하게 즉시 내가 만족하도록 다 해줄 것이다. 이것이 바로 비밀어의 힘이다.

여기에 나오는 권력자는 사람의 얼굴을 가진 魔다. 그 자를 상대할 때는 이런 진언으로 누르지 않으면 절대로 나에게 굴복하지 않는다. 그래서 꺾을 魔를 미리 정해 놓고 진언을 친다. 그러면 그 魔가 나에게 엎어진다. 왜냐하면 그 魔는 정상적으로 그 권력을 쟁취하지 않았기 때문이다. 그래서 그를 향해 진언을 치면 진언의 힘에 의해 그가 나의 원하는 바를 다 성취시켜 준다는 것이다.

진언의 힘은 이렇게 대단한 것이다. 그 효능이 얼마나 큰 것인지 이제 잘 알았을 것이다. 하지만 **기신론**이 신비롭게 마지막에 내어놓을 여섯 자의 그 무엇에 비하면 이런 진언들의 비력은 정말 아무것도 아니다.

신묘장구대다라니 우보다라니 광명진언 능엄신주 같은 굉장한 진언과 수많은 다라니들이 한꺼번에 떼를 지어 뭉쳐 덤벼도 조족지혈이 될 정도로 효능이 탁월한 어마어마한 그 무엇 하나를 내어줄 것이다.

우리들에게 그것을 주기 위하여 최후까지 계속해서 우리의 맷집을 키우고 그릇을 넓혀나갈 것이다. 그것은 **기신론** 제일 마지막 부분에서 아주 특별나고 존귀하게 눈부시도록 찬란한 모습으로 나타나게 될 것이다.

그것을 가치 있게 수용하기 위해 그때까지 묵묵히 기다리며 내공을 길러야 한다. 그러면 반드시 주어질 것이다. 가난하고 힘없는 범부들에게 조건 없이 그것을 주기 위하여 **기신론**은 이 세상에 찬연히 나타났기 때문이다.

[海東疏] 第四中言 復以廣論文多爲煩者 雖是利根而不忍繁 此人唯依文約義豊之論 深解佛經所說之旨 故言心樂總持少文 而攝多義 能取解者

네 번째 가운데서 말한 자들은 광론은 글이 많아 번잡하다고 여기는 사람들이다. 그들은 근기가 영리해서 복잡한 것은 참지 못하는 자들이다. 이런 자들은 오직 글은 간략하나 뜻은 풍부한 논에 의거해 불경이 설한 바의 취지를 깊이 이해하고자 하는 자들이다. 그래서 마음으로 총지 같은 적은 글이지만 많은 뜻이 들어 있는 책을 좋아해서 능히 그 뜻을 취해 아는 자라고 한 것이다.

위에는 경전을 들었고 여기서는 논서를 들었다. 즉 많은 논서보다는 설령 한 권의 책이라 하더라도 부처님이 말씀하신 핵심을 짚어준 그런 논서를 원하는 사람들이 있다.

사실 말이 많으면 더 복잡하고 글이 많으면 더 난해하다. 구구한 해설이나 잡다한 설명은 혼자서 깊이 사유해서 얻을 수 있는 지혜의 힘을 뺏어버릴 수 있다.

그러므로 옛날 우체국에서 전보치듯 딱 필요한 말씀만 뽑아서 엮어놓은 논서 하나가 없느냐는 것이다. 그런 것 하나면 충분하다는 것이다.

부처님의 말씀 전체는 달을 보라고 할 때 손가락이 되어주는 역할을 한다. 여기서 그 진의를 알고 달을 봐 버리면 손가락의 용도는 더 이상 필요가 없어진다. 그런데 사람들은 달은 보지 않고 자꾸 손가락에 매달린다. 그러지 말라고 해설해 놓으면 그 해설의 손가락에 또 붙잡힌다.

일례로 우담바라가 있다. 우담바라는 달을 가리키는 손가락 역할로 부처님이 **아함경**에서 말씀하셨다. 부처가 이 땅에 출현한다는 것은 우담바라가 희귀하게 꽃을 피우는 것과 같이 희유하다는 비유로 이 꽃을 언급하셨다.

말씀의 포인트는 사바세계에 부처가 나타난다는 것은 희유하다는 데 있다. 그런데 지금은 부처는 어디가고 열대지방에만 서식하는 우담바라나무가 어설픈 신앙의 주체가 되어 버렸다는 사실이다. 좀 거시기하게 우습지 않은가.

그래서 방편과 수단을 떠나 직설적으로 우리의 마음을 표현하고 설명한 그 무엇이 하나 없느냐 하는 것이다. 말이 많고 글이 많으면 본질이 더 꼬이고 복잡해져 도리어 그것으로부터 벗어나기가 힘 들 수가 있으니, 간결하고 단순하면서도 전달하고자 내용은 강력한 파워를 갖는 그런 논서 한 권이 어디 없느냐는 것이다.

海東疏 此四中 前三非今所爲 今所爲者 在四人也 如是以下 第三結
答 言如是者 通擧前四種人 此論以下 別對第四之人 結明必應須造
論意

이 책은 네 부류 중 앞의 세 부류를 위한 것이 아니다. 이 책은 네
번째 사람을 위한 것이다. 여시 이하는 세 번째로 답을 결론지은 부분이
다. 여시라고 말한 것은 전체적으로 앞의 네 종류의 사람들을 말하고
있고, 차론 이하 부분은 따로 네 번째 사람을 말하고 있다. 거기서
반드시 응당히 논서를 지을 필요가 있다는 뜻을 결론지어 밝히고
있다.

앞의 세 부류는 잘 알 것이다. 그런 사람들에게는 따로 이런 논서
가 필요치 않다. 이 논서는 부처님의 말씀을 요점 정리해 내 놓은
것이기 때문에 네 번째 사람들에게만 해당되는 것이다 라고 하셨다.
세 번째로 답을 지은 부분이라고 했는데, 앞에 두 번째 의미는 이미
설명되었다. 그것들을 여기서 정리하는 단계가 이 세 번째가 된다.
그러므로 이 논서는 네 번째 사람들을 위하여 반드시 쓸 필요가
있다고 생각해서 이 논서를 쓴다고 결론 맺고 있다. 때문에 누구든지
머리가 좋고 함량이 출중한 자들은 이 논서에 인생 자체를 온전히
걸려고 한다. 거기에는 그럴만한 가치가 충분히 있기에 그런 것이다.

海東疏 今此論者 文唯一卷 其普攝一切經意故 言總攝如來廣大深
法無邊義故

이제 이 논은 오직 한 권이지만 일체 경전의 뜻들을 모두 안고 있다.

그래서 말하기를, 여래께서 말씀하신 광대하고 무변하며 심심한 법의 뜻을 모두 다 끌어안고 있다고 한 것이다.

이 논서는 대승의 본체를 보여주기 때문에 광대한 것이다. 그리고 대승의 속성을 나타내주기 때문에 심심한 것이고 대승의 작용을 내보이기 때문에 무변한 것이다.

이런 내용을 담은 논서는 **대승기신론** 밖에 없다. 앞에서도 말했지마는 **기신론**의 분량은 논서로 보았을 때 정말 적은 분량의 책이다. 이 적은 분량에 부처님의 45년 설법 전체가 다 들어 있다는 것은 정말 불가사의한 일이 아닐 수 없다. 그렇기 때문에 성사가 이것은 마명보살의 글재주가 아니면 불가능하다고 하신 것이다.

그만큼 이 **기신론**은 부처님의 장광설법을 빠짐없이 모두 다 꿰차고 있다. **화엄경**이건 **열반경**이건 **반야경**이건 **법화경**이건 간에 그들이 갖고 있는 골수의 내용들을 이 **기신론**은 모조리 다 함축하고 있다. 그래서 1권 앞에 성사께서 이 **기신론**은 모든 경전의 간과 심장이 된다고 말씀하셨던 것이다.

[海東疏] 第四品樂總持類 要依此論乃得悟道 以之故言應說此論也

네 번째 사람들은 총지같은 것을 좋아하는 부류들이다. 그래서 이 논서를 중요하게 의지하면 불도를 깨달을 수 있을 것이다. 그렇기 때문에 응당히 이 논서를 설한다고 하신 것이다.

네 번째 사람이 되려면 대단한 근기의 소유자가 되어야 한다. 이런 사람들은 불교 속으로 들어가는 데 직선을 택하는 상근기들이다. 보통은 모두 다 곡선으로 불교에 들어온다. 이곳을 들르고 저곳을 다니며 만신창이의 상처투성이가 난 뒤에야 비로소 이 **기신론**을 접하게 된다.

인공위성도 달나라에 가는 데 곡선을 택한다. 직선으로 바로 뚫고 들어갈 수 있는 힘이 없어서 그렇다. 인간도 마찬가지다. 누구든지 이 **기신론**을 직접 받아들이려면 대단한 내공이 있어야만이 가능하다. 그렇지 않으면 직접 들어도 무슨 말인지 잘 모른다. 오랫동안 곡선의 방황이 있은 연후에 이것을 가지면 그나마 조금 연착할 수 있다.

그래서 내가 말한다. 이 절 저 절 수없이 돌아다니면서 그나마 법회비를 내고 무시로 보시하면서 나름대로 무수한 복덕을 지어야 이것을 받아들일 그릇이 되는 것이지 **기신론**이 좋다는 소리만 듣고 바로 덤비기 시작하면 그냥 줘도 무슨 말인 줄을 모른다고 한다.

그만큼 이 **기신론**은 등급이 높은 논서이다. 이것을 받아 소화시킬 수 있는 사람만이 이 논서가 천하제일의 논서가 되며 불조혜명의 생명줄이 된다는 것을 뼈저리게 느낄 수 있다.

그런 자들은 이 논서를 인생에서 가장 값진 보물로 여길 수밖에 없다. 그것은 이 **기신론**에 의해 보잘 것 없는 자신이 부처가 될 수 있기 때문이다. 그래서 성사는 이 논서에 의해 불도를 깨달을 수 있다고 하신 것이다.

성사는 여기에서 **기신론**을 보증하셨다. 누구든지 머리가 좋고 복덕이 있는 자는 이 **기신론**을 교재로 하여 수행한다면 필경에 깨달음을 이룰 수 있다는 것이다. 그래서 마명보살이 범부를 위해 응당히 이 논서를 쓴다고 하신 것이다.

2) 입의분

起信論 已說因緣分 次說立義分

이미 인연분을 설했으니 다음으로 입의분을 설한다.

기신론은 다섯 묶음으로 엮어져 있다고 했다. 그 첫 번째가 인연분인데 그것은 이제 끝이 났다. 이제 입의분으로 들어간다. 이 입의분은 **기신론**에서 가장 중요한 부분이다. 즉 **기신론**의 심장이라고 해도 과언이 아니다. 바로 부처님께서 설법하신 그 말씀의 핵심을 내세우는 부분이다. 그 말씀이 어떤 것인지는 이제 곧 나올 것이다.

海東疏 第二說立義分 文中有二 一者結前起後

두 번째는 입의분이다. 이 글에 두 부분이 있다. 첫째는 앞의 것을 정리하고 뒤 부분을 일으킨다는 뜻으로 결전기후라고 한다. 그것은 바로 인연분은 끝이 나고 입의분을 설한다는 뜻이다.

입의분은 재미가 없다. 우리 마음을 자세하게 풀이하고 있기 때문이다. 우리 마음은 모양도 없고 칼라도 없고 맛도 없다. 그런 마음을 설명하는 데 무슨 특별한 재미가 있을 수 있겠는가. 세상에 이것만큼 재미없는 것은 없을 것이다.

이것은 미역국만큼이나 미끌미끌하다. 여름에 간장 없이 미역국을 끓여 먹어 보면 참 맛이 없구나 하고 느낄 것이다. 이것은 보통 비위로는 목구멍을 넘길 수가 없다. 그만큼 밋밋하고 맛이 없다. 맛이 없기로는 식은 무국도 마찬가지다. 소금을 넣지 않은 여름 무국도 정말 맛없기로는 미역국을 능가한다. 우리 마음이 꼭 그렇다. 아무 맛도 없다. 싱겁다 못해 아예 숟가락조차 들기 싫을 정도로 무미맹탕 하다.

이런 마음을 분해하고 이런 마음을 파헤칠 것이다. 그러므로 일단 지루함이 연속될 것이다. 하지만 맛없음이 모든 맛의 바탕이 되듯이 아무것도 없는 우리 마음은 천지의 바탕이 된다. 그러므로 반드시 참구해 봐야 할 과제가 되는 것이다.

불법은 범부들의 귀와 눈을 즐겁게 해줄 게 하나도 없다. 불법은 광대도 아니고 개그도 아니다. 그러므로 마음의 설명이 오감을 자극 하지 않는다고 해서 중도에서 포기하거나 덮어버려서는 아니 된다. 농사만큼 재미없는 게 없어도 농사는 힘들게 지어야 되듯이, 마음만 큼 재미없는 설명이 없다고 해도 고통 덩어리인 범부의 마음은 반드 시 파헤쳐 봐야 하는 연구대상이기 때문이다.

起信論 摩訶衍者總說有二種 云何爲二 一者法 二者義
마하연을 한마디로 말하자면 거기에 두 종류가 있다. 이를테면 그 둘은 무엇인가? 하나는 法이고 둘은 義이다.

마하연은 마하야나Mahayana의 준말이다. 마하야나는 대승이다. 대 승은 중생의 마음이다 라고 했다. 거기에 본질인 法법이 숨어 있고 현상인 義의가 들어 있다. 그러니까 그것이 일심이다. 이제 일심이라 는 명제가 정식으로 드러났다.

摩訶以下 第二正說 立二章門 謂法與義

마하연이라는 그 이하는 두 번째로 두 가지 문을 정확히 내세우고 있다. 말하자면 法과 더불어 義다.

　지금부터 본격적으로 **기신론**의 핵심 내용은 시작된다. 그 내용을 나눠보면 두 가지가 있다. 즉 법장문과 의장문이다.

　법장문이라는 말은 法을 설한 부문인데 우리 마음의 본질을 말한 것이고, 의장문이라는 것은 義를 설한 부문인데 우리 마음의 현상을 설한 부분이다.

　살아 움직이는 모든 것은 전부 이 두 양면성을 가지고 있다. 하나는 본질이고 또 하나는 현상이다. 우리 마음도 예외는 아니다. 우리 마음은 살아 움직이기 때문이다. 그 마음의 본질은 무엇이며 현상은 어떠한가를 이제 세세히 설명해 나갈 것이다.

所言法者 謂衆生心 是心則攝一切世間法出世間法 依於此心顯示摩訶衍義

말한 바 法이라는 것은 이를테면 중생심이다. 이 마음이 곧 일체 세간의 법과 출세간의 법을 다 담고 있다. 이 마음에 기준하여 마하연의 뜻을 내 보인다.

　법은 본질이라고 했다. 대승인 마하연의 본질은 무엇인가? 그것은 바로 중생심이다 라고 하였다. 이 마음이 일체 세간과 출세간의 모든 것들을 전부 다 가지고 있다.

여기서 法이라는 것은 형상의 세계와 비형상인 마음의 세계 전부를 일컫는다. 그러므로 중생의 마음은 중생세계는 물론 부처의 세계까지도 다 포용한다. 이 마음을 벗어난 세계는 우주 공간 그 어디에도 없다.

이 중생의 마음에 기준하여 마하연의 뜻을 나타내 보인다고 했다. 중생의 마음과 마하연은 본질상으로 동일하다. 이 중생의 마음에 의해 중생의 세계가 만들어졌는데, 그것을 10계라고 한다. 그것은 본론에 들어가면 아주 잘 설명해 줄 것이다.

그러므로 일단 일심이 되는 마음에는 法과 義라는 뜻이 있다는 것을 먼저 숙지하고 있어야 한다.

海東疏 法者是大乘之法體 義者是大乘之名義 初立法者 起下釋中初釋法體之文 次立義者 起下復此眞如自體相者 以下 釋義文也
法이라는 것은 대승의 법체이고 義라는 것은 대승의 외형이다. 첫번째로 法을 내세운 부분은 아래의 해석분 가운데서 처음으로 법의 본체를 해석한 그 문장이 된다. 다음에 義를 내세운 부분은 저 밑에 다시 진여자체상이라고 한 것은 한 그 이하의 글이 義를 해석한 부분이 된다.

法은 중생의 마음이 되는 본질의 바탕이라고 했다. 그리고 義라는 것은 마음에 의해 나타난 외형이라고 했다. **기신론**은 먼저 法부터 풀이할 것인데, 그것은 해석분 가운데서 아주 잘 나올 것이다.

그 다음으로 義라는 것을 설명할 것인데, 그 부분은 5권 첫 장부터 시작되는 문장이 여기에 해당된다. 거기에 가면 이 義에 대해서도 상세하게 설명해 줄 것이다.

海東疏 初立法中亦有二立 一者就體總立 起下釋中初總釋文 二者 依門別立 起下言眞如者以下別釋文也

첫 번째로 세운 법 가운데서 또한 두 개를 세운다. 먼저는 본체에 대해 전체적인 것을 세운 부분인데, 그것은 저 밑 해석분 가운데서 처음으로 해석한 글들이 여기게 해당된다. 둘째는 문에 의거해 따로 세우는 것인데, 저 밑에서 진여라는 것은 한 그 이하 부분으로 거기서 따로 해석한 문장이 이것이다.

법은 중생의 마음 중에서도 본질을 말한다고 했다. 그 법을 설명하는데 두 부분에 대해 풀이한다. 하나는 전체적으로 법에 대해 말하고, 또 하나는 개별적으로 그 마음을 풀이한다.

전체적으로 법을 말한 부분은 해석분 속에 그 내용이 다 들어 있다. 그리고 따로 그 마음을 해석한 것은 門에 의한 것인데, 門이라는 것은 진여문과 생멸문을 말하고 있다.

그 門은 먼저 진여문부터 시작할 것이다. 그 대목은 바로 진여라는 것은 이라고 말한 그 이하 부분이 시작점이 된다는 말씀이다.

海東疏 初中所言法者謂衆生心者 自體名法 今大乘中一切諸法皆 無別體 唯用一心爲其自體 故言法者謂衆生心也

처음 가운데서 말한 법이라는 것은 중생심이다 라고 한 것은 마음

자체의 이름이 법이다. 이제 대승 가운데서 일체의 모든 법은 모두 다 별다른 체성이 없다. 오직 일심을 쓰는데 그것이 자체가 된다. 그렇기 때문에 말하기를 법이라는 것은 이를테면 중생심이라고 한 것이다.

여기에서의 법은 눈에 보이는 세상 전체다. 즉 삼라만상 일월성신 산천초목 남녀노소 일체의 유정무정에 이어 망념분별까지 모두 다를 묶어 법이라고 한다.

이것들은 전부 다 마음의 분별에서 나온 것이기 때문에 따로 어떤 특정한 실제가 없다. 그래서 모두 다 별다른 체성이 없다고 한 것이다.

[海東疏] 言是心即攝一切者 顯大乘法異小乘法 良由是心通攝諸法 諸法自體唯是一心 不同小乘一切諸法各有自體 故說一心爲大乘法也

이 마음이 일체를 다 함섭해 있다고 한 것은 대승의 법은 소승의 법과 다르다는 것을 나타내고 있다. 진실로 이 마음은 제법을 모두 다 통틀어 함섭해 있고 제법은 그 자체가 오직 이 일심인 것이다. 소승에서 일체의 모든 법은 각기 그 자체가 있다는 것과는 같지 않다. 그렇기 때문에 일심은 대승의 법이라고 한 것이다.

대승과 소승의 차이점을 간단히 설명하고 있다. 대승은 일시적으로 존재하는 모든 것들은 전부가 일심이 만들어 낸 소산물이라고 한다. 그러므로 실체적 실존성이 없다고 한다. 이것은 꼭 텔레비전 속의 드라마 세계와 같다. 모두 다 중생의 망념에 의해 만들어진 것이라고 본다. 그러므로 실재라 할 수가 없다. 그래서 **화엄경**에

若人欲了知 약인욕요지
三世一切佛 삼세일체불
應觀法界性 응관법계성
一切唯心造 일체유심조

시간과 공간을 뛰어넘어 언제나 상주하시는
부처님에 대해 알고 싶은가?
그렇다면 응당히 법계의 본성을 직관해 보라.
모든 세계는 오직 마음이 만들어 낸 것이다.

라고 하셨다.

모든 세계가 다 마음에 의해 건립된 세계라서 그것은 다 허망한 것이다 라고 직관하면 그 자리에 부처가 온전히 나타난다. 그것은 낙엽을 치우면 흙이 드러난다는 말씀과 같은 것이다. 그처럼 세상천지는 모두 다 일심에 의해 건립되고 소멸되는 것이다.

하지만 소승의 시각은 그렇지 않다. 눈앞에 보이는 일체의 세계는 각자의 실체를 갖고 개체 그대로 실존한다고 믿고 있는 것이다. 즉 드라마 속의 사물을 진짜 사실인 것처럼 그대로 보는 어린아이들의 시각과도 같다. 그래서 대승에서는 그들의 수준을 한 수 아래로 보는 것이다.

起信論 何以故 是心眞如相 卽是摩訶衍體故 是心生滅因緣相 能示 摩訶衍自體相用故

왜냐하면 이 심진여상이 바로 마하연의 본체인 까닭이며, 이 심생멸인 연상이 능히 마하연의 자체와 속성과 작용을 보여주기 때문이다.

심진여상이라는 것은 진여가 되는 마음의 속성을 말한다. 진여라는 말은 참되고 한결같다는 뜻이고 속성은 속해져 있는 성질이라는 말이다. 즉 우리 마음에 참되고 한결같은 성질이 있는데 이것이 심진여상이다.

이것이 바로 우리의 진짜 마음인 대승의 본체가 된다. 쉽게 말해서 이것이 우리 마음에 들어 있는 부처의 본성인 불성을 뜻하고 있다.

심생멸인연상이라는 말은 반대로 우리의 마음에 생멸을 하는 원인과 조연의 모습이다. 이 생멸하는 마음이 현재의 범부들이 쓰는 마음이다. 그래서 이 마음을 중생의 마음이라고 한다. 이 마음에 대승의 본체와 속성과 작용이 다 들어 있다.

그래서 부처와 중생의 차이는 질이 아니라 어떤 부분이 어떻게 힘을 쓰느냐에 따라 달라지는 작용에 의해서다.

중생의 마음에 네 가지의 속성이 들어 있다. 그것은 體空체공과 成事성사, 그리고 隨緣수연과 不變불변이다.

체공이라는 말은 본체가 원래 비었다는 말인데, 이 문제는 뒤에 잘 나올 것이다. 성사라는 뜻은 계속 만들어내는 것을 말하고, 수연은 인연을 따라 움직인다는 뜻이다.

그러므로 체공과 불변 쪽으로 나아가면 부처가 되고 성사와 수연

쪽으로 나아가면 중생이 된다. 어느 쪽으로 작용하느냐에 따라 열반과 생사가 분리되고 고통과 즐거움이 나누어진다.

海東疏 何以故下 依門別立 此一文內含其二義 望上釋總義 望下立
別門

하이고 밑으로는 門을 의거해 따로 법을 내세운 것이다. 이 한 문장 속에 두 뜻이 들어 있다. 그것은 위의 뜻을 모아서 풀이한 것과 아래에 따로 내세우는 門 전체를 말한다.

하이고라는 말은 왜 그러냐 하면 이라는 뜻이다. 이 말은 위에서 설명한 것을 좀 더 보충하기 위해 그 이유를 붙인 의문사다.

그러므로 위의 말을 모아 정리하면서 다음 말을 전개하는 역할을 한다. **금강경**에 하이고라는 말이 참 많이 나온다. 부처님이 수보리에게 空의 이치를 좀 더 자세하게 설명해 주시고자 하이고 라고 하시면서 그 이유를 갖다 대 주시는 자비스런 대목들이 바로 이런 문장들이다.

금강경은 나고 죽는 삶이라는 것은 空하고 허망하다는 뜻을 가진 실상경전이다.

그러므로 절에서 주로 49재를 집전하는 의식에 많이 독경을 하는 편이다. 불경을 모르는 제주祭主가 이 하이고를 들으면 자기들 영가를 위해 스님들이 슬픈 곡성을 대신 토해주는구나 라고 생각하게도 만드는 어구다.

여기서는 위에서 法을 설명해 왔는데 그것을 정리하면서 그 법 속

에는 두 문이 있다고 따로 설명하고 있다. 두 문은 물론 진여문과
생멸문을 말한다.

海東疏 然心法是一 大乘義廣 以何義故 直依是心顯大乘義 故言何
以故

그렇지만 이 심법은 하나이다. 그래서 대승의 뜻은 넓은 것이다. 무슨
뜻으로 이 마음이 대승의 뜻이라고 직설적으로 말하는가 하는 의미에
서 하이고라고 하였다.

원문에서 이 법은 중생의 마음이다고 하였다. 그러니까 법과 중생
의 마음을 묶어 심법이라고 표현하였다. 이 심법은 하나다. 그렇지만
대승의 뜻은 광대하게 벌어진다.

그러므로 어떻게 이 심법이 대승이다 라고 직설할 수 있느냐 하는
의문을 가지게 된다. 그래서 저자가 바로 그것을 해명하기 위해 하이
고라는 의문을 스스로 제시해 그 이유를 풀어주고자 한 것이다.

재미없는 문단이 계속되고 있다. 이것은 꼭 탁한 공기 속에서 숨을
쉬는 것과 같다. 그 탁함 속에 있어보지 않고서는 맑은 공기의 진가
를 맛볼 수가 없다.

등산을 하고 고기를 먹겠다고 회원들이 생고기집으로 우르르 몰려
갔다. 나는 근처 커피숍에 앉아 그들이 나오기를 기다리고 있다가
생각보다 시간이 오래 걸려 그 식당으로 가 그들을 찾아보았다. 그런
데 저게 도대체 무어야?!

미세먼지가 자욱하게 낀 방안에서 정신없이 고기를 구워먹는 그들의 모습을 보는 순간 바깥에서 보는 내가 오히려 숨이 턱턱 막혀 오는 것이었다.

환풍시설이 제대로 갖추어지지 않은 오래 된 식당이라서 그런지 방안 가득히 오염된 연기가 자욱한데도 그들은 고기와 술에 취해 그것을 전혀 인지하지 못하고 희희낙락거리고 있었다.

나는 급하게 그들을 불러내었다. 아쉬움의 표정이 잔뜩 베인 얼굴을 하고 있는 그들에게 방안을 직접 보라고 했다. 그때서야 그들은 방안의 상태가 대단히 심각한 상황이었다는 것을 알아차리게 되었다.

그처럼 오염에 뒤덮인 중생들 속에 있을 때는 숨 쉬는 데 전혀 문제가 없지만 그곳으로부터 벗어나 보면 어떻게 저런 곳에서 숨을 쉬며 살아가려 했는가 할 정도로 정말 아찔해서 소름이 돋게 되는 것이다.

지금 **기신론해동소**는 오염된 삶에 취해 있는 범부들을 바깥으로 불러내고 있다. 그들은 죽음에 익숙해진 자기들의 삶을 그만둔다는 것이 못내 아쉬워서 자꾸 자기들 쪽을 돌아보고 또 돌아보며 미적거리고 있다. 마치 흡연자가 금연을 하면 삶의 낙이 없어진다는 생각으로 내일 모레로 금연을 미루는 것과 같은 굼뜬 행동들이다.

그들의 눈에는 중생의 삶 외에는 그 어떤 것도 재미가 없게 보인다. 그 망설임이 바로 이 이유에서다. 그러나 일단 밖에도 신선한 재미가 있다는 말씀을 듣고 그곳에서 나와 보면 그때서야 정말 그 지루한 말씀들을 기가 막히게 잘 들었구나 하는 생각에 스스로 환호를 지를 것이다.

금연을 그렇게도 미루던 사람들이 결국 금연에 성공하고 나면 왜 일찍 금연하지 않았나 하고 후회하는 것처럼 왜 진작 이런 말씀들을 곧이곧대로 받아들이지 않았나 하고 스스로 통탄하는 것이다. 그렇기 때문에 **기신론해동소**는 계속해서 오염 속에 갇혀 있는 범부들을 밖으로 소리쳐 불러내는 것이다.

海東疏 下釋義云 心法雖一 而有二門眞如門中有大乘體 生滅門中 有體相用 大乘之義 莫過是三 故依一心顯大乘義也

아래에 그 뜻을 풀이하기를, 심법은 비록 하나이지만 문은 두 문이 있다. 진여문 가운데는 대승의 본체가 있고 생멸문 가운데는 대승의 체상용이 있다. 대승의 뜻은 이 세 가지를 넘어가지 않는다. 그래서 일심으로 대승의 뜻을 나타낸다고 하였다.

일심을 열면 두 문으로 나뉜다. 하나는 진여문인 부처 쪽이고 또 하나는 생멸문인 중생 쪽이다. 진여문에는 부처의 성품인 대승의 본체가 들어 있고 생멸문에는 대승의 본체와 속성, 그리고 작용이 들어 있다는 것이다.

대승의 뜻은 벌리면 두 문이지만 모으면 중생 속에 들어 있는 체상용이 된다. 그래서 원문에서 대승은 중생심이라고 표현하였다. 體相用체상용이라고 할 때 體는 대승의 본체를 말하고 相은 대승의 속성, 그리고 用은 대승의 작용을 말하는 것이다고 1권에서 이미 말하였다.

거기서 우리 마음의 본체는 위대하다. 그리고 우리 마음의 속성은 위대하다. 또 우리 마음의 작용은 위대하다고 하면서 그 위대의 大자를 따서 대승의 大라고 한다고 하였다. 그러므로 범부인 우리 마음은 부처의 체상용을 모두 다 가지고 있는 것이다.

海東疏 言是心眞如者 總擧眞如門 起下卽是一法界以下文也 次言相者 是眞如相 起下復此眞如者依言說分別有二種以下文也

말한 심진여는 전체적으로 진여문에서 내세운 것인데, 밑에 일법계 이하 문장에서부터 시작한다. 다음에 말한 이 진여상은 밑에 다시 또 진여를 언설로 분별해 보면 두 종류가 있다 라는 문장에서부터 시작한다.

다섯 묶음 속에 첫 번째가 인연분인데 거기서 중요한 조론팔유가 설해졌었다. 두 번째가 지금 말하고 있는 입의분이다. 이 입의분은 앞으로 설명할 이론적 내용 전체를 하나로 표시하고 있다.

그러므로 이어지는 문단은 뭔가 확 끌어당기는 느낌이 없다. 그것은 이 내용이 가슴에 실감나게 와 닿지 않기 때문이다. 그렇다 보니 참 흥미 없고 따분한 문장이 연속된다. 하지만 그 내용은 다음에 다시 다 세밀하게 나온다. 즉 심진여도 앞으로 풀이할 것이고 뒤이어 진여상도 이후에 다 풀이할 것이다.

입의분은 부처님께서 말씀하신 원초적인 뜻을 내세운 부분이다. 그러므로 이 분단은 짧지만 매우 중요하다. 이 부분만 알면 **기신론**은 여기서 덮어도 된다. 그만큼 이 부분은 상당히 난해하고 심오하기 때문에 해석분에서 이 입의분의 내용을 다시 중점적으로 풀이하게 된다. 그곳에서 이 입의분을 현시정의라는 이름으로 대체하여 하나 하나 다 자세히 설명할 것이다.

현시정의는 부처님께서 설법하신 바른 뜻을 나타내 보인다는 말이 다고 하였다. 그러므로 이 현시정의라는 말은 앞으로 수없이 많이 나올 것이니 반드시 기억해 두어야 한다.

海東疏 言是心生滅者 總擧生滅門 起下依如來藏故有生滅心以下 文也

말한 심생멸이라는 것은 생멸문 전체를 말한 것인데, 저 밑 여래장에 생멸하는 마음이 있다고 한 그 이하 글들이 여기에 포함된다.

우리 마음에 두 가지 문으로 나아가는 길이 있다. 하나는 부처인 진여 쪽이고 또 하나는 중생인 생멸 쪽이다. 이 두 세계 다 범부의 마음속에 있다. 그래서 진여와 생멸 앞에 마음 心 자를 똑같이 붙여 두고 심진여문 심생멸문이라고 부르고 있는 것이다.

우리는 중생이다. 문은 두 문이었는데 부처 쪽의 문으로 나가지 않고 하필 중생 쪽의 문으로 들어와 생멸하고 있다. 왜 그렇게 고통 이 치성한 생멸의 문 쪽으로 들어와 있는지 그 내용은 앞으로 다가올 생멸문 부문에서 속이 시원하게 설명해 줄 것이다.

海東疏 言因緣者 是生滅因緣 起下復此生滅因緣以下文也 次言相 者 是生滅相起下復此生滅者以下文也

말한 인연이라는 것은 바로 생멸하는 인연을 말한 것이다. 그것은 저 밑에 다시 또 생멸하는 인연은 한 그 이하 문장에서 설명할 것이다. 다음에 말한 相이라는 것은 생멸상인데, 그것도 다시 생멸하는 이라고 한 그 이하 문장에서 풀어줄 것이다.

　생멸하는 이유는 무엇인가. 범부는 태어나서 죽고 다시 또 태어나고 죽는다. 그렇게 하는 원인과 반연은 무엇인가에 대한 설명도 점차적으로 해줄 것이다.

　생사의 시작과 원인, 그리고 그것을 도와주는 반연을 배워야 생사를 벗어나는 해법을 찾을 수 있다. 불교가 생사해탈이라는 전제하에 건립된 종교라 하더라도 그 속에서 밝히는 내용을 배우지 않으면 무슨 이익을 얻을 것인가. 정말 천만 번 절에 다녀도 아무런 이익이 없다.

　생멸상이란 것은 우리의 현재 모습이다. 우리는 생멸하는 상태에 있다. 하지만 누가 그것을 알고 있는가. 아무도 모른다. 그냥 우리는 살고 있다고 한다. 그것은 아니다. 우리는 죽어가는 상태에 있다.

　누가 물었다. 왜 사느냐고? 여기에 대한 적당한 대답을 누가 할 것인가. 모두 다 나름대로 이유와 목적이 있겠지만 가장 확실한 대답은 사실 이것이다.

　- 이 몸을 버리기 위해서 삽니다. -

이것만큼 기가 막힌 대답이 어디 또 있겠는가. 이 몸은 버릴 수도 없고 이 몸으로부터 떠날 수도 없다. 이 몸은 나를 옥죄고 있다. 밀렵군의 철사 줄에 목이 졸려 있는 꽃사슴만 불쌍한 것이 아니다. 나도 똑같이 죄업의 올무에 걸려 평생 발버둥치다가 마지막에 죽어야 한다. 그때 이 몸은 내 곁에서 떠나간다. 비로소 해방되는 것 같지만 천만의 말씀이다. 죄업에 의한 다음의 몸이 또 나에게 즉시 찰거머리처럼 달라붙어 버린다.

海東疏 言能示摩訶衍自體者 卽是生滅門內之本覺心 生滅之體 生滅之因 是故在於生滅門內

능히 마하연의 자체를 내보인다는 것은 곧 생멸문 속에 들어 있는 본각심을 말한다. 이것이 생멸의 자체와 생멸의 원인이 된다. 그렇기 때문에 생멸문 속에 있다고 한 것이다.

대승은 중생심 속에 들어 있는 본각심이다. 본각이라는 말이 이제 처음으로 나왔다. 본각은 원래부터 깨달아져 있는 지혜를 말한다. 이것을 **열반경**에서는 불성이라고 불렀다.

이 불성이 바로 본각이며 진여다. 이 진여가 생멸을 한다. 이런 이론을 진여연기라고 부른다.

누가 죽는가? 중생이 죽는가? 그렇지 않다. 중생이 죽는 것이 아니라 부처가 죽는다. 누가 생멸하는가? 중생이 생멸하는가? 그렇지 않다. 중생이 생멸하는 것이 아니라 부처가 생멸을 한다. 중생은 허깨비고 환영이다. 그러므로 중생은 나고 죽지를 않는다. 중생은 가짜다. 실체가 없다. 그런데 어찌 생멸할 수 있단 말인가.

그러므로 나의 주인인 부처가 생멸을 한다. 그래서 대승의 본체인 본각이 생멸문 속에 들어 있다고 한 것이다. 이런 진여연기 이론은 차차 아주 멋지게 이해되어질 것이다.

[海東疏] 然眞如門中 直言大乘體 生滅門中乃云自體者 有深所以 至 下釋中 其義自顯

그렇게 진여문 가운데에 직설적으로 대승의 체가 있다고 했고 생멸문 가운데에도 대승의 자체가 있다고 한 것은 거기에 깊은 까닭이 있다. 저 밑 해석분 가운데 그 뜻이 자연히 드러나게 될 것이다.

부처에게만 있는 대승의 본체가 중생에게도 동일하게 들어 있다는 것이 어떻게 보면 정말 신기하고 경이롭지 않은가. 부처와 중생에게 부처의 본성인 이 대승의 본체가 똑같이 들어 있기 때문에 중생을 보고 부처라고 하는 것이다.

그런 연유에 대해 거기에 깊은 까닭이 있다고 하셨다. 이어서 그 깊은 까닭은 아래에 나오는 해석분을 보면 바로 이해가 될 것이다 라고 하신 것이다.

[海東疏] 言相用者含有二義 一者能示如來藏中 無量性功德相 卽是 相大義 又是如來藏不思議業用 卽是用大義也

말한 相大와 用大에 두 뜻이 있다. 첫째는 자연적으로 여래장 가운데는 무량한 성품의 공덕상이 나타나는데 그것이 상대의 뜻이고, 또 이 여래장 속에는 불가사의한 행업의 작용이 들어 있는데 그것이 용대의 뜻이다.

생멸하는 중생 속에 여래장이 있다. 이 여래장 속에 세 가지가 들어 있는데 그 한 가지는 본체인 체대다. 그것을 위에서 이제까지 설명해 왔다.

이제 이 여래장 속에 다시 두 개가 더 들어 있다고 했다. 즉 用大용대와 相大상대다. 여래장의 뜻은 뒤에 아주 잘 나올 것이다.

相大는 중생이 원천적으로 갖고 있는 속성의 위대함이고 用大는 그 작용의 위대함이다. 이것들이 숨겨져 있으면 중생이고 이것들이 드러나면 부처가 된다.

이것들이 숨어 있으면 삼계 육도의 중생이 되고 이것들이 드러나면 중생을 위한 자비와 지혜에 이어 불가사의한 부처의 행업이 나타나게 되는 것이다.

海東疏 二者眞如所作染相名相 眞如所起淨用名用

둘째는 진여가 오염되면 그 이름이 相이 되고 진여가 청정하게 작용하면 그 이름이 用이 된다.

진여는 범어로 Tatata라고 한다. 그렇다면 진여가 오염될 수 있는가. 불성이 오염될 수 있는가. **유식론**과 **구사론**에서는 절대로 오염될 수 없다고 하지만 **기신론**은 오염된다고 한다. 그래서 성사가 오염이 되면 이라는 전제를 달았다. 진여가 오염되면 중생의 모습이 나타난다. 그 모습을 진여의 모습상이라고 한다.

256

반대로 진여가 청정하게 작용하면 그 이름이 用大가 된다. 그러면 부처의 모습이 나타나기 시작한다. 진여가 어떻게 작용하느냐에 따라 중생과 부처의 모습이 눈앞에 다르게 현현하는 것이다.

아직도 따분한 문장이 연이어서 계속되고 있다. 그도 그럴 것이 이 입의분은 다음에 나올 내용을 미리 소개해 주는 대목이기 때문에 참 어지간히 맛도 없고 재미도 없다.

전체적으로 봤을 때 **혈맥기** 2권이 가장 특색 없는 내용으로 짜여져 있다. 내용 거의가 다 톡톡 쏘는 맛이 없이 밍밍하다. 그것은 아직 사람들이 인정할 수 있는 **기신론**의 중심 내용이 아니기에 그렇다.

범부가 뒤집어질 정도로 감동받을 수 있는 문장들은 사실 생멸문부터 시작된다. 그때까지 이런 형식으로 내공을 키워 나가야 한다. 그래야 그 말씀들을 듣고 충격을 흡수해 온전히 내 것으로 만들 수가 있다.

海東疏 如下文言 眞如正法實無於染 但以無名而熏習故則有染相 無明染法本無淨業 但以眞如而熏習故則有淨用也 立法章門竟在於前

저 아래 문장에서 진여의 정법에는 진실로 오염이라는 것이 없다. 하지만 무명으로 훈습하면 오염된 모습이 나타난다. 무명의 염법에는 본래 청정한 법이 없다. 그렇지만 진여로 훈습하면 정법의 작용이 있게 된다고 하셨다.

저 아래 있다는 것은 **기신론**의 문장을 말한다. 진여 그 자체에는 원래 오염이 없다. 흰 와이셔츠는 처음에는 커피자국이 없다. 하지만 부주의하여 커피를 쏟으면 거기에 커피얼룩이 있게 된다. 그럼 그때 그 와이셔츠를 뭐라고 불러야 하나. 흰 와이셔츠라고 부르려니 얼룩이 묻어 있고 얼룩진 와이셔츠라고 말하려니 흰색이 더 많다. 뭘 어떻게 불러도 매끄럽지 않고 어색하다.

진여는 중생마음의 본성이다. 원래는 그 마음이 흰 와이셔츠처럼 순백하였는데 중생의 죄업이 땟물에 찌든 옷처럼 만들어 버렸다. 그러나 그 내면에는 본색의 흰옷이 그대로 남아 있다. 그 상태가 지금 중생의 현재 모습이다.

이제 이토록 더럽게는 도저히 살아갈 수 없다고 판단한 본인이 찌든 때를 제거하고자 세탁을 하는 데 심혈을 기울인다. 그 작업을 수행이라고 한다. 결국 그 수행에 의해 와이셔츠는 본래의 모습을 되찾게 된다.

그것이 바로 중생의 모습에는 부처의 모습이 없지만 진여로 세탁을 하게 되면 청정한 부처의 모습이 눈부시게 나타난다는 것이다. 이런 내용은 **기신론** 뒤 훈습 부분에서 아주 잘 나오게 될 것이다.

법장문이 어떻다는 것에 대한 개괄적인 해설은 여기서 마친다. 그러나 그 내용은 앞으로 아주 심도 있게 전개될 것이다.

起信論 所言義者 則有三種 云何爲三 一者體大 謂一切法眞如平等 不增減故

말한 바 義의라는 것에 세 종류가 있다. 무엇이 셋이냐 하면, 첫째는 體大다. 이를테면 일체의 법에는 진여가 평등하여 증감이 없다.

법장문의 설명은 위에서 끝이 났다. 이제는 의장문을 해설한다. 의장문은 쉽게 말해서 대승의 현상이다.

첫 번째로 말한 체대體大는 대승의 본체다. 대승을 어렵게 생각할 필요가 없다. 대승의 바탕은 중생심 속에 들어 있는 불성의 작용이라는 사실을 알면 간단하다. 그 대승의 바탕이 지금 살아가고 있는 중생심 속에 들어 있다는 것이다. 앞으로 이 대승에 대해서도 계속적인 해설이 주어질 것이다.

<hr />

海東疏 此下第二立義章門 於中亦二 初明大義 次顯乘義 此亦起下釋中之文 至彼文處 更相屬當 大義中

여기서부터는 두 번째로 의장문을 풀이한다. 그 가운데 두 가지가 있다. 처음에는 대승이라는 大의 뜻을 밝히고 다음에는 乘의 뜻을 나타낸다. 이런 내용 또한 해석분 속에 들어 있다. 다시 말하지만 相도 마땅히 대승의 뜻 가운데 속해져 있다.

의장문 역시 해석분에서 세세히 잘 설명되어질 것이다. 대승 속에는 대승의 본체와 속성, 그리고 작용이 들어 있기 때문에 마지막에 相인 속성도 대승의 뜻 속에 들어 있다고 한 것이다.

대승에 대해서는 1권에서 이미 상세하게 설명하였다. 성사는 대승을 설명하면서 **허공장경**을 인용하셨고, **대법론**과 **현량론**을 끌고 와 증명하셨다. 이에 대해 명나라의 고승 지욱은 대승의 뜻을 자기 나름대로 또 일곱 가지를 들었다.

① 法大법대다. 광대한 경전을 가지고 있다.

② 心大심대다. 사홍서원을 일으킨다.

③ 解大해대다. 진리를 이해할 수 있는 힘을 가지고 있다.

④ 淨大정대다. 최고의 기쁨을 얻을 수 있다.

⑤ 時大시대다. 삼아승기를 가지고 있다.

⑥ 莊嚴大장엄대다. 복덕과 지혜를 가지고 있다.

⑦ 具足大구족대다. 무상보디를 가지고 있다.

그러니까 앞의 여섯 개가 대승 속에 들어 있다는 것을 믿고 닦으면 마지막에 위없는 깨달음을 얻을 수 있다는 것이다. 그래서 앞의 여섯 개는 대승의 원인이 되고 마지막 한 개는 대승의 결과가 된다고 하였다.

海東疏 大義中 體大者在眞如門 相用二大在生滅門 生滅門內亦有自體 但以體從相故不別說也

大의 뜻 가운데서 體大는 진여문에 있고 相大와 用大는 생멸문에 있다. 생멸문 속에 또한 體가 있으나 그 자체는 중생의 모습을 따라가기 때문에 따로 말하지 않고 있다.

기신론은 一心에 二門을 열고 三大를 말한다. 二門은 진여문과 생멸문이고 三大는 體相用이다. 체상용은 우리 중생의 마음속에 들어 있는 본체와 속성과 작용이라고 했다. 이런 내용들은 앞으로 조목조목 속 시원히 다 밝혀줄 것이다.

이 대목에서 생멸문 속에도 대승의 體체가 있지만 따로 말하지 않고 있다는 것은 살아 움직이는 중생 자체에 그 본체가 내포되어 있다는 것을 이미 말하고 있는 것이다. 그래서 따로 언급을 하지 않고 있다고 하신 것이다.

言如來藏具足無量性功德 二種藏內 不空如來藏 二種藏中能攝如來藏 性功德義及用大義 至下釋中當廣分別

여래장에 무량한 성공덕이 구족하여 있다고 한 것은 두 가지 종류의 장 속에 불공여래장을 말하고 있다. 이 두 가지 여래장 속에 능히 여래장성공덕의 뜻과 용대의 뜻이 들어 있다. 저 해석분에 다다르면 거기서 마땅히 광범위하게 분별하여 설명해 줄 것이다.

두 가지 藏장이라는 것은 여래장과 불공여래장을 말한다. 여래장은 대승의 본체를 말하고 불공여래장은 대승의 속성과 작용을 말한다.
성공덕이라는 뜻은 성품의 공덕을 말하는데, 그것이 불공여래장 속에 원천적으로 들어 있다는 말이다. 이런 해설도 물론 해석분에서 적나라하게 풀이해 줄 것이다. 중생의 마음속에 여래가 숨어 있다고 해서 여래장중생이라고 한다. 그래서

朝朝抱佛起 조조포불기
終日使劬勞 종일사구로
夜夜抱睡眠 야야포수면
夢中求佛光 몽중구불광

아침마다 부처를 안고 일어난다.

종일토록 부처를 고생시킨다.

밤마다 부처를 안고 잠자리에 든다.

꿈속에서 밖의 부처에게 광명을 구하려 한다.

그래서 중생의 삶은 마치 거지 호주머니 속에 억만금짜리 수표가 들어 있지만 신분은 여전히 거지로 사는 것과 같은 것이다. 즉 부처의 굉장한 능력을 가지고는 있지만 뜻대로 쓰지는 못하고 있는 것이다.

그러므로 그 신분이 바뀌어지지를 않고 있다. 그러면서 부처를 안고 있다는 소리만 자나 깨나 여기저기에서 줄기차게 듣고만 다니고 있는 것이다.

起信論 三者用大 能生一切世間出世間善因果故 一切諸佛本所乘故 一切菩薩皆乘此法到如來地故

세 번째는 用大다. 이것은 능히 일체의 세간과 출세간의 인과를 만들어 낸다. 이 用大로 일체제불이 대승을 타고 근원으로 가셨다. 그리고 일체보살이 모두 이 用大로 대승의 법을 타고 여래지에 도달하고 있다.

중생의 마음속에 세간과 출세간의 인과를 만들어 내는 능력이 들어 있다. 그것이 바로 작용의 위대함이다. 원문에 能능자가 들어 있는 것은 능동적으로 그렇게 한다는 뜻이다.

세간은 중생세계고 출세간은 부처세계다. 중생의 마음은 이 두 세계 중 한 개를 계속해서 만들어 내고 있다. 설령 중생세계를 만든다 하더라도 그 속에서 착한 선업을 일으키는 것은 바로 대승의 작용이고, 악한 업을 만드는 것은 죄업장이 대승을 끼고 그렇게 시키고 있는 것이다.

대승의 작용이란 세간과 출세간 속에 있으면서 착한 인과를 만들어 내고자 한다. 그런 출세간으로의 작용에 의해 과거의 모든 부처가 원래의 자리로 돌아가셨다. 그래서 원문에 本자를 썼다. 본이라는 말은 원래자리 또는 근원을 말한다. 그 근원으로 돌아가면 부처가 되는 것이다.

일체보살들도 모두 다 이 작용의 위대함에 의해 부처가 되고자 수행을 계속해 나가고 있다. 그들은 모두 이 대승을 타고 고통의 세계에서 안락의 세계로 나아가고 있는 것이다. 그 안락의 세계를 여래지라고 표현하고 있다.

앞에서는 일체제불이 근원으로 돌아갔다고 했고 뒤에는 일체보살이 여래지에 도달한다고 했는데 근원이나 여래지는 같은 자리를 뜻한다. 다만 번복되는 언어를 피해 뜻은 같지만 다른 글자로 표현했을 뿐이다.

海東疏 乘義中有二句 一切諸佛本所乘故者 立果望因以釋乘義也 一切菩薩皆乘此法到如來地故者 擧因望果以釋乘義也

乘승 의 뜻 가운데에 두 구절이 있다. 일체 제불이 근원으로 타고 가셨다는 것은 결과를 내세워 원인을 든 것으로 乘의 뜻을 풀이한 것이고, 일체보살이 모두 이 법을 타고 여래지에 도달할 것이라는 것은 원인을 들어 결과를 내다보는 뜻으로 乘의 뜻을 풀이한 것이다.

乘은 대승의 원천적인 작용을 말한다. 우리 마음속에 이 乘이라는 탈 것이 준비되어 있다고 했다. 이 乘은 자신을 안락의 세계로 옮긴다.

범부들은 자동차만 탈 것이라고 생각하고 있다. 자동차는 육신을 싣고 집과 직장을 왕래한다. 아주 지겨울 정도로 들어왔다가 또 밖으로 나가고 나갔다가 또 다시 집으로 들어오는 일만 계속한다. 그래서 그들은 항상 그 자리에 있다.

그러나 乘은 마음을 싣는다. 이것이 발동하면 죽음의 세계로부터 떠나게 만든다. 자동차는 기름으로 움직이지만 이것은 복덕으로 움직인다. 이것은 왕복이 없을 뿐만 아니라 곡선도 없다. 오로지 가장 빠른 직선으로 나아간다. 그러므로 이 乘을 타면 다시는 중생세계에 죄업으로 돌아오지 않는다.

부처는 이 乘을 타고 열반에 드셨다. 보살은 이 乘을 타고 거기로 나아가고 있고 우리는 이 乘을 타고 나아가려 한다. 그리고 앞으로의 중생도 이 乘을 타고 거기로 나아가야 한다. 그러면 죽음으로부터 벗어나 영원히 사는 세계를 찾게 되는 것이다.

3) 해석분

海東疏 △第三解釋分中 在文亦二一者結前起後 二者正釋 正釋中
有三 一者舉數總標 二者依數開章 三者依章別解

세 번째는 해석분이다. 이 문장에 둘이 있다. 하나는 앞의 것을 결론지어
뒤를 일으키는 것이고, 둘은 올바르게 풀이하는 것이다. 올바르게
풀이하는 가운데 세 가지가 있다. 첫째는 숫자를 들어 전체적인 것을
표시하고, 둘째는 숫자를 의거해 문장을 열며, 세 번째는 문장을 의거해
따로따로 풀이하는 것이다.

입의분은 **기신론**의 심장이다. 그것을 이 해석분에서 세밀하게 풀
이한다. 앞에서도 말했지만 위 입의분을 정확하게 이해하면 이 해석
분은 사실 필요가 없다.

하지만 입의분의 내용이 비록 적은 분량이지만 **기신론** 전체 내용
이 함축되어 있어서 그것을 전반적으로 파악하기가 정말 어렵다. 그
렇기 때문에 어쩔 수 없이 이 해석분이 따라붙게 된 것이다.

起信論 已說立義分 次說解釋分 解釋分有三種 云何爲三

이미 입의분을 설했으니 다음은 해석분을 설한다. 거기에 세 종류가
있다. 이를테면 무엇이 셋이냐 하면.

이미 입의분을 설했으니 다음은 해석분을 설한다는 것이 바로 위
문장에서 성사가 말씀하신, 앞에 것을 결론지어 뒤를 일으킨다는 뜻

이다.

그 다음이 올바르게 풀이한다는 것인데, 여기에 세 종류가 있다고 하였다. 이 세 종류가 위에서 말한 숫자를 든다고 한 것이다.

起信論 一者顯示正義 二者對治邪執 三者分別發趣道相
첫 번째는 현시정의고 둘째는 대치사집이며 셋째는 분별발취도상이다.

현시정의를 마음에 새겨 두시라고 했다. 현시정의는 정의를 현시한다는 말이다. 현시는 나타내 보인다는 말이고 정의는 부처님께서 말씀하신 정확한 뜻을 일컫는 말이다. 그러므로 현시정의는 부처님께서 말씀하신 정확한 뜻을 나타내 보인다는 대목이다.

그러므로 이 현시정의의 내용이 그 무엇보다도 중요하다. 이것을 모르면 평생을 불교 속에 있어도 불교가 무엇인지 감이 잡히지 않는다. 꼭 밤새 울고 나서 누가 죽었는지도 모른다는 말과 같다. 어느 비구니가 찾아와서 하는 말이다.

"수십 년을 불교 속에서 살아도 사실 불교가 정확히 무엇인지 모르겠습니다."

"수십 년을 세속에 산다고 해서 인생이 무엇인지 알고 사는 사람 봤습니까?"

이 현시정의에 의해 앞 술의에서 밝힌 네 가지 의제 중 첫 번째가 해결된다. 그 첫 번째가 바로 중생들의 의심을 제거해 주기 위해 이 논서를 쓴다고 한 부분이다. 그것을 조론팔유에서 찾으면 두 번째의 내용 전반부가 여기에 해당된다. 여래의 근본 뜻을 정확하게 풀이해 줘서 모든 중생들이 바르게 이해하도록 하기 위함이라는 그 대목이다.

그러므로 이 현시정의 부분은 무척이나 중요하다. 바로 부처님의 45년 설법 전체가 여기에 고스란히 다 들어 있기 때문이다. 그렇다 보니 **해동소** 6권 중에서 이 현시정의가 차지하는 부피가 여타의 내용 부분보다도 대단히 많다. 그래서 이 현시정의는 **해동소** 다섯 권 전반까지 뻗치어 있다.

그 어떤 불교도, 그 누구 설법도 이 현시정의에 의해 기준이 갈린다. 이 기준을 벗어나면 제 아무리 대단한 불교도, 제 아무리 말 잘한 설법도 다 외도이고 이단설교이다. 그만큼 이 현시정의는 불교의 핵이고 정수이다. 이 현시정의에서 주로 다뤄질 내용은 一心에 의한 二門과 三大이다.

두 번째는 대치사집이다. 대치는 상대하여 다스린다는 뜻이고 사집은 쓸데없이 우기는 옹고집이다. 그러므로 대치사집은 옹고집을 갖고 있는 자를 상대해 다스린다는 말이다.

현시정의에서 그만큼 너는 가짜다고 밝혀 주어도 한사코 현재의 자기가 진짜자기라고 우기는 고집스런 자를 다시 가르쳐서 그 고집을 꺾어주는 대목이 바로 여기다.

자신이 꺾이어야 다음 단계로 나아갈 수 있다. 자신이 최고이고 자신이 지존인데 무슨 수행이 필요하고 무슨 가르침이 수용되겠는

가. 그러므로 현시정의에서 범부들의 속성을 정확히 파헤쳐 주고 대치사집에서 아직도 자신을 꺾지 못한 자를 철저히 꺾어 버린다. 그러므로 이 대목은 잘못된 소견을 완전히 척파시켜 준다는 뜻으로 대치사집이라고 하였다.

세 번째는 분별발취도상이다. 분별이라는 말은 등차라는 말인데, 즉 사람마다 다 다르다는 뜻을 갖고 있다. 발취는 발심해 나아간다는 말이고 도상은 깨달음의 길에 올라서는 모습을 말한다. 그러므로 이 대목은 근기에 따라 발심해 나아가서 깨달음의 길에 올라서는 양상이라고 표현할 수 있다.

이 대목에 세 부분의 수행자들이 있다. 첫 번째는 발심하는 자이고, 두 번째는 수행해 나아가는 자이며, 세 번째는 깨달음의 길에 올라서는 자들이다. 그렇다면 우리는 어느 대목에 해당되는 것일까. 아쉽게도 우리는 이 세 부분에 포함되지 않는다. 자세한 것은 이 내용을 설명하는 부분에 들어가 보면 쉽게 이해하게 될 것이다.

海東疏 開章中 言顯示正義者 正釋立義分中所立也 對治邪執 發趣道相者 是明離邪趣正門也

해석분 속에서 말한 현시정의는 입의분 가운데서 내세운 뜻을 정확하게 해석한 부분이고, 대치사집과 분별발취도상자는 바로 삿된 길을 벗어나 올바른 문으로 나아감을 밝히는 부분이다.

앞에서 말했듯이 입의분을 이해하면 해석분이 필요없다는 말씀이 바로 이 뜻이다. 입의분은 팔만장경판에 겨우 9줄밖에 되지 않으면서 팔만장경의 내용을 모두 담고 있다고 하였다. 그래서 그것을 이해 못하니 이제 해석분에서 중점적으로 그 내용을 풀어 주겠다는 말씀이다.

자기 줄자가 틀렸다는 것을 알면 새 줄자를 다시 사야 한다. 하지만 자기가 갖고 있는 줄자가 문제없다면 다시 돈 들여서 살 필요가 없다. 범부는 그리 넉넉한 자가 아니다. 인생의 집을 짓는데 멀쩡한 줄자 하나를 두고 다시 다른 줄자를 살 이유가 없다.

마찬가지로 범부들이 갖고 있는 삶의 가치기준이 틀렸다는 전제하에 새로운 가치기준을 받아들인다. 그렇지 않으면 자기가 갖고 있는 그 기준을 절대 버리지 않는다.

그러므로 범부들에게 지금의 모든 생각과 가치 관념 사상 방향 같은 것들은 전부 틀렸다고 가르쳐 줄 것이다. 사실 이제까지의 그 모든 것을 갖고 그들이 만들어내는 것은 바로 죽음이기 때문이다.

그래서 대치사집에서 철저히 범부들이 갖고 있는 사고와 관념을 깨부순다. 그러면 자기의 낡은 사고를 버리고 새로운 삶의 방향을 잡을 수밖에 없다. 그 길이 바로 분별발취도상이다. 그래서 성사가 대치사집으로 분별발취도상하는 자는 사도를 버리고 정도의 문으로 들어가는 자라고 하신 것이다.

海東疏 △別解之中 卽有三章 初釋顯示正義分中 大分有二 初正釋 義 後示入門

따로 풀이한 가운데 세 문장이 있다. 처음 현시정의 부분을 크게 나누면 두 부분이 있는데, 먼저는 올바로 현시정의를 풀이하고 뒤에는 깨달음으로 들어가는 문을 내보인 것이다.

이론만 있고 실천이 없으면 그것은 공염불이다. 시끄러운 언어의 공해만 더할 뿐이다. 이론이 있다면 그것은 대단히 합리적이어야 한다. 합리적이지 않으면 실천에 옮기지 않는다. 그러므로 현시정의는 치밀하고 합리적으로 해설될 것이다. 더 나아가 논리적이고 과학적으로 중생의 문제를 짚어줄 것이다.

그리고 우리가 처해진 생사의 문제를 여실히 설명하고 그 문제로부터 벗어나는 방법을 속 시원히 제시해 줄 것이다. 거기서 끝이 나면 이것은 중생들의 학문에 그친다.

현시정의는 그렇지 않다. 현시정의는 실천수행을 하도록 인도할 것이다. 그렇게 하려면 손톱만큼도 교리와 이론에 빈틈이 있어서는 안 된다. 현시정의는 그렇게 완벽하게 씌어졌다. 즉 **기신론**은 그런 빈틈과 착오가 없다. 그래서 **기신론**을 완벽한 대승의 이론서라고 하는 것이다.

海東疏 正釋之中 依上有二 初釋法章門 後釋義章門 初中亦二 一者總釋 釋上總立 二者別解 解上別立

올바로 현시정의를 풀이한 가운데 두 가지가 있다. 먼저는 법장문을 풀이하고 뒤에는 의장문을 해석한다. 법장문을 풀이한 가운데 또한 두 가지가 있다. 첫째는 총석인데 위에서 말한 내용을 모아서 풀이하고,

둘째는 별해로 위에서 내세운 내용을 분리해서 해석하는 것이다.

  법장문은 본질을 말하고 의장문은 현상을 말한다고 했다. 우선 현시정의에서 마음의 본질인 법장문을 기준으로 해서 풀이할 것이다. 그 이후에 본질을 갖춘 우리 마음의 현상을 의장문이라는 이름으로 또 하나하나 설명할 것이다.

  해석분에서 현시정의와 대치사집 이 두 내용 속에서 대승이라 할 때 大의 뜻을 풀이한다. 그리고 다음에 나오는 분별발취도상에서 대승이라고 할 때 乘의 뜻을 풀이한다. 자신이 발심해서 자신을 싣고 열반으로 나아가는 수행을 하기 때문이다.

  大는 본질로 보았을 때 중생심이다. 거기에 진여문과 생멸문이 있다. 乘에는 현상으로 보았을 때 묘체를 갖춘 체대와 묘상을 갖춘 상대와 묘용을 갖춘 용대가 있다. 이것은 중생의 삶 속에 들어 있는데 그것들은 의장문에서 조목조목 설명해 줄 것이다.

(1) 현시정의

① 법장문

가. 1心

起信論 顯示正義者 依一心法有二種門 云何爲二 一者心眞如門 二者心生滅門

현시정의에 대해 말할 것 같으면 일심의 법에 두 종류의 문이 들어 있다. 무엇이 둘이 되는가? 하나는 심진여문이고 둘은 심생멸문이다.

이제야 본격적으로 우리 마음의 껍데기가 벗겨지기 시작한다. 바로 일심을 드러내기 시작한 것이다. 一心 二門 三大 중에서 첫 번째로 일심이 낱낱이 해부되기 위해 드디어 수술대 위에 올라선 것이다.

이것을 분해하기 위해 이제까지 지겹도록 감질나게 뜸을 들이고 변죽을 울려왔다. 일심의 세계가 얼마나 깊고 단단하게 덮여 있는지 그것을 벗겨내는 데 이렇게 오랜 시간이 걸린 것이다.

이제 그 껍데기를 벗기고 내면을 들여다본다. 그 속에는 진여라는 영원성과 생멸이라는 전변성이 뒤섞여 하나로 뭉쳐져 있다.

영원성은 심진여이고 전변성은 심생멸이다. 두 문의 이름은 다 중국식 한자다. 만약에 좀 더 우리에게 친숙한 언어로 와 닿으려면 진여심과 생멸심이라 해야 되는데, 원문이 그렇다보니 어쩔 수 없이 앞으로도 계속 심진여와 심생멸로 부를 것이다.

272

진여는 그 성품이 비춤이고 밝음이라고 **화엄경**은 말씀하시고 있다. 우리 마음속에 원천적으로 그런 작용이 들어 있다. 생멸은 미망으로 나고 죽으면서 수없이 변화되는 모습을 말한다. 그러니까 우리가 지금 나고 죽는다면 현재 생멸문 속에 들어 있다는 반증이다.

起信論 是二種門皆各總攝一切法 此意云何 以是二門不相離故
이 두 종류의 문은 모두 각각 일체의 모든 세계를 다 가지고 있다. 무슨 말이냐 하면 이 두 문은 서로 떨어지지 않고 있기에 그렇다.

진여문은 부처의 세계다. 그리고 생멸문은 중생의 세계다. 허공 속에 이 두 세계 외에는 그 어떤 세계도 없다. 그래서 이 두 문이 모든 세계를 다 아우르고 있다고 하신 것이다.

이 두 세계는 비록 이름은 다를지언정 서로 떨어져 있지 않다. 손바닥과 손등은 이름이 다르고 모양이 다르지마는 서로 떨어져 있지 않고 붙어 있다.

진여라는 부처의 세계는 밝음의 세계고 생멸이라는 중생의 세계는 어둠의 세계다. 밝음과 어둠의 세계 말고 세상에 또 어떤 세계가 있는가. 즉 밤낮의 세계 말고 또 어떤 세계가 있는가. 없다. 그러므로 밤과 낮의 세계가 분리가 되지 않듯이 부처의 세계와 중생의 세계는 궁극적으로 붙어 있다고 하신 것이다.

海東疏 初中言依一心法有二種門者 如經本言 寂滅者名爲一心 一心者名如來藏 此言心眞如門者 卽釋彼經寂滅者名爲一心也. 心生

滅門者 是釋經中一心者名如來藏也

첫줄에서 일심법에 두 종류의 문이 있다고 한 말은 저 경본에서 말하기를 적멸을 일심이라고 하고, 그 일심을 여래장이라고 한다고 했기 때문이다. 여기서 말한 심진여는 저 경에서 적멸을 일심이라고 한다고 한 그것이고, 심생멸문이라고 한 것은 저 경에서 일심을 여래장이라고 한 그것을 말한 것이다.

원효성사는 마명보살이 말씀하신 원문의 출처를 정확히 밝혀주시고 있다. 그것은 **능가경**이다. 능가경에서 부처님은 일심을 두 방향으로 설하셨는데, 한쪽은 적멸이고 또 한쪽은 여래장이라고 하셨다.

그것을 마명보살이 적멸을 진여문으로 삼고 여래장을 생멸문으로 삼았다.

사람들은 시비한다. 경전 어디에 진여문과 생멸문이 나오느냐고 다그친다. 그런 것은 없다. 하지만 마명보살이 적멸과 여래장을 기가 막히게 진여문과 생멸문으로 설명하고 있다. 그러므로 결국 이 원문은 부처님이 설하신 말씀이나 다름이 없다.

부처님은 헤엄이라고 말씀하셨는데 마명보살이 그것을 수영이라고 받아 적어도 전혀 잘못된 것이 없다. 그러므로 덜 떨어진 사람처럼 더 이상 이 **기신론**의 진품 여부에 시비를 걸어서는 아니 된다.

海東疏 所以然者 以一切法無生無滅 本來寂靜 唯是一心 如是名爲心眞如門 故言寂滅者名爲一心

왜 그러냐 하면 일체의 법은 생멸함이 없이 본래 적정하다. 그것을 일심이라고 하고 심진여문이라고 한다. 그렇기 때문에 적멸을 이름하여 일심이라고 한 것이다.

　일체의 법은 진리세계를 말한다. 그 세계는 내 마음속에 들어 있는 부처의 본성인 진여의 법이다. 그것은 생기지도 않고 없어지지도 않는다. 그냥 적정하다. 그것이 나의 본래 마음이다. 어떻게 그렇다는 것을 알 수 있는 것인가?

　종경록에서 만약에 이 마음을 요달하게 되면 이 마음이 그대로 천진불이라는 사실을 알게 될 것이다고 했다. 또 징관대사가 마음이 부처라고 아무리 말해도 사람들은 이해를 못한다. 오로지 증득자만이 비로소 안다고 했다.

　이 진여의 세계는 유무가 끊어진 세계며 선악이 미치지 못하는 세계며 분별이 미치지 못하는 세계다. 그리고 언어가 단절된 세계며 생사가 없는 세계며 시공에 걸리지 않는 세계를 말한다. 그 세계가 바로 심진여다.

　이 심진여가 우리의 진짜 마음이다. 이것이 우리 마음에 원천적으로 들어 있다는 것이다. 이것을 **열반경**에서는 불성이라 표현하고 있고 **화엄경**에서는 법성으로 말씀하시고 있다.

　`海東疏` 又此一心體是本覺 而隨無明動作生滅 故於此門如來之性隱而不顯 名如來藏

또 이 일심의 본체는 본각이다. 그것이 무명을 따라 움직여 생멸을 만든다. 그러므로 이 생멸문에서는 여래의 본성이 숨어 있어서 나타나지 않고 있다. 그래서 여래장이라고 한다.

　중생이 갖고 있는 일심의 본체는 본각이다. 본각은 원래부터 깨달아져 있는 자체지혜를 말한다. 이것이 어리석음의 작동에 의하여 생멸을 만든다. 파도의 몸체는 바다다. 그런데 바람에 의해 바다가 파도를 만들어 내었다. 파도는 생기고 사라진다. 범부의 마음도 생기고 없어진다. 꼭 이것과 같다.

　파도 속에는 적정이라는 것이 없다. 파도는 요동친다. 거기에는 고요라는 것이 없다. 하지만 적정을 바탕에 깔고 있다. 범부의 마음 속에도 적정이라는 것이 없다. 언제나 사념이 강물처럼 흐른다. 하지만 그 사념의 굴곡 속에 적정인 여래의 본성이 숨어 있다. 그래서 여래가 숨어 있다는 뜻으로 여래장이라고 했다. 여래는 부처의 다른 이름이라고 이미 설명을 하였다.

[海東疏] 如經言如來藏者 是善不善因 能徧興造一切趣生 譬如伎兒 變現諸趣如是等義在生滅門 故言一心者名如來藏 是顯一心之生 滅門

저 경에서 여래장은 바로 선과 불선의 요인이 된다. 그것은 능히 일체의 모든 중생을 두루 만들어 내고 있다. 비유하자면 어린아이가 다양한 성인으로 자라나는 것과 같다. 이러한 뜻은 생멸문 속에 들어 있다. 그래서 일심을 여래장이라고 하셨는데, 그것은 일심이 생멸문 속에 들어 있음을 나타내고 있는 것이다.

성사는 다시 **능가경** 말씀을 인용하셨다. 거기서 여래장은 선과 불선의 요인이 된다고 하셨다. 그렇다. 우리 몸속에 숨겨진 이 여래장을 어떻게 쓰느냐에 따라 부처도 되고 중생도 된다. 이 여래장을 어떻게 다루느냐에 따라 열반의 세계에 가 있기도 하고 지옥에 가 있기도 한다. 이 여래장을 어떻게 개발하느냐에 따라 성자와 악마가 갈라진다.

원문에서 성사가 기아伎兒라는 단어를 쓰셨는데, 기아는 재롱부리는 아이를 말한다. 이 재롱부리는 아이가 어떻게 크는지는 아무도 모른다. 교사도 될 수가 있고 과학자가 될 수도 있다. 그리고 농부도 될 수가 있고 장사꾼도 될 수가 있다. 커 가면서 어떤 영향을 받느냐에 따라 직업이 달라질 수 있듯이 이 여래장도 어떠한 영향을 받느냐에 따라 그 머물게 되는 세계가 달라진다.

우리는 지금 인간 세상에 와 머물고 있다. 그렇다면 이 여래장을 인간 세상에 맞도록 만들어 왔다. 금생에 다시 이 여래장을 어떻게 쓰느냐에 따라 다음의 세상이 그에 맞게 정확히 나타나는 것이다.

海東疏 如下文言 心生滅者 衣如來藏故 有生滅心 內至此識 有二種義 一者覺義 二者不覺義

저 밑의 문장에서, 심생멸은 여래장 거기에 생멸하는 마음이 있다고 했다. 그리고 그 식에는 두 종류의 인식작용이 있는데 하나는 각의 뜻이고 또 하나는 불각의 뜻이다고 했다.

저 밑은 앞으로 나올 **기신론**의 아랫부분 문장을 말한다. 거기에 생멸하는 마음은 여래장 속에 있다고 하였다. 흥미롭지 않는가. 여래가 부처라고 하였는데, 여래가 버티고 있는 그 속에 생멸하는 마음이 함께 내존해 있다고 하는 것이 퍽이나 이상하면서도 괴이하지 않는가.

이처럼 불교에서 말하는 생멸의 근본요소는 여래장과 함께 시작되었다. 특정한 신을 섬기고 있는 타 종교들은 신이 징벌의 차원에서 인간에게 죽음을 주었다고 한다. 그 대표적인 예가 바로 기독교이다. 하와가 뱀의 유혹에 못 이겨 선악과를 따 먹음으로 해서 에덴동산에서 쫓겨나고 생멸하는 죄를 받았다고 하는 이야기다.

불교의 생멸사상과 기독교의 원죄사상은 이렇게 완전 판이하다. 그런데 어떻게 이 둘이 공통점을 찾아 인류에 평화를 모색할 수 있단 말인가.

신약학을 전공한 신학교수 한 사람이 예수의 구원사상과 원효의 일심사상이 어떻게 일맥상통할 수 있는지 그 합일점을 찾아보려고 원효센터를 찾아왔다.

"두 분이 다 성자이시니 무슨 합일점이 있지 않겠습니까?"
"합일점은 기독교와 이슬람교에서 찾아야 합니다. 거기서 그것만 제대로 잘 찾으면 인간 세상에 평화가 올 것입니다."

이제 인류를 너머 온 중생계가 그토록 찾고자 하는 생멸의 근본요소는 바로 여래장 속에 들어 있다는 것을 분명 알았을 것이다. 그렇다면 어떻게 해야 이 여래장 속에 들어 있는 생멸요소와 생멸을 떠난

278

여래를 분리시키느냐가 문제이다. 그 방법을 가르쳐 준 것이 바로 불교다.

그러므로 불교는 생멸하는 자들을 향해서는 어떻게 손을 쓸 수가 없다. 생멸을 벗어나고자 하는 자에게만이 필요한 것이다. 영약은 죽으려고 하는 자에게는 아무런 이익을 줄 수가 없다. 살려고 하는 자에게만 그 효험이 극대하게 나타나는 것이다.

海東疏 當知非但取生滅心爲生滅門 通取生滅自體及生滅相 皆在生滅門內義也

마땅히 알아야 한다. 단지 생멸심 뿐만이 생멸문이 된다는 것이 아니라 생멸하는 자체와 생멸하는 상태까지 통틀어 다 생멸문 속에 있다는 사실을 말이다.

성사가 마땅히 알아라 하는 부분은 반드시 유념해야 할 대목이다. 그냥 쉽게 보고 지나쳐서 될 문제가 아니기 때문에 그분이 일부러 여기에 주안점을 두고 우리를 각성시키고 있다.

그분이 말씀하시고자 하는 포인트는 생멸하는 마음만이 생멸하는 것이 아니라 생멸하는 그 본체까지 다 생멸문 속에 포함된다는 것이다. 생멸하는 그 본체는 바로 여래장이다. 그러니까 여래장이 생멸하고 여래장이 고통을 받는다는 것이다.

다른 말로 하자면 내가 생멸함으로 해서 나의 부처까지도 생멸을 시키고 개고생을 시킨다는 말이다. 왜냐하면 생멸하는 마음은 독자적인 자체성이 없고 본체에 의존해 있기 때문이다.

海東疏 二門如是何謂一心 謂染淨諸法其性無二 眞忘二門不得有異 故名爲一

두 문이 이와 같은데 어떻게 일심이라고 하는가? 말하자면 염정의 모든 법이 가지고 있는 그 성품은 둘이 없다. 眞忘진망 두 문도 그와 다름이 없다. 그래서 일심이라고 한다.

아니나 다를까 누가 바로 묻는다. 적멸의 마음이 일심인가, 여래장의 마음이 일심인가. 아니 그렇게 묻지 말고 이렇게 묻는다면 더 이해가 빠를 것이다. 내 마음속에 들어 있는 진짜의 마음이 내 마음인가, 가짜의 마음이 내 마음인가. 둘 중에 하나만 내 마음이 되어야 하는데 나는 이 둘을 같이 쓴다. 그렇다면 二心이 되어야지 어떻게 一心이라고 하는가 라고 의아해 묻는 것이다. 眞忘은 물론 진여문과 생멸문을 말하고 있다.

그래서 위에서 말했다. 생멸문은 진여문에 뿌리를 박고 있다고 했다. 그러므로 染염과 淨정의 모든 법이 그 바탕은 하나가 되는 것이다. 여기서 염은 오염된 세상인 중생을 말하고 정은 청정한 세계인 부처를 말한다. 즉 염은 여래장이고 정은 적멸이라 말할 수 있다. 이 둘의 본성은 같다.

그러다 보니 여래장을 갖고 있는 생멸문이나 적멸을 갖고 있는 진여문이나 그 뿌리가 같은 셈이다. 그래서 二心이 아니라 一心이라고 하는 것이다 라고 하셨다.

하나의 예를 들겠다. 내 몸에서 난 종양은 나인가 아닌가. 내가 아니라면 그 종양은 나에게서 바로 분리될 수가 있다. 그런데 그 뿌리는 나에게 박혀 있어서 분리가 되지 않는다.

그러면 그것은 나인가? 아니다. 그렇다면 종양과 나의 관계는 무엇인가? 바로 이 문제와 같다. 종양과 나는 분리되어 있는 것 같지만 하나가 되어 있다. 생멸문과 진여문은 둘 같지만 하나에 근원을 두고 있다. 그래서 일심이라고 하는 것이다.

海東疏 此無二處諸法中實 不同虛空 性自神解 故名爲心

이 둘이 없는 곳에 모든 법의 실다움이 있다. 그것은 허공과는 같지 않다. 그 성품이 신해하기에 그것을 지칭하여 마음이라고 한다.

손이라고 했을 때 손등을 손이라고 하는가, 손바닥을 손이라고 하는가. 손으로 보았을 때 이 둘의 이름은 아무 의미가 없다. 손은 상하 전체를 말하고 있기 때문이다. 그처럼 우리의 마음도 진여문과 생멸문의 부분을 벗어나 있다. 우리의 마음은 어느 곳에든 그 전체에 가득하다.

전체에 가득한 것이 무엇인가. 세상에 허공밖에 더 있는가. 그렇다면 우리 마음은 허공과도 같단 말인가. 그렇다. 허공과도 같다. 하지만 허공은 죽어 있다. 생명력이 없다. 살아 숨 쉬지 않는다. 그냥 의식 없이 존재한다.

마음은 그렇지 않다. 마음은 허공과 같은 무정물이 아니다. 마음은 살아서 숨을 쉬고 있다. 햇빛처럼 비추고 달같이 조영한다. 별처럼 빛나고 이슬같이 영롱하다. 봄바람처럼 산들거리고 단비같이 초목을 춤추게 한다. 세상을 맑게 하고 천지를 질서 있게 만든다. 그러면서 모든 것들을 다 알고 있다. 그러므로 그것을 신해라고 표현한다.

성사는 우리의 진짜마음을 신해라고 불렀다. 이 이름이 신선하고 이채롭다. 이 신해는 살아 숨 쉬는 우리 마음의 본체다. 이것은 신령스럽게 모든 것을 다 꿰뚫어 아는 지혜의 다른 이름이다. 그러므로 신해는 지혜를 일컫는 또 다른 아름다운 언어인 셈이다.

海東疏 然旣無有二 何得有一 一無所有就誰曰心 如是道理 離言絶慮
그렇게 이미 둘이 있을 수 없다면 어찌 하나인들 있겠는가. 하나라도 있을 바가 없다면 누가 그것을 불러 일심이라고 하는가. 이와 같은 도리이기에 그것은 언어를 떠나고 생각이 끊어진 자리에 있다고 하는 것이다.

신해의 성품이 우리 마음속에 들어 있다는 것이 도저히 믿어지지가 않는가? 그렇다면 태양을 보라. 태양은 언제나 그 자리에 있다. 그런데 왜 우리에게 하루에 한 번씩 어둠이 주어지는가? 그것은 지구가 자전하고 공전하기 때문이다. 지구가 가만히만 있으면 우리는 스물네 시간 태양빛을 받을 수 있다. 그런데 지구가 움직이게 되므로 태양빛이 숨어 버리는 것이다.

이와 같이 우리 마음속에 태양보다 더 밝고 찬란한 신해의 성품이 들어 있지만 우리 마음이 움직이기 때문에 우리는 그 지혜의 빛을 어리석음으로 묻어버린 것이다. 하지만 태양이 변함없듯이 우리의 신해 성품도 그 능력도 조금도 변함없이 그대로 그 자리에 항상 초연하게 빛나고 있다.

언제부터 그것이 있었다는 것인가? 그것은 하늘과 땅이 생기기 이전부터 있었다. 다른 말로 하자면 나는 천지가 생기기 이전부터 있었고 나는 천지가 없어지고 난 뒤에도 있다는 것이다.

그렇게 이 마음은 진여문이거나 생멸문을 가리지 않고 전체에 충만하다. 부처의 세계이든 중생의 세계이든 구별이 없다. 오염의 세계든 청정의 세계든 분별하지 않고 그대로 충만해 있다.

조금도 변함없이 영원히 그 마음 한자리에 내존하고 있는 신해의 성품과 능력, 이것을 우리는 뭐라고 불러야 하나. 어떻게 불러야 하나. 무어라 이름 붙여야 하나. 이것이 바로 나이고 나의 진면목이며 나의 주인공인데 도대체 무어라고 불러야 옳단 말인가.

海東疏 不知何以目之 强號爲一心也

어떻게 그것을 지목해야 할지 알 수 없어서 굳이 일심이라고 하는 것이다.

육조 혜능대사 문하에 남악이라는 참신한 수행자 하나가 있었다. 그는 열다섯 살에 출가하여 처음에 계율을 익혔다. 그러다 혜능대사의 고명에 이끌리어 그분이 계시는 보림사로 와 15년 동안이나 줄기차게 참선수행에 매진하고 있었다.

스승은 보름과 초하루에 상당법문을 정기적으로 하였다. 대웅전 법당에서 전체 대중들을 모아놓고 마음을 직지하는 설법을 하였다. 그날도 스승은 주장자를 들고 법상을 치면서 대중들의 이목을 집중시켰다. 그리고는

"나에게 한 물건이 있다. 이 물건은 머리도 없고 꼬리도 없다. 밝기는 태양보다도 더 밝고 어둡기는 칠흑보다도 더 어둡다. 신회는 말하라. 이것이 무엇인가?"

"그것은 우리의 마음입니다.

신회는 그의 애제자였다. 십 수 년을 넘게 지성껏 스승을 모시면서 선지를 닦았다. 신회는 확신에 찬 신념으로 스승의 질문에 답을 했다. 그는 언제나처럼 스승이 만족하실 거라는 기대를 갖고 주저 없이 대답을 했다. 그런데 이게 웬일인가.

"틀렸다. 그것은 우리의 마음이 아니다."
그러면서 회양을 흘긋 내려다보고선 바로 법상에서 내려와 버렸다.
"엥?!"

신회는 띠웅~했다. 늘 그것은 마음이라고 강조하시던 스승이 오늘은 뜬금없이 아니다 라고 지체 없이 부정해 버렸다.

이 광경을 숨죽이며 지켜보고 있던 회양은 큰 충격을 받았다. 신회도 신회지만 한창 참선공부가 무르익어가던 회양은 크게 정신적 쇼크를 받았다. 하늘이 노랗고 땅이 흔들리는 당황함이 일었다. 하늘같이 떠받들던 스승의 절대적 말씀이 찰나에 뒤엎어진 것이다.

그렇다면 이제까지 마음이라고 지도해 온 그 가르침은 도대체 무엇이란 말인가. 과연 그렇다면 그 대답은 무엇이란 말인가에 대한 의문이었다.

그는 큰 혼란에 빠졌다. 이것은 궤변이다. 어떻게 저렇게 그 대답이 돌변할 수 있을까. 스승의 지도는 일관성이 있어야 하는데 어찌한 순간 뒤집어버릴 수 있는 것인가. 그렇다면 앞으로의 말씀도 어떻게 믿을 수 있단 말인가. 여기까지 생각한 회양은 이제 더 이상 스승의 문하에 있어야 할 이유가 없어졌다.

그는 걸망을 쌌다. 그리고 미련없이 보림사를 나와 전국을 유랑했다. 그렇게 동가식서가숙 하며 구름처럼 떠돌아다니다가 어느 소치는 목장에 하룻밤을 유숙하게 되었다.

소들을 가만히 보니 생각이 없었다. 배고프면 먹고 자고 싶으면 잤다. 똥 누고 싶으면 똥 누고 오줌 누고 싶으면 오줌을 쌌다. 어떻게 보니 자기보다 한 수 위에 있는 것 같았다. 자기는 그렇지 못했다. 하나부터 열까지 모두 다 마음에 걸려서 부자연스러운 삶을 살고 있는데 소들은 그런 것에 개의치 않고 그저 자연스럽게 태연자약하고 있었다.

회양은 목장주에게 부탁하여 소들과 함께 생활하기로 하였다. 소똥을 치우고 여물을 주며 그들과 격의없이 함께 지내기로 하였다. 그렇게 오랜 세월이 흘렀다. 그러던 어느 날 같이 초원으로 가던 소 발굽에 돌 하나가 차이면서 탁 하는 소리가 났다. 회양은 그 순간 억만 볼트짜리 전기에 감전된 것 같은 강력한 자극을 받으면서 크게 깨달았다.

바로 그거다. 회양은 소리쳤다. 6년 동안이나 가슴 한구석에 응어리져 있던 그 의문이 이제야 확연히 풀리는 것이었다. 그래 그렇다. 그거다. 스승이 왜 그때 그것은 마음이 아니다 라고 했는지 이제야 그 대답을 찾았다. 회양은 너무너무 기뻐서 어린아이처럼 풀밭을 뛰어다니며 기쁨에 젖어 울부짖었다.

　그는 스승에게 달려갔다. 그리고 스승을 배알하고 직설했다. 스승은 회양의 말을 듣기도 전에 벌써 얼굴에 미소가 피어올랐다.

　"스승님. 6년 전에 하신 말씀 이제야 그 진의를 알았습니다."
　"무엇인가?"
　"질문 자체가 잘못되었습니다. 거기에는 한 물건도 없습니다."
　"바로 그거다. 그 소리를 듣기 위해 내가 6년 동안이나 너를 기다렸다."

　결국 회양은 신회대사를 제치고 육조로부터 조사선의 선맥을 이어받아 기라성 같은 거장들을 길러 내었다.

　편의상 그 신해의 성품과 능력을 우리는 마음이라고 부른다. 어떻게 그것을 지목할 수가 없어서 우리는 그것을 그렇게 일단 마음이라고 부르자는 것이다.
　경전에서는 그것을 어떻게 불렀는지 한번 살펴보자. 법계 보리 여래 열반 법신 불성 원각 총지 여래장 심지 여여 같이 아주 다양하게 그것을 지칭하였다.
　선사들도 그것을 어떻게 특별히 부를 수 없어서 그분들 나름대로 신통한 이름들을 붙여서 우리에게 선보였다. 자기, 밝은 눈, 주인공, 오묘한 마음, 밑바닥 없는 밥그릇, 줄 끊어진 가야금, 다함없는 등불, 뿌리가 없는 나무, 날카로운 칼, 고요한 나라, 마니구슬, 열쇠 없는

자물통, 진흙 소, 목마, 심원, 심인, 심경, 심월, 심주등 같은 이름들
이다.

　이제 그것을 이 **기신론**에서는 명목상 부르기 쉽게 일단 마음이라
고 전제하고 시작하려 하는 것이다. 그것이 어떻게 마음이냐고 되묻
지 마라. 그러면 다시 되물음을 받을 것이다. 그러면 무엇이라고 불
러야 하느냐고 말이다. 보조국사의 말씀을 들어보자.

　삼세의 보살이 다 같이 이 마음을 공부한 것이고
　삼세의 부처가 다 같이 이 마음을 깨친 것이며
　방대한 대장경이 말하고자 한 것도 이 마음인 것이다.
　일체중생이 방황하는 것도 이 마음을 몰라서이며
　모든 조사가 서로 전한 것도 이 마음을 전한 것이고
　천하의 수행자들이 참구하는 것도 이 마음을 찾아다니는 것이다.

　이 마음을 깨달으면 세상천지가 다 부처로 보여서
　상대하는 물상마다 온전히 그 고유의 가치가 드러난다.
　이 마음을 모르면 어디를 가도 잘못 가게 되고
　무엇을 생각해도 잘못 생각하게 된다.
　이 진심의 본체는 일체중생이 본래부터 가진 불성이며
　또 일체중생 세계가 발생하는 근원이 된다.

海東疏 言是二種門皆各總攝一切法者 釋上立中 是心卽攝一切世
間出世間法 上直明心攝一切法 今此釋中 顯其二門皆各總攝

이 두 종류의 문이 모두 각각 일체의 법을 가지고 있다는 것을 위 입의분에서는 이 마음이 일체 세간과 출세간의 법을 다 가지고 있다고 하였다. 위에서는 바로 마음이 일체법을 다 가지고 있다는 것을 밝혔고, 지금 여기서는 두 문이 각각 일체의 모든 법을 가지고 있음을 나타내고 있다.

위 입의분의 내용은 대단히 간략하게 되어 있다. 그래서 거기서는 마음이 일체 세간법과 출세간법을 모두 포괄하고 있다고 하였다. 세간법은 중생의 오염세계를 말하고 출세간법은 부처의 청정한 세계를 말한다고 했다. 이것이 해석분에 들어오면 일체의 세계를 두 문이 다 가지고 있다고 한다.

결과적으로 말하자면 일심을 두 문으로 벌린 결과다. 두 문은 진여문과 생멸문이다. 이 두 문을 모으면 일심으로 들어가고 일심을 벌리면 두 문이 되기 때문에 거기서는 일심이라고 하였고 여기서는 두 문이라고 표현한 것이다.

[海東疏] 欲明眞如門者 染淨通相 通相之外無別染淨 故得總攝染淨諸法

진여문을 밝혀보고자 하면 염정을 통상으로 본다. 통상 그 외는 다른 염정은 없다. 그렇기 때문에 진여문은 염정의 모든 법을 다 갖추고 있다.

염정은 오염된 세계와 깨끗한 세계를 말한다고 했다. 진여문에서는 이 둘이 한 덩어리가 된다. 그것을 통상이라고 한다. 통상은 그 바탕이 하나로 통한다는 말이다.

내 한 몸속에 들어 있는 모든 것들은 통상이다. 똥도 피도 근육도 살도 다 통상이다. 통상은 전체다. 전체에 어디 더러움과 깨끗함이 있단 말인가. 전혀 없다. 통상으로 있을 때에는 더럽고 깨끗함이 없다.

그처럼 진여문은 전체를 말한다. 전체는 개별로 분리되기 전의 세계다. 어미와 태아는 통상이다. 통상은 하나다. 그러므로 한 콧구멍으로 둘이 숨을 쉰다. 그처럼 세상과 나는 진여문으로 통상이다. 그러므로 세상과 하나가 된다면 아무 문제가 없다. 어미의 자궁 속에 들어 있는 태아처럼 나는 자연의 자궁 속에서 아주 편안하고 안락하게 살면 된다. 필요한 모든 것은 자연이 다 제공해 준다.

거기에는 나와 남이 없다. 나고 죽음도 없고 불어나고 줄어듦도 없다. 전부가 다 하나로 움직인다. 이것을 진리의 세계, 또는 법신의 세계라고 한다. 한 부처로 의인화시킨다면 청정법신비로자나불의 세계가 된다.

海東疏 生滅門者 別顯染淨 染淨之法 無所不該 故亦總攝一切諸法
생멸문에서는 따로 염정을 드러내고 있다. 염정의 법에 해당되지 않는 바가 없기 때문에 또한 일체의 모든 법을 다 갖고 있다고 하였다.

생멸문에서는 염정이 엄연하게 구별된다. 중생의 세계가 있고 부처의 세계가 있다. 좋은 것과 나쁜 것이 있다. 선악과 애증이 있다. 생멸은 물론 더함과 부족함에 이어 더럽고 깨끗함이 분명하게 나뉜

다. 모든 것이 다 이것 아니면 저것이다. 이것은 개체다. 그것은 별상
이다.

진여문에서는 진여 하나에 일체가 들어가 있지마는 생멸문에서는
이것 아니면 저것에 일체가 들어가 있다. 다른 말로 하자면 진여문에
서는 하나로 전체를 가지고 생멸문에서는 부분이 전체와 똑같이 연
결되어 있다는 것이다. 그래서 이 생멸문도 일체의 모든 것들을 다
갖고 있다고 하는 것이다.

예를 들자면 진여문은 바다다. 바다에서 나오지 않는 물이 어디에
있는가. 그래서 모든 물을 통상이라고 한다. 생멸문은 연못이다. 모
든 연못은 있는 장소가 모두 다르고 이름이 다 다르다.

그렇다고 해서 어떤 연못이든지 바다와 분리되어 있지는 않다. 전
부 깊숙이 저변으로 연결되어져 있다. 그래서 성사는 생멸문도 일체
의 세계인 통상을 다 가지고 있다고 한 것이다.

海東疏 通別雖殊 齊無所遣 故言二門不相離也 總釋義竟
통상과 별상이 비록 다르지만 어느 한쪽을 버릴 게 없다. 그렇기 때문에
두 문은 서로 떨어지지 않는다고 한 것이다. 전체적인 뜻은 이것으로
해석해 마친다.

통상과 별상이 다르다 해도 어느 한쪽을 잘라버릴 수가 없다. 齊자
와 遣자는 성사가 선택한 기막힌 글자들이다. 齊는 자를 제 字고 遣
은 버릴 견 字다. 본질이 있으면 현상이 있게 마련이다. 그림자가
마음에 들지 않는다고 그림자를 齊자로 잘라버릴 수도 없고 遣자로

없애버릴 수도 없다.

실상은 하나다. 그런데 그림자는 다양한 현상으로 나타난다. 진여문으로 보면 실상은 하나다. 생멸문으로 보면 인연 따라 천차만별의 현상이 생멸한다. 하지만 그 천차만별의 현상은 모두 다 실상 하나에 귀납된다.

그러므로 실상과 그림자는 하나다. 절대로 분리할 수 없다. 그래서 위 입의분에서 진여문과 생멸문은 서로 떨어질 수 없다고 한 것이다.

여기서 이런 생각이 언뜻 들 것이다. 중생도 부처의 현상이다. 즉 실상인 부처에게서 나타난 현상적인 모습이다. 그런데 무엇이 잘못 되었단 말인가. 왜 자꾸 중생은 부처가 되어야 한다고 하는가. 그냥 두어도 서로 연결이 되어 있다고 하지 않는가. 결코 떨어지지 않는다 고 하면 이미 하나로 되어 있는데 왜 자꾸 부처의 세계로 가라고 하 는가 하는 의문이다.

거기에 대한 간단한 대답은 이와 같다. 지금 현상의 삶에 苦가 있 다는 거다. 그래서 그 苦가 싫으면 실상인 본질, 즉 진여문으로 들어 가 다시 자기 의도대로 현상으로 나오라는 것이다.

만약에 苦가 좋다면 구태여 진여문으로 들어가지 않아도 된다. 그 래서 수많은 사람들이 현상의 苦로부터 벗어나는 불교를 배우려 들 지 않고 있는 것이다.

別記 眞如門是諸法通相 通相外無別諸法 諸法皆爲通相所攝 如微塵是瓦器通相 通相外無別瓦器 瓦器皆爲微塵所攝 眞如門亦如是

진여문은 모든 법의 통상이다. 통상 외에는 별다른 제법은 없다. 제법은 모두 통상에 함섭된다. 마치 먼지는 질그릇과 통상이 되는 것과 같다. 통상 외에 별다른 질그릇은 없다. 질그릇은 모두 미진에 함섭되기 때문이다. 진여문 또한 그와 같은 것이다.

진여문과 생멸문은 서로 떨어지지 않는다는 점을 **해동소**에서 성사는 자세히도 설명해 오셨다. 그런데도 뭔가 설명이 부족한 것 같은 느낌이 드셨는지 다시 더 이 문제를 별기로 짚어주셨다.

진여문은 먼지와 같다. 진흙가루를 곱게 빻고 빻으면 먼지가 된다. 이 먼지가루가 뭉치면 진흙이 되고 질그릇이 된다.

그러므로 질그릇의 기본원소는 먼지다. 먼지를 벗어난 질그릇은 없다. 누가 어떻게 어떤 생각으로 만드느냐에 따라 질그릇의 모양은 각양각색으로 다를지라도 그것들의 바탕소질은 단 하나 먼지다. 그래서 진여문은 일체 모든 법의 기본이 되는 통상이라고 하는 것이다.

別記 生滅門者 卽此眞如是善不善因 與緣和合 變作諸法 雖實變作諸法 而恒不壞眞性 故於此門亦攝眞如

생멸문은 곧 이 진여가 바로 선과 불선의 요인이 된다. 그것이 인연과 더불어 화합해서 모든 법을 변하게 만든다. 비록 실로 모든 법을 변하게 만든다 하더라도 그 진성은 항상 무너지지 않는다. 그렇기 때문에 이 생멸문 또한 진여를 함섭하고 있다.

진여를 누가 어떻게 쓰느냐에 따라 선도 되고 악도 된다. 선과 악은 독립적으로 존재할 수 없다. 그 바탕뿌리가 있어야 가능하다. 그 것이 바로 진여다.

좋은 사람도 나쁜 사람도 다 어미에게서 태어났다. 그 어미가 그들의 바탕이고 뿌리다. 절대로 혼자서는 태어날 수 없다. 착한 어미에 게서 똑같은 어린아이이로 태어났지만 커 가면서 어떤 외부의 영향을 받느냐에 따라 착한 사람도 될 수가 있고 악한 사람도 될 수가 있다. 악한 사람이라고 해서 어미의 착한 뼈와 살을 가지고 있지 않는 것은 아니다. 그 바탕은 다 가지고 있다. 그래서 생멸문 또한 진여를 가지고 있다고 하는 것이다.

예로 들자면 물은 원래 아무러한 색깔도 모양도 맛도 없다. 그런데 누가 그것을 가지고 어떻게 만드느냐에 따라 콜라도 되고 사이다도 되고 술도 되고 감주도 된다. 그렇다고 해서 그 바탕성분인 물이 어떻게 변한 것은 아니다. 그것은 그대로의 성품을 갖고 그 안에 있는 것이다.

그처럼 중생도 그 원천은 진여다. 그 진여가 누구에게, 아니면 무엇에게 휘둘리어 이 중생의 모습으로 나타나 있다. 하지만 그 속성인 진여의 성품은 어느 누구도 다 통상으로 가지고 있다. 이 진여를 갖지 않고 존재하는 중생은 없다. 있다면 도깨비고 키메라다. 그러므로 일체중생은 모두 다 불성인 진여를 갖고 있다고 하는 것이다.

다른 말로 하자면 우리는 부처의 진여가 병이 들어 나타난 일시적 환자의 중생 모습이라고 말할 수 있다. 이 말은 치료를 잘하면 원래의 모습인 부처의 신분으로 돌아갈 수 있다는 뜻을 함축하고 있다.

別記 如微塵性聚成瓦器　而常不失微塵性相　故瓦器門卽攝微塵
生滅門亦如是

마치 먼지의 성품이 모여서 질그릇이 되는 것과 같다. 질그릇은 미진의 성상을 잃지 않고 항상 갖고 있다. 그러므로 질그릇류는 미진을 함섭해 있다. 생멸문 또한 그와 같은 것이다.

중생은 제 아무리 날고 기어도 그 실체가 없다. 드라마에서 어떤 배우가 정말 멋지고 대단한 연기를 한다 하더라도 그것은 실체 없는 삶을 사는 것처럼 생멸문 속의 중생은 전부 가짜의 삶을 살고 있다.

주나라에 윤씨 성을 가진 유명한 부호가 있었다. 그는 많은 하인들을 거느리고 있었는데, 그중 한 명이 유난히 특별났다. 고된 하인의 일상이지만 그는 늘 만면에 웃음을 머금고 태연자약하였다. 그런 하인을 유심히 지켜보다가 하루는 궁금증을 이기지 못해 그를 조용히 불렀다.

"그대는 고된 일을 하는 하인이다. 뭐가 좋다고 매양 미소를 머금고 있는가?"

"소인은 낮에만 하인입니다."

"밤에는 그럼 무엇이란 말인가?"

"밤마다 꿈을 꾸는데, 꿈속에서 저는 이 집 주인이 되고 주인님은 저의 하인이 됩니다."

허접스런 이야기 같지만 이 내용은 대단히 의미심장하다. 주야의 주인이 바뀌므로 사실 누가 주인이고 하인인지 알 수가 없는 일이라서 웃지 않을 수가 없다. 이것은 나도 너도 모두 가 다 꿈속에 들어있는 삶이라는 것을 은근히 드러내고 있는 일화다.

꿈의 이야기는 생시에 뿌리를 내리고 있다. 생시가 없으면 어떻게 꿈이 꾸어진단 말인가. 꿈은 그 스스로가 존립하지 못한다. 그 꿈의 뿌리는 침대 위에 자고 있는 진짜 사람이 정신을 놓아 일시적으로 만들어 낸 가상의 세계다. 그 꿈이 아무리 화려하고 빛나더라도 그것은 실체가 없다. 꿈을 만들어내는 반연이 계속 공급되지 않으면 그 꿈은 이슬처럼 사라지고 만다.

중생도 똑같다. 중생은 실체가 없다. 그 뿌리는 진여다. 질그릇으로 만들어진 그릇이 단단하게 있는 것 같지만 또 어떤 인연의 힘이 가해지면 결국 먼지가 되어 버리는 것처럼, 중생이 겉으로는 분명 있는 것 같지만 인연이 다하면 연기처럼 흩어지고 만다.

그래서 범부의 인생은 제 아무리 잘 살았다 하더라도 결국은 허탕일 뿐이라는 것이다. 그 허탕을 만들어 내는 것은 결국 진여라서 생멸문 속에 진여의 본성이 들어 있다고 하는 것이다.

別記 設使二門雖無別體 二門相乖不相通者 則應眞如門中攝理而不攝事 生滅門中攝事而不攝理

설사 두 문이 비록 특별난 본체가 없다 하더라도 서로 어겨 같이 통하지 않는다면 곧 응당히 진여문은 이치인 근본만 함섭할 뿐 차별된 현상은 함섭하지 못하고 생멸문은 현상만 함섭할 뿐 근본은 함섭하지 못할 것이다.

함섭이라는 말은 두 가지 뜻을 가지고 있다. 하나는 완료형으로 포함해 있다는 뜻이고 또 하나는 진행형으로 포함시킨다는 뜻이다.

똑같은 금속인데 철과 비철은 그 상태가 다르기 때문에 함섭하지 않는다. 철은 자석에 가 붙지만 비철은 그렇지 않다.

자석과 철은 통상이다. 그러나 자석과 비철은 통상이 아니다. 같은 성질은 언제나 끌어당긴다. 그러나 다른 성질은 반응이 없거나 서로 밀어내어 버린다.

여기서 반드시 명심할 것이 하나 있다. 앞에서 한 번 말했지마는 **기신론**에서 말하는 진여는 인연 따라 연기작용을 한다.

그런데 이 연기가 다른 **구사론**이나 **유식론**에서 말하는 연기와는 확연히 다른 점이 있다. **구사론**이나 **유식론**은 본체는 그냥 있고 모습만 현상을 일으키는 반면 **기신론**에서의 진여연기는 본체까지도 인연을 따라 움직이는 작용을 한다.

그러므로 여기서의 진여는 독야청정으로 홀로 몸속에 남아 있는 것이 아니라 그 껍데기 중생과 더불어 같이 호흡하고 같이 움직이며 같이 인과를 받는다. 내가 지옥에 가면 내 부처가 지옥의 고통을 받고 내가 천상에 가면 내 부처가 기쁨을 누린다. 즉 내 속의 부처는 중생인 나와 결코 따로 분리되지 않는 상태에서 같이 죽고 같이 산다는 것이다.

그래서 이 진여문과 생멸문은 자석이 철을 끌어당기듯이 서로를 끌어당겨야 하는데 전혀 그렇지 않다. 철이 살려면 자석에 가 붙어야 부식하지를 않는다. 그처럼 생멸문의 중생이 살려면 진여문에 가 붙어야 된다. 하지만 중생이 버티고 있다. 절대로 현재의 자신을 놓아

버리지 않으려 한다. 끝까지 지키려고 한다.

그러므로 진여문과 생멸문은 언제나 현상적으로 이렇게 견고히 나누어져 있고 그 사이에 범부는 죽어라 고통을 받고 있는 것이다.

別記 而今二門互相融通　際限無分　是故皆各通攝一切理事諸法故言二門不相離故

이제 두 문은 서로서로 원융하게 통해서 둘 사이의 한계가 별다르게 나눠지지 않는다. 그렇기 때문에 모두 각각 일체 제법의 본체와 현상에 통해서 서로 함섭해 있다. 그러므로 말하기를 두 문은 서로 떨어지지 않는다고 한 것이다.

흙은 통상이다. 나무는 별상이다. 흙 없이는 나무가 없다. 이 둘은 분리되지 않는다. 그래서 나무는 흙에서 나와 흙으로 돌아간다. 모든 별상은 그 근원인 통상으로 돌아가게 되어 있다. 그 통상에서 다시 다른 인연을 만나 새롭게 별상이 이루어진다. 이것이 자연의 이치고 순리다.

그런데 중생만이 그렇지 않다. 중생은 중생이고 부처는 부처라고 여기기 때문에 부처로의 환귀를 원하지 않는다. 이것은 나그네가 집에 돌아가지 않고 객지에서 풍찬노숙하는 힘든 삶을 사는 것과 같다. 그래서 범부가 6도라는 윤회의 세계에서 주소 없이 떠도는 신세가 된 것이다.

범부는 끊임없이 육신이 쉴 집을 원한다. 평생 동안 시멘트로 지은 비둘기 집 같은 안락처를 구하려고 한다. 거기서 휴식과 자손의 번영을 기원한다. 수준이 딱 거기까지다.

그들은 마음이 쉬어야 할 집은 모른다. 육신이 쉬더라도 마음이 편하지 않으면 걱정과 초조가 엄습한다. 번뇌가 일어나고 망상의 사념이 기동하면 아무리 좋은 집에 거처하더라도 곧 무너져 내리는 언덕배기집처럼 불안하기만 하다. 범부가 하는 짓이 언제나 그렇다.

別記 問 若此二門各攝理事 何故眞如門中但示摩訶衍體 生滅門中通示自體相用?

묻겠다. 두 문이 각각 본질과 현상을 함께 갖추고 있다면 무엇 때문에 진여문에서는 마하연의 본체만 내보이고 생멸문에서는 마하연 자체와 속성과 모습을 다 내보이고 있는가?

민족으로 말할 것 같으면 우리는 단군의 자손이다. 단군은 통상이고 진여문이다. 그런데 지금 우리의 성씨는 모두 다 달라져 있다. 이것은 별상이고 생멸문이다.

우리의 엉덩이에 몽고반점이 있는 한 우리는 모두 한 가족이다. 그것이 진여문이다. 그런데 옆집 사람이 나를 가족으로 보고 있는가? 나는 어떻고? 이것이 별상이고 생멸문이다.

그래서 진여문에서는 그 본체인 바탕만 보이고 있고 생멸문에서는 우리 모두가 다 단군의 자손이지만 제각기의 성씨를 갖고 먼 타인의 삶을 살고 있는 것과 같은 것이다.

別記 答 攝義示義異 何者 眞如門是泯相以顯理 泯相不除 故得攝相 泯相不存 故非示相

답해 주겠다. 어떤 뜻을 함섭하고 어떤 뜻을 내 보이고가 다를 뿐이다. 왜냐하면 진여문은 바로 현상을 털어내고 그 속의 본질을 보여준다. 털어냄으로 해서 현상은 드러나지 않지만 그래도 현상을 만들어 내는 것은 제거하지 않기 때문에 현상을 가지고 있는 격이 된다. 현상을 털어내고서 거기에 두지 않는 것은 현상을 보이는 문이 아니기에 그런 것이다.

성사의 답도 마찬가지다. 진여문은 껍데기를 벗긴 그 나상을 보여주는 것이고 생멸문은 그 나상 위에 인연으로 덮인 상태를 말한다고 하셨다.

즉 나무를 예로 들자면, 겨울이 되면 그 나상이 나타난다. 무성한 가지와 나뭇잎들을 다 털어내고 난 뒤의 그 자태를 진여문이라고 하신 것이다. 하지만 내년이 되면 다시 나무의 새싹이 나오듯이 진여문에서는 현상인 생멸문이 나온다고 하셨다. 그 말씀이 바로 현상을 제거하지 않는 상태로 진여문이 있다고 하신 것이다.

성사는 여기서 泯相이라는 말을 쓰고 계신다. 민상이라는 말은 어떤 모습을 털어버린다는 뜻이다.

別記 生滅門者攬理以成事 攬理不壞 得攝理 攬理不泯 故亦示體 依此義故 且說不同

생멸문은 근본을 안에다 두고 현상을 말한다. 근본을 안에 둔다는 말은 근본을 무너뜨리지 않는다는 말이다. 근본을 두고 그것을 털어버리지 않은 상태로 역시 본체를 보이고 있는 것이다. 이러한 뜻이기 때문에 여기서 같지 않다고 하는 것이다.

생멸문은 겉모습을 말하고 있다. 그러므로 그 근본이 잊혀 진 상태다. 누가 성씨를 물으면 바로 김씨니 이씨니 현상적인 대답만 한다. 본질인 단군을 두고 현재의 성씨만 말하고 있기 때문이다.

사람은 언제나 말은 잘한다. 하는 말마다 뿌리를 찾자고 하고 하는 일마다 근원을 궁구하자고 한다. 그렇게 사물의 뿌리와 근원은 잘도 찾으면서 정작 자기들의 뿌리인 마음은 늘 관심 밖에 있다.

불교는 중생의 뿌리를 말하고 있다. 그 뿌리가 언제부터 생겼는지 왜 생겼는지 지금의 상태는 어떠한지를 가르쳐 주는 것이다. 드러난 현상의 모습이 부족하다고 그것을 보완하기 위해 아무리 잘 치장하고 잘 꾸며도 그 뿌리가 상해 있으면 완전 끝장이 난다.

범부가 그렇다. 뿌리 자체가 이미 오염으로 병들어 있기 때문에 겉모습을 아무리 잘 가꿔도 서서히 죽음의 세계로 나아가는 것이다.

別記 通而論之 二義亦齊 是故眞如門中亦應示於事相 略故不說耳
서로 통하는 쪽으로 그것을 말해 볼 것 같으면 두 뜻은 또한 같다. 이렇기 때문에 진여문 가운데에도 또한 응당히 현상을 보이고 있다. 하지만 간략하게 말하다 보니 그것을 말하지 아니했을 뿐이다.

물에서 파도가 일어난다. 파도와 물은 현상으로는 분명 다르다.

하나는 움직이고 있고 하나는 정지해 있다. 그러나 본질로 보면 둘 다 본성이 물의 성질이라서 다르지 않다.

이 문장은 진여문과 생멸문은 서로 같으냐 다르냐를 두고서 설명하고 있다. 같은 쪽으로 말하면 같다고 한다. 물과 파도는 같다는 시각과 마찬가지다.

성사는 위에서 진여문 가운데서도 또한 현상이 보인다고 말씀하셨는데, 지금도 진여문인 물에서 파도가 계속 일어나고 있다. 즉 물이 파도를 만들어 내고 있다는 것이다. 다른 말로 하자면 진여문에서 생멸문이 나타난다고 하는 것이다. 이것이 바로 진여연기인 것이다.

"중생은 왜 생겼다고?"
"부처가 병들면 생깁니다."

別記 問 二門不同 其義已見 未知二門所攝理事 亦有隨門差別義不

묻겠다. 두 문이 같지 않다는 것은 그 뜻을 이미 알겠다. 하지만 두 문에 똑같이 본질과 현상이 들어 있다는 것은 알지 못하겠다. 그것 또한 어떤 문인가에 따라 차별된 뜻이 들어 있어야 되는 것이 아닌가?

바로 이런 질문이 적시에 나왔다. 이제까지 알기로는 진여문과 생멸문이 분명 다르다고 알고 있는데 이제는 그것이 같은 쪽으로 보면 같다고 하니 도저히 이해가 가지 않는다는 것이다.

그렇다면 왜 생멸문을 닫고 진여문으로 들어가야 된단 말인가. 진여문에서 다시 생멸문이 나온다면 왜 쓸데없는 노력을 하란 말인가

라는 의문에 부딪힌 것이다.

그러므로 진여문과 생멸문에 똑같이 본질과 현상이 들어 있다는 사실이 믿어지지가 않는다는 것이다. 진여문이면 진여문 답게 모든 생멸로부터 완전 벗어나 있어야 하는데 진여문에서 생멸이 계속 나온다고 하니 이해를 못하겠다는 말이다.

別記 答 隨門分別 亦有不同 何者 眞如門中所攝事法 是分別性 以說諸法不生不滅本來寂靜 但依妄念而有差別故

답해 주겠다. 문에 따라 분별하면 또한 같지가 않다. 왜냐하면 진여문에 들어 있는 현상의 법은 바로 분별성이다. 모든 법은 불생불멸하고 본래적정한데 단지 망념 때문에 차별이 있게 된 것이다.

두 문을 같은 쪽으로가 아니고 다른 쪽으로 보면 또 동일하지 않다는 것이다. 그런 시각으로 보면 진여문에 들어 있는 현상은 분별성이 된다. 이 분별하는 성질 때문에 진여문에서 생멸문이 나오게 된 것이다.

이 분별성만 없으면 진여문은 완벽한데 원초적으로 이 분별성이 진여문에 들어 있었다고 한다. 그러므로 중생이 갖고 있는 이 진여문은 처음부터가 완벽하지가 않은 것이다.

건강한 쇠붙이는 검푸른 색깔을 띠며 단단하고 야무지게 보인다. 어디를 보아도 거기에 녹이 슬 가망이나 과자처럼 푸석푸석하게 부숴 질 조짐은 없다. 쇠는 쇠이기 때문이다. 하지만 거기서 붉은 녹이 나온다. 전혀 예상치 못한 그런 단단한 곳에서 녹이 나온다. 그러면 그 쇠붙이는 단단하고 야무진 기능을 서서히 잃기 시작한다.

진여문 그 속에는 절대로 생멸문이 나올 수가 없다. 즉 부처인 성품에서 어떻게 중생이 나오느냐는 것이다. 하지만 까딱 잘못하다가는 바로 중생이 나오기 시작한다. 강강한 쇠붙이에서 녹이 스멀스멀 기어 나오듯이 그렇게 없던 중생이 서서히 나타나기 시작하는 것이다.

別記 心生滅門所說事法是依他性 以說諸法因緣和合有生滅故

심생멸문에서 말하는 현상의 법은 이타기성이다. 모든 법은 인연으로 화합해서 생멸을 있게 만든다.

이타기성이라는 말은 자체적으로는 어떤 모습을 만들지 못하나 다른 인연을 만나면 즉시 그에 맞는 현상을 일으키는 성질을 말한다.

분별성은 진여문 속에 내존해 있는 원천적 불각이다. 이것이 무명인 어리석음을 만나면 즉시 움직이기 시작한다. 불각은 어리석음을 끌어들이기 위한 강력한 페르몬을 분비한다. 그러면 의타기성이 작동되어 그에 맞는 환영의 세계를 만들기 시작한다.

그것은 마치 단군의 마음속에는 오로지 홍익인간과 치세평안만 있는 것과 같다. 거기에는 후손들끼리 조금도 다툼이나 투쟁이 없어야 한다. 그런데 그 후손으로 내려가면 끊임없는 투쟁이 일어난다. 그 투쟁성은 그렇다면 어디에서 일어났는가. 그게 바로 진여문 속에 들어 있는 분별성이라는 것이며, 그것이 즉 생멸문의 시발점이 되는 것이다.

그 분별성 때문에 의타기성이 일어나는 것은 인간의 마음속에 깊이 들어 있던 그 투쟁성이 결국 인간들을 수만 가지 별상으로 갈리게 만들어 놓은 것이다. 거기서 투쟁이 더 격렬해지고 급기야는 더 나아가 서로 전쟁까지도 일으키는 것이다.

別記 然此二性雖復非一 而亦不異 何以故 因緣所生 生滅諸法 不離妄念而有差別 故分別性不異依他亦在生滅門也

이 둘의 성질은 비록 다시 하나가 아니지만 그렇다고 해서 다른 것도 아니다. 왜냐하면 인연으로 만들어진 것들은 전부다 생멸하는 법이기 때문이다. 망념을 떠나지 않으면 차별된 모습이 있게 된다. 그러므로 분별성과 의타기성은 다르지 않다. 그래서 또한 둘 다 생멸문 속에 들어 있다.

분별성은 요인이고 의타기성은 결과물이다. 요인이 충족하면 반드시 결과가 나온다. 요인없는 결과는 없고 결과 없는 요인은 없다.

한 가족이 서로 화목하면서 잘 지내고 살았다. 그들은 두터운 가족애를 바탕으로 항상 상호간에 신뢰하고 의지하였다. 그런데 그중에서 한 사람이 그 한 가족을 분별하기 시작하였다.

하나로 있을 때는 몰랐는데 분별하기 시작하니 자신과의 이해관계가 적나라하게 드러나기 시작했다. 그는 그때부터 그 가족을 호불호로 나누며 친소를 갈랐다. 이제 집안은 그 하나 때문에 조금도 편안할 날이 없다. 서로가 반목하고 서로가 질시하다 보니 결국 그 집안은 풍비박산이 나고 말았다.

그렇다면 여기에서 그 분별은 어디에서 온 것인가. 어리석음이 분별을 부추기었다. 결국 그 어리석음 때문에 그 가족은 의타기성이란 환법이 되어 깨어져버렸다.

이해가 되지 않으면 다른 예를 들겠다. 어느 거지 아이가 있었다. 이 아이에게도 물론 어미가 있었다. 거지모자였지만 둘은 전혀 문제가 없었다. 어미는 자식을 이쁘게 대했고 자식도 어미를 최고로 의존하였다.

그런데 그 아이가 학교를 다니면서부터 그 어미가 다르게 보이기 시작하였다. 분별이 무엇인지도 모르던 아이가 자기 어미와 다른 어미를 분별하기 시작한 것이다. 분별로 인해 망념이 일어나 그를 괴롭히기 시작했다. 분별은 차별을 낳고 차별은 갈등을 야기 시킨다.

그로 인해 그 모자는 결국 헤어지게 되었고 둘 다 쓰라린 아픔 속에서 인생을 살아야 했다. 그렇다면 이제 그 분별은 어디에서 왔으며 그렇게 헤어지도록 만든 의타기성은 무엇이란 말인가.

그래서 분별은 의타기성과 연계되어 있다. 그러함으로 해서 중생계에 죄업을 짓고 생멸문을 들락거리고 있는 것이다.

別記 又因緣之生 自他及共皆不可得 故依他性不異分別 亦在眞如門也

또 인연으로 생긴 자타와 세상은 다 가질 수 없다. 그러므로 의타성은 분별성과 다르지 않다. 하지만 그것 역시 진여문에 들어 있다.

조신이라는 스님이 있었다. 어릴 때 조실부모하고 회색 옷을 입은 스님들과 세달사에서 밍밍하게 자랐다. 그러다 내면에서 치밀어 오르는 이성에의 감정이 겉으로 표출되는 사춘기가 왔다. 그것은 그 무엇으로도 억누를 수 없다.

사람들은 여자가 없는 곳에 살면 욕망이 일어나지 않을 거라고 하지만 그 욕망은 본능이기 때문에 지옥의 불구덩이 속에서도 대책 없이 일어난다. 그래서 지옥중생이 줄어들지 않고 언제나 계속되고 있는 것이다.

누구나 다 겪고 크는 과정이지만 사찰에서의 사춘기는 나름대로 참 힘든 나날의 연속이다. 이리 봐도 머리 깎은 사람, 저리 스쳐도 뻣뻣한 무명베의 촉감만 와 닿는 참 삭막한 곳이다. 다정하게 말을 나눌 친구도 없고 스트레스를 풀 놀이도 없는 쓸쓸하고 외진 곳이어서 더 그런지 모른다.

새벽이 되면 눈을 비비고 일어나 밥을 짓고 낮이 되면 채전에 나가 땀을 흘리며 채소를 길렀다. 해가 빠지고 굴뚝에 연기가 피어오르면 괜스레 뭔가 기분이 서글퍼지는 그런 우울어린 나날이 지나가고 또 지나가고 했다.

솔바람이 차갑게 산골짜기를 훑어대고 흰 눈이 밤새 소리 없이 내리는 나날도 지나갔다. 밤새 언 연못의 얼음이 쩍쩍 갈라지고 눈 무게에 못 이겨 나뭇가지 뚝뚝 부러지는 길고 긴 겨울밤도 무정하게 지나갔다.

왠지 모르게 밥맛이 없고 서러운 눈물이 고이던 그런 나날도 속절없이 다 지나가던 날 까치가 요란스레 울어대더니 또 새싹이 돋아나고 얼었던 고드름이 녹기 시작했다.

그러던 어느 봄 날 일 년에 몇 번만 먹는 찰밥이 나오고 두 장의 구운 김이 밥상에 올랐다. 그리고 지장이라는 새 직책이 부여되었다. 지장은 사찰에 딸린 농막과 토지를 관리하는 임무다. 다음 결제 때까지 겨우내 방치되었던 농막을 손질하고 사찰 토지를 관리하는 소작농들과의 유대를 위해 사찰 밖으로 파견되는 하급소임을 말한다.

부임지에 도착한 그는 인사 상 행정관청을 찾았다. 거기서 요즘 같으면 군수를 만났는데, 그 군수의 이름이 김흔이었다. 그 군수가 기어이 자기 집에 모시고 가서 저녁 공양을 대접하겠다고 했다. 몇 번인가 거절하였지만 더 이상 차마 그 순수한 마음을 거절하지 못해 결국 공양에 응하기로 했다.

군수에게는 김숙랑이라는 과년한 딸자식이 하나 있었는데 정말 눈이 부시도록 아름다운 처녀였다. 이 처녀가 내내 공양시중을 들었는데 그 이쁜 자태를 보고 이 스님은 그만 넋이 나가 버렸다. 여우가 둔갑을 해서 사람 혼을 빼먹으니 언제나 조심해야 한다는 소리를 들었지만 이렇게 아름다운 처녀가 직접 눈앞에 왔다 갔다 하다 보니 정말 제 정신을 차릴 수가 없었다.

그도 그럴 만한 것이 그는 단 한 번도 이렇게 정감이 넘치는 식사를 해본 적이 없었다. 여인과 같이 한 식탁에 앉아 밥을 먹거나 같은 잔으로 음료를 마실 경우 이런 행위는 처벌되어야 한다고 하는 **근본살바다부율**을 보았다. 하지만 발정 난 수컷황소가 암소를 보고 달려드는 판국인데 그런 율의가 여기 무슨 소용이 있단 말인가. 고삐 같은 한 조목의 율의로써는 감당이 불감당이 되는 범부의 본능이라 이거야말로 속수무책인 것이다.

스님 본인이 소속된 큰 절 세달사에서는 언제나 법도에 박힌 발우 공양을 했다. 배가 고파 죽겠는데 웬 염불이 식전에 그리 많은지 미칠 노릇이었다.

염불이 끝나고 나면 김이 오르던 밥은 이미 굳어 있고 국은 뜨거워야 제 맛이 나는데 늘 미지근한 상태로 식어 있었다. 그러다 보니 밥맛으로 밥을 먹는 것이 아니라 배가 고프니 밥을 밀어 넣는 식사를 하는 것이었다.

그러던 어느 날부터 이상하게 국 맛이 달라졌다. 스님들이 이구동성으로 요즘 국 맛이 왜 이리 좋으냐고 했다. 국이라 해 봐야 가마솥에 삶은 무 우거지가 전부 다. 아니면 파 마늘이 들어가지 않은 멀건 된장국이든지, 특별메뉴라면 뭐 먹다 남은 김치를 잘게 썬 김칫국도 가끔 나올 수가 있다. 거기다가 멸치 몇 마리 던져 넣으면 그 맛이 기가 막히겠지마는 그런 것은 꿈속에서나 있을 수 있는 바람이다.

그런데 대중들이 이상하게 요즘 국 맛이 그 전의 국 맛과 다르다고 했다. 국은 갱두라는 소임을 가진 행자가 끓인다. 그들은 절에 들어오기 전에 단 한 번도 국을 끓여본 적이 없는 선머슴아 신분들이다. 그러니 어찌 음식 맛이 감칠 맛 나겠는가.

국 맛이 좋다는 여론이 스님들의 입으로 회자되자 살림을 총괄하는 원주라는 스님이 정재소에 나타나 별좌를 찾았다. 정재소는 부엌을 말하고 그곳을 책임지는 스님을 별좌라고 부른다.

"누가 갱두냐?"

"저입니다."

별좌를 대동한 원주스님이 부엌에 나타난 것만 해도 예사로운 일이 아닌데 누굴 특별히 찾는다는 것은 매우 겁나는 일이기에 갱두는 뭔가 잘못되었는가 싶어 잔뜩 겁먹은 표정으로 원주스님 앞에 다가 갔다.

"네가 논 팔아 왔냐? 여기."

뜬금없는 질책에 갱두는 그저 멍해져 있을 뿐이다.

원주는 다시 별좌보고

"누가 행자들 중에서 가장 험상궂은 인상을 가졌는가? 그리고 음식 솜씨가 없다고 생각하나?"

"욕두를 보는 사람입니다."

"오늘부터 너는 목욕탕을 관리하는 욕두를 하라."

"네에?!"

아무 이유도 모르고 갱두는 그렇게 욕두로 바뀌었다.

"욕두 보고 오늘부터 갱두를 하라고 하시오."

"아니. 아무것도 모르는데. 어떻게 바로."

"아무것도 모른다면 더욱 잘된 거요. 바로 그거요."

그날 저녁부터 대중스님들은 맛없고 거친 국을 먹어야 했다. 야박스런 이야기 같지마는 그때는 그랬다. 절 살림을 책임진 원주의 입장에서는 쌀 한 톨이라도 아껴야 내년 추수 때까지 대중들이 배를 곯지 않을 수 있기에 국 맛이 좋거나 반찬 맛이 있게 되면 밥을 그만큼 많이 먹어버리니 어쩔 수 없이 음식솜씨가 좋은 행자들을 배격할 수밖에 없는 노릇이었다.

절에서는 늘 그랬다. 밥은 약처럼 먹어야지 배부르게 먹는 게 아니라고 했다. 주린 창자는 늘 섧기 마련이다. 그런 삶 속에서 살아온 스님들이기에 보통은 그렇게 인정스럽지 못하고 따뜻한 마음씨도 없다.

그런 그가 군수의 집에 가서 가족처럼 온기가 넘치는 저녁밥상을 화기애애하게 먹고 있으니 동공도 놀라고 혓바닥도 놀라고 창자도 놀랄 수밖에 없었던 것이다. 거기다가 여인의 손맛에서 나온 음식과 그것을 날라다 주는 어여쁜 몸놀림이 더하다 보니 아주 정신까지 혼미해져 버린 것이다.

숙랑은 어색한 자세로 못내 불편해 하는 그를 보고 편안한 마음으로 식사를 하라고 하였다. 그러면서 이것저것 챙겨주는 마음씨가 어찌나 따뜻하고 상냥한지 그를 종내 어찌할 바를 모르도록 했다. 가끔가다 눈길이 마주칠 때는 심장이 멎어버리는 것 같았다. 그는 증일**아함경**의 말씀을 어기고 있었다. 거기에는 여자와 사귀지 말라, 서로 쳐다보지 말라, 보게 되더라도 말하지 말라, 만일 말을 하게 되더라도 그 마음을 잘 간수하라고 하셨다.

농막에 돌아온 그는 군수의 딸이 눈앞에 어른거려 평상의 마음을 잡을 수 없었다. 그도 세속인들처럼 가정을 꾸리고 싶었다. 어여쁜 숙랑을 얻어 아들딸을 낳고 단란한 가족을 이루고 싶은 욕망이 계속해서 일어났다.

그러나 그에게는 그것이 불가능한 일이다. 언감생심 그것은 꿈에서도 이뤄질 수 없는 일이다. 그것도 현재 신분은 출가자이고 거기다

돈도 없고 후원할 가족도 없다.

그러니 어쩌겠나. 어쩔 방법이 없다. 이제 그만 잊어야지 하면서도 잊어지지를 않는다. 스님들은 말도 참 잘한다. 무조건 놓아버려라 하든가 잊어버리라 한다. 그러나 그게 그렇게 쉽게 잊어지는 일인가. 그것이 그렇게 쉽게 잊어져버리는 잔영이란 말인가. 자기가 직접 그 일을 당해 보니 그런 말들이 범부에게 얼마나 책임 없고 공허한 말씀들인지 이해가 가고도 남았다.

그는 며칠 동안 열병 걸린 사람처럼 아무도 없는 농막에서 끙끙 앓았다. 열병은 열병이었다. 단지 사랑의 열병이었다. 식음을 전폐하고 누워 있어도 누구 하나 죽 한 그릇 끓여주는 이 없고 왜 그러냐고 관심을 가져주는 이도 없다.

그는 서러워서 꺼억꺼억 울었다. 어찌할 방도가 없을 때 체념의 울음은 슬프고 애처롭다. 그러다가 불현듯 뇌리를 스치는 한 가지 방법이 떠올랐다. 바로 그거다. 관세음보살에게 매달려 보는 것이다. **법화경**에 있는 보문품에서 누구든지 소원을 이루려고 한다면 관세음보살을 부르라고 하셨다. 그러면 무슨 소원이든지 다 들어준다고 하셨다.

그는 거기서 드디어 방법을 찾았다. 이제 군수의 딸과 결혼도 할 수도 있고 아이를 낳아 행복한 가정도 이룰 수 있다고 확신했다.

그는 신이 났다. 벌떡 일어나 죽 한 그릇을 끓여먹고 본사로 돌아와 소임을 내어 놓았다. 그리고는 관음보살이 자주 나타난다는 성지를 찾아 가쁜 걸음으로 그곳을 향해 떠났다.

성지에 도착한 그는 죽어라고 관세음보살을 불렀다. 비상금으로 모아 두었던 돈으로 재일마다 육법공양인 향과 등, 꽃과 과일 그리고 백미와 차를 지성으로 올렸다. 잇몸이 붓고 목에서 피가 튀어나오도록 관세음보살을 부르고 불렀다. 밤낮을 가리지 않고 죽을힘을 다해 악을 쓰며 부르고 또 불렀다. 그 속을 누가 알리요. 그런 속도 모르고 거기 대중스님들은 기도를 열심히 하는 참된 수행자의 기도로만 보았다.

그렇게 3년을 하루같이 관세음보살을 부르고 불렀건만 관세음보살은 야속하리만치 아무러한 응답이 없었다.

실망이 절망이 된다더니 들려오는 소문에 의하면 그 군수의 따님은 이미 시집을 갔다고 했다. 너무 허망하고 너무 분해서 관세음보살 앞에 엎드려 펑펑 울었다. 이제는 틀렸다. 이미 시집을 가 버리지 않았는가. 그는 완전히 좌절했다. 그는 관세음보살을 원망하면서 마루를 치며 애통해 했다.

그런데 이게 무슨 조화인가. 눈물어린 눈동자에 어떤 여인이 희미하게 다가오는 것이 아닌가. 소매로 눈물을 닦고 보니 그 김숙랑이라는 여자다. 다시 또 보아도 분명 김숙랑이다. 가슴에 하얀 보따리를 안고 관음상 앞에 엎어져 있는 자기에게 다가와 다소곳이 팔을 끌어당기는 것이 아닌가.

"이게 어찌된 일이오?"
"스님을 모시고 살려고 왔습니다."
"시집갔다고 하던데?"
"관세음보살님이 보내서 왔습니다."

그는 일어나 관세음보살 상 앞에 감사의 절을 한없이 올렸다. 드디어 소원이 성취된 것이다. 그는 그녀를 데리고 선친이 계시던 고향으로 내려갔다. 하지만 고향이라고 해봐야 가진 재산 없는 자들에게는 그저 타향과 같은 곳이기만 하였다.

　그래서 그들은 다시 봇짐을 싸서 사방으로 떠돌아다녔다. 그러는 가운데 아들 셋 딸 둘의 자식을 슬하에 두었다.

　살림은 늘 구차한데 입들은 많다 보니 매양 팍팍한 삶을 살아갈 수밖에 없었다. 내가 왜 이 여인을 만나 이런 고통스런 삶을 살 수밖에 없는가를 생각하면 너무 후회가 되어 억장이 무너질 때가 한두 번이 아니었다.

　명주라는 곳에 다다르자 제대로 먹지 못해 병이 든 큰 아이가 숨을 거두었다. 그는 뜨거운 눈물을 흘리면서 아이의 시체를 해현령이라는 고개 위에다 묻었다. 그리고 돌 하나를 들고 와 그곳이 자식의 무덤이라는 표시를 해 두었다.

　부모 잘못 만난 자식 탓이겠지마는 그래도 자식 잃은 슬픔은 이루 말로써 다 할 수 없는 것이다. 미어지는 가슴을 쓸어안고 우고라는 곳에 가 오막살이를 짓고 비를 피하는 거처로 삼아 하루하루 밥을 빌어먹었다.

　하루는 열 살 먹은 막내 딸아이가 배고픔을 참다못해 아랫동네로 밥을 얻으러 나갔다가 개에게 종아리를 물려 피를 흘리며 돌아와서 그들 앞에 쓰러져 울었다. 부부도 함께 그 아이를 잡고 통곡하다가 서로의 얼굴을 마주보았다. 50년 동안 힘겹게 살아온 모습이다. 머리는 희어져 있고 치아는 다 빠져 있다. 거칠 대로 거친 손과 깡마른 뼈마디가 온 몸에 앙상하게 드러나 있다.

돌이켜보면 참 힘들게 살아온 세월이었다. 그는 아내를 물끄러미 바라보았다. 참말로 남편 복이 없는 사람인 모양이다. 그런 아내가 먼저 원망조로,

"이렇게 살 걸 왜 그렇게 기도를 해서 나를 이 지경으로 만들어 놓았소."

"그러게 말이오. 후회가 막심하오. 마 그냥 시집간 대로 잘 살기를 빌지 않고서."

"당신이 원망스럽소. 그러니 따로 따로 헤어져서 살도록 합시다."

"그럽시다."

그때 머리가 깨어지는 듯한 아픔과 함께 고함소리가 들려왔다.

- 이 아이가 뭔 잠을 이리도 오래 자는 거야? -

평상시처럼 기도하러 법당에 올라간 조신이 하도 조용하자 노스님이 그를 찾아 올라온 것이다. 얼마나 깊이 잠들었는지 몇 번이나 불러도 꼼짝도 않기에 정신 차리라고 노스님이 목탁채로 뒤통수를 후려친 것이다.

그는 꿈을 꾼 것이다. 법당에서 기도하다가 쓰러진 상태로 일장의 꿈을 꾼 것이다. 짧은 순간이지만 인생 전체의 험한 삶을 살았기에 머리가 하얗게 희어져 있었다. 애욕에 빠진 사람은 반드시 그에 합당한 재앙을 겪는다고 하신 **사십이장경**의 말씀이 생각났다. 그는 비틀

거리며 일어나 관음상 앞에서 또 무수히 참회의 절을 올렸다.

정말 인생은 덧없고 무상하다는 것을 절감하였다. 꿈이었기에 망정이지 사실이었다면 얼마나 불쌍한 한 인간의 삶이었나를 생각하니 온몸에 전율이 일었다.

그는 식은땀을 흘렸다. 그리고 삼계 육도의 장몽을 깬 선각자들이 이토록 후련한 자유를 맛보았구나 라고 생각하니 중생의 껍데기를 걸치고 있는 이 삶이 얼마나 힘들고 가치 없는 삶인지 새삼 실감할 수 있었다.

어쨌거나 그는 꿈속에서나마 처음으로 자식을 얻은 인연이 너무 기이하다 하여 그 큰 자식을 묻은 곳으로 가 그 땅을 파보니 신기하게도 작은 불상이 하나 나왔다. 그 외에는 가족과 더불어 50년을 살았는데도 아무 흔적이 남아 있지 않았다.

부부는 헤어지면 그만이다. 그래서 0촌이라고 하였다. 부부 사이인 0에서 나온 것은 아무리 많아도 결국 0이 되고 만다. 그러므로 중생의 삶은 공한 것이다. 그래서 아무런 흔적이 남아 있지 않았던 것이다. 조신은 그 후 그곳에다 정토사를 짓고 부지런히 깨달음의 수행을 하였다고 전해지고 있다.

이렇게 꿈을 꾼 자는 누구인가. 바로 진여이다. 진여가 이상한 바람을 맞으면 이런 희한한 세계가 만들어진다. 그러나 그 바탕은 바로 우리의 참 마음인 진여인 것이다. 침대를 떠나 수만 리를 날아다니고 수억 겁을 유랑해도 깨고 나면 바로 잠을 자던 그 침대로부터 벗어나지 않는다. 그래서 그 모든 생멸상은 마지막에 다 진여가 된다는 것이다.

  이것은 마치 파도가 아무리 거세고 요란해도 마지막에는 물이 되어 조용해지는 것과 같다. 그러면 파도는 원래 없는 것이 된다. 중생의 생멸문도 마찬가지다. 온갖 분별과 차별로 거칠게 나타나 있지만 그 인연이 다해 버리면 바로 진여의 세계로 환원하게 된다. 그러면 진여만 독연히 남게 되는 것이다.

別記 如是二性雖復不異 而亦非一 何以故 分別性法本來非有亦非不無 依他性法雖復非有而亦不無 是故二性亦不雜亂
이와 같은 두 성질은 비록 다시 다르지 않으나 그렇다고 해서 또한 동일하지도 않다. 왜냐하면 분별성의 법은 본래 있지도 않고 그렇다고 또한 없지 않은 것도 아니다. 의타기성의 법은 비록 다시 있지도 않지만 그렇다고 또한 없지도 않다. 이렇기 때문에 두 가지 성질은 혼잡되거나 뒤섞이지 않는다.

  진여문에 있는 분별성과 생멸문에 있는 의타기성의 성질은 다르지 않다고 하였다. 그렇다면 같다는 것인가. 같지도 않다. 그렇다면 뭔가 이거. 무슨 이런 궤변이 다 있나.

  분별성이라는 것은 본래 있지도 않다고 했으니 없다는 말인가. 하지만 그 뒤 문장을 보면 있지도 않지만 없지도 않다고 했다. 그렇다면 없다. 없지만 없지도 않다는 것이다. 풀어보면 분별성이라는 것은 없지만 있다는 말이다.

  의타기성은 있지도 않다고 했으니 없다는 말이다. 그럼 없다고 하면 될 것인가 했더니 바로 없지도 않다고 했다. 이것은 없지만 있다 라는 말과 같다.

분별성이 없다는 것은 원천적으로 진여문에는 분별성이라는 것이 없다는 말이고, 그것이 이상한 인연을 만나면 있게 된다는 뜻이다.

의타기성도 마찬가지다. 진여문 쪽으로 보면 의타기성은 없다. 하지만 분별성이 일어나면 바로 의타기성이 생긴다. 그래서 없던 것이 생기면 생멸문이 있게 된다.

예를 들면 하늘에는 본래 구름 같은 것은 없다. 그런데 분별성이라는 외부 인연인 햇볕이 쬐면 수증기가 일어나고 그것이 구름이 된다. 전혀 없던 구름이 하늘에 나타나는데 그것이 바로 생멸문의 현상이 되니 그것을 있다고 하는 것이다.

別記 如攝論說 三性相望 不二非不二 應如是說 若能解 此三性 不二不二義者 百家之諍無所不和也

섭론에서 삼성의 모습을 엿보면 그것은 둘이 아니면서 둘 아닌 것도 아니다고 했다. 이와 같이 말하는 의도를 잘 이해하여야 할 것이다. 이 삼성은 둘이 아니면서 둘이 아니다 라는 뜻이기에 백가의 쟁론이 화해되지 아니함이 없다.

섭론은 **대승섭론**을 말한다. 무착보살이 지은 책인데 연기론의 중요 논서다. 거기서 말하기를 삼성은 다 동일하지만 그렇다고 동일한 것도 아니다고 했다.

삼성은 법상종에서 중생세상을 만드는 세 가지 성질을 말한다. 한 개는 이미 나왔다. 그것은 의타기성이다. 그 외에 두 가지가 더 있다. 하나는 원성실성이고 또 하나는 변계소집성이다.

원성실성은 완전한 하나의 성질이다. 어떤 외부의 인연이나 다른 영향을 받지 않은 상태로의 자연적 모습을 말한다.

변계소집성은 의타기성을 잘못 보고 자기 기준에 의해 판단을 내리는 것이다. 예를 들면 보리 짚이 원성실성이라고 했을 때 그것을 가지고 빨대를 만들면 의타기성이 된다. 그 직선인 것이 물 컵 속에 들어 있는 보고 꺾어진 빨대라고 여기는 것과 같다.

다른 예를 하나 더 든다면, 볏짚은 원성실성이다. 묶는 줄이 필요해 이것을 갖고 새끼를 꼬면 의타기성이 된다. 이 새끼줄 한 마디가 달밤에 놓이면 뱀으로 보인다. 그래서 깜짝 놀라 소리친다. 전혀 놀랄 일도 아니고 소리칠 일도 아닌데도 그렇게 만든다.

종이는 원성실성이다. 그것을 규격에 맞춰 정교하게 잘라 색다른 그림과 음양의 문양을 넣으면 졸지에 의타기성이라는 지폐가 된다. 이제 그것이 나를 갖고 놀며 미치게 만든다. 더 나아가 나를 살리고 죽이는 요물로 변한다. 그것을 변계소집성이라고 한다.

원성실성은 자연세상 자체다. 인간이 그것을 갖고 필요에 의해 온갖 형태로 개발한다. 산을 깎고 도로를 만든다. 그러면 의타기성이 된다. 그 개발에 의해 인간은 파괴되고 세상은 황폐해진다. 그것이 변계소집성이다.

이 세 가지는 그 바탕이 같다. 그래서 둘이 아니다 라고 했다. 하지만 어떻게 상대하고 어떻게 조작하느냐에 따라 그 나타나는 현상이 다르다. 그래서 무착보살은 동일하지도 않다고 했다.

그러므로 똑같은 물상을 어느 쪽으로 보느냐에 따라 천차만별의 모습이 나온다. 범부는 인연 따라 그 보는 각도에 의해 자기 견해와 기준이 나온다. 그것을 백가의 쟁론이라고 한다. 하지만 세상은 단 하나 원성실성에서 나타난 허상에 불과할 뿐이다. 그래서 이 세 가지를 다각도의 견해를 가진 소견에 적용하면 백가의 쟁론이 해소되지 않을 수 없다고 한 것이다.

別記 二門所攝理不同者 眞如門中所說理者 雖曰眞如 亦不可得 而亦非無 有佛無佛性相常住 無有變異 不可破壞

두 문이 가지고 있는 본질이 동일하지 않다고 한 것은, 진여문 가운데서 말한 본질은 비록 진여라고 하지만 또한 가히 얻을 수가 없다. 그렇다고 또한 없는 것은 아니다. 부처가 있건 없건 그 진여의 성상은 영원해서 변질되거나 달라지지 않는다. 그리고 그것은 파괴되지도 않는다.

원문에 理리라는 말이 나온다. 우주의 본질을 언어로 어떻게 표현할 수가 없어서 그 바탕성질을 理라고 했다. 그리고 이 바탕에서 나온 모든 물상들은 事사라고 했다. 이 理事의 표현은 불교가 들어오기 전부터 유교와 도교에서 이미 써 왔다.

불교도 그 영향을 받아 본질을 理로 번역하고 현상을 事로 번역했다. 그래서 **화엄경**을 번역한 실차난타 스님도 四法界사법계를 풀이할 때 이법계 사법계 이사무애법계 사사무애법계라고 번역하였다.

이법계라는 말은 우주만유의 근본이 되는 본질이고, 사법계는 개별성을 띠고 무한 발전해 나가는 것이며, 이사무애법계는 근본과 현상의 세계는 결코 떨어질 수 없는 관계라는 것이고, 사사무애법계라는 것은 현상 또한 현상끼리 조금도 걸림없이 계속 발전해 나가는 것을 말하고 있다.

그 理를 쉽게 이해하도록 여기서 본질로 풀이하였다. 진여문 속에는 진여가 주 본질로 되어 있다. 하지만 그 본질이 우주만유의 핵심이라고 해도 그것을 가히 얻을 수는 없다고 했다. 왜냐하면 그것은 전체이기 때문이다.

그러므로 반야심경에서 무득이無得以 무소득고無所得故라고 하였다. 무득이라는 말은 얻을 것이 없다 라는 말이고, 무소득고라는 말은 얻을 대상이 없다 라는 뜻이다.

진여는 분명히 있다. 부처가 있건 없건 중생이 있건 없건 진여는 진실로 있다. 하지만 그것을 얻을 수는 없다. 얻을 수 있다면 그것은 잃었던 것이고 그것은 부분이고 그것은 개체의 물질이 되므로 그렇다.

그래서 예로부터 이 우주만유의 기본 성상인 진여를 법계라고 표현하고 평등성이라고 말해 왔다. 법계라고 한 이유는 세상천지와 하나가 된다는 뜻이고 평등성이라고 한 것은 우주공간에 상하 좌우 없이 고루 변재해 있다는 의미이다.

그러므로 이 진여는 그 자체에서는 물론 외부의 힘에 의해서 파괴되거나 변질되지 않고 영원히 영원히 그대로 항상하다고 한 것이다.

別記 於此門中 假立眞如實際等名 如大品等諸般若經所說

이 진여문을 우선 알기 쉽게 진여니 실제니 라고 이름붙인 것은 대품경 등에서 말씀하신 그 이름들이다.

대품경은 반야부의 일종이다. 대품경은 대품반야바라밀다경을 번역한 줄임말이다. 구마라지바가 두 부류 27권본과 10권본의 대품경을 번역하였다. 그중에서 통상 27권본을 대품반야경이라고 부른다. 반야부는 空의 세계를 드러낸 경전들인데, 이것들은 소승 장경에는 없는 대승 초기경전들이다.

또 실상이라고 하고 묘유라고도 했다. 실상은 영원한 진실상이기 때문이고 묘유는 여기에 오묘한 공덕상이 충만해 있다는 뜻이다.

또는 제일의제라고 하고 실제라고 하기도 하였다. 제일의제는 절대적인 진리라는 말이고 실재는 진실로 그 상태가 그대로 있다 라는 뜻이다.

또 어떤 곳에서는 허공계라고도 하고 여여라고도 표현하였다. 허공계는 허공처럼 변만해 있다는 뜻이고 여여는 한결같이 그냥 그대로 존재하고 있다는 뜻이다.

또 중도 부사의계 무상승의로도 언급하였다. 중도는 분별을 떠난 자리에 있다는 말이고, 부사의계는 범부로써는 알 수 없는 경지라는 뜻이며, 무상승의는 이 진여만이 최고의 진리가 된다는 말이다.

別記 生滅門內所攝理者 雖復理體離生滅相而亦不守常住之性 隨無明緣流轉生死 雖實爲所染 而自性淸淨

생멸문이 갖고 있는 본질은 비록 그 본질의 체성이 생멸상을 벗어났다고 하더라도 상주하는 성품을 지키지 못하여 무명의 인연을 따라 생사에 유전하고 있다. 하지만 비록 진실로 그렇게 오염된다 하더라도 그 자성은 청정하게 그대로 있다.

생멸문의 본질은 진여다. 하지만 진여는 생멸하지 않는다. 그런데 이것이 생멸문 속에 들어 있다. 이것 참. 이것을 어떻게 이해해야 하나. 어떻게 생멸을 벗어난 진여가 생멸 속에 끌려들어가 꼼짝을 못한단 말인가. 어떻게 밝음인 진여가 어둠인 생멸에게 잡아먹혀 찍소리를 못한단 말인가.

진여는 우리 마음의 본체다. 이것은 상주한다. 상주는 부처의 세계고 영원을 말한다고 했다. 그렇다면 상주의 반대는 무엇인가. 그것은 바로 무상이고 찰나다. 그래서 무상한 중생세계는 찰나 간에 지나간다고 말하는 것이다.

상주하는 진여가 무명에게 잡히면 힘을 쓰지 못한다. 무명은 어리석음이다. 진여는 불성이다. 그런데 이것이 어리석음을 만나면 아주 고양이 앞의 쥐가 되어 버린다. 얼마나 해괴한 일인가. 어떻게 불성인 불이 어리석음인 어둠에게 이렇도록 무기력하단 말인가. 그래서 중생 속에 끼어 있으면서 맥없이 생사의 세계를 유전하고 있는 것이다.

하지만 그렇게 어리석음으로 인해 그 자체가 오염되어 있다 하더라도 그 자성은 청정하게 그대로 남아 있다. 이것은 또 무엇인가. 아니 오염되었으면 오염된 것이지 그래도 그 자성은 오염되지 않고 있다고 하니 도통 알다가도 모를 일이다.

여기서 또 다시 분명히 짚고 넘어가야 할 게 있다. **기신론**에서의 진여는 진여연기를 한다는 것이다. 구사나 유식에서 말하는 뢰야연기나 **화엄경**에서 말하는 법계연기와는 그 차원이 다르다는 사실을 분명히 숙지하고 있어야 한다. 그래야 두 문의 모든 의문점이 차차 풀려지게 된다.

別記 於此門中 假立佛性本覺等名 如涅槃華嚴經等所說

이 생멸문 가운데서 우선 알기 쉽게 불성이니 본각이니 하는 이름들은 열반경과 화엄경 같은 경전들 속에서 설한 이름들이다.

그렇게 오염되어 있으면서도 오염되어 있지 않다고 하는 우리 마음의 본성, 그것을 뭐라고 불러야 하나. 그렇게도 대단하고 위대하다는 부처의 마음이 중생의 마음에 짓눌려 온갖 죄업을 짓고 그에 대한 고통을 받고 있는 그 알 수 없는 정령을 어떻게 불러야 하나. **금강경오가해**에 있는 득통스님의 말씀이다.

이것은 명칭과 형상으로부터 벗어나 있다.
그런데도 이것은 예와 지금에 관통되어 있고
한 개의 먼지에 들어가면서 육합을 에워싸고 있다.
안으로는 수만 가지 오묘함을 갖추고 있고
밖으로는 모든 기틀에 감응하고 있다.

하늘과 땅, 그리고 인간의 주인이 되며

만법의 왕이 되다 보니 넓고 넓어서

그 무엇도 여기에 비길 바 없고

높고 높아서 그 무엇도 여기에 짝할 바 없다.

신비스럽지 않다고 말할 수 있겠는가.

고개를 움직이는 사이에 이것이 밝게 나타나고

보고 듣는 사이에 이것이 그 속에 깊이 숨어 있다.

현묘하지 않다고 말할 수 있겠는가.

세상에 앞서 있으나 그 시작이 없고

천지보다 뒤에 있으나 그 끝남이 없다.

없다고 해야 하나 있다고 해야 하나.

나는 그것을 무어라 불러야 할지 모르겠다.

멀쩡하던 사람이 몸이 아파서 병원에 입원하면 바로 환자가 되어 버린다. 조금 전까지는 자기에게 환자라는 이름도 없었는데 졸지에 자기 신분이 환자로 전환된다. 그처럼 우리 마음이 오염되어져 버리면 부처의 이름이 불성이니 본각이니 하는 이름으로 바뀌어져 버린다.

하지만 어떤 병을 앓아도 그 환자의 본래 이름이 바뀌지 않는 것처럼 그 병이 다 나으면 제자리로 돌아간다. 그러면 원래의 이름인 실제니 반야니 하게 된다. 기억해 놓아야 한다. 그런 실상경전에서 사용되는 이름들은 연기경전의 이름을 상대해 있는 것이지 원래 그 이름이 있는 것은 아니다 라는 사실을 같이 알아 놓아야 한다.

그러므로 원래의 자리로 돌아가면 중생이 가진 이름은 없어진다. 대신 한 분의 위대한 분이 탄생된다. 그분이 바로 부처님이시다.

別記 今論所說 楞伽經等 通以二門爲其宗體

지금 기신론은 능가경 같은 경전에서 二門을 가지고 그 종체를 삼은 말씀들을 기준으로 하고 있다.

사람들은 **기신론**이 **능가경**의 말씀을 추려서 만들어진 논서라고 단정한다. 나는 그렇지 않다고 항변한다. 그래도 그들은 자꾸 **능가경** 속으로 이 **기신론**을 집어넣으려고 한다.

원효성사도 여기서 이 **기신론**이 **능가경** 등에서 말씀하신 내용들을 종체로 삼고 있다고 하셨다. 그러면 **기신론**은 **능가경**의 축소판이 아닌가 라고 되묻는다. 하지만 그렇지 않다. 성사는 위에서 **능가경**만을 꼭 지목한 것이 아니다. 분명히 **능가경** 등이라고 말씀하셨다.

능가경과 같은 경전들은 부처님 45년 전체의 경전을 뜻한다. 그 전체의 경전을 **능가경**으로 대표해 말씀하신 것뿐이다. 그것은 바로 일심 속에 두 문이 들어 있다는 데 그 핵심이 있다. 그러니까 **기신론** 을 자꾸 **능가경**이라는 한 개의 경전 속에 집어넣지 마라는 말씀이다.

別記 然此二義亦無有異 以雖離生滅 而常住性亦不可得 雖曰隨緣 而恒不動 離生滅性故

그렇게 이 두 뜻은 또한 다름이 있을 수 없다. 비록 생멸을 벗어났다고 해도 그 상주의 성품은 가지고 있지 않다. 비록 수연이나 항상 부동한 상태로 생멸성을 벗어나 있다.

지금 계속되는 의제는 일심이다. 중생이 갖고 있는 일심을 발가벗겨 세밀히 분석하고 있다.

우리 중생의 마음 가운데 두 문이 있다고 했다. 두 문 가운데서 진여문에는 두 가지 속성이 들어 있다. 그것은 바로 體空과 不變이다. 체공이라는 말은 그 본체가 비어 있다는 뜻이고 불변이라는 말은 그 상태가 영원하다는 것을 의미한다.

생멸문 가운데서는 隨緣과 成事가 이뤄지고 있다. 수연이라는 말은 인연을 따라 천차만별의 모습이 나타나고 성사는 끊임없이 그것들이 반복해서 생멸하고 있음을 뜻한다고 앞에서 말했었다.

그러니까 우리 마음속에 이 넷이 함께 자리 잡고 있다. 체공과 상주는 부처의 본성이고 수연과 성사는 중생의 작용이다. 이 둘은 서로 분리되어 있지 않고 함께 뒤섞이어 있다. 그러다 보니 생멸문에서 보면 우리는 중생이고 진여문에서 보면 우리는 부처가 되는 것이다. 이성계와 무학대사가 나눈 일화다.

"대사는 꼭 개돼지처럼 생겼습니다."
"대왕은 꼭 부처님처럼 생겼습니다."

別記 以是義故 眞如門中 但說不壞 假名而說實相 不動實際建立
諸法 生滅門中 乃說自性淸淨心 因無明風動 不染而染 染而不染

이러한 뜻이기 때문에 진여문 가운데서는 단지 부서지지 않는다는
가명으로 실상이니 부동이니 실제니 하는 말로 제법을 건립하고 있고,
생멸문 가운데서는 계속해서 자성청정심이라 하면서도 무명풍에 의해
그것이 움직이다 보니 오염됨이 없어야 하는데도 오염되어 있고, 오염
되어 있으면서도 오염되어 있지 않다고 말하고 있는 것이다.

물은 부서지지 않는다. 그러나 얼음은 부서진다. 부서지지 않는
쪽을 진여문으로 보고 부서지는 부분을 생멸문으로 본다고 했다. 본
질인 진여문을 어떻게 이름붙일 수 없어서 실상이라고 하거나 부동,
또는 실제로 표현한다고 했다.

문제는 생멸문이다. 중생은 생멸한다. 본질이 이상한 영향을 받으
면 희한한 현상이 나타난다. 그처럼 부처가 이상한 영향을 받으면
전혀 딴판인 중생이 나타난다. 이 말은 아무런 병이 없던 정상적인
사람이 졸지에 문둥이가 되는 것과 같다.

문둥이는 원래 없었다. 그런데 환자가 나타났다. 그렇다면 그 환자
는 영원히 환자인가. 그렇지 않다. 치유를 하면 환자는 없어진다. 그
러면 정상인으로 돌아간다. 그 정상인은 바로 진여문이다. 그 진여문
의 속성이 자성청정심이라는 것이다.

자성청정심은 정상인이든 환자이든 그 속의 본질로 변함없이 들어
있다. 그러다 보니 자성청정심인 부처 쪽으로 보면 오염함의 중생세
계가 없어야 하는데도 중생이 턱 나타나 있다. 그러므로 오염함이

없어야 하는데도 오염함이 있다고 하셨다.

또 환자라 하더라도 그 마음은 정상이다. 그 껍데기인 몸만 병이 들어 있는 것이지 그 속마음은 정상이다. 그처럼 무명으로 오염이 되어 있는 중생이지만 그 본질 쪽으로 보면 오염되어 있지 않는 부처로 있다고 한 것이다.

別記 問 眞如門中說唯空義 生滅門內說不空義 爲不如是耶?

묻겠다. 진여문 가운데서는 오직 공의 뜻을 설하고 생멸문 가운데서는 불공의 뜻을 설하고 있다. 그렇지 않은가?

위에서 지겹게 들었다. 세상은 空하다고 했다. 空은 쉽게 말해서 없고 비었다는 말이다. 전혀 수긍이 가지 않기 때문에 많고 많은 예로 空이라는 것을 설명해 왔다. 마지막에는 그 空이라는 空도 없는 空이다고 空空에다 18空까지 나열하고 있다.

우리가 흔히 空을 이야기하는 것은 2공을 말한다. 2공은 인공과 법공이다. 이런 이론은 **성유식론**과 **중론**에 있다. 소승에서는 인공은 설했지만 법공은 설하지 않았다. 그래서 소승의 空을 편공이나 단공이라고 표현한다. 이 二空을 **삼론현의**에서는 단공과 부단공이라고 했고, **성실론**에서는 절공과 체공이라고 하였다.

3공은 **현양성교론**에 나오는 말이다. 무성공 이성공 자성공이라고 하였고, 4공은 **대집경**과 **대품반야경**에서 법상공 무법상공 자법상공 타법상공이라고 하셨으며, 6공은 **사리불아비담론**에서 내공 외공 내외공 공공 대공 제일의공이라고 하였다.

7공은 **능가경**에서 상공 성자성공 행공 무행공 일체법이언설공 제일의성지대공 피피공이라 하셨고, 10공은 **대비바사론**에서 내공 외공 내외공 유위공 무위공 산괴공본성공 무제공 승의공 공공이라고 하였다.

11공은 **열반경**에서 내공 외공 내외공 유위공 무위공 무시공 성공 무소유공 제일의공 공공 대공이라고 하셨고, 16공은 **중변론**에서 내공외공 내외공 대공 공공 승의공 유위공 무위공 필경공 무제공 무산공 본성공 상공 일체법공 무성공 무성자성공이라고 하였으며, 18공은 **대집경**과 **대지도론**에 나오는 말로써 **사리불아비담론**의 6공에다 유위공 무위공 필경공 무시공 산공 성공 자상공 제법공 불가득공 무법공 유법공 무법유법공을 더한 것이다.

왜 이렇게 소득 없는 공의 이름들을 장황하게 열거하는가 하면 사물을 보는 우리의 집착이 그만큼 깊고 짙다는 데 있다. 사실 이 수많은 공들을 줄여버리면 아주 간단한 2공으로 정리 될 수 있다. 하지만 2공으로 표현하면 느낌이 실감나게 와 닿지를 않는다.

그래서 자꾸 벌리다 보니 마지막에는 18공까지 나열되게 된 것이다. 우리의 집착을 탓해야지 왜 공이 이렇게 많아야 하는 것에 대해 투덜거릴 일은 아니다.

그렇다면 空의 반대는 무엇인가? 바로 있다는 것이다. 있다는 것은 지금 현재의 세상 그대로를 말한다. 남녀노소 산하대지 산천초목 일월성신 그것들은 다 우리 눈앞에 전개해 있다. 그러므로 생멸문 쪽에서는 空하지 않다는 불공이란 말인가 하고 질문을 던진 것이다.

別記 答 一往相配 不無是義 故上立義分 眞如相中但說能示摩訶
衍體 生滅門中 亦說顯示大乘相用 就實而言 則不如是 故下論文
二門皆說不空義

답해 주겠다. 일례로 서로 맞추어보면 그 뜻이 없지는 않다. 하지만
위 입의분에서 진여의 속성 가운데서는 단지 마하연의 본체를 내보이
고 있고 생멸문 가운데서는 대승의 속성과 작용을 나타내 보이고
있다. 그래서 진실로 말해 볼 것 같으면 그렇지 않다고도 말할 수
있다. 그러므로 저 아래 문장에서 두 문은 모두 불공의 뜻을 말하고
있다고 하였다.

알기 쉽게 그냥 세속적인 이론으로 보면 그럴 수도 있다고 했다.
진여문 속에는 空이 들어 있고 생멸문 속에는 空의 반대 개념인 세상
이 이렇게 있기 때문에 그렇게 생각할 수도 있다고 먼저 긍정을 해
준다.

하지만 그 다음 문장에서는 그렇지 않다고 해 버린다. 왜냐하면
생멸문 속에도 진여문인 空이 들어 있기 때문이다. 그래서 진여문
속에서도 불공의 뜻이 들어 있고 생멸문 속에서도 공의 뜻이 들어
있기 때문에 이 두 문은 서로 떨어지거나 분리되지 않는다고 하신
것이다.

불공이라는 말은 비어 있지 않고 가득 차 있다 라는 말이다. 이제
까지는 진여가 단지 비어 있는 줄만 알았는데 이제 보니 진여가 가득
차 있기도 하다는 데 대해 놀랄 것이다. 이것은 뒤에 진여를 설명할
때 아주 잘 나올 것이다.

별記 問 若生滅門內二義俱有者 其不空義 可有隨緣作生滅義 空義是無 何有隨緣而作有義

묻겠다. 만약 생멸문 내에 두 뜻이 함께 갖춰져 있다면 그 불공의 뜻은 인연을 따라 생멸을 한다는 것은 알겠는데 공의 뜻은 바로 없다는 말이다. 그런데 어떻게 인연을 따라 무엇이 있게 만든다는 말인가?

대단히 어려운 질문이 하나 또 나왔다. 불공은 **화엄경**에서 부처님이 말씀하신 것처럼 법계연기를 한다. 인연을 따라 수천수만에다 중중무진의 연기세계를 벌려 나가는 것은 이해하겠다. 그런데 공은 아무것도 없지 않는가. 그런데 그것이 어떻게 인연을 따라 불공과 함께 인연의 세계를 만든단 말인가 하는 질문이다.

참 재미없는 문답이 계속된다. 그냥 넘어가도 되는 문제 같은데 까칠하게 묻고 지루하게 답하고 있다. 하지만 마음을 참구하는 구도자들에게는 한 문장 한 문장 허투루 볼 말씀들이 아니다.

이것은 사막에 우물을 파는 작업과도 같다. 목이 마른 사람은 어떤 방법을 써서라도 우물을 파야만 한다. 우물을 팔 때에는 전혀 재미가 없다. 고됨과 힘듦에 이어 지루함과 따분함의 노동이 계속된다. 그러면서도 그만두지 못하는 것은 조금만 더 파 내려가면 거기에 시원한 샘물이 솟아나오기 때문이다. 그 청량한 맛을 보려고 그들은 결코 중간에 그만 두는 일이 없다.

그것처럼 조금만 더 나아가면 이제 우리 진짜 마음의 속살이 서서히 드러나게 될 것이다. 그때까지 설령 지루하고 따분한 문장이 연속되더라도 다 필요한 말씀이라 생각하고 계속 앞으로 나아가야 한다.

別記 答 二義是一 不可說異 而約空義亦得作有 何者 若空定是空 應不能作有 而是空亦空故得作有

답해 주겠다. 두 뜻은 바로 하나지 다르다고 말할 수 없다. 공의 뜻으로 보면 또한 무엇을 있게 만든다. 왜냐하면 空은 결정적으로 空인 것이다. 그러므로 응당히 무엇을 있게 만들지 못한다. 하지만 그 空 또한 空하기 때문에 무엇을 있게 만들 수도 있다.

답은 不空과 空은 다르지 않다고 한다. 비유하자면 잎은 불공이고 나무는 공이라고 보면 된다. 그 둘은 분리되지 않는 것처럼 空과 不空은 하나로 화합되어져 있지 따로 떨어지지 않는다는 말씀이다.

空은 무엇을 만들 수 있는 무한 가능성을 가지고 있다. 나목은 무수한 나뭇잎을 만들어낼 가능성이 있고 새 USB는 새로운 정보를 받아들일 가능성을 가지고 있다.

空이라고 하는 것은 空한 상태를 계속해서 유지하는 것이 아니라 어떤 인연을 만나면 천차만별의 차별상을 지어낼 수 있는 소지를 안고 있는 것이다. 그래서 일체의 유위법이 나타나 있다. **금강경** 말씀이다.

一切有爲法 일체유위법

如夢幻泡影 여몽환포영

如露亦如電 여로역여전

應作如是觀 응작여시관

인연으로 만들어진 세상은

꿈같고 마술 같고 물거품 같고 그림자와 같다.

이슬과도 같고 번갯불과도 같다.

반드시 이와 같이 직관하라.

현상계의 모든 것들은 空이 만들어 낸 순간모습들이다. 있는 것 같지만 그것은 없는 것에 바탕을 두고 있다. 그래서 세상을 있다고 보지 마라고 하신 것이다.

別記 然此空空亦有二義 一者有法性空 是空亦空 有之與空 皆不可得 如是空空 有眞如門

그러나 이 空空에 또한 두 가지 뜻이 들어 있다. 하나는 법성이 공하다는 것인데, 그 공 또한 공하다는 것이다. 공과 더불어 있는 것은 모두 다 실체를 얻을 수 없다. 그와 같은 空空은 진여문에 있다.

空에 의해 한량없는 천차만별의 차별상을 지어내지마는 그것 또한 空한 것이고 그 空 또한 空한 것이다. 방금 구입한 텔레비전은 철저히 空한 상태로 집에 배달되었다. 하지만 리모컨으로 번호를 누르는 인연을 가하면 온갖 가지의 프로그램이 쏟아져 나온다. 空에서 만유가 나타나는 것이다.

그러다가 전원을 꺼버리면 그 만유는 흔적없이 사라져버린다. 거기에 남은 것이라고는 아무것도 없다. 드라마도 空하고 화면도 空하다. 그래서 空空이라고 한다. 그러함으로 해서 空 속에서 만들어진 모든 것들은 다 실체를 얻을 수 없다. 그런 시각으로 보는 것을 진여문의 空空이라고 한다. 그래서 법계의 성품은 空하다고 하는 것이다. 그래서 **금강경**에

凡所有相 범소유상
皆是虛妄 개시허망
若見諸相非相 약견제상비상
卽見如來 즉견여래

세상 모든 것들은
다 허망하다.
만약에 눈에 보이는 형상을 형상 아닌 것으로 보면
즉시 부처를 볼 것이다.

고 하신 것이다.

別記 如大品經云 一切法空 此空亦空 是名空空
대품경에서 말씀하시기를 일체의 모든 세계는 空하다. 그 空하다는 것도 또한 空하다. 그것을 이름하여 空空이라고 한다.

삼계육도의 중생세계뿐만이 아니라 천지에 어떤 무엇이라고 해도 그것들의 본바탕은 다 空이다. 그렇게 받아들이면 된다. 그런데 범부의 의심은 꼬리를 문다.

그렇다면 그 空이라는 空은 있는 것인가? 그것은 없다. 그래서 그것도 空하다고 해서 空空이라고 했다. 여기서 끝나면 얼마나 좋을까. 그들은 空한 것도 空하다면 그 空한 것은 또 무엇이냐고 묻는다.

그래서 위에서 말했듯이 **대집경**과 **대품경**에서 18空을 설하신 것이다. 중생세계든 부처세계든 있다는 세계는 그 무엇이든 다 空하다고 하니 그것들을 따로 따로 나눠서 생각한다. 그 속은 어떻습니까 라고 묻는다. 속도 空하다고 하니 밖은 어떻습니까 라고 묻는다. 밖도 空하다고 하셨다. 그렇다면 내외를 나누지 않은 상태는 어떻습니까 라고 묻는다. 그래서 내외도 같이 空하다고 한다.

그 空의 크기는 얼마나 큽니까 라고 묻는다. 그래서 엄청나게 크다. 그것은 일체를 다 끌어안고 있다고 한다. 소승도 空을 말합니까 라고 하자, 소승의 空은 편공이고 대승의 空은 大空이라고 한다. 그러니까 중생들도 그것을 인지할 수 있습니까 라고 묻는다. 그래서 그것은 진리이기 때문에 중생들은 인지할 수가 없다고 하셨다.

세상이 이렇게 물상으로 가득 차 있는데 왜 空이라고 합니까 라고 다시 묻는다. 일단 눈앞의 세계는 다 空이다고 확언해 준다. 그렇다면 허공도 空하다는 말씀입니까 라고 한다. 물론이다. 허공조차도 空하다고 하셨다.

의문은 계속되고 대답은 새로운 질문으로 이어진다. 空에도 시작이 있고 끝남이 있습니까. 시작도 없고 끝도 없다. 무엇이든 있다가 없어지면 흩어져 없어져 버리는데 그렇지 않습니까? 그 없어져 버리는 것조차도 空하다는 거다. 그렇다면 空의 성품은 있는 것입니까? 空의 성품 그것도 空하다고 하셨다.

그래도 空이라고 하면 空한 무엇이 있어야 하는 것이 아닙니까? 허공보다도 더 크다고 한다면 그것이 있는 것 아닙니까? 아예 그 자체가 없어서 空이라는 거다. 그래도 어떤 인연이 있어서 이 세상이 건립된 것인데 그 핵도 없다는 것입니까? 그 핵도 없으니 空이라는 거다.

그렇다면 그것을 증득할 수는 있습니까? 증득할 수도 없다. 아니 뭐 그런 것도 있습니까? 뭐 그런 것도 있느냐는 생각이 空하다. 그럼 아무 생각도 없어야 합니까? 그런 생각도 空한 것이다. 그럼 어떤 것을 생각해야 하는 것입니까? 그렇게 생각하는 그 자체가 空이다. 생각하는 주체도 없고 생각하는 객체도 없다면 그것은 살아있는 게 아니라 죽은 거 아닙니까? 그렇게 죽은 것이 아니냐는 그 생각도 空한 것이다고 하셨다.

지금 무슨 말씀을 하기 위해서 이렇게 난해한 공을 자꾸 거론하느냐 하면 바로 일심을 심도있게 파헤치고자 하는 것이다.

우리 마음, 그 일심은 원초적으로 이렇게 어디든 걸림이 없고 무엇에든 집착이 없는 자유로운 존재였다는 것을 수많은 空으로 확연히 드러내고 있는 것이다.

別記 二者 猶如有無有性 故得爲空 是名曰空 如是空無空性 故得作有 是名空空 如是空空 在生滅門

둘째는 있고 없고 하는 성품이 있는 것 같지만 그것은 空이다. 그래서 空이라고 한다. 이와 같은 空도 그 空한 성품이 없다. 하지만 어떤 것들을 있게 만든다. 그래서 空空이라고 한다. 이와 같은 空空은 생멸문 속에 있다.

세상은 마술과도 같다. 마술에는 실체가 없다. 눈으로 보면 분명히 실체처럼 보이지만 그것은 착란을 노린 속임수다. 보통의 사람들은 그 손놀림에 정신을 차릴 수가 없다. 그래서 온 마음이 빼앗긴다. 하지만 현명한 사람은 착시를 유도하는 움직임에 감탄을 하고 그 결과에 박장대소를 한다.

범부는 이 세상을 착시로 본다. 이 세상은 없다. 없는 것에서 온갖 것들이 튀어 나온다. 사실인 것 같지만 착시다. 눈이 있어도 세상을 정확히 보지 못하고 귀가 있어도 자연의 소리를 명확히 듣지 못한다. 그래서 갈피를 못 잡고 그 현상에 빠져든다.

하지만 현명한 사람은 이미 이 세상은 인연으로 만들어지는 환영의 세계라는 것을 알고 있다. 마술처럼 나타났다 사라지고 사라졌다 나타나는 인연들을 이미 알고 있다.

그래서 이 세상을 웃으며 즐긴다. 고양이에게 형광으로 된 가짜먹이를 돌리면 진짜인 줄 알고 정신없이 달려든다. 인간은 그 어리석음을 보고 웃는다. 딱 그렇다. 보통의 사람과 현명한 사람이 세상을 보는 차이가 정확히 이것과 같다.

세상은 아지랑이와도 같다. 목마른 사슴에게는 시원한 물만큼 바라는 것이 없다. 그런 사슴에게 저 멀리 아지랑이가 보인다. 사슴은 그것이 물안개가 피어오르는 것이라고 여겨 그곳을 향해 뛰어간다. 아무리 달려가도 물은 없다. 있는 것처럼 보이지만 없다. 결국 그 사슴은 목이 말라 죽고 만다. 인간도 마찬가지다.

세상은 물속에 비친 달과도 같다. 달은 하늘에 있다. 물속에 있는 것은 허상이다. 그것은 가짜다. 있는 것 같지만 물속에는 달이 없다. 시성이라는 이태백이도 그 달을 잡으려다 빠져 죽었는데 유아나 일반 범부가 그렇게 생각하는 것은 지극히 당연한 것이다. 이태백이는 술에 취해 그랬다고 하지마는 범부들은 술을 먹지 않아도 이미 어리석음에 취해 있는 상태다. 그래서 실체도 없는 명예와 부귀를 잡으려고 한다. 결국 생사의 바다에 빠져 죽고 만다.

세상은 허공과 같다. 허공의 색이 무엇인가. 푸른색이라고 하여 청천이라고 한다. 청천의 실체는 그 어디에도 없다. 그런데도 국민학생 때는 하늘을 파란색으로 칠해야 했다. 선생님이 하늘은 파랗다고 그렇게 칠하라고 했다.

하늘은 색깔이 없다. 하늘이 푸르게 보이지마는 그것은 아무 색도 가지고 있지 않다. 그러므로 색깔에 속지 마라. 인간이 보는 색깔은 이미 본색으로부터 벗어난 다른 빛깔이다.

세상은 메아리와도 같다. 심산유곡에는 언어가 없다. 아무런 인간의 소리가 없다. 하지만 인간이 가서 고함을 지르면 거기서 고함소리가 들려온다. 어리석은 사람들은 계곡이 답을 해 준다고 하지만 지혜로운 자는 그것이 자기 목소리인 줄 안다.

그처럼 세상에는 언어라는 것이 없다. 우매인은 사람의 언어에 실다움이 있다고 하여 집착심을 내지만 그것은 가짜다. 대나무 그림자가 밤새도록 계단을 쓸어도 계단에 있는 먼지 하나 건드리지 못한다. 백 천의 언어로 떠들어 봐도 진실의 모습은 건드리지 못한다.

세상은 건달바성과도 같다. 건달바성은 피곤에 지친 자가 보는 환상의 궁전이다. 기력이 쇠잔하면 뿔 달린 도깨비가 보이듯이 피로에 쩐 여행객에게 나타나는 사막의 오아시스다. 성벽이 보이고 움직이는 행인들이 어렴풋이나마 보이지만 눈을 닦고 자세히 보면 그것은 없다. 그러다가 또 보인다.

그래서 사람들은 그쪽으로 계속해서 나아간다. 뭔가 있는 것 같은 세상이지만 막상 거기에 도달하면 또 아무것도 없다. 그때 다시 저 앞에 또 환상의 아름다운 성이 보이기 시작한다. 그래서 인간은 실체 없는 유토피아세계를 끝없이 동경하면서 앞으로 나아간다.

세상은 꿈과도 같다. 꿈은 실사가 아니다. 망령된 마음이 만들어낸 제목 부제의 단편극이다. 그것은 실체가 없다. 그러나 어리석은 범부들은 거기에 집착한다. 꿈 풀이를 하고 꿈의 길흉을 점친다.

"로또번호가 당첨이 되었습니다. 좋은 꿈입니까?"
"개꿈입니다."

세상은 풍경화와도 같다. 그림은 평면의 종이 위에 그려진 가짜의 형상들이다. 하지만 잘 못 보면 그 속에는 높낮이와 원근이 사실처럼 보인다. 그래서 옛날에는 그림 그리는 사람을 마술같은 재주를 부리는 사람이라고 해서 환쟁이라고 불렀다.

드라마 속의 세상은 평면의 TV 화면에 펼쳐지고 중생들이 사는 세상의 무대는 마음의 표면을 벗어나지 못하고 있다. 거기엔 굴곡과 심천과 상하가 원래 없다.

세상은 거울 속의 물상과도 같다. 그것은 허상이다. 아무러한 생명력이 없다. 그저 나타났다 그대로 사라질 뿐이다. 세상도 마찬가지다. 내 마음의 거울에 잠시 나타났다가 내 마음이 움직이면 거칠게 요동친다. 내 마음이 인간에 와 있으면 인간세상이 나타나고 축생에 가 있으면 축생의 세계가 현현하게 된다. **화엄경**에서 여태림보살은 이것을 정확히 말씀하셨다.

心如工畵師 심여공화사
畵種種五陰 화종종오음
一切世間中 일체세간중
無法而不照 무법이불조
如心佛亦爾 여심불역이
如佛衆生然 여불중생연
心佛及衆生 심불급중생
是三無差別 시삼무차별

마음은 요술쟁이다.
온갖 중생의 몸을 만들어 낸다.
일체 우주 가운데서
어떤 것도 내어놓지 않은 것이 없다.
마음에 부처도 만들어 내듯이
부처와 중생도 만들어 낸다.
마음과 부처와 중생은
셋 같지만 차별이 없다.

340

세상은 무대 속의 모습과도 같다. 깨달음을 이룬 성자들은 필요에 의해 세상을 진짜처럼 만들어 낸다. 즉 중생을 교화하기 위해 남녀의 모습을 나타내 보이거나 생로병사의 일들을 보여 주기도 한다. 하지만 실체는 없다. 잠시 교화의 무대를 만들었다가 사용이 끝나면 바로 없애 버린다. 이런 화술은 마귀와 귀신들도 흉내를 낸다. 그들은 순전히 자신들의 이익을 위해 이런 요술을 행한다는 것이 불보살과 다르다.

위에서 말한 이런 말씀들은 대승경전 어디에서든 쉽게 볼 수 있다. 대표적인 경전들은 바로 **대품반야경**이나 **능가아발다라보경**에 이어 **유마경**이다. 논서는 물론 공관을 풀이한 **대지도론**이 이런 사실들을 적나라하게 잘 설명해 주고 있다.

別記 如涅槃經云 是有是無 是名空空 是是是非 是名空空 如是空空 十住菩薩尚得少分如毫釐許 何況餘人 二門差別應如是知 上來釋上總立法竟

열반경에서 말씀하시기를, 이것은 有다 이것은 無다 해도 空空이다. 이것은 옳다 이것은 틀린다 해도 空空이다. 그와 같은 空空은 십주보살이라도 아직 아주 적게 아는 정도인데 나머지 사람이야 말할 게 뭐 있겠는가 라고 하셨다. 두 문에 대한 차별은 응당히 이와 같음을 알아야할 것이다. 위로부터 오면서 위 입의분을 묶어 설명한 法은 이제 마친다.

세상에는 두 가지 종류의 동그란 공이 있다. 하나는 범부세계에 있는 공이고 또 하나는 부처세계에 있는 空이다.

범부의 공은 인간이 만들어 낸 스포츠 공들이다. 아주 다양한 공들이 출세간에 있듯이 세속에서도 부지기수의 공들이 있다. 논밭에서 차고 놀던 돼지오줌보 공에서부터 필드에서 막대로 때리는 골프공까지 수도 없이 많기도 하다.

크기도 얼마나 다양한지 작은 것은 탁구공에서부터 큰 것은 농구공에까지 각양각색이다. 생긴 것도 매끈한 야구공이 있는가 하면 털 달린 정구공까지 참 별스런 공들도 있다. 그런데 왜 이것들을 공이라고 부르게 되었을까.

세상의 공들은 모두 다 사람의 혼을 빼 놓는다. 연령층이 다를 뿐 모든 공들은 경기의 눈동자가 된다. 평지에서 만들어진 운동장이거나 산속 필드이거나 넣어야 되는 구멍에 그것들이 들어갈 때 사람들은 미치고 환장한다. 하지만 그렇게 열광하던 순간도 시간이 지나가면 텅 빈 운동장과 필드만 휑하니 남는다. 거기에 무엇이 있단 말인가. 그래서 그것들을 공이라고 부른다.

출세간의 空도 위에서 말했다시피 참 많고도 많다. 내가 空하다는 하나에서부터 마지막에는 18가지 空까지 아주 다양하게 나타난다. 그렇다면 18가지가 다인가. 그렇지 않다. 중생이 무량하고 사물이 무한한 만큼 空의 종류도 무량하고 무수하기만 하다.

이런 空의 세계는 범부들은 알 수가 없다. 아니 상상도 할 수가 없다. 더 나아가 그런 空의 세계가 있는지조차 모른다. 땅속을 기는 미물은 땅 밖에 이런 물상의 세계가 있다는 것을 상상도 하지 못한다.

그처럼 범부들은 고작 안다고 해봐야 TV를 끄면 영상이 사라진다는 것을 아는 수준에 그친다. 이런 자들에게 세상이 가짜라고 한다면 그들은 동의하지 않는다. 그래서 10주보살이라도 아주 적게 안다고 한 것이다.

고속도로 투명방음벽에 부딪쳐 죽는 조류들을 보았을 것이다. 그들의 눈에는 투명판이 보이지 않는다. 그들의 눈에 비치는 것은 드넓게 펼쳐진 들판이었을 것이다. 마찬가지다. 범부는 눈을 가지고도 空의 세상을 직관하지 못하고 있다. 그저 눈앞에 비치는 세상만 세상으로 보고 있다. 제 아무리 똑똑하다고 해도 범부가 갖고 있는 생각의 범주와 시각의 파이는 고작 거기까지밖에 미치지 못한다.

이제까지 범부가 갖고 있는 일심을 심도있게 파헤쳐 왔다. 일심은 진여문이면서도 생멸문이고 공하면서도 불공하다는 뜻으로 적나라하게 분석하였다. 그래서 一心의 해설은 끝이 났다. 다음은 二門을 풀이한다.

海東疏 △以下釋上別立 別釋二門 卽爲二分 眞如門中 亦有二意 初釋眞如 後釋如相

여기서부터는 위에서 따로 내세운 부분을 풀이한다. 따로 두 문을 풀이하는데 거기에 두 분단이 있다. 진여문 가운데 또한 두 뜻이 있다. 먼저는 진여를 풀이하는 것이고 뒤에는 진여의 속성을 해석하는 것이다.

위 현시정의 부분 앞에 세모의 문장이 있다. 거기에 우리 마음을 풀이하는데 먼저 본질을 풀이하고 뒤에 현상을 풀이한다고 되어 있다. 그 본질에 두 가지가 있었는데, 첫 번째는 하나로 묶어서 풀이하고 두 번째는 따로 내세워서 풀이한다고 한 대목이 나온다.

그 대목처럼 이제까지는 범부의 일심을 하나로 묶어서 풀이하였다. 이제부터는 일심을 개별로 나누어서 풀이하고자 한다는 것이다.

개별로 풀이한다는 말은 진여문과 생멸문을 말하는데, 먼저 진여문을 풀이하겠다고 하였다. 이 진여문도 처음에는 진여가 무엇인지에 대해 설명하고 뒤에는 진여가 갖고 있는 공덕성인 속성을 해설해 주겠다고 하였다.

海東疏 又復初是總釋 後示別解 又初文明不可說 顯理絕言 後文明可得說 顯不絕言

처음에는 진여를 하나로 묶어서 풀이하고 뒤에는 따로 풀이해 보일 것이다. 또 처음 문장은 진여는 말로써 설할 수 없으므로 그 이치를 드러내려면 말을 끊어야 한다는 것을 밝히고, 뒤의 문장은 가히 설할 수 있는 것이므로 말을 끊지 않고도 그것을 드러낼 수 있음을 밝히고 있다.

이제부터 우리 마음속에 들어 있는 진여를 풀이하려고 시동을 건다. 하지만 거기에 문제가 있다. 어떻게 인간의 말로써 그것을 설명할 수 있느냐 하는 것이다. 인간은 인간의 삶에 필요한 언어들만 만들어서 쓰고 있기 때문에 인간의 분야가 아닌 그것을 어떻게 인간의 언어로 설명이 되느냐 하는 것이다. 그래서 그것은 인간의 언어로 설명이 불가능하다는 것을 먼저 밝힌다.

두 번째는 그렇다면 인간의 언어를 쓰지 않고 어떠한 방법으로 이 진여를 설명할 것인가이다. 어차피 명제가 인간의 세상에 나타난 진 여인데 인간의 언어로 설명이 되지 않는다면 그것은 나타나지 말아 야 되는 것이 아닌가 하는 것이다. 그래서 진여 그것도 인간의 언어 로 설명되어 질 수 있다는 것을 밝히고자 하는 것이다.

別記 初文中言離言說相離名字相 乃至言眞如者因言遣言 後文中 言依言說分別有二種義 謂如實空如實不空

첫 문장 가운데서 언설을 떠난 모습이며 명자를 떠난 모습이다에 이어, 말한 진여는 말로 인해 말을 버린 것이다 와, 그 뒤 문장에서 언설로 분별할 것 같으면 두 종류의 뜻이 들어 있는데 이를테면 여실공 과 여실불공이다 에 이어,

여기서 말한 첫 문장은 뒤이어 곧 나올 것이다. 거기서 이 부분이 첫 문장이다고 말해 줄 것이다. 뒤 문장도 마찬가지다. 뒤 문장 역시 **기신론** 본문을 말하는데, 곧 뒤에 따라 나올 것이다.

別記 然後文亦說一切分別皆不相應當知一切言說亦不相應 此卽 顯理離言絕慮

그 뒤 문장 또한 말하기를, 일체분별은 모두 다 불상응이라고 하고, 마땅히 알라. 일체의 언설 또한 불상응이다고 한 이것은 곧 이치는 언어를 벗어나고 생각이 떨어져야 한다는 것을 나타내고 있다.

이 문장 역시 이제 뒤를 이어 연달아 나올 것이다. 즉 우리 마음속에 들어 있는 진짜의 나인 진여를 설명할 때는 범부의 언어와 생각으로부터 벗어나야 한다는 것을 말하고 있는 것이다. 그 문장에 다다르게 되면 무슨 말인지 이해하게 될 것이다.

방콕에 있던 국제수도원에서 어느 미국스님이 선책을 보다가 갑자기 대중들을 주목시켰다. 그러면서 그 중 한 구절을 큰 소리로 낭독했다.

- 길에서 선사를 만났다. 말을 해도 안 되고 말을 안 해도 안 된다. 자 어떻게 인사를 하겠느냐? -

모두들 넋을 놓고 멍하니 그 스님의 입만 쳐다보고 있었다. 말을 해도 안 되고 말을 안 해도 안 되는 인사는 어떻게 인사를 하는 것이지. 이거야말로 완전히 언어를 떠나고 심연을 떠난 인사가 아닌가. 언어와 생각이 끊어진 상태에서 진정한 인사를 하라고 하는데 그것이 가능한 일인가. 그것 참. 모두들 여기에 말문이 막혔다. 그 스님은 의기양양하게 대중을 휙 둘러보고서는,

- 무문선사가 그 소리를 듣고서 -
- 듣고서?! -
우리는 잔뜩 긴장한 상태에서 다음 글을 재촉했다.

- 나 같으면 그 선사를 두들겨 패버리겠다. -

이 엉뚱한 대답에 우리는 모두 박장하며 파안대소를 했다.

別記 又初文中要依因言遣言之言 乃得顯其理之絶言 此亦顯理不
離言說相

또 첫 문장 가운데서 중요하게, 말로 인해 말을 버린다는 말과 이어
그 이치를 드러내고자 하면 말을 끊어야 한다고 했다. 그것 또한 이치를
드러내는 데는 언설을 떠난 모습이 아니라는 것을 나타내고 있다.

이치는 진여의 본질을 말한다. 그것은 범부의 그 어떤 말로 표현해
도 옳지 못하다고 계속해서 말하고 있다. 그렇지만 그렇다는 것을
설명하는 데는 또한 언어를 빌려서 표현하고 있지 않은가. 그래서
마지막에 그것은 언설을 떠난 모습이라고 말할 수 없다 라고 했다.

노자가 말했다. 도를 도라고 하면 이미 도가 아니다고. 하지만 도
를 도라고 하지 않으면 도를 어떻게 설명해야 하나. 그래서 불교는
노자의 식견보다 더 뛰어넘어 있다. 즉 부정적인 시각을 긍정적인
시각으로 돌려버리는 것이다. 도가 맞건 아니건 간에 도를 설명하려
면 도를 이해시키는 언어가 반드시 필요한 것이라는 것이다.

別記 若言得說理實絶言者 則墮自宗相違過 先以絶言之言不絶而
理實絶言故

만약에 말하기를, 진여의 이치를 말하는데 진실로 말을 끊어야 한다고
한다면 곧 스스로 자종상위의 잘못에 떨어지게 된다. 먼저 말을 끊어야
한다는 말을 하면서도 말을 끊지 못하고, 말로써 이치는 진실로 말을

끊어야 한다고 말하고 있기 때문이다.

인명이라는 인도의 논리학이 있다. 말하고자 하는 宗종인 주제를 먼저 내세우고 거기에 대한 이유인 근거를 분석한 연후에 실례인 비유를 들이대고 그것을 결합해 결론을 내는 방식이다. 이 방식을 5분 작법이라 하며 옛날식 논리라 한다. 이것은 비교한 논법으로 답을 찾아내는 것이다.

옛날식 논리가 다섯 과정을 거치는 대신 새로운 논리는 세 가지 논법으로 결론을 도출한다. 즉 증명할 주제인 宗을 세우고 거기에 대한 이유를 분석한 연후에 적절한 비유를 들이대는 3지작법의 방법이다. 이것은 연역법으로 결론을 내리는 방식이다.

자종상위는 인명학의 3지작법 가운데 주제에 대한 9종의 과실이 있는데, 그중 하나가 이것이다. 즉 스스로 세운 종지가 자기의 교리와 어긋나는 것이다. 말하자면 인과를 주창하는 불교가 인과라는 것은 확실한 법이 아니다 라고 말하는 것과 같다. 이것은 당착이 된다.

만약에 가톨릭 사제가 유식을 강의하면 어떻게 될까? 사제는 신과 인간을 연결시켜 주는 매개역할을 담당한다. 전제는 천지만물을 창조했다는 신이다. 그런데 천지만물은 오직 인간의 오염된 의식에 의해 만들어진 가상의 세계다 라고 하는 유식학을 강의한다?!

이것은 뭔가 좀 맞지 않는 것 같다. 그 정도가 아니라 아예 아귀가 들어맞지 않는다. 신이면 신이고 유식이면 유식이어야 하는데 이것도 아니고 저것도 아닌 어정쩡한 상태로 끝이 난다.

신을 인정하면 인간이 만드는 유식의 세계는 없어야 한다. 유식을 인정하면 신을 부정해야 한다. 이 둘은 공립할 수 없다. 그런데 그렇게 강의하고 있는 곳이 있다고 한다. 가톨릭신부가 가톨릭센터에서 유식학을 강의하는데 수강자가 상당히 많다고 한다. 이건 웃음을 넘어 좀 괴기스럽지 않는가.

그의 강의는 자가당착에 빠진다. 이것은 모순과 궤변의 말장난이다. **유식론**은 일반 학문이 아니다. 불교 역사상 가장 저술을 많이 남기신 세친보살의 고차원적 불교논리서이다. 그의 신분은 보살이다. 보살이 아니면 어떻게 대소승의 교리를 완벽히 통달해 소승에 대한 논서 500권을 짓고 대승에 대한 논서를 500권을 저술할 수가 있단 말인가. 그래서 그분을 지칭해 천부논사라고 경찬하고 있는 것이다.

그렇게 대단하신 분이 심혈을 기울여 쓰신 유식학을 불교도도 아닌 외도의 신부가 강의 교재로 택했다니 이것은 정말 미사를 법회라고 하는 것보다 더 해괴망측한 일이 아닐 수 없다.

이 유식을 제대로 알고 가르치면 신을 인정할 수가 없다. 그렇지 않고 가르치면 수강자의 의식세계를 모독한다. 그런데도 턱없이 그것을 가르치고, 그런 것인가 하고 멍청하게 다들 듣고 있는 모양이다.

다시 말하자면 유식은 불교에서 상당히 어려운 교재 중에 하나로 꼽힌다. 소승의 논리학인 구사와 대승의 일심에 대한 유식을 다 배우는데 꼬박 10년이 걸린다고 예로부터 말해 왔다. 그런데도 그 가르침을 유식의 전문 스승에게서 사사하지 않고 제멋대로 가르치고 있다니 이것은 사람들이 아무리 엽기를 좋아한다 해도 정말 엽기 중에 엽기인 셈이다.

그렇다면 **기신론**은 왜 못 가르친단 말인가. 불교의 핵심이고 대승불교의 교본이라는 **기신론**인들 그들이 못 가르칠 이유가 어디 있단 말인가. 나마저 이 **기신론**을 제쳐놓으면 그들이 또 **기신론**을 잡고 틀림없이 강의하려 할 것이다. 그 결말은 어떻게 날까. 황당과 허구의 이론서로 끝을 맺을 확률이 100%를 넘지 않겠는가.

그래서 내가 그 소리를 들었을 때 좀 더 오래 살아야 되겠구나 하는 생각을 지울 수가 없었다. 80이 다 된 내가 죽고 나면 그들은 이 **대승기신론**조차 자기들의 입맛대로 난도질할 것이다. 아주 그냥 인정사정없이 무자비하게 이 웅휘하고 심오한 교리를 사정없이 밟아 죽여 버릴 것이다.

이 **기신론**은 누가 뭐래도 대승불교의 교과서다. 부처님 열반하시고 5, 6백 년이 되어갈 때 소승불교의 상좌부와 대중부는 누가 과연 부처님의 적통인가 하는 문제로 날이면 날마다 서로 각을 세워 사납게 으르렁거리던 시대가 있었다.

그 사이를 비집고 대승불교가 중생제도라는 장엄한 기치를 내걸고 분연히 일어나기 시작했다. 불멸 후 수백 년 동안 지하에서 꿈틀대던 용암이 드디어 밖으로 우렁차게 터져 나온 것이다. **대승기신론**은 그렇게 되도록 기폭제가 되고 그 원동력이 되어 주었다.

그것을 바라본 소승 수행자들은 순간 어리둥절하였다. 정말 어이가 없을 정도로 어안이 벙벙하였던 것이다. 그래서 궁여지책으로 자신들의 싸움을 일단 멈추고 대승이라는 이 폭발적인 출현에 맞대응

하기 시작하였다.

그들은 먼저 이 대승불교의 허점과 맹점을 샅샅이 뒤지기 시작하였다. 이제 어제의 적이 오늘의 동료로 합세하여 대승불교를 맹렬히 물고 뜯으며 공격하기 시작한 것이다.

하지만 대승불교는 **대승기신론**의 방패 아래 조금도 손상을 입지 않았다. 그것은 처음부터 **대승기신론**은 완벽한 교리와 목적을 갖추고 창제되었기 때문에 그 어느 한 곳에도 허술함의 빈틈을 전혀 두지 않았던 것이다.

이 저술은 보통 사람이 아니라 10지보살인 마명이 중생구제와 보살수행의 기치 하에 지어져 그들의 공격을 받을 만한 추호의 여지를 두지 않았기 때문이다. 즉 여기서 말하는 자종상위의 시비로부터 완벽하게 벗어나 있었던 것이다.

대승기신론에 힘입어 대승불교는 이 중생세계에 무사히 진수를 하게 된 것이다. 그래서 앞에서 성사가 마명보살의 글재주를 찬탄하지 아니할 수가 없으셨던 것이다.

別記 若使絕言之言亦言絕者 則墮自語相違過 先以絕言之言亦絕
而言得說言故

만약에 말을 끊는다는 뜻을 가지고 말한다 해도 또한 말을 끊는다는 말을 해야 하므로 이것은 곧 스스로 자어상위의 잘못에 떨어진다. 먼저 말을 끊는다 하는 말 또한 말을 가지고 끊는다 하기 때문에 그것 또한 언어를 사용하고 있기 때문이다.

자어상위 또한 인명학의 3지작법 가운데 宗에 대한 과실 중 하나이다. 앞에 자종상위가 하나의 교리에 대한 궤변이라면 이 자어상위는 개인의 말에 대한 모순을 말한다. 즉 자기가 전제한 명제와 뒤의 결론이 다르게 나타난 것을 말한다.

예를 들면 우리 어머니는 처녀다 라고 말하는 것과 같고, 나는 무남독녀인데 오빠가 있다 라고 말하는 것과 같다. 이런 말들은 앞 뒤 말이 이치적으로 서로 맞지 않은 모순을 갖고 있다.

초나라에 창과 방패를 파는 사람이 있었다. 처음에 그는 창을 들고 소리쳤다. 이 창은 그 어떠한 방패라도 뚫을 수 있다고 선전하였다. 그리고 다음에 방패를 손에 들고 이 방패는 그 어떠한 창의 공격도 거뜬히 막아낼 수 있다고 자랑하였다.

그 말을 유심히 들은 어떤 나그네가 그렇다면 당신의 창으로 당신의 방패를 뚫으면 어떻게 되는 겁니까 라고 물었다. 그러자 그 상인은 아무 말도 못하고 얼굴이 사색이 되었다는 고사가 있다.

그러므로 전제된 말을 논리적으로 증명하려면 그것에 대한 분명한 설명과 이유와 비유를 들어 그것은 그럴 수밖에 없이 그런 것이다 라고 해야 한다. 그렇지 않고 전제된 말과 증명된 말의 뜻이 다르다면 이것은 자어상위의 모순에 떨어지고 만다는 것이다.

海東疏 問 理實而言 爲絶爲不絶 若不絶言者 正體離言 卽違於理

묻겠다. 진실된 이치를 말할 때 말을 끊어야 하는가, 말을 끊지 않아도 되는가. 만약에 말을 끊지 않아도 된다면 정체지는 말을 떠나 있으므로 이 이치에 위배되는 것이 아닌가.

정체지는 근본지다. 즉 우리 마음속에 원천적으로 들어 있는 근본 지혜를 말한다. 이 지혜는 인간의 언어로는 설명이 불가능하다. 그런데도 이 정체지를 언급하고 있으니 이 정체지의 당체를 훼손하는 게 아닌가 하는 것이다. 그렇다면 어떻게 이 정체지가 우리 마음속에 완연히 들어 있다는 것을 드러낼 수 있단 말인가.

이런 것이 있다는 소리를 해 줘야 이것을 찾으려고 할 것이 아닌가. 아무 말도 하지 않고 있다면 어떻게 범부가 이것에 대해 알 수가 있단 말인가. 하지만 이 정체지는 인간의 언어로써는 설명이 불가능한 것만은 확실하다.

[海東疏] 若實絕言 後智帶言 卽倒於理

만약에 진실로 말을 끊어야 한다면 후득지는 말을 끼고 있으니 그 또한 진여의 이치에 어긋나는 것이 아닌가.

후득지는 수행을 해서 얻어지는 세속의 지혜를 말한다. 이 지혜로써 의타기성으로 일어난 세상의 모든 것들을 꿰뚫어 볼 수가 있다. 의타기성은 인연으로 생기는 일체의 물상을 말한다고 했다. 그것을 설명하는 후득지는 완전한 지혜다. 이 지혜로써 중생을 제도한다. 그런데 어떻게 인간의 언어로 이 지혜를 쓸 수 있느냐는 것이다. 이 지혜는 부처의 지혜고 이것을 설명하는 언어는 인간의 언어인데 어떻게 이것이 가능하느냐 하는 질문이다.

海東疏 又若不絕則初段論文斯爲漫語 若實絕言 則後段論文 徒爲 虛說 如說虛空爲金銀等

또 만약 말을 끊지 않아도 된다면 첫 문단의 문장들은 말장난에 그치고, 만약에 말을 끊어야 한다면 뒷문단의 문장들은 쓸데없는 소리가 된다. 이것은 꼭 허공을 금이나 은이라고 말하는 것과 같다.

대승의장에 보면 반야에는 세 종류와 다섯 종류가 있다고 한다. 반야라는 이름이 들어 있는 일체의 경전은 모두 다 이런 종류의 반야를 가지고 있다. 우선 편의상 세 종류만 밝혀둔다.

첫째는 실상반야다. 세상은 空하지만 이 空은 거대한 에너지로 영원히 살아 움직이고 있다. 이것은 진리 덩어리이다. 이것을 실상이라고 한다. 실상은 지극히 신성하고 지혜롭다. 그래서 그것은 지혜의 본바탕이라는 뜻으로 실상반야라고 한다.

둘째는 관조반야다. 반야는 지혜로움에 그치는 것이 아니라 관조하는 능력을 가지고 있다. 인연으로 이루어진 세상을 손바닥 위에 올려놓은 구슬처럼 비추어보는 무한의 작조를 말한다. 실상이 전체를 말한다면 관조는 부분을 꿰뚫어 보는 투사지이다. 그래서 관조하는 지혜라고 한다.

셋째는 문자반야다. 문자는 아무 힘이 없다. 능력도 없다. 그러나 제대로 된 사람들의 눈에 띄면 경우가 완전히 달라진다. 산 속에 버려진 보석은 멧돼지에게 밟히지만 사람에게 발견되면 즉시 그 진가를 발휘하게 된다.

그렇게 문자는 글자모음에 불과하지만 이것이 반야의 가치를 드러내는 역할을 완벽하게 한다. 똑똑한 사람이 그것을 읽고 반야를 일으키게 되면 문자는 그 반야를 일으키는 원동력의 모체가 된다. 그래서 문자를 반야라고 표현한다.

말을 끊지 않아도 된다면 첫 번째에 나오는 문장들은 무엇이란 말인가. 그 문장에서는 진여를 설하려면 말을 끊어야 된다고 한다. 또 말을 끊어야 한다면 그 뒤 문장들은 또 무엇이란 말인가. 그 뒤 문장에서는 말을 끊지 않고 진여를 풀어가기 때문이다. 이런 모순들을 어떻게 해결한단 말인가 하는 질책이다.

海東疏 解云 是故當知 理非絶言 非不絶言 以是義故 理亦絶言 亦不言絶 是則彼難無所不當

풀어 주겠다. 그러므로 마땅히 알아야 한다. 진여의 이치는 말을 끊어서도 안 되고 말을 끊지 않아도 안 된다. 이런 뜻이기 때문에 그 이치는 또한 말을 끊어야 하고 또한 말을 끊지 않아도 된다. 이러면 그 어떤 논란도 합당하지 아니함이 없게 되는 것이다.

6조 혜능, 그분은 누가 뭐래도 부처님의 법맥을 정확히 이어받은 10지보살이다. 거기에 이설은 없다. 그런 그분이 이 불교계에 남긴 위대한 업적은 자신이 보살이면서도 동시에 조사 역할을 충실히 다 해 주었다는 사실이다.

그분은 나름대로 많은 고심을 거듭한 끝에 더 이상의 보살법맥을 전하지 않고 당신 당대에서 그 전법의 표상을 끊어버렸다. 그것은 이제 그분만한 보살이 중국에 나타나지 않을 것이라는 확고한 예감에서였다. 그분의 예감대로 그때부터 중국에는 보살불교보다 한 수 차원이 낮은 조사불교가 꽃이 피기 시작하였다.

그들은 중국에서 자생된 이 이상한 조사불교를 대승불교의 적통에 다 뿌리를 박고자 하였다. 그래야만이 그 불교가 정통성을 얻을 수 있기 때문이다.

그래서 그들은 어쩔 수 없이 달마대사를 물고 늘어질 수밖에 없었다. 그게 그들로써는 유일한 방법이었다. 그러면 자연히 그로부터 전법을 이어 받은 2조혜가와 3조승찬 4조도신 5조홍인 6조혜능까지를 모두 다 조사로 묶게 되는 것이다. 그래서 조사불교에서 조사의 초조를 달마로 두게 된 것이다.

달마대사는 사실 6조대사보다 먼저 이 동토에는 조사불교가 적합한 가르침이라는 것을 아셨다고 생각한다. 그래서 그분은 **달마혈맥론**과 **관심론**에서 조사선법을 일으키기 시작했다. 물론 그 뒤 다섯 분들도 똑같이 보살이면서도 병행해 한 수 낮은 조사의 역할을 빈틈없이 다 해 주셨다.

요점은 달마로부터 6조혜능까지의 신분은 보살이라는 엄연한 사실을 간과하면 안 된다는 것이다. 그분들은 어쩔 수 없이 방편으로 보살불교를 한 등급 낮춘 것이지 그분들이 한 등급 낮아진 것은 아니다. 마치 어린아이와 대화를 하기 위해 허리를 숙이는 것과 같은 것이다.

그런데 조사불교에서는 그렇게 생각하지 않는다. 그분들 자체의 키가 그것밖에 안 되는 분이라고 여기는데 문제가 있다.

만약에 조사불교가 원하는 대로 달마로부터 혜능까지를 모두 조사로 본다면 그분들은 세속적인 감정으로 봤을 때 너무 억울하고 황당할 것 같다. 그 이유는 조사불교를 살리기 위하여 그보다 한 수 위에 있는 죄 없는 대승보살들을 희생시켜야 하는 우스꽝스런 결과를 가져오기 때문이다.

어쨌거나 6조 혜능은 조사불교를 펼치면서 교외별전 불립문자 직지인심 견성성불이라는 모토를 내세웠다.

교외별전은 부처님이 설법하신 가르침 외에 다른 법이 있다는 것이다. 그분의 45년 설법은 그 하나의 가르침을 전하기 위한 수단이 된다고 하였다. 그 하나가 바로 선법이라는 것이다.

그래서 선법의 시원을 가섭존자로 두었다. 아난존자는 부처님의 말씀을 전하였고 가섭존자는 삼처전심으로 부처님의 마음을 전하였다는 것이다. 그렇게 나아가면 조사선은 부처님의 마음을 전수받은 정통의 불교 선맥을 갖게 된다. 참고로 밀교는 부처님의 아들인 라훌라가 전하였다고 한다.

불립문자는 선종 특유의 강격이다. 일체의 경전을 멀리하고 오로지 안으로 자성을 관찰하여 자신의 심성을 밝게 보고자 정진한다. 그래서 그들은 경전을 보는 사람들을 천시하는 경향이 있다. 불교수행은 마음을 닦는 좌선을 해야 그 참맛을 알 수 있는 것이지 그 방법만 천 날 만날 공부해 봐야 무슨 소용이 있는가 하며 교학을 닦는 자를 은근히 무시하는 것이다.

경전을 공부하는 사람들은 또 불교가 무엇인지나 알고 수행하는 건지, 수행의 당위는 무엇인지, 수행의 진전과 방향에 이어 그 목표는 무엇인지도 모르는 채 장승처럼 앉아만 있으면 최고인 줄 아는가 하면서 그 무지를 비꼬기도 한다.

과거에 이 선종과 교종은 이런 형식으로 티격태격하며 둘 다 서로 무식한 자들이라고 날카롭게 비아냥거렸다. 급기야는 상방의 무리가 되어서 적을 공격하듯이 으르렁거리는 지경까지 갔다.

이런 상스러운 꼴을 도저히 보다 못해 규봉대사는 **선원제전집**이라는 책을 101권이나 써서 선종과 교종은 서로 상호관계에 있다고 그들을 화합시키려고 노력하였다.

하지만 자기의 이념에 집착한 무리는 쉽게 타인의 주장을 수용하려 하지 않는다. 이런 경향은 중국을 거쳐 한국에 들어와서도 마찬가지다. 그들은 선림과 교림으로 나누어 서로 원수 대하듯 하는 관계로 지금까지 이어져 왔다.

그런지 안 그런지 궁금할 것이다. 그러면 주위에 참선하러 다니는 불자에게 한번 물어보면 대번에 알 것이다. 교리를 궁구하는 자들을 어떻게 평가하는지.

그리고 교리를 궁구하는 불자에게 한번 넌지시 물어보라. 줄기차게 참선만 하러 다니는 사람들을 어떻게 생각하는지 슬쩍 물어보면 바로 그렇다는 것을 쉽게 느낄 것이다.

어쨌거나 여기서 말하고자 하는 의제는 禪선과 教교의 대립관계를 논하는 게 아니다. 그들은 결코 서로 우월의식을 가지고 상대를 공격할 수 없는 불가분의 관계에 있다는 것을 에둘러 말하는 것이다. 선은 불립문자를 주장하지만 그렇게 주장하는 불립문자는 모두 다 문자에 의해서 정립되고 전법되고 있기 때문이다.

육조스님도 **단경** 말미에, 空에 집착하는 자들은 언제나 경전을 비방한다. 그리고 일체의 문자를 버리라고 주장한다. 만일 정말로 문자를 버려야 한다면 선의 모토인 불립문자란 말도 버려야 한다. 왜냐하면 그것 역시 문자의 형식을 빌렸기 때문이다 라고 하였다.

이런 것도 모르면서 선을 하는 사람들은 입만 벌리면 사교입선을 주장한다. 교리를 버리고 참선을 하라고 한다.

기신론에서 대단히 중요하게 다루는 이 두 수행법은 결코 떨어질 수 없는 데도 그들은 자기 수행만 집착한다. 교리에 의해 지혜가 생기고 참선에 의해 선정에 든다는 사실을 그들은 결코 인정하려 하지 않는다.

그래서 불립문자라고 문자를 경시하면 할수록 그 불립문자는 문자로 더욱 뚜렷이 나타난다. 이것은 정말 극한의 아이러니. 아니다라고 말하면 더 맞게 되는 이 부조화의 괴리를 지적하려 하는 것이다.

세 번째는 직지인심이다. 불교의 수행은 어떤 특정한 신을 찾아 헤매는 것도 아니고, 자연과 하나되기 위해서 노력하는 것도 아니다. 오로지 인간의 마음속에 들어 있는 자성을 찾아 그것을 발현시키는 데 그 목적이 있다. 그러므로 사람의 마음을 바로 지목하는 가르침이라고 해서 인심을 직지한다고 한 것이다.

사람의 마음이라고 해서 단지 사람에 국한한 뜻은 아니다. 수행하는 주체가 사람이다 보니 사람의 마음이라고 했을 뿐이다. 이 마음은 중생 모두의 마음이다.

그러므로 더 넓게 말하자면 직지중생심이라 해도 결코 잘못된 표현이 아니다. 그래서 불교는 결코 타 종교나 타 민족에게 공격받을 이유가 없다. 오로지 자기 마음을 밝히고자 하는 가르침이기 때문에 불교를 잘만 배우면 그 누구에게도 공격당할 빌미를 제공하지 않는다.

그러므로 미리 겁을 먹고 X-마스 날, 아기예수의 탄생을 축하합니다 라는 꼴사나운 펼침막을 사찰이나 신도회 이름으로 일주문이나 도로가에 내 걸어 유화의 제스처를 부릴 필요는 없다.

마지막은 견성성불이다. 견성은 글자 그대로 성품을 본다는 뜻이다. 그 성품은 마음의 본성을 말한다. 禪은 본질을 궁구하는 수련에 의해 최종적으로 증오를 체득한다. 그러면 깨달음을 이루게 된다. 이 깨달음을 둔 조사선의 선수행은 **대승기신론**의 선수행과 이런 면에서 확연히 다르다.

조사불교에서는 수행을 해서 깨달음에 이른다고 한다. 하지만 대승불교에서는 그 어디에도 범부가 수행을 해서 깨달음을 이룬다는 말씀은 없다. 그들은 용맹한 정진과 지칠 줄 모르는 화두수행으로 큰 의혹심을 갖고 깨달음에 이른다고 하지만 대승불교의 교과서인 이 **기신론**에서는 이것은 있을 수 없는 자증이라고 한다.

그들은 늘 깨달음을 입에 달고 산다. 하지만 역사이래로 범부가 깨달음을 이룬 자는 아무도 없다. 오로지 부처만이 스스로 깨달았다고 천명했을 뿐 그 누구도 자기가 깨달았다고 말한 적이 없다.

그들의 조사 스승, 그 어떤 자도 자기가 깨달아 부처가 되었다고 당당하게 말한 자는 없다. 그런데도 그들은 언제나 깨달음에 살고 깨달음에 죽는 모양새를 갖추고 수행에 임하고 있다.

부처는 되지 못하였지만 견성은 하였다고 하는 자들이 있다. 견성을 하면 성불이다 라는 문구가 바로 견성성불이다. **기신론**에서는 견성하면 부처가 된다고 하셨다.

그렇다면 그들은 부처가 되었단 말인가. 부처가 되지 않았는데 견성을 하였다면 이것은 부처의 말씀을 정식으로 공격하는 것밖에 되지 않는다. 이 문제는 뒤 시각에서 자세히 또 언급해 줄 것이다.

別記 如是等言 無所不當 故無所當 由無所當 故無所不當也 真如門中絶不絶義 旣如是說 生滅門中亦同此說

이와 같은 등의 말은 합당하지 않은 바가 없다. 그렇기 때문에 합당하는 바도 없다. 합당한 바가 없기 때문에 합당하지 않는 바도 없다. 진여문 가운데서 말을 끊고 말을 끊지 않는 뜻은 이미 이와 같이 설하고 있다. 생멸문 가운데서도 또한 이와 같이 설할 것이다.

우리가 지겹도록 말하고 듣는 사랑에 대해서 한번 논의해 보자. 사랑은 말을 떠나 있는 것인가, 아니면 말을 끼고 있는 것인가. 말을 떠나 있는 것이라면 어떻게 사랑한다는 말로 자신의 의사를 전달할 수가 있는가. 만약에 말을 끼고 있는 것이라면 의사와는 상관없이 사랑한다는 말에 의해서 사랑이 전달될 수 있단 말인가.

진정으로 사랑을 한다면 사랑한다는 말은 필요가 없다. 그런데 상대방이 어떻게 내 마음을 알아준단 말인가. 이것이 바로 진실된 이치는 말로써 표현되는가 아닌가 하는 문제와 같다.

난봉꾼들은 사랑을 가지고 장난을 친다. 진실된 사랑이 없이 그저 말로만 사랑한다고 한다. 그런데도 그 소리를 듣는 사람은 그 마음이 말을 통해 밖으로 나왔다고 생각한다. 진실이 아닌데 진실이라고 믿는다. 이것이 바로 말의 함정이다.

그렇다면 사랑은 말로써 표현되는 것인가, 표현되지 않는 것인가. 표현된다고 하면 위와 같은 위험이 있고 표현되지 않는다고 하면 사랑을 전달할 방법이 없다.

그럼 어떻게 해야 한단 말인가. 그러한 함정이 있기 때문에 사랑할 때는 아무 말도 하지 말아야 한단 말인가. 그렇지 않다. 입 다물고 있는 것보다 사랑한다는 말을 함으로 해서 사랑의 에너지가 그 위험의 백 배 천 배 더 아름답고 더 감미롭게 만들어 낼 수가 있다. 그래서 어쩔 수 없이 사랑한다는 말을 언어로 표현하고 있는 것이다.

하지만 때로는 침묵이 금이다 라고 말할 때도 있다. 꼭 사랑한다는 표현보다도 행동으로 보여주고 표정으로 전달해 주는 방법도 있다. 옛날 우리 어른들은 모두 다 이 방법을 썼다. 평생 동안 사랑한다는 말 한마디 없이 그들은 서로 사랑하고 서로 아껴주면서 재산을 일구고 아이들을 키웠다.

하지만 그들의 사랑에는 언어로 상대방을 감동시키는 그런 말솜씨가 없었다. 사랑이라는 말이 나오니 기억나는 한 토막의 과거가 있다.

몇몇의 이슬람 이맘들과 함께 외국에서 한 과목의 수업을 들은 적이 있다. 그들은 심심하면 내 주위에 몰려들어 나를 이리저리 훑어보고 장난질로 집적거렸다. 꼭 귀엽고 깜찍한 강아지가 신기해서 이리 굴리고 저리 굴리는 정도로 나를 재미있게 괴롭혔다.

강아지도 처음에는 그런 장난을 애교삼아 받아주지만 정도가 심하다 싶으면 한번 깨물어버린다. 입안으로 손가락을 집어넣어 이빨을 건드린다든지 꼬리를 들고 거꾸로 세우기라도 하면 깨갱하고 한 번 가볍게 물어버린다.

그러면 으 뜨거 하면서 한동안은 쉽게 건들이지 않는다. 그러던 어느 날 내가 장난삼아 그들을 가볍게 한번 물어버린 일이 있었다.

"한국말로 사랑한다를 뭐라 합니까?"
"○○○이라고 합니다."

그들은 그때부터 나만 보면 ○○○이라고 인사를 했다. 나도 그들에게 웃으면서 그렇게 인사를 했다. 그러다 나 역시 자기들 나라의 언어가 궁금해서 사랑한다를 뭐라고 부르냐고 물었더니 그중 한 명이 웃으면서 재빠르게 대답을 해줬다.

"우리나라의 언어로는 ○○○○라고 합니다."

우리는 그때부터 서로 만날 때마다 반갑게 그 두 가지 언어로 사랑의 마음을 교환하였다. 그러자 그전보다 더 큰 웃음이 터지고 더 친

밀한 관계로 발전해 나아갔다. 그들은 부모에게 편지를 쓸 때도 마지막에 한국어로 ○○○이라는 사랑표현을 꼭 쓴다고 했다. 나도 그랬다. 한국에 편지를 부칠 데가 없는 나는 외국친구들에게 꼭 그 언어로 인사를 마무리하였다.

세상에 뭐 영원한 것이 어디에 있던가. 내가 먼저 사정이 생겨 그들과 헤어지게 되었다. 인도에서 파키스탄으로 떠나는 날 우리는 작별의 인사를 했다. 두 번 다시 또 이 세상에서 만나질까 하는 아쉬움의 이별이었다.

그때는 인터넷이 지금처럼 발전되지 않았기에 고작 연락할 수 있는 방법으로는 우편으로 주고받을 수 있는 주소가 전부였었다. 그러기에 다시 또 연락을 하고 서로 만난다는 것은 정말 기약이 없는 일이었다.

두 손을 잡고 그들을 쳐다보았다. 수염이 참 많이도 나고 눈동자가 짙푸른 좋은 친구들이들이었다. 어떻게든 고백을 하지 않으면 내 평생 양심에 걸릴 것 같아서 내가 말한 사랑의 언어를 수정하면서 미안하다고 했다.

그들은 순간 너무 황당한 표정을 짓더니 이내 다 같이 박장대소를 하는 것이 아닌가. 그러면서 그들도 나에게 정말로 미안하다고 했다. 그 소리를 듣고 나 역시 손바닥을 치며 앙천대소를 했다.

그 뒤로 나는 또 정처 없이 떠돌이 생활을 오래도록 하는 바람에 그들의 주소를 잃어버렸다. 한 번씩 너무 보고 싶을 때도 있지만 어떻게 할 방법이 없어 그냥 포기하고 산 지도 헤어보니 참 오래도 되었다.

다시 본문으로 돌아와서 아주 좋은 풍광을 어디서 보았다고 하자. 이것을 말로써 표현할 수 있을까 없을까이다. 말로써 표현하면 그 풍광의 아름다움이 언어로 왜곡되고 가만히 입 다물고 있으면 누구에게 그 풍광을 보게 할 방법이 없다.

어떻게 할 것인가. 이럴 때에는 어찌 되었든 간에 말을 해야 한다. 언어를 빌려서 그 풍광과 장소를 설명해야 한다. 그래야만이 많은 사람들이 그 언어에 의해 이익을 얻을 수 있다.

하지만 그 장소가 대단히 위험하고 금지된 장소라면 구태여 말을 해야 할 이유가 없다. 말을 잘못하면 도리어 개인의 이익보다 더 많은 공공의 위험을 초래할 수 있기 때문이다. 그럴 때는 벙어리가 용꿈을 꾼 것처럼 아무에게도 말을 못하고 그냥 혼자서 끙끙대며 그 추억을 즐겨야 한다.

그래서 진실된 이치를 드러낼 때는 말로 할 수도 있고 말로 하지 못할 수도 있다고 한 것이다. 그러면 모든 의심이 풀리고 모든 시비가 사라진다.

그래서 지금부터 나오는 문장은 말을 의거하지 않고 진여를 드러내는 것과, 말로 인해 진여를 드러내는 부류의 문장으로 우리 마음을 본격적으로 설명해 나갈 것이다.

海東疏 此止傍論 還釋本文
이제 방론은 그만두고 돌아와 본문을 풀이하기로 하자.

방론은 곁가지로 나간 논쟁이다. 진여에 대한 이치를 설명하는 데

말로 해야 하느냐 하지 말아야 하느냐. 한다고 해도 자종상위나 자어 상위의 모순에 떨어지면 어떻게 할 것인가.

그렇다고 하지 않을 수도 없지 않는가. 언어의 방법을 빌리지 않고 어떻게 진여의 참 본성을 설명할 수 있다는 말인가. 이런 문제를 먼저 제기하여 앞으로 전개될 **기신론** 원문을 이해하는 데 도움을 주려고 하신 성사의 염려심은 이 정도에서 그만 접고 본문을 풀이하자고 하신 것이다.

나. 2門

ㄱ) 심진여문

㉠ 이언진여

起信論 心眞如者 卽是一法界大總相法門體

심진여는 바로 일 법계 대 총상 법 문 체이다.

해석분 속에 一心 二門 三大가 현시정의 속에 들어 있다고 하였다. 이제 일심의 해설은 끝나고 이문을 설명하려고 한다. 이문은 진여문과 생멸문이다.

말도 많고 탈도 많은 인간의 언어를 가지고 진여를 풀이한다. 거기에 두 가지가 있다. 하나는 離言이언진여와 依言의언진여다. 이언진여는 진여 자체가 언어를 떠나 있다는 뜻이고 의언진여는 언어로 진여를 풀이할 수밖에 없다는 말이다. 離言진여는 위에서 첫 문단의 말은 이라고 한 그 부분에 해당된다.

앞으로 몇 문단은 離言진여로 진여를 설명할 것이다. 그리고 그 뒤에 가서 어쩔 수 없이 언어로 진여를 풀이하는 依言진여가 나올 것이다. 그 依言진여를 통해 **기신론**의 내용은 마지막까지 전개된다. 依言진여가 나오면 그때 바로 적시하겠다. 하지만 지금은 그때까지 離言진여 대목이라는 것을 명심하시기 바란다.

이제 결국 우리의 진짜 마음과 마주했다. 우리 마음속에 들어 있는 진짜 마음은 진여다. 그렇다면 그것은 무엇으로 구성되어져 있는가. 즉 그것이 갖고 있는 근본 속성은 무엇인가 하는 것이다.

누가 만약에 당신의 진짜 마음은 무엇입니까 라고 묻는다면 어떻게 대답해야 하나. **기신론**을 배우지 못한 사람은 참 다양한 대답을 하겠지마는 **기신론**을 배운 사람은 아주 시원하게 대답한다. 제 마음은 일법계대총상법문체이며, 그것은 당신 마음이기도 합니다 라고 직설한다.

진여는 하나다. 그래서 一이라고 한다. 물은 하나다. 그것이 제각기의 빗방울로 갈라져 각자의 인연되는 곳에 떨어진다. 우리 마음은 원래 그 바탕이 물처럼 하나다. 그것이 제각기의 인연된 세상과 방소에 흩어져서 제각기의 모습을 갖고 살아가고 있는 것이다. 융합하면 하나고 흩어지면 각양각색이다. 그래서 우리 마음의 본질인 진여는 하나라고 하는 것이다.

그런 한 개의 마음이 왜 그렇게 다 쪼개어졌는가. 다 붙으면 되는

데 왜 쪼개진 채로 그렇게 살아야만 하는가에 대한 문제는 생멸문에서 이제 하나하나 설명되어질 것이다.

　진여는 법계다. 세상을 법계라고 한다. 우리의 진짜 마음은 법계 그 자체다. 내 마음을 빼 놓고는 세상 그 어느 것도 존립할 수 없다. 모두 다 내 마음에 의해서 존재한다. 그러므로 내 마음은 우주고 만물이다. 그래서 장자도

　天地與我同根 천지여아동근
　萬物與我一體 만물여아일체

　천지와 나는 같은 뿌리이고
　만물은 나와 더불어 한 몸이다.

고 했다.

　그런 내 마음이 만물에 속고 세상에 울고 있다. 내가 세상을 향해 무엇을 어떻게 하고 있는지를 모르고 있다. 그 이유도 점차 조목조목 설명할 것이다.

　진여는 위대하다. 우리의 진짜 마음은 위대하다. 자비를 쓰면 전 중생계를 살리고 무자비를 저지르면 전 중생계를 죽인다. 그뿐만 아니라 우리는 세상을 아주 황폐화시킬 수도 있고 하늘 저 멀리 오존층도 파괴시킬 수도 있다. 인의를 베풀면 인류를 살리는 명약을 쉼 없이 만들어 내고 악심을 내면 수소탄보다 백 배 더 무서운 차르봄바를

368

계속해서 생산해 낼 수가 있다.

우리의 진짜 마음은 위대하다. 가짜의 마음을 이용해 이렇게 대단한 인간세상을 만들어 놓았다. 밖을 내다보면 우리가 살기 위해 만들어 놓은 구조물들이 얼마나 대단한지 금방 알게 될 것이다.

신을 모시는 자들의 말에 속지 말라. 인간은 연약하니까 신에게 복종해야 한다고 한다. 천만의 말씀이다. 인간은 그런 신까지도 만들어 내고 죽인다. 그리스의 수많은 신들과 로마의 다양한 신들이 모두 인간에 의해 만들어지고 없어졌다.

그러므로 신이 인간을 만든 것이 아니라 인간이 신을 만든 것이다. 결국 그 같은 신도 신선미가 떨어지면 인간의 역사 속으로 사라진다. 그런 위대한 마음을 갖고 있으면서도 우리는 늘 불안하고 겁이 난다. 왜 그런지에 대해서도 이제 심도있게 설명해 줄 것이다.

진여는 총상이다. 총상이라는 말은 모두 다 가지고 있다는 말이다. 허공은 전체를 가지고 있다. 허공 밖으로 빠져나간 것은 바늘 한 개라도 없다. 모두 다 허공 속에 있다.

우리의 진짜 마음은 물질이거나 비 물질이거나를 가리지 않고 모든 것을 완벽하게 다 가지고 있다. 잃은 것은 아무것도 없다. 예나 지금이나 단 한 개의 물건도 단 푼의 그 무엇도 잃은 것이 없다. 그런데 지금은 빈털터리다. 왜 그렇게 되었는가도 마찬가지로 뒤에서 아주 잘 설명해 줄 것이다.

진여는 법문이다. 법은 세상을 말한다. 세상은 부처의 세상과 중생의 세상이다. 이것 말고는 어디에도 다른 세상은 없다. 이 세상을 만드는 주체는 내 마음이다. 그러므로 중생세계도 내가 만들었고 부처세계도 내가 만들어 낼 수가 있다.

문은 열고 닫는 기능을 가지고 있다. 중생세계 속에서 고통을 받으면서 살아가고 있다면 중생세계의 문을 열고 들어 왔을 것이다. 그고통이 싫다면 그 문을 열고 나가 기쁨의 문으로 들어가면 된다. 들어가고 나가고 하는 것도 다 우리의 마음먹기에 달려 있다.

그런데 왜 우리는 여기서 나가지 않고 있는가. 왜 끝없는 고통과 쓰라림을 당하면서 이 문으로부터 나가고자 하지 않는가. 그 이유 또한 아래에 가면 자세하게 설명해 줄 것이다.

마지막으로 진여는 본체이다. 본체는 기본 뼈대이며 골격이다. 세상이건 세상이 아니건 간에 이 본체를 바탕으로 모두 다 건립되어져 있다. 본체 없는 형상을 본 적이 있는가. 아무것도 없다. 짧거나 길거나 크거나 작거나 간에 모두 다 이 본체의 바탕 위에 다 자기의 모습을 담고 있다. 이것이 없으면 모든 것은 중심을 잃고 기울어져 버린다.

지구도 형상이 있고 우주도 형상이 있다. 형상 없는 것은 환영이고 매직이다. 어떤 모습이건 간에 형상 있는 물상들은 모두 다 어떤 받침대 위에 올려져 있다. 그것은 절대 부인할 수 없다. 그 세상의 받침대 역할을 해 주는 것이 바로 우리의 진짜 마음인 본체라는 것이다. 그러므로 우리 마음 없이는 그 무엇도 존립할 수 없고 존재할 수도 없다.

그런데 왜 우리 마음은 하나도 못 싣고 있을까. 왜 언제나 텅 빈 수레로 삼계육도를 떠돌아다니면서 끝없이 유랑하고 있을까. 그 이유를 이제 자세하게 조목조목 설명해 줄 것이다.

이제까지 우리의 진짜 마음인 일법계대총상법문체를 여섯 가지 문단으로 나누어 해석하였다. 이런 풀이는 **필삭기**는 물론 그 어떤 중국이나 한국의 스님들도 이렇게 나누어서 설명한 적이 없다. 그러나 이 **혈맥기**에서는 그렇게 다 나누어서 설명하였다.

起信論 所謂心性不生不滅
이른바 마음의 본성은 불생불멸한 것이다.

마음의 본성은 생멸이 없다. TV엔 생멸이 없다. 아무것도 들어간 것이 없고 나간 것이 없다. 들어간 것은 영상이고 나간 것도 영상이다. 영상은 생명이 없다. 생명 있는 것이 나고 죽는 생멸을 한다. 생멸이 없는 것은 허상이다. 허상은 생멸하지 않는다. 그러므로 TV엔 생멸이 없다.

산은 생멸하지 않는다. 산은 언제나 그대로 있다. 그 위에 온갖 생명들이 끊임없이 생멸한다. 봄이 되면 수많은 생명들이 태동하고 겨울이 오면 모다 얼어 죽는다. 그들은 생멸한다. 그러나 산은 생멸하지 않는다.

우주 공간에 우리의 마음은 전체에 있다. 전체는 생멸하지 않는다. 부분이 생멸한다. 중생은 전체에 부분으로 잠시 나타나 있다가 없어진다. 그러나 우리의 진짜 마음은 결코 생멸하지 않는다. 그래서 우리의 본래 마음에 대해 **반야심경**에서 불생불멸한다 라고 하셨다.

부분으로 보면 오고 감이 있다. 범부는 생일날 웃고 제삿날 운다.

이쪽에서 보면 생일날이라고 웃고 있지만 저쪽에서 보면 제삿날이라고 울고 있다. 그러므로 지금 여기서 태어난 자는 저쪽에서 누가 죽었기 때문에 여기서 생일을 하고 있다는 사실을 알아야 한다.

어디서 누가 죽지 않았다면 누가 이곳에 태어나겠는가. 그러므로 누가 태어나기를 애타게 기다리지 말라. 누가 죽어 울어야 그것이 가능하기 때문에 그렇다. 그 태어남을 완력으로 당기거나 자기에게 안 들어오고자 하는 영혼을 억지로 떠밀어 넣으면 언젠가 좋지 않은 인과를 받게 되는 수가 있다. **관무량수경**을 설하신 내용이 바로 이것이다.

집이 좋으면 좋은 사람이 오게 되고 집이 나쁘면 나쁜 사람이 오게 되어 있다. 그러므로 집을 좋게 꾸며놓고 기다리고 있어야 한다. 그러면 그 집에 맞는 손님이 들어온다. 확실하게 알아야 할 것은 대궐에는 거지가 들어가지 않는다는 사실이다. 이것만 알면 나와 내 자식들 관계가 어떤 관계인지 대번에 알 수가 있다.

그렇게 인간은 자기 복만큼 남의 몸을 빌려 이 세상에 태어나고 또 죽고, 또 다시 자기 복만큼의 통로를 찾아 태어났다가 또 죽는다. 우리는 정확히 그 과정 속에 있다. 이것을 생멸하는 중생이라고 한다. 전혀 생멸하지 않아도 되는 일을 중생은 그렇게 수많은 고통을 안고 멍청하게 생멸하고 있는 것이다.

起信論 一切諸法唯依妄念而有差別
일체의 만법은 오로지 망념에 의해 차별되게 나타나 있다.

눈앞에 펼쳐진 세계는 각양각색으로 천차만별이다. 영화관 스크린에 비친 영상은 누구의 마음에서 나온 시나리오일까. 나쁜 쪽으로 마음을 쓰면 나쁜 남자들이 나오고 좋은 쪽으로 마음을 쓰면 좋은 사람들이 나오는 영화가 된다.

인생도 마찬가지다. 내가 어떤 마음을 내느냐에 따라 나쁜 남자가 나타나고 좋은 남자가 다가오는 것이다.

미술심리학이라는 것이 있다. 미술로써 그 아이의 현 성격을 파악하는 방법이다. 그 아이의 마음에 어떤 것이 요동하고 있는지 그것을 도화지에 그려내게 함으로써 그 아이의 심리상태를 정확히 파악하고자 하는 것이다.

인간도 마찬가지다. 자기가 세상의 흰 도화지에 그림을 그리고 있다. 그 흰 도화지는 진여다. 거기에 자기가 살아온 억겁의 고정화된 행동습관과 죄장업력을 그대로 재현하고 있다. 그러므로 사람마다 세상을 보는 시각이 다르고 사람마다 세상을 아는 범위가 다른 것이다.

번화가에 나가서 사람들의 움직임을 관찰해 보면 진짜 흥미롭다. 정말 희한하고도 희한한 사람들이 제각기의 생각을 갖고 제각기의 패션으로 제각기식의 움직임을 만들고 있다는 사실을 보게 될 것이다.

이처럼 말할 수 없이 많고 많은 천차만별의 중생들이 이 우주 공간에 각양각색의 세계에 흩어져서 나름대로 몸부림치며 살겠다고 움직이고 있다. 그것이 기실 죽겠다고 몸부림치는 것인지도 모르고.

起信論 若離心念則無一切境界之相

만약에 마음속에 들어 있는 망념으로부터 벗어나버리면 일체 세상의 모습이 없어지게 된다.

마음속에 들어 있는 망념은 왜 들어 있을까? 그 망념의 근원은 무엇일까? 그것을 어떻게 제거한단 말인가? 이런 질문이 이어지게 될 것이다. 그것은 생멸문에 들어가서 자세하게 풀어줄 것이다. 여기서는 진여문을 설명하고 있기 때문에 일단 마음속에 망념이 있다는 전제하에서 이렇게 말하고 있는 것이다.

마음속에 들어 있는 망념의 움직임에 의해 중생세상이 만들어진다고 하였다. 다른 말로 하자면 중생의 망념이 천지창조를 한 셈이다. 그러므로 불교에서의 망념은 기독교에서 말하는 유일신인 여호와가 되는 셈이다.

참 재미있지 않은가. 불교에서의 망념과 기독교에서의 여호와가 동급이라는 사실에 대해서 말이다. 하지만 하나는 제거되어야 할 대상이고 또 하나는 신봉해야 하는 대상이라는 사실만 확연하게 다를 뿐이다.

꿈은 있는 것인가. 물론 꿈은 누구에게나 있다. 그러나 꿈은 사실이 아니다. 마음속에 남겨진 생각의 찌꺼기들이 마음의 허락을 받지 않고 제멋대로 벌이는 일순의 광대극에 지날 뿐이다. 숨어 있던 진짜의 마음이 제자리를 찾으면 망념이 만든 이 광대극은 바로 끝이 나버리고 만다.

옛날에 츄레라라는 말이 있었다. 영어발음인 트레일러를 일본식으로 그렇게 불렀다. 츄레라 운전수들은 장거리를 이동하기 때문에 거의 종일토록 운전을 하였다. 그들은 늘 졸음에 시달려야 했고 무료함과 싸워야 했다. 그것을 달래기 위해 그들은 대부분 값싼 조수를 고용해 데리고 다녔다.

값이 싸다는 말은 고용조건이 정말 형편이 없다는 뜻이다. 오다가다 도로 위에서 거친 밥 세 끼 겨우 먹여주고 운전석 뒤에 펼쳐진 기다란 비닐커버 의자 위에서 새우잠을 자는 정도로 고용된 상태였다. 가끔가다 빛바랜 여관방에서 자거나 여인숙에서 두 다리를 뻗고 잘 때는 바퀴벌레들이 온몸을 훑고 지나가도 천국에서 자는 것 같은 안락함이 있었다.

월급은 없었다. 조금씩 얻는 용돈으로는 칫솔 등 생활용품을 사는 것이 전부였다. 담배는 주워 피우거나 운전수가 피우고 난 뒤의 꽁초를 필터까지 타들어가게 몇 번 빠는 것으로 만족해야 했다.

그런데도 희망이 있었다. 그것은 나도 츄레라 운전수가 될 수 있다는 당찬 포부였다. 폼 나게 커다란 운전대를 잡고 이두박근을 꿈틀대면서 전국을 누빌 수 있다는 희망이었다. 그래서 운전수의 되도 않은 구박과 천대를 모두 다 견뎌낼 수 있었다.

하지만 나는 그것을 참지 못하였다. 보통 1년이나 2년은 그렇게 따라다니면서 온갖 궂은일과 허드레 심부름을 하면서 운전을 배우고 특수면허 시험에 응하는데 나는 1년을 조금 넘긴 상태에서 그만 둬버렸다. 도저히 매형으로 있던 운전수의 타박과 잔소리를 견딜 수가 없었다. 그래서 결국 특수면허를 따지 못하고 분한 마음에 출가를 해 버리고 말았던 것이다.

그때의 꿈은 언젠가가 될지 몰라도 내 츄레라에 컨테이너를 싣고 아시아대륙을 횡단하는 것이었다. 일본을 거쳐 캄차카로 가서 시베리아횡단열차를 따라 모스크바까지 가는 것이다.

거기서 다시 동유럽을 타고 스페인까지 내려갔다가 이탈리아 그리스 터키를 거쳐 수에즈운하를 건너간다.

그리고 아프리카대륙의 이집트로 들어가는 것이다. 광활한 대륙을 종단한다는 것은 정말 멀고 험난하며 외롭고 고달픈 도전이 되겠지만 누구에게도 간섭받지 않고 엔진룸 위에 솟아 난 기다란 연통에 검은 연기를 통통 내뿜으며 거침없이 사막을 질주해 케이프타운까지 달릴 수 있다는 것이 무엇보다 신날 것 같았다.

그 꿈이 이뤄지면 다음으로는 지구 반대쪽인 남미로 갈 예정이었다. 남극에 가까운 아르헨티나의 끝 우수아이아 항구에서 미주대륙을 종단하기 위해서이다. 아르헨티나를 거쳐 브라질을 넘어 파나마운하를 건널 것이다.

거기서 미국과 캐나다의 국경을 넘어 알레스카에 들어가 백곰을 쫓으며 설원을 누비다가 조용히 사라지고 싶었는데 다혈질적 매형의 성격 때문에 그 꿈이 안타깝게도 무산되고 말았던 것이다.

츄레라 운전수는 운전석에서만은 자기만의 왕국이었다. 그와 반대로 조수는 철저히 신하 역할을 해야만 했다. 조수가 운전대를 잡는다는 것은 완전한 터부였다. 그것은 신하가 왕좌에 앉는 것만큼이나 용서가 되지 않는 일이었다. 조수는 언제나 차를 닦고 짐을 상하차하고 운전수의 심기를 살피며 고단한 일과를 보내야 했다.

그런 조수에게 그래도 한 번씩 운전할 기회가 다가올 때가 있다. 바로 운전수가 개인 볼일로 몇 시간씩 자리를 비울 때이다.

그때를 놓치지 않고 조수는 운전석에 올라 핸들을 잡고 폼도 멋지게 잡아보면서 운전이 되는 동력장치를 여기저기 신기하게 만져보기도 한다. 떨리는 손으로 시동도 걸어보고 라이트도 켜보고 기어도 넣어본다.

그리고 아주 조심스럽게 직진으로 얼마정도 운전도 해 본다. 그러다 혹시 운전한 것이 들킬세라 쿵쾅거리는 심장으로 급히 또 후진을 한다. 그리고는 아무 일도 없었다는 듯 제자리로 힘겹게 갖다 놓는다. 하지만 그렇게 쉽게 되지를 않는다. 진땀을 흘리면서 바동거리고 있을 때 운전수가 턱 나타난다.

여기서 츄레라 운전수는 우리의 마음이다. 우리의 마음이 잠시 자리를 비운 사이 망념이 들어와 꿈의 세계를 만든다. 아무것도 없는 마음에 수없는 상처를 내고 꿈은 사라진다.

분명한 것은 마음이 자리를 비우거나 곯아떨어질 때라야 만이 이 망념이 진짜 마음의 대체 노릇을 하며 세상을 제멋대로 헤집고 다닌다는 것이다.

起信論 是故一切法從本以來 離言說相 離名字相 離心緣相 畢竟平等無有變異 不可破壞唯是一心 故名眞如

그러므로 일체법은 원래부터 언설을 떠난 모습이고 名字를 떠난 모습이며 심연을 떠난 모습이다. 필경에 평등해서 변이가 있을 수 없고 가히 파괴되지도 않는다. 그것은 오로지 일심이다. 그래서 그것을 진여라고 한다.

名字를 떠난 모습이다고 했을 때 명자는 이름과 글자를 말한다. 이것만 떠나면 곧 진여를 볼 수가 있다. 그런데 지식인이라는 사람들은 이 명자와 이름에 의해 만들어진 인격체다. 그러므로 그들은 절대로 자신의 진짜 마음을 보려하지 않는다.

"원효의 일심관에 대해 박사논문을 쓰고 있습니다. 도와주실 수 있습니까?"
"논문을 쓰지 않으면 일심관이 보입니다."

진여는 범부들이 일상의 생활에서 요긴하게 쓰기 위하여 만들어 놓은 이름과 글자로부터 완벽하게 벗어나 있다. 그러므로 범부들이 이 진여를 드러내기 위해 이름과 문자를 쓰는 날에는 하늘과 땅 사이로 그 간극이 벌어져 버리고 만다.
중국의 선사들은 어떻게 이 이름으로부터 벗어나는 방법을 구사했는지 하나의 예를 들어보자. 위산선사가 갑자기 원주를 찾았다. 원주는 부엌살림을 도맡아 보는 소임을 말한다. 그는 헐레벌떡 스승의 방으로 달려갔다.

"스승님, 부르셨습니까?"
"아니. 난 원주를 찾았는데 자네가 여기 웬일이지?!"

머리를 긁적이며 방을 나오는데 스승은 상수제자를 오라고 했다. 보통 상수제자는 선원의 입승 소임을 맡고 있는데, 그때 입승은 혜적 선사였다. 그 역시 난데없는 스승의 부름이라 정신없이 뛰어가 스승 앞에 부복했다. 그런 그를 스승은 멀거니 바라보더니

"나는 혜적을 불렀는데, 너는 여기 왜 왔느냐?!"

문자와 이름은 인간이 만들어 내었다. 아이들에게서는 아이들의 작품이 나오고 어른들에게서는 어른들 작품이 나온다. 그들이 갖고 있는 두뇌의 용량에 따라 나타나는 작품이 다르다.

제각기의 범부가 갖고 있는 의식을 서로 전달하기 위해 보조수단 으로 만들어진 것이 문자와 이름이다. 그러므로 이것은 범부에게 상 용되고 범부에게 유용한 도구이지 그 이상도 그 이하도 아니다.

수행자는 명자를 떠난 진여를 궁구한다. 평생 동안 고난과 극기로 참구한 그 체험을 어떻게 타인들에게 설명해 그 이익을 함께할 수 있을까? 그것은 가능할까? 하지만 불가능하다. 그 어떤 수단으로도 자기가 체험한 내적 경험은 타인과 함께 나눌 수 없다. 그것은 지극 히 개인적이기 때문이다.

진여는 언어를 떠나 있다고 했다. 언어가 접근하면 진여는 놀란다. 언어가 건드리면 진여는 바로 오염되기 시작한다.

그렇다면 어떻게 그 체험된 경험을 범부에게 설명해 그들도 그런 체험을 하도록 할 수 있을까. 할 수 없다면 이 진여는 수행자들의 전유물이 되는 것이 아닌가. 참방한 선객과 혜림선사가 나눈 대화다.

"알고는 있으나 말을 못하는 자는 어떤 자입니까?"

"꿀 먹은 벙어리지."

"알지도 못하면서 말은 청산유수 같은 사람은요?"

"사람 말을 흉내 내는 앵무새지."

이 앵무새들의 폐단을 없애기 위해 어쩔 수 없이 그 수행의 체험을 문자로 남겨 언어 너머에 또 다른 세계가 있다는 것을 가르치고 싶어도 그 과정이 그렇게 만만치가 않다.

언어는 상대하는 사람이 전부지만 문자는 불특정 다수에게 전달될 수 있는 방법이므로 참구자는 궁여지책으로 어떻게든 책을 저술하고자 한다.

저술된 원고는 자의건 타의건 출판사로 간다. 이제 참구자가 쓴 글은 출판사 편집인들이 검증을 한다. 거기서 탈락하면 골방의 폐지가 되고 통과되면 아름다운 표지를 쓰고 세상에 나온다. 여기서 놀라운 일은 그 원고를 심사하는 자들이 출판사 직원들이라는 사실이다. 그 원고가 그들의 식견에 정확히 맞아야 그 출판은 가능하기 때문이다.

참 흥미롭지 않는가. 수행자의 각관체험이 그들의 의식수준에 의해 검증된다는 것이 무척 재미있지 않은가. 분명 어떤 내용들은 그들의 눈높이를 넘어서 있다. 그러면 태클이 걸리고 컴프레인이 붙는다. 그들의 상상을 벗어난 내용이 그들의 문학수준에 맞추어 출판을 해야 한다는 사실이 정말 코믹하지 않은가. 그들이 원하는 것은 문학이고 참구자가 원하는 것은 문학을 벗어난 세계를 말하고자 하는데 그들은 계속해서 문학의 세계에 그것을 가두려고 한다.

"그것은 우리로써는 이해할 수가 없습니다. 그러므로 책이 되지 않습니다."
"이해되는 책도 있고 이해 안 되는 책도 있는 거 아닙니까?"

그들은 죽어도 안 된다고 한다. 책에는 책이 될 수 있는 조건과 표준이 있어야 한다고 한다. 그들의 기준에 맞으면 책이 되고 그들의 수준에 맞지 않으면 상규를 벗어난 狂語광어가 된다. 문학은 사람들이 다 좋아하고 광어는 소수가 거기서 어떤 특별한 영감을 얻는다.
사람들이 다 좋아하는 것치고 가치 있는 것을 본 적이 있는가. 결과적으로 그런 것치고 마지막에 가치 있는 결과가 나오는 것은 하나도 없다.
사람들은 무리를 지어 따르고 좇는 역할만 한다. 그들은 떼거리의 힘을 믿고 저돌적인 공격만 하지 의식의 혁명에는 조금도 기여하지 않는다. 마지막에 군중을 이끌고 나아가는 자들은 언제나 소수고 외톨이고 아웃사이더들이다.
출판인들은 자기들의 소견에 의해 소수의 사람들이 책 너머의 책을 볼 수 있는 기회를 잃어버릴 수도 있는 위험한 결정을 하고 있다. 그들은 정신적으로 더 크게 성장할 수 있는 소수의 사람들을 버리려하고 있다.
그들이 만드는 책 너머에 또 다른 책이 있다는 것을 가르쳐 주기 위해 책을 만들어 주고 싶은데 그들은 그 소수를 위한 책까지도 자기들의 책 속에 집어넣으려 하고 있다.

그런 것을 가르쳐 주기 위해서 준 원고인데 자꾸 그런 책은 안 된다고 한다. 그 소수에 의해 인간세상은 획기적인 발전을 하고 나날이 향상되어 가는데 그 사람들의 독특한 생각은 아예 무시해 버리고자 한다.

그런 책도 나와도 된다고 아무리 설명해도 그들은 책의 격식만 따지지 책 너머의 책에 대한 것에는 절대로 양보는 할 기색이 없다. 활자화 된 문학의 사조와 풍조는 어쨌든 그들의 머리와 손가락에 의해 가능되고 재단되어져 밖으로 나오는 것이다.

그들은 젊다. 국문학을 전공했을 것이다. 분명 보통의 책을 만드는 데는 나름대로 소신과 긍지가 충만해 있는 자들일 것이다. 그런 깐깐한 자들에게 진여의 세계를 다룬 내 원고가 주어졌다.

그들의 눈에 비친 현상의 세계와 40년이 넘게 본질인 진여를 수행한 수행자의 싸움에서 내가 참담하게 져버렸다. 그것도 진여라는 명제를 두고 내가 두 손 두 발 다 들어버린 것이다.

그들이 만약 조사들이 맹렬하게 활동하던 시절에 출판사 편집을 맡고 있었다면 조사어록은 절대로 태어날 수가 없었을 것이다. 조사어록은 이론적으로 전혀 이치에 맞지 않은 기발한 대화들을 주고받기 때문이다.

다행히 그때에는 제자들이 그대로 그것을 기록해 놓았기에 이제까지 가감없이 전해지는 것이지 그 기록을 그들에게 맡겼다면 아마 전부 다 도망을 가버리고 말았을 것이다.

애꿎은 출판사 직원들만 나무라고 탓할 필요는 없다. 그들도 제대로 된 책을 만들어서 이익을 창출해 내어야 하는 고용된 직원들인데 그들의 고충을 왜 모르겠는가. 내가 하는 말은 내 뜻을 이해 못하고 자꾸 어떤 격식만 내세우는 말투가 못내 서운해서 그냥 한번 끄적거려 본 것이다.

起信論 以一切言說 假名無實 但隨妄念 不可得故

일체의 언설로써 무어라 이름 붙여도 진실성이 없다. 그런데도 그것이 망념을 따라가면 그 본연의 모습을 지킬 수가 없다.

그렇다면 **화엄경**은 문학인가, 문학이 아닌가? 나름대로 유명세를 갖고 있는 어느 스님이 대단하게 큰 절을 짓고 나서 화엄문학상을 제정했다고 한다. **화엄경**을 인류문학의 최고봉이라고 격찬하면서 그 **화엄경** 사상을 전파하기 위해 그 상을 제정했다고 한다.

난 그 소리를 듣고 정말 졸도하는 줄 알았다. 어떻게 스님이 되어가지고, 명색이 불법을 가르치는 스님의 신분에서 **화엄경**을 문학이라고 표현할 수 있는가이다.

문학은 범부의 망념에서 나온 의식의 찌꺼기들이고 경전은 성자가 깨달음으로 설법한 진리의 말씀들인데, 이것을 한 통속으로 같이 보다니 정말 놀라 나자빠질 뻔한 소리였다.

거기다가 한 술 더 떠서 그 상과 더불어 부상의 금전을 받는 분들이 대개가 당대에 덕망 높은 큰스님들이라는 것이다. 이건 또 무슨 흉측스런 시추에이션인가.

어떻게 한결같이 경전을 보는 수준과 안목이 이렇게 형편없단 말인가. 이거야 원, 가히 기가 차고 맥이 끊어질 정도로 해괴망측한 일이 아닐 수가 없는 일이다.

부처님의 말씀은 문학이 아니다. 그분의 말씀은 진리다. 그 구성의 웅대함과 사상의 심원함은 태양과 같이 빛이 나 정말 눈이 부실 정도로 웅휘하고 찬란하다.

그래서 불경을 문자반야로 표현했다. 범부들이 써 놓은 글은 죄업의 마음에다 아름답게 색칠하는 것이라면 불경은 그 색칠을 벗겨내는 방법을 써 놓은 것이기 때문에 그 글자의 용도가 완전히 다르다. 그래서 똑같은 문자로 쓰여진 글이지마는 그 효용결과는 하늘과 땅으로 격차가 벌어지게 된다.

경전은 깨달은 성인이 말씀하신 것이고 문학은 미혹한 범부가 글재주로 쓴 것이다. 성인은 범부의 언어로 그 깨달음을 전달하려 하고 범부는 언어 자체를 수사적으로 세련되게 다듬어 작품화하고자 한다. 성인에게 언어는 필요악이고 범부에게 언어는 절대선인 셈이다.

그러므로 범부의 의식잣대로 성인의 가르침을 평가해 문학상을 준다는 것은 똑같은 날개를 가졌다고 해서 뱁새가 붕새에게 뱁새비익상을 내리는 행위와 같은 것이다.

이것은 노벨이 부처님을 만나 **화엄경**을 잘 설했다고 노벨문학상을 주려고 하는 것과 같이 진짜 생뚱맞은 짓을 넘어 괴상의 극점을 치는 일인 것이다.

말세가 되면 졸도할 일이 많다고 하더니 범부가 성인의 말씀에 상을 내리고 있는 이 무참의 작태는 어떤 스님들이 참선을 명상이라고 말하는 것보다 더 요상하고 더 망측한 소리임에는 가히 틀림이 없다.

기독교의 바이블이나 이슬람의 꾸란을 보고 문학이라고 하는가. 그런 소리를 들어본 적이 있는가. 결코 없을 것이다. 그런데 왜 **화엄경**만은 문학이라고 하는가. **화엄경**은 그들 성서보다 수준이 낮고 저급하다고 여겨서 그런 것인가. 부처님의 경전은 불자 스스로가 그렇게 천대하고 업신여겨도 되는 것인가.

이렇게 이름 난 몇몇 큰스님들이 직접 불경 중에서 가장 수승하다는 이 **화엄경**을 그런 허접스런 범부의 문학수준으로 사정없이 깎아내려 버리는데 어떻게 일반 사람들이 불법을 존경하고 찬탄하며 그 가르침을 거룩하게 받들어 모시고자 하겠는가.

화엄경이 문학이라면 누가 불교를 믿겠는가. 문학 정도밖에 되지 않는 경전을 누가 신앙하고 경배하겠는가. 문학과 경전을 동급으로 보는 자들은 불교를 죽이려고 작정한 마구니들이다. 그자들이야말로 큰스님들이 아니라 불법을 말살시키려고 하는 사자 속의 벌레들이다.

어쨌거나 마명보살은 범부의 언설을 가지고서는 진여에 무어라 이름 붙여도 진실성은 없다고 하셨다. 그 말씀 속에는 언설에 이어 명자와 심연도 그렇다는 것을 알아야 한다. 즉 어떤 명자를 붙여도 진여를 표현하는 데는 진실성이 없고 어떤 심연인 생각을 해도 그것은 절대 불가하다는 것이다.

우리의 진짜 마음인 진여는 범부가 제멋대로 이름붙이고 제멋대로 자리매김해도 전혀 손상이 가지 않는다. 아쿠아리움에 들어 있는 상어에게 아이들이 아무리 소리쳐 봐도 그 소리가 전달되지 않는다. 자기들끼리 박수치며 히히덕거릴 뿐 상어는 그런 것에 개의치 않고 그저 무심하게 움직이고 있듯이, 범부들이 아무리 뭐라고 해도 진여는 그저 진여로써 항상 그대로 억겁토록 여실하게 내 마음 안에 항상 존재하고 있다.

그렇게 대단한 진여라 하더라도 이것이 범부의 망념을 따라가는 날에는 아주 볼썽사나운 모습으로 변해 버린다. 세계 최고의 미녀가 자기도 모르는 사이 넝마거죽을 덮어쓴 거지여인이 되어 버리고 힘세기로 유명한 헤라클라스가 이상한 마법에 걸려 한순간 비 맞은 생쥐 꼴이 되어 버리는 것과 같아지는 것이다.

그만큼 이 진여는 망념과 상극이다. 진여는 부처의 본성이고 망념은 중생을 만드는 원동력이다. 그 힘은 부처의 본성을 사정없이 휘둘러 어리석게 만들어 버린다.

앞에서도 한 번 분명히 언급하였다. 어떻게 이 부처의 밝은 본성이 망념의 공격에 꼼짝을 못하고 맥없이 그렇게 당하고만 있단 말인가 라고 했다.

지금이 그렇다. 범부가 부처를 이기고 있다. 범부가 부처를 완전히 누르고 있다. 속된 말로 아주 그냥 갖고 놀고 있다. 범부의 망념이 작동하면 시방허공계의 대승보살들에게 설해진 연기경 최고의 경전인 **화엄경**조차도 일개 범부의 문학작품으로 대번에 격하시켜 버리는 것을 보면 범부의 어리석음이 얼마나 무섭고 겁나는지 새삼 알게 해 주고도 남음이 있는 것이다.

그들은 망념에다 비밀리에 전해지는 비술인 기문사둔갑술까지 익혔는지 모른다. 그렇지 않고서야 어떻게 **화엄경** 같은 절대무비의 경전을 범부의 식견으로 엮어지는 문학서책으로 졸지에 둔갑시켜 버릴 수 있는가 하는 것이다. 정말 놀랍고 놀랄 일이다.

海東疏 初文有三 一者略標 二者廣釋 其第三者往復除疑
첫 문장 속에 세 뜻이 들어 있다. 첫째는 간략하게 표시하고 둘째는
널리 해석하며 셋째는 왕복으로 의심을 제거해 준다.

간략하게 표시한다는 것은 진여가 무엇인지 일단 우선 드러낸다는
말이다. 둘째는 그 진여를 폭넓게 풀이하고, 세 번째는 그 진여에
대한 의문을 차례로 없애준다는 것이다.
왕복이라는 말은 한 번으로 끝내는 것이 아니고 거듭해서 그 의심
을 제거해 준다는 의미이다.

海東疏 略標中言卽是一法界者 是擧眞如門所依之體 一心卽是一
法界故
간략하게 표시한 것 중에서 말한 일법계라는 뜻은 진여문의 바탕체를
말하는 것이다. 일심이 곧 일법계이기 때문이다.

원효성사도 다른 여타의 스님들처럼 일 법계를 붙여서 하나로 설명
하시고 있다. 하지만 **혈맥기**는 一과 法界를 떼서 설명한다고 하였다.

"당신의 진짜 마음은 무엇입니까?"
"진여입니다."
"진여가 무엇입니까?"

"일 법계 대 총상 법 문 체입니다."

此一法界通攝二門而今不取別相之門 於中但取總相法門
이 일법계는 두 문을 다 포함하고 있다. 지금은 별상의 문을 취하지
않고 총상의 법문을 취하고 있다.

별상이라는 말은 진여문과 생멸문을 따로 말하는 것이다. 총상은
이 두 문을 합친 것을 말하기 때문에 일법계는 이 둘을 다 포함해
있다고 한다. 그래서 일법계 속에 생멸하는 세상과 불생멸하는 세상
이 다 들어 있다고 한 것이다.

然於總相有四品中 說三無性所顯眞如 故言大總相
그렇게 이 총상에는 사품의 내용이 다 들어 있다. 그 가운데서 삼무성을
설하면서 진여를 드러내었는데 그것이 말하자면 대총상이라는 것이다.

사품은 **사품범문경**의 준말이다. 또는 **감로고경**이나 **법경경**이라
고도 한다. 송나라 때 법현스님이 번역하였다. 세상을 분별하면 네
가지 품류가 된다는 내용이다. 즉 계법과 처법과 연생법과 처비처
법이다.
계법은 세상이 왜 생기고 왜 없어지고 하는지에 대한 해설이다.
처법은 그 세상에 맞는 인연을 지은 사람들끼리 어떻게 살아가는지
그 연유에 대해 설명하고, 연생법은 무슨 인연이 있어서 내가 여기에
태어났는지를 아는 것이며, 마지막에 처비처법은 도리에 계합한 삶

388

인지 아닌지를 잘 가려서 사는 법을 말한다. 이 네 가지 품류를 알게 되면 지혜로운 자이고 그것을 알지 못하면 어리석은 사람이라고 부처님은 말씀하셨다.

삼무성은 법상종에서 세상의 구성은 세 가지로 만들어졌다고 한다. 앞에서 몇 번이나 언급한 변계소집성과 의타기성, 그리고 원성실성이다.

空의 입장에서는 그 세 가지를 모두 다 空의 세계로 본다. 즉 변계소집성은 형상이 없는 것이고, 의타기성은 일어남이 없는 것이며, 마지막에 원성실성은 그 자체에 수승한 뜻은 가지고 있지만 그 독자적인 성품은 없는 것이다고 한다.

사실 원성실성을 승의무성이라고 부르는 것은 이 원성실성은 앞 두 개에 상대한 이름이 되기 때문이다. 그냥 원성실성이라는 한 개만 말하게 되면 승의가 되지만 원성실성과 의타기성이 같이 있게 될 때에는 이것도 상대적 존재이기 때문에 그 성품이 없다고 하는 것이다. 그래서 이 세 가지는 있는 것처럼 보이지만 그 본질은 없고 오직 절대적인 진여만 있다고 하는 것이다.

그래서 진여는 홀로 독야청청하다. 언제나 원만하고 상주한다. 그리고 만유의 근원이 된다. 그러므로 진여는 만유를 모두 다 끌어안고 있다고 해서 총상이라고 부르는 것이다.

海東疏 軌生眞解 故名爲法 通入涅槃 故名爲門

궤칙에 맞게 사는 중생이라면 진여문을 열고 들어가기 때문에 그 이름을 법이라고 하고, 모든 중생들이 열반으로 이것을 통해서 들어가기 때문에 그 이름을 문이라고 한다.

법은 흐름을 말한다. 역행하는 것이 아니라 순응하는 것이다. 누구든지 이 진여법에 순응하는 자들은 진여문 속으로 들어가게 된다. 그것이 법이다.

법은 흐름이고 궤범이다. 그것을 궤칙이라고 한다. 그러므로 이 궤칙에 맞게 사는 중생들은 필연적으로 그쪽으로 흘러든다. 그래서 법이라고 표현하였다.

궤칙이라는 말은 궤도와 법도를 말한다. 궤도는 정상적으로 진행되는 방향을 말하고 법도는 그 법칙을 말한다. 하지만 궤칙에 맞지 않은 사람들은 어떻게 되는 것인가. 그들은 생멸문 속에서 방황한다. 그들은 마치 바람에 나부끼는 나뭇잎처럼 삼계육도를 정처 없이 떠돌아 다녀야 한다.

혈맥기에서는 법을 세계로 보았다. 즉 부처의 세계와 중생의 세계 전부가 심진여 속에 들어가 있다고 본 것이다. 그런데 성사는 이것을 이치의 흐름인 법으로 보셨다. 그분의 말씀이 나보다 더 깊고 더 심오하다고 생각한다. 그분께 예경을 드린다.

문은 이미 **혈맥기**에서 설명이 되었었다. 닫고 들어가고 열고 나오고 하는 기능을 가지고 있다. 모든 중생들을 모두 다 진여문 쪽으로 들어가도록 하는 작용이 바로 대승인 것이다. 그래서 마명보살이 문이라는 단어를 쓰셨던 것이다.

如一法界擧體作生滅門 如是擧體爲眞如門 爲顯是義 故言體也

일법계가 본체가 되어 생멸문을 만든다. 그처럼 본체가 진여문을 만든다. 이러한 뜻을 나타내기 때문에 본체라고 하였다.

생멸문도 진여문도 모두 다 일법계 위에 세워진 세상이다. 일법계는 전체다. 전체 속에 두 세계가 존재하므로 그 전체를 본체라고 한다. 그래서 진여의 본체 위에 생멸문과 진여문이 있게 된 것이다.

텔레비전 속에 나쁜 세계와 착한 세계가 그려진다. 그러나 그 TV의 본체는 하나다. 마음도 하나고 법계도 하나다. 그 속에 중생이 있고 부처가 있다. 그러므로 부처와 중생은 한 마음의 틀 속에 같이 더불어 살고 있다.

밝음과 어둠도 한 법계 속에 같이 들어 있다. 밝음이 있으면 어둠이 사라지고 어둠이 있으면 밝음이 사라진다. 마찬가지로 중생이 나타나면 부처가 숨고 부처가 나타나면 중생이 사라지는 것이다.

중생의 신분으로 존재하면서 흡족한 삶을 살아가는가? 그렇지 않다면 중생의 삶을 거두고 부처의 삶을 살면 된다. 이것이 불교가 중생에게 제시한 가르침이다.

그래도 이 중생세상의 고통이 참을 만해서 그대로 살겠다면 불교는 먼 나라 동화 같은 이야기로 치부하여도 좋다.

海東疏 此下廣釋 於中有二 一者顯眞如體 二者釋眞如名 初中有三 一者當眞實性以顯眞如 二者對分別性而明眞如絶相 三者就依他

性以顯眞如離言

이 밑으로는 진여를 널리 풀이하는 부분이다. 그 가운데 둘이 있다. 첫째는 진여의 본체를 풀이하고, 둘째는 진여의 이름을 해석한다. 첫 부분 가운데도 셋이 있다. 첫째는 진실성에 합당시켜 진여를 나타내고, 둘째는 분별성에 상대하여 진여는 모습이 없다는 것을 밝히고, 셋째는 의타성에 나아가 진여는 언어로부터 벗어나 있다는 것을 드러내고 있다.

먼저 진여는 일법계대총상법문체라고 했다. 이제 그 진여의 본체를 풀이한다. 거기에 진실성과 분별성과 의타성을 내세워서 진여의 참 모습을 드러내고자 한다.

첫 번째는 진여는 진실한 성품을 가지고 있다고 하였다. 두 번째는 진여는 분별할 수 있는 어떤 모습이 없다고 했고, 세 번째는 진여가 어떤 인연에 의해 그 모습이 나타난다 하더라도 그것은 언어로부터 벗어나 있는 것이다고 했다.

海東疏 初中言心性者 若眞如門論其心性 心性平等 遠離三際 故言心性不生不滅也

첫 번째로 말한 심성이라는 말은 진여문 쪽에서 그 심성을 말해 볼 것 같으면 그 심성은 평등하여 삼제로부터 멀리 벗어나 있다. 그래서 심성은 불생불멸이라고 하셨다.

심성은 진여의 본성이다. 즉 우리 진짜 마음의 본래성품이다. 이것은 온 우주만상에 평등하다. 평등하다는 말은 전체에 가득 차 있다는 뜻이다.

상기해 두어야 한다. 우리의 진짜 마음은 어디에 있는지에 대해 잊지 말아야 한다. 그것은 우주 천지에 가득하여 없는 곳이 없다. 그런데 지금은 어디에 있는가. 범부의 작은 가슴 한 구석에 들어 와 있다. 허공과도 같이 크고 넓은 마음이 어떻게 그렇게 작아져서 내 가슴 속에 들어와 박혀 있는지에 대해서는 앞으로 나오는 생멸문에서 천천히 밝혀 줄 것이다.

전체는 영원하다. 부분은 생멸한다. 그래서 이것은 전체이기 때문에 과거 현재 미래로부터 벗어나 있다. 과거 현재 미래의 삼세는 부분에서 만들어진 갈라진 시간들이다. 전체는 생멸하지 않는다. 그래서 원문에서 삼제를 떠나 불생하고 불멸하다고 한 것이다.

海東疏 第二中有二句 初言一切諸法唯依妄念而有差別者 是擧遍計所執之相

두 번째 가운데 두 구절이 있다. 첫 구절에서 말한 일체의 모든 법은 오직 망념에 의해 차별이 있다는 것은 변계소집의 모습을 든 것이다.

지금 눈앞에 보이는 세상은 망념이 만들어 놓은 가짜 세계다. 망념은 망녕된 생각이다. 또렷하고 분명한 마음이 아닌 흐릿하고 침침한 마음에 의해 움직이는 의식 활동이 바로 이것이다. 이 의식은 정상이 아니다. 아주 문제가 많은 비정상적인 의식이다.

범부는 이 의식을 쓴다. 이 의식을 갖고 중생계를 휘젓는다. 때로는 왕이 되고 때로는 하인이 되며 때로는 짐승이 되었다가 때로는 천인이 된다. 어떤 때는 남자가 되고 어떤 때는 여자가 된다. 어떤 때는 선인이 되고 어떤 때는 악인이 되기도 한다.

조금 전에 분명히 말하였다. 이것은 정상이 아니라 비정상적인 의식이라고 하였다. 그래서 이것을 망녕된 마음이라고 한다. 이것은 진짜의 마음이 병들면 나타나는 이상한 정신이다. 마치 맛있는 떡이 오래되면 거기에 나타나는 곰팡이와도 같다. 그 떡을 먹으면 큰일 난다. 마찬가지다. 이 의식을 쓰면 절단난다. 다 죽어야 한다.

그렇다면 이것을 쓰는 범부들은 다 이상한 사람들이란 말인가? 그렇다. 범부들은 다 정신병자들이다. 듣는 기분이 불편하겠지만 엄연한 진실이다. 이 수준보다 더 문제가 많으면 이제 범부가 지어놓은 하얀 정신병원에 들어가야 한다. 하지만 그렇게 집어넣는 그들도 한 수 위의 사람들이 내려다 보면 도진개진의 비정상인인 것만은 틀림없다.

海東疏 次言若離心念卽無一切境界相者 對所執相顯無相性

다음에 말한 마음 가운데 망념을 떠나버리면 일체경계의 모습이 없어진다는 말은 변계소집을 상대해 무상성을 드러낸 것이다.

내가 속해져 있는 가족 사회 국가 모두 다 나의 망념이 만들어 낸 소산물이다. 망념은 아무것도 모른다면서 가만히 있지를 못하고 내면에서 활발하게 도면을 그린다. 그리고는 행동으로 옮기라고 충동질한다. 그런 망념에 의해 움직이면 반드시 시행착오를 일으킨다.

자동차 아파트 주택 도로 건물 모두 다 망념이 만들어낸 시행착오적인 물상들이다.

뭐 하나 완전한 것이 없다. 세상에 인간이 만들어 낸 것치고 완전한 물품이 하나라도 있던가. 하나도 없다. 있지도 않은 가공의 신에서부터 없지도 않은 진실에까지 인간의 망념이 일단 스쳐 지나갔다하면 필연적으로 문제투성이와 쓰레기더미만 수북하게 쌓여간다.

바깥세상의 문제뿐만 아니라 그 망념을 만들어내는 마음속까지 이런 문제의 쓰레기는 켜켜이 쌓여가고 있다. 그 속에서 죄업이 꿈틀대고 번뇌가 치솟아서 조금도 마음이 편할 날이 없다. 그런 상태를 고통이라고 하고 인간은 그 고통을 벗어나기 위해 또 온갖 가지 방법을 개발하고 가르치고 배우곤 한다. 하지만 그것조차 또 다른 문젯거리를 야기 시킨다.

그러므로 중생세계에는 고통과 문제가 끝이 나지를 않는다. 하지만 간단히 해결할 방법이 있다. 아주 깔끔하게 흔적도 없이 이런 문제를 단번에 해결할 길이 딱 하나 있다. 그것은 바로 현재의 자기마음을 버려버리는 것이다.

프리기아의 수도인 고르디움에 고르디우스의 전차가 있었다. 고르디우스는 용장이면서도 맹장이었다. 그는 주변의 왕국들을 쳐부수어 영토를 넓힐 때마다 행운을 가져다준다는 미신 때문에 수많은 색깔의 매듭들을 전차에 매달았다.

그의 활약이 멈춘 노년에 그 매듭들을 사람들이 풀려고 하자 얼마나 얼키고 설키게 묶어놨는지 도저히 풀 수가 없었다.

그것을 본 고르디우스는 그렇게 힘들게 풀 필요는 없다고 하였다. 어느 누구든 아시아를 정복한 맹장이 나타나면 그 매듭을 손쉽게 풀 것이라는 예언을 남기고 죽었다.

그로부터 수 천 년이 지난 뒤 알렉산드로스 대왕이 아시아를 정복하고 아나톨리아 지방을 지나가던 중 대대로 전해오던 그 전차의 이야기를 들었다. 그는 호위병들을 이끌고 고르디우스 황제가 잠들고 있는 궁전에 나아가 그 전설의 전차를 직접 목격하게 되었다. 그야말로 많고 많은 매듭들이 전차를 감싸고 있었기에 그것을 풀려면 어디서부터 손을 써야 할지 몰랐다.

수많은 병사들이 그 전차를 둘러싸고 이리저리 매듭의 끝을 찾으려 낑낑대는 것을 지켜보던 알렉산드로스 대왕은 큰 소리로 명령했다.

– 모두 전차에서 물러나라! –

그와 동시에 대왕은 허리에 차고 있던 장검을 뽑아들었다. 그리고는 사정없이 그 매듭들을 찍어내기 시작하였다. 그 장검의 칼날에 수천 년을 꽁꽁 묶어온 매듭들이 한 가닥 한 가닥씩 떨어져 나가 마지막에 장엄한 전차의 모습이 그대로 드러나게 되었다.

이 이야기는 진실이고 거짓이고가 문제가 아니다. 이것은 대단하게 복잡한 문제라도 생각의 전환에 따라 아주 쉽게 풀어 버릴 수 있는 방법이 있다는 점을 확연히 보여주고 있다.

위의 일화처럼 중생의 모든 고통의 문제는 중생의 마음이 만들어 낸 것이기 때문에 그 마음을 없애 버리면 일순간에 모든 고통은 해결되어 버린다. 그 외에는 방법이 없다. 천하에 이 방법 외에는 그 어떤 방법도 없다.

가장 차원이 낮은 자들은 자기 마음이 있는지조차 모른다. 그 다음은 마음이 있다는 것은 아는데 거기에 관심이 없다. 그 다음은 자기 마음을 누르며 사는 사람들이고, 그 위의 사람들은 마음을 달래며 사는 사람들이다.

여기서 한 차원 더 나아가면 마음을 수련하면서 살고, 그 위에 드디어 마음을 닦는 사람들이 있다. **기신론**의 차원은 그 위에 있다. 그 문제투성이의 마음을 깨끗하게 미련 없이 버리도록 하는 데 있다.

지금의 마음을 버려 버리면 현재 나를 압박하고 있는 가족문제 사회문제 국제문제 환경문제 더 나아가 개인적인 죄업문제까지도 모두 한꺼번에 다 사그리 날아가 버린다.

그러면 거기에 아무런 흔적이 없다. 그 버림의 깨달음은 앞으로 생멸문에서 자세히 설명해 나갈 것이다.

海東疏 猶如空華唯依眼病而有華相 若離眼病 卽無華相 唯有空性 當知此中道理亦爾

그것은 마치 공화처럼 오직 눈병에 의해 꽃모습이 있는 것과 같다. 만약 눈병이 없어지면 곧 꽃모습은 없어지고 오직 空性만 있게 된다. 마땅히 알라. 이 가운데 도리 또한 그러한 것이다.

空華공화라는 말이 나왔다. 공화는 허공에 핀 꽃이다. 허공에 무슨 꽃이 있단 말인가. 하지만 허공에 꽃이 보이는 사람들이 있다. **원각경**에서는 공화와 같이 第二月제이월도 언급하셨다. 달은 하나인데 달이 두 개로 겹쳐 보이는 증상의 사람들을 말한다.

밝은 대낮인데 눈앞에 모기 같은 것이 계속 움직인다. 그것을 비문증이라고 한다. 그러면 그 모기를 쫓기 위해 자기도 모르게 자꾸 손을 젓게 된다. 남이 보면 왜 저러나 할 정도로 이상한 행동을 하지만 본인은 본인대로 그것이 없어지지 않으니 참 답답하기만 하다.

이것은 늙어가는 과정 속에서 거의가 다 경험하는 안구질환 증세 중에 하나다. 이런 증세가 나타나면 누구든 안과병원을 찾아간다. 안 찾아가는 사람은 없다.

여기서 말한 空華는 바로 비문증과 같은 것이다. 비문증에서 자꾸 손을 저어 없애려 하듯이 공화는 사람들의 혼을 빼앗아 어떻게든 그것을 잡도록 만든다. 누가 자신의 눈앞에 갑자기 피어난 아름다운 꽃을 대수롭지 않게 생각하고 그냥 넘어가겠는가.

백이면 백 다 그것을 잡으려고 한다. 나아가다 분에 차지 않으면 뛴다. 문제는 그 꽃에다 정신이 팔리면 필연적으로 사고가 난다는 것이다. 어디에 받치고 어느 구덩이에 처박힌다. 그래서 상처를 안고 다시 일어나 헐떡이며 뛰어간다.

그 꽃이 눈앞에 보이는 이상 결코 포기하지 않는다. 그럴수록 그 공화는 또 저만치에서 나를 끌어당긴다. 이것 참 사람 환장하게 만든다. 결국 그 공화를 잡으려다 인생 자체를 다 망치고 만다. 마침내 아름다운 공화도 못 가지고 기력도 소비되어 쓸쓸히 쓰러져 죽고 만다. **원각경** 말씀이다.

知彼如空華 지피여공화
卽能免流轉 즉능면유전
又如夢中人 우여몽중인
醒時不可得 성시불가득

중생의 삶이 공화인 줄 알면
즉시 생사를 벗어난다.
꿈속의 사람이
깨고 나면 아무것도 없는 것처럼.

어느 노회한 정치인이 세상을 떠나면서 유명한 말을 남겼는데, 그 것이 시중에 회자된 적이 있었다. 바로 정치는 허업이다고 한 말이었다. 난 이 말을 듣고 너무 놀라 썩소가 터져 나왔다. 한 평생을 그런 썩은 정치판에서 살았으면 세상을 좀 알고 죽었어야지 죽을 때까지 세상이 뭔지 모르고 죽었다니 비웃음과 통탄이 저절로 튀어나왔던 것이다.

뭐라. 정치는 허업이라고?! 하하하. 내가 보기에는 정치뿐만이 아 니라 인생 자체가 허업인데 그것도 모르고 그는 별세하고 말았다. 정말 어리석은 사람이다.

우리 인생이 정확하게 그것과 같다. 눈앞에 보이는 세상은 空華다. 이것은 원래 없는 것이다. 다 내 오염된 마음이 만들어 낸 소산물이다. 그런데 그것이 사실이다고 생각해 그것을 어떻게든 잡으려고 한다. 그 속에 명예와 재물과 이성과 맛있는 음식과 포근한 잠자리가 있다고 여겨 계속해서 나아간다. 넘어지고 엎어지면서 그것을 가지기 위해 앞으로만 정신없이 달려 나간다.

결국 아무것도 가지지 못하고 쓰러진다. 왜?! 그것은 처음부터 실제가 아닌 허공의 꽃이었으니까 그렇다. 반드시 그렇게 끝이 난다. 그 사람 뿐 만이 아니라 사람들은 누구나 다 이런 과정을 겪으며 죽는다. 그것을 인생이라고 한다.

비문증이 나타나면 안과를 간다고 했다. 거기서 치료를 받고 그것을 없앤다. 그러면 시야가 뻥 뚫리어 시원하고 통쾌하다. 그러면 정말 살 것 같다. 이제 한번 물어보자.

- 허공의 꽃 같은 이 중생세계가 눈앞에 보인다면 어떻게 할 것인가? -

기력이 쇠잔하면 눈동자에 힘이 없어진다. 그러면 비문증이 생긴다. 마음이 병들면 이런 空華 같은 중생세계가 보인다. 가족이 보이고 아파트가 보이고 자동차가 보이고 산과 들판이 보인다. 이런 모든 것들이 다 空華라고 한다. 이제 어떻게 할 것인가. 밤새도록 불꽃을 향해 달려드는 불나비를 보고 하도 안타까워서 한마디 했다.

"야! 그것, 꽃이 아니라 불이다 짜석아."
"공갈치지 마쇼. 어떻게 저게 꽃이지 불이란 말입니까."

지금 현재 나를 둘러싸고 있는 모든 조건과 처지들이 나를 만족하게 만들고 있는가? 만약 그렇다면 그런 사람들에게는 이 **기신론**이 필요 없다. 대신 그 모든 것들이 나를 불행의 끝 지점인 죽음으로 몰아가고 있는 것이 아닌가 하고 불안해하는 사람들은 이 대목을 눈여겨보아야 한다.

기신론은 바로 후자들을 위해 설하여진 가르침이기 때문이다. 그 가르침은 이 세상은 가짜라는 것이다. 가짜의 세상에 내가 고통을 받아야 하는 이유가 없기 때문에 빨리 이 가짜로부터 벗어나려고 하는 마음이 일어날 때 불교는 정확히 거기에 있는 것이다.

그래서 먼저 세상은 가짜인 空華라고 전제하였다. 그렇다면 그 공화같은 세상을 없앨 수 있는 방법은 무엇인가. 그것은 수행이다. 그 수행의 방법을 설명한 것이 팔만대장경이다.

정리를 하자면 안구에 비문증이 생기면 안과에 가서 치료를 받아야 한다. 그렇다면 안구에 중생세계에 보이면 어떻게 해야 하나. 바로 사찰에 가서 이것이 안 보이는 수행법을 배워야 한다.

안타깝게도 비문증을 갖고 살아가는 사람이 있다. 안과에 갈 시간이 없거나 돈이 없어서 치료를 받지 못하는 사람들이다.

이 중생세계가 진짜라고 여기고 살아가는 사람이 있다. 불교에 나아가 수행을 할 만큼 지혜가 없는 사람이거나 복이 없어서 마음의 치료를 받지 못하는 사람들이다.

그 결과는 둘 다 쓸쓸하게 끝이 난다. 하지만 어쩔 수 없다. 형편과 복덕이 그것밖에 되지 않는 사람들이다보니 우리로써는 어떻게 할 수가 없다.

海東疏 第三中有三句 先約依他性法以明離言絕慮 次依離絕之義
以顯平等眞如 後釋平等離絕所以

세 번째 가운데는 세 구절이 있다. 먼저 의타기성의 법을 잡아 진여는
말을 떠나고 생각이 끊어진다고 하고, 다음에는 생각이 끊어진다는
뜻으로 평등한 진여를 나타내고, 그 뒤에는 평등한 진여는 생각이
끊어진다는 이유를 풀이한 것이다.

　해동소의 전개는 매우 조밀하고 치밀하다. 그러므로 내용인 분과
또한 그물망처럼 서로 연결되어져 있다. 보통의 사람들은 그 분과의
전개 도표를 보기만 해도 지레 겁을 먹고 물러선다. 그래서 **해동소**를
가까이 하지 않으려 한다. 그만큼 **해동소**는 빈틈없이 세세하고 면밀
하게 **기신론**의 내용을 하나하나 정곡으로 찍어 주신다.

　그 방법은 말을 떠나 있으면서도 말로 그 진여의 본질을 설명하고,
생각이 끊어진 자리에 있는 진여를 애써 생각하도록 하여 결국에는
생각이 끊어진 자리로 이끌어 가는 방법을 쓰고 있다.

　그래서 마명보살의 **기신론**을 씨실이라고 하고 원효의 **해동소**를 날
실이라고 평하는 것이다. 이 둘이 기가 막히게 조합하여 인류 최고의
옷감을 만들어 낸 것이다. 그래서 이 **기신론해동소**의 옷을 입은 중생
들은 길고 긴 무명추위의 어둠으로부터 벗어나 따뜻하고 밝은 안락
의 세계로 나아갈 수 있게 된 것이다.

　이 두 분이 안 계셨다면 누가 부처님의 45년 설법을 이렇도록 짧으
면서도 간결하게 묶을 수 있었겠으며, 누가 그것을 군더더기 하나
없이 이렇도록 찬란육리하게 해설할 수가 있었겠는가. 정말로 감탄

스러울 뿐이다.

평등이라는 말은 상하좌우로 꽉 차 있다는 뜻이다. 그런 평등한 진여를 두고 얼마나 많은 세월동안 맹꽁이 콧구멍 같은 속아지를 부여잡고 부글부글 마음을 끓이면서 힘들게 살아왔던가. 생각만 해도 심히 부끄럽고 창피하기만 하다.

이제 그분들의 한없는 가피를 입어 진여는 천지에 평등하다는 사실을 늦게라도 알았으니 그것만 해도 어디인가. 박복한 인생에서 횡재 중에 횡재로 여기면서 살아가야 하지 않겠는가.

海東疏 初中言是故一切法者 謂從緣生依他起法

처음 가운데서 말한, 그렇기 때문에 일체의 법은 한 그것은 말하자면 인연으로 일어난 것은 의타기성의 법이라는 것이다.

원문에서 일체의 만법은 오로지 망념에 의해 차별되게 나타나 있다는 것을 말씀하시고 있다. 망념으로 세상을 보면 아스팔트 위에 박살난 유리조각처럼 천차만별로 보이고 망념이 없는 무념으로 세상을 보게 되면 한가위 때 하늘에 떠 있는 둥근 보름달 같이 하나로 보인다.

망념은 세상 만법을 철저히 쪼개어 제각기의 기준으로 보고 무념은 전체를 통으로 보면서 자기의 기준을 세우지 않는다. 즉 망념은 나무를 제각각으로 보고 무념은 산 전체를 하나로 보는 것이다.

망념은 중생을 분리해 나눠 보지만 무념은 중생을 하나로 묶어서 본다. 그래서 학교는 망념을 일으키도록 가르치고 총림은 망념을 없애도록 지도한다. 중생의 눈에는 모든 중생이 개체로 보이지만 부처의 눈에는 모든 중생이 동일성의 부처로 보이는 이유가 여기에 있다.

그래서 가족이 하나하나 쪼개져 보이면 망념이 작동하고 있는 것이고 가족이 하나로 원만하게 보이면 무념이 현재 작동하고 있는 것이다.

지금 우리의 눈에 세상이 차별되게 보이면 망념이 작동하는 것이고 세상이 한 덩어리로 보이면 무념이 작용하고 있는 것이다.

망념은 의타기성을 일으키고 무념은 원성실성에 계합한다. 눈앞에 온 세상이 조각조각으로 현현한다면 그것은 망념이 일으킨 의타기성의 소산물이다. 그것은 지금은 굳세게 존재하는 것 같지만 조금 있으면 인연을 따라 곧 없어지게 된다는 사실을 알아야 한다.

중국 고전 **침중기**에 나오는 이야기 하나가 있다. 노생이라는 가난한 서생이 있었다. 치르는 시험마다 낙방하고 하고자 하는 일마다 되는 일이 없었다.

하루는 급제한 친구를 찾아 한단이라는 곳에 갔었는데 그 친구가 여간 쌀쌀맞게 구박하는 것이 아니었다. 돈도 떨어지고 친구에게서 무시를 받은 터라 객잔에서 신세한탄을 하고 있는데 도인 복장을 한 초라한 노인 한 명이 그 방에 들어오는 것이었다. 통성명을 하니 그 도인 이름은 여옹이었다.

그는 그 여옹을 잡고 또 자기의 불우한 신세를 장구하게 한탄하였다. 어떻게든 장가를 가고 과거를 보아 입신양명을 해야 하는데 아무리 애를 써도 그렇게 되지를 않는다고 했다. 그 한탄과 푸념을 듣고 있던 여옹은 보따리에서 도자기베개 하나를 꺼내 이것을 베고 자면 그 꿈이 이루어질 것이라고 했다.

그때 부엌봉창으로 보니 객잔 주인은 노란 기장밥을 짓고 있었다. 노생은 긴가민가하면서 그가 내어준 베개를 베고 누웠더니 자기도 모르게 스르륵 깊은 잠속으로 빨려 들어갔다.

노생은 꿈속에서 세도가로 유명한 청하의 최씨 딸에게 장가를 들었다. 그리고 처가의 조력으로 다음해에 진사시험에 합격하고 벼슬길로 나아갔다. 그 길로 계속 일취월장하여 절도사가 되고 또 어사대부를 거쳐 10년 동안이나 재상의 지위에 있었다.

그러다 어느 날 뜬금없이 역적으로 몰려 감옥에서 모진 고문을 당하였다. 이럴 줄 알았다면 차라리 고향에서 속편하게 농사나 짓고 살 걸 하며 후회를 막심하게 하였다. 다행히 참형은 면해 변방으로 유배의 길을 떠나 참으로 고통스런 날들을 보내었다.

그러다가 그 역적이 모함이라는 사실이 밝혀져 다시 재상의 자리에 올라 맘껏 권세를 누리다가 마침내 조국공이라는 공신 대열에 올라 입신양명의 꿈을 이루었다.

그는 아들 5형제를 낳았다. 그들 모두 명문대가의 딸들에게 장가를 들어 수십 명의 손자를 보았다. 이제 몰락한 집안도 완전히 일으키고 그 후손도 창창하여 세상의 모든 부러움을 다 사게 되었다. 언뜻 돌아보니 그의 나이 80이었다. 80은 천수 이상을 누리고 산 셈이다. 이제 처자식들과 손자들의 배웅을 받으면서 이승을 떠날 준비를 하고 있는데

- 이제 그만 자고 일어나시오. -

하는 여옹의 목소리가 들려왔다. 그리고서는 그가 베고 있던 베개를
훌렁 빼버리는 것이 아닌가. 오잉! 하고 깨어보니 바로 일장춘몽이었
다. 어디서 맛있는 밥 냄새가 찰지게 나기에 하품을 하면서 부엌을
바라보니 무쇠솥에서 조밥이 한창 익어가고 있었다. 밥 한 끼 지을
시간에 그는 인생 전부를 살았던 것이다. 하도 기가 막히고 어이가
없어서 그는 이렇게 소리를 쳤다.

- 인생 자체가 꿈이구나! -

이런 이야기는 수없이 많다. 숨을 헐떡이며 죽어가는 사람에게 물
어보라. 살아온 인생이 어떠하였는가를. 그들은 하나같이 대답할 것
이다. 꿈이다고, 이것은 정말 꿈과 같은 것이라고. 그들을 대변해 우
리에게 남긴 대표적 글들이 바로 당나라 때 이공좌가 지은 **남가기**와
조선 숙종 때 김만중이 지은 **구운몽**의 일장춘몽이 있다.
　　누구나 다 공감하는 인생에 대한 결말. 인생은 저녁연기 같은 것,
아니면 구름처럼 사라지는 인생, 그것은 한바탕의 봄꿈과 같이 헛되
고 실체가 없는데, 그걸 알면서도 그 길을 가야만 하는 범부들 정말
가없고 불쌍하기만 하다. 어리석어서 그렇다는 큰 변명의 재산을 안
고서.

海東疏 離言說相者 非如音聲之所說故 離名字相者 非如名句之所詮故 離心緣相者 名言分別所不能緣故

언설을 떠난 모습이라는 것은 음성으로 말해지는 것이 아니라는 것이고, 명자를 떠난 모습이라는 것은 명구로써 설명되어지는 것이 아니라는 말이며, 마음의 생각으로부터 벗어난 모습이라는 것은 그 이름이 언어로써 분별해 능히 생각할 수 있는 것이 아니라는 것이다.

우리의 진짜 마음, 진여는 음성으로 나타낼 수 없다. 이름과 글귀로도 설명될 수 없다. 생각으로도 상상할 수 없다. 그런데 어떻게 그것을 말하고 그것을 노래할 수 있단 말인가. 이것은 입만 벌리면 천양지차로 벌어진다. 그래서 선에서 말하기를 개구즉착開口卽錯이라고 했다.

우리의 마음을 진정 보고 싶은가. 아주 간단한 방법이 있다. 세 가지만 정지시키면 우리의 마음은 진흙을 헤치고 연꽃이 피어오르듯 환하게 나타난다. 그렇다. 딱 세 가지다. 이 세 가지만 쓰지 않으면 우리 마음은 덮으려 해도 덮지 못하고 숨기려 해도 숨기지 못한다. 즉시 그대로 드러난다.

그 세 가지는 바로 언설과 명자와 심연이다. 언설을 떠날 수 있는가? 여기서 몽매한 사람들은 묵언을 한다. 소리만 내지 않으면 묵언인 줄 아는데 천만의 말씀이다. 밖으로 소리가 빠져나가지 않으면 그 입 안에서 더 요란한 토카티브가 된다. 이것은 언어의 기만이다. 남도 속이고 자신도 속이는 것밖에 되지 않는다.

둘째는 명자로부터 벗어날 수 있는가? 명자는 이름과 문자를 보탠 말이다. 어느 누가 자기가 쓰고 있는 언어로부터 자유로울 수가 있는가. 어느 누가 자기가 아는 문자로부터 초연할 수가 있단 말인가. 이것은 불가능하다. 이미 자신의 마음에 이것들이 정확하게 복사되어져 있다. 아무리 아닌 척하고 모르는 척해도 마음은 내면 깊숙이에서 벌써 다 인지하고 벌써 읽어버리는 데는 할 말이 없다.

세 번째는 심연이다. 심연은 마음으로 계산하는 억측이다. 억측은 지나간 기억을 기준으로 측량하는 것을 말한다. 즉 과거에 내가 알고 있는 모든 정보를 동원해 현재 봉착한 문제를 풀어내는 해법작용을 말한다.

다시 말하자면 이것은 잔머리 굴림이다. 이 잔머리를 굴려 손익을 계산하고 가부를 결정하고 시비를 판단 짓는다. 범부가 이것으로부터 완전 초월할 수 있는 것인가.

위에서 언급한 이 세 가지로부터 벗어나면 역설적으로 즉시 마음을 볼 수가 있다. 그것은 이 세 가지의 장막 속에 마음은 깊이 감추어져 있기 때문이다. 그런데 범부는 자기의 힘으로 이 세 가지의 장막을 절대로 치울 수가 없다는 데 문제가 있다.

그러므로 범부는 이 세 가지를 갖고 있는 한 자기의 마음은 절대로 볼 수가 없다는 것이다.

海東疏 如虛空中鳥迹差別 謂隨鳥形空相顯現 顯現之相實有差別 而離可見之相差別 依他起法當知亦爾 隨諸熏習差別顯現 而離可言之性差別

마치 허공과 새의 자취가 차별 나는 것과 같다. 이를테면 새의 모습을 따라 空의 모습이 그대로 나타난다. 그대로 나타나는 모습에 의해 차별이 있게 된다. 진실로 차별이 있기는 하지만 곧 그렇게 보는 모습의 차별은 없다. 의타기성의 법도 마땅히 또한 그런 것이다. 모든 훈습을 따라 차별이 그대로 나타나지만 그렇게 말하는 그 성품에는 차별이 없는 것이다.

강아지 앞에서 완구용 후레쉬 불빛을 돌리면 어떻게 될까. 강아지 눈동자는 그 불빛을 쫓으면서 정신없이 움직인다. 중증치매로 누워 있는 노파의 이불에 후레쉬 불빛을 돌리면 어떻게 될까. 노파는 자기 이불에 불이 났다고 생각하고 그것을 끄기 위해 손바닥으로 이불을 두드리며 버둥거린다. 그러다 그 불빛이 없어지면 고양이나 노파는 그냥 그대로 조용하고 편안하다.

허공에 새가 날아간다. 무엇이 보이는가. 범부의 눈에는 새가 보이고 현자의 눈에는 허공이 보인다. 새는 잠시 나타났다 사라지는 구름 같은 것이어서 허공에 흔적이 남지 않는다. 그냥 의타기성으로 보이다가 금방 지나가 버리면 빈 허공만 여여하게 남는다.

하늘을 나는 전투기에서 폭탄이 떨어지고 잠수함에서 대공미사일이 발사되는 TV 브라운관이지만 전원을 꺼버리면 아무것도 남지 않는다. 그렇게 요란하게 천둥이 치고 소나기가 쏟아지고 매미가 울어대던 여름도 가고 나니 자연에 아무런 흔적이 남아 있지 않다.

우리의 진짜 마음인 진여도 마찬가지다. 억겁을 살아오면서 수많은 의타기성의 모습들을 겪어 왔지만 그 진여의 바탕에는 아무러한 상흔이나 흔적이 없다. 그 성품은 차별을 일으키는 성품이 아니기 때문에 차별된 특별한 자국이 없다. 그냥 무엇이 어떻게 지나가든 허공처럼 여실하게 그대로 있을 뿐이다.

海東疏 旣離可言可緣差別 卽是平等眞如道理 故言畢竟平等 乃至 故名眞如 此第二顯眞如平等

이미 말로써도 생각으로써도 차별을 떠나버리면 바로 평등한 진여의 도리에 계합하게 된다. 그렇기 때문에 필경에 평등하여 내지 진여라고 한다고 하였다. 이것은 두 번째로 진여가 평등함을 나타내고 있다.

세상을 차별로 보면 갈등이 일어난다. 갈등은 편 가르기를 유도한다. 거기서 번뇌가 일어나고 죄업이 만들어진다. 그러면 중생세계가 만들어지고 그 속에서 부단 없는 고통을 받는다.

차별을 벗어나 버리면 허공같은 진여의 세계에 합일하게 된다. 하지만 차별로 살아온 범부가 그것을 버릴 수는 없다. 인생의 모든 삶들이 차별로 시작되고 차별로 끝을 맺기 때문에 그렇다. 그러므로 범부는 범부의 세계에서 차별로 살아갈 수밖에 없다.

자꾸 범부를 보고 차별을 벗어나야 한다느니 분별이 없어야 한다느니 하는 말들을 하는데 그것은 하늘에 뜬 무지개처럼 실속 없는 소리이고 듣기 좋은 립서비스일 뿐이다.

차별과 분별은 마음이 가난한 자일수록 더 세분화한다. 마음이 부유해지면 그만큼 벗어나는 파이가 커진다. 작게는 적은 이익을 두고 형제간에 싸우지만 크게는 큰 소유권을 놓고 우주의 행성끼리 싸우게 되는 이유가 여기에 있다.

그래서 이 작은 차별의 범부세계로부터 벗어나려면 복덕을 지어야한다. 그리고 좀 더 넓은 마음을 가져 더 큰 세계로 나아가야 한다. 그러면 점점 더 포용의 크기가 넓어지고 차별과 분별의 시야가 좁아진다. 그렇게 계속 나아가면 결국 우주 전체를 포용함과 동시에 차별과 분별이 떨어지는 것이다. 그런 세계로 나아가고 싶은가. 그렇다면 **기신론**의 말씀을 새겨들어야 한다. **기신론**은 범부가 그런 세계로 나아가도록 도와주기 위하여 쓰여졌기 때문이다.

`海東疏` 以一切下 釋其所以 所以眞如平等離言者 以諸言說唯是假名 故於實性不得不絕

이 일체 이하는 그 까닭을 풀이한 것이다. 진여는 평등해서 말을 떠나 있다는 것은 모든 언설은 다 가명이다. 그렇기 때문에 진여의 진실성에는 언설을 끊지 않을 수가 없다는 것이다.

대승장엄경론에 보면 세상에 네 가지는 그 실체를 구할 수 없다고 하였다. 첫 번째로 이름이다. 이름은 가명이다. 연예인만 가명을 쓰는 것이 아니라 이름 붙여진 모든 물상들은 이미 가명을 쓰고 있다. 인간도 사물도 가명 아닌 것이 없다. 그렇다면 그대의 진짜 이름은 무엇인가를 한번 생각해 봐야 한다.

둘째는 물상이다. 물상은 있는 것 같지만 그것은 없다. 없기 때문에 그냥 그대로 있다. 만약에 그것이 있는 것이라면 우리보다 먼저 살고 간 사람들이 이미 다 가져가 버리고 아무것도 없어야 한다. 그런데도 아직 있다면 그것은 가짜고 환영이다. 그것은 거울 속에 물상처럼 있는 것 같지만 그 실체는 없기에 그렇다.

셋째는 우리 마음이다. 우리 마음은 분명 있는 것처럼 보이지만 근원을 궁구해 보면 아무리 찾아도 없다. 양파는 분명 있는 것이지만 한 꺼풀씩 벗겨 나가면 양파라는 실체는 그 어디에도 없다. 그처럼 우리 마음은 광겁을 살아오면서 그 지나간 삶의 자국을 차곡차곡 접어놓은 것이지 그 내면의 실체는 없다.

넷째는 차별이 있는 것 같지만 없다. 차별이 없으면 범부의 세계는 존재하지 않는다. 범부는 차별로 상하를 나누고 좌우를 가른다. 그런데 차별이라는 것을 궁구해 보면 그 실체가 없다. 오늘의 바닥이 내일은 탑이 되고 오늘의 좌편이 내일은 우편이 된다. 모든 것은 인연 따라 움직이기 때문에 그 당체가 없다. 그러므로 차별로 만들어진 범부 세계는 없는 것이다.

언설은 범부세계에서 가명이어서 실체가 없다. 범부가 쓰는 모든 언어는 우선 편리하게 쓰기 위한 가상언어이다. 거기에는 어느 한 개라도 실체적 진실은 없다. 하다못해 진여라는 우리 진짜의 마음도 우선 가명으로 그렇다는 것이다.

그렇다 보니 언어에 미추는 없다. 다만 사람이 그 언어에 미추의 분별을 하고 있을 뿐이다. 소식 없던 자식이 오랜만에 턱 나타나자 어미가 반가워서 소리쳤다.

"야 이 문디 자석아. 잘 있었나?"

언어뿐만이 아니라 사물에도 원래 좋고 나쁨이 없다. 우리가 생각

하기에 따라 좋고 나쁘고로 갈라지는 것이다. 근래에 가장 신나게
웃은 이야기 한 토막이 있다. 똥개가 똥을 먹고 있는데 그 앞으로
진돗개 친구가 다가왔다.

"뭐 먹냐?"
"밥 먹는다. 왜?!"
"똥 먹구만 뭔 밥?"
"이 샤끼. 남 밥 먹는데 왜 똥 이야기는 하고 야단이야. 더럽게쓰리."

상상으로 만들어낸 세상은 신기루이다. 플라톤은 이데아를 영원
한 존재로 보았지마는 **기신론**은 이 이데아는 반드시 버려야 할 경험
의 소산으로 본다. 선험적 존재와 인식으로 만들어낸 이 세상의 현상
은 모두 다 환영이기 때문이다.

현상의 진실부재인 허상을 표현부재의 언어가 설명하고 있다. 그
것이 연속적으로 이어나가면 정보의 전달인 신문이 되고 수필이 되
고 소설이 되고 역사가 된다. 그나마 그런 언어의 도구가 없다면 이
현상을 어떻게 설명한단 말인가.

그래서 진여의 본체는 말이나 생각으로 도저히 미칠 수 없는 자리
이지만 말을 빌려서 어렴풋이나마 그 윤곽을 드러내고자 하는 것이
바로 언어의 활용이다. 그런 궁여지책의 방법을 써서 진여가 이토록
어설프게나마 소개되고 있는 것이다.

그래서 언어는 필요에 의해 만들어진 것이므로 거기에 실체의 의
미는 전혀 없다는 것이다.

又彼言說但隨妄念 故於眞智不可不離 由是道理故說離絕
故言乃至不可得故 顯體文竟

또 언설은 망념을 따라간다. 그러므로 진실한 지혜는 그것을 가히
끊지 않을 수가 없다. 이러한 도리이기 때문에 언설은 떠나고 끊어야
한다. 그래서 말하기를 내지 불가득이라고 했다. 진여의 본체를 드러내
는 글은 여기서 마친다.

　　대승기신론해동소를 홍포하기 위해 원효센터를 건립하였다. 그
기념으로 부산경남에서 영어를 강의하고 있는 원어민 강사들을 모아
외국인법회를 주말마다 개최하였다.

　　그러던 어느 날 기초교리 강좌 대신 **기신론해동소** 중에서 우리의
본래 마음인 진여가 어떻게 해서 망념을 일으키는지에 대한 특강을
두 시간 동안 진행하였다. 그들은 아주 진지하게 이 강의를 경청하였
고 그 내용에 대해 크게 감명을 받았다고 하였다.

　　그렇게 특별법회를 연 이유는 오래전에 내가 인도 국제수도원에
있을 때 일본학자들이 영어로 써 놓은 **대승기신론** 해제와 개요를 보
았기 때문이다. 어떤 학자는 실차난타스님의 **기신론**을 영어로 번역
해 놓았는데 아무리 정성들여 읽어도 도통 무슨 말씀을 전달하려 하
는지 깊이 이해가 되지 않았었다.

　　기신론은 해제 그대로 범부의 마음에 불성이 들어 있다는 것을 믿
도록 쓴 논서인데 어찌된 일인지 몇 번이나 탐독을 해 봐도 내 가슴
에 그렇다 하는 진동이 일어나지 않았었다. 언어의 한계인 것인가
아니면 내 마음의 그릇이 일천해서 그런 것인가 하면서 오랫동안 그

찜찜함을 덮어두고 살아오다가 이제 한 번 제대로 그 문제를 시험해 볼 기회가 왔던 것이다.

강의를 마치고 나는 그들에게 내 강의의 핵심이 무엇이었는지에 대한 리포트를 간단히 제출해 달라고 했다. 내가 그들이 흔쾌히 작성한 리포트를 받아보고 내린 판단은 진여는 언어로써 전달되는 것이 아니라는 사실을 새삼 확인할 수 있었고, 이 진여사상을 서구에 전법하려면 현학적인 언어만으로는 절대 불가능하다는 것을 뒤늦게 깨닫게 되었다.

이것이 가능하려면 기본적으로 영문학을 전공한 자가 수십 년 동안 한학을 익혀 문리가 터진 이후에 **기신론**을 정식으로 연구한 고명한 스님 밑에서 적어도 10년 이상을 수행하고 난 뒤에야 이 번역이 완전하겠다는 생각이 들었다.

그때 불현듯 떠오르는 생각이 바로 산스크릿트를 한자로 옮긴 중국과 인도의 역경사들이었다. 도대체 그분들은 어떻게 그렇게도 어렵다는 한자를 통달하여 거침없는 역경을 할 수 있었을까 하는 의문이었다.

금강경 번역자로 잘 알려진 삼장법사 구마라지바 같은 경우는 정말 모든 사람들이 의아해 할 정도로 걸림 없는 역경을 하였다. 후진의 문환황제인 요흥의 절대적 비호를 받으면서 서명각과 소요원에서 380권을 넘게 번역하였다. 자기를 따르는 중국제자 3천여 명을 몸소 지도하면서 틈틈이 번역한 것만도 그 정도였다. 그래서 그분 앞에 별호처럼 요진삼장법사라는 호칭이 붙게 되었다.

한 권씩 완역될 때마다 요흥은 성대한 봉정법회를 개최하였다. 그렇게도 어렵다는 역경을 구마라지바는 밥 먹듯이 쉽게 한 권씩 번역해 내니 호사가들은 뒤에서 웅성거리기 시작하였다. 어떻게 저 인도 스님의 번역을 믿을 수 있느냐는 것이었다. 혹시라도 자기의 개인 사견이 개입된 번역이라면 부처님 말씀이라고 할 수가 없지 않느냐고 의구심을 잔뜩 가지게 되었다.

그때 구마라지바는 단호하게 말하였다. 내가 죽고 난 뒤 화장을 할 때 내 혀가 타버리면 나의 모든 번역본들을 믿지 마라. 단 내 혀가 타지 않고 그대로 있다면 그때는 내 번역을 전적으로 믿어라 라고 했다.

그가 74살로 죽자 요흥은 슬픔을 억누르며 여법하게 다비식을 거행하였다. 수많은 사람들이 지켜보는 가운데 다비의 불길은 사그라지고 유골의 잔해가 드러나기 시작하였다. 그때 사람들은 소리쳤다. 그분의 혀를 흰 연꽃 한 송이가 신기하게 받치고 있는 모습이 드러났던 것이다.

대보적경 같은 경전을 번역한 보리유지 스님도 있다. 그분은 60살에 불교에 들어와 155살까지 살았다. 천태종을 창종한 천태지의대사는 60세에 별세하셨는데, 이분은 60세에 불교에 들어왔다. 이분만큼 세속적인 재주가 많은 분도 드물다. 이분은 성명학에서부터 수론학 음양학 역수학 지리학 천문학 주술학 의방학에 방통하였다. 영녕사에서 700여 명의 인도승들을 지도하면서도 127권을 번역하였다.

율장을 가장 많이 번역한 스님으로는 의정대사를 들 수 있다. 현장이 육로로 인도에 가서 130국을 유력했다면, 이분은 해로를 택해 30

여 국을 여행했다. 이분도 대역경사로 불릴 정도로 230권을 번역하였다.

논서를 주로 번역하고 저술한 스님으로는 법상종의 시조로 불리는 규기대사가 있다. 이분은 현장의 제자다. 대표적 역서는 **성유식론**이다. 슬프게도 이분은 51살로 돌아가셨는데 그때까지 얼마나 많은 논서를 쓰셨는지 세상 사람들은 이분을 백부논사라고 불렀다.

안타깝게도 병사하신 역경사도 있다. **80화엄경**을 번역한 스님으로 잘 알려진 실차난타스님이다. 그 스님은 중국에 왔다가 50세에 다시 인도의 우진국으로 돌아갔다. 인도에 계신 노모가 죽기 전에 하나밖에 없는 아들을 한 번 보고 죽는 것이 소원이다고 하여 어쩔 수 없이 다시 고향으로 돌아가 3년 동안 노모를 봉양하였다.

노모가 별세하자 다시 중국으로 귀환해 백마사에서 역경에 종사하였다. 그때 번역한 대표작이 바로 **화엄경**과 **대승기신론**이다. 안타깝다는 말은 인도에 가지 않았다면 질병으로 고생하지 않고 더 많은 번역을 할 수 있었을 텐데 59살로 일찍 별세하셔서 역경계에 큰 손실을 입었다는 것이다.

그러고 보니 또 한 분의 아까운 분이 계신다. 우리에게 제일 많이 알려진 현장법사다. 이분도 그리 오래 살지는 못하였다. 29세에 인도로 들어가 18년 동안 인도 전역을 유람하다보니 수많은 위험에 노출되었던 모양이다. 그래서 대자은사에서 오랫동안 병마와 싸우다가 63세로 별세하였다.

이분이 번역한 경론은 **반야심경, 대반야경** 등 1335권이나 된다.

특히 이분은 인도 나란타사의 아라한이시던 계현대사 밑에서 5년 동안 **유식론**이나 **구사론 인명론** 등을 직접 배운 것으로 유명하다. 그때 계현대사의 나이는 105살이나 되었는데, 그래서 그런지 그런 분야에 끝까지 많은 관심을 가진 흔적이 있다.

어쨌거나 우리 마음의 본체인 진여를 언어로 설명한다는 것은 고도의 언어술이 있어야 한다는 것만은 틀림없다. 그래서 부처님과 10지보살들은 사무애변을 써서 중생을 교화하신다. 우주의 본체인 이 진여를 말이나 생각 등 여러 가지 형식으로 전달할 수는 없지만 그분들은 언어와 문자를 빌려서 그것을 명확하게 전달하고자 하신 것이다.

석가모니부처님이 그리하셨고 그 다음에 마명보살이 그랬으며 그것을 한역하신 파라마타 스님이 그랬었다. 그리고 그 뒤를 이어 원효성사가 그랬었다. 그리고 내가 시도해 보았었다. 그런데 거기서 큰 언어의 장벽이 있다는 것을 새삼 뼈저리게 느꼈던 것이다.

그것이 바로 범부와 성자들이 가지는 언어술의 차이겠지만 **기신론**을 한역하신 삼장법사 파라마타스님의 노고가 얼마나 크셨는지 다시 한번 느껴지는 순간이기도 하였다.

모든 번역사들이 가지는 열정과 고심은 말할 것도 없겠지만 특히나 이 **기신론**을 번역하신 분들의 고생을 생각하면 깊이 고개가 숙여지고도 남음이 있는 것이다.

인도의 역경사 중에서도 가장 특이하신 한 분이 계신다. 바로 진제

스님으로 알려진 파라마타Paramatha 스님이시다. 다들 굉장한 역경 사이지만 이 파라마타스님은 **기신론** 한 권의 번역으로 상상을 초월하는 대역경사로 발돋음하였다.

이 스님의 주요 역작은 처음에는 현장스님처럼 주로 **유식론** 계통이었다. 그 외에 **금광명경 섭대승론 중변분별론 구사론석** 등을 들 수가 있다. 그 중에서도 **섭대승론**과 **섭대승론석**에 대한 해설이 남다르고 특출하여 섭론학파가 만들어지고 그 종조로 추앙되기도 하였다고 **속고승전**에 전해지고 있다.

이 스님은 서북인도 우선니국 출신이며 바라문 종족이다. 어릴 때부터 총명하고 영리하여 바라문 교리를 다 통달하였다. 특히 변재술이 뛰어나 누구와도 진리에 대해 토론하기를 좋아하였다.

그런 성격이 불교 속으로 들어와 단절 없는 구도의 정신으로 승화하였다. 지칠 줄 모르는 학구와 정진으로 고승이 된 그는 546년에 중국 전법을 위해 남해에 들어왔다.

갖은 고생을 다해 들어왔지만 갑자기 후경의 반란이 일어나서 다시 남쪽으로 내려가 잠행과 유역을 하면서 71살까지 278권을 번역하였다. 하지만 현재 남아 있는 유작은 고작 30여 부밖에 전해지지 않는다.

이 스님의 번역은 다른 역경승들처럼 황제의 위호를 받으며 한 곳에서 한 것이 아니라 일정한 주처없이 번역을 하였다는 것이 특이하다.

이런 경우는 원효성사와도 흡사하기 때문에 더 정감이 간다. 그 스님이 번역한 한역본을 약 100여 년 뒤에 보신 원효성사도 **대승기**

신론소 두 권과 그 외 경론들을 300여 권을 쓰셨는데 그분 역시 한 곳에 머무름 없이 유랑 속에서 저술하셨던 것이다. 그분은 71살에 돌아가시고 원효성사는 70살에 돌아가셨으며 남아 있는 유작도 거의 비슷하게 30여 권만 전해지고 있다.

구마라습과 현장, 의정과 더불어 중국의 4대 번역가로 칭송받고 있는 이 파라마타스님은 인도의 무착보살이 지은 **섭론**을 집중 연구 번역하다가 마지막에 마명보살이 지은 **대승기신론**을 번역해 그 수행의 삶을 마무리하였다. 그러므로 그 번역의 방법과 기술이 아주 탁월하고 수승하기가 이를 데 없다.

보통의 경전이나 논서들은 한 개의 사상과 요지를 전하는 데 그치지만 이 **기신론**은 부처님의 말씀 전체를 다른 나라 언어로 떠 옮기는 대작불사이기 때문에 일점일획이라도 틀리거나 어긋나버리면 그 핵심을 송두리째 잃어버리거나 뒤틀려버릴 수가 있다는 점에서, 그 스님은 이 **기신론**의 완벽한 번역을 위하여 얼마나 많은 고심과 정열을 기울이셨는지 상상이 가고도 남음이 있는 것이다.

그런데도 이런 역경의 정신을 폄훼하는 자들이 있었다. 얼마 전에 인도 어느 대학에서 본 한국스님들 몇 분이 그랬다. 그들은 소승불교의 원어인 빠리어를 공부한다고 하였다. 그 이유는 빠리어로 된 불경을 봐야 신심을 일으킬 수 있기 때문이라고 했다.

내가 말했다. 한역한 역경스님들의 실력을 우습게 보지 마시라고 하면서 기어이 한마디를 던져버리고 말았다.

– 신심이 일어나고 안 일어나고는 본인의 복덕에 의한 것이지 문

자에 의한 것이 아닙니다. -

이 말은 내 말이 아니다. 삼세제불과 십지보살이 한결같이 주창해
온 공통된 말씀이다. 신심은 언어와 문자에 의해 일어나는 것이 아니
라는 사실은 이미 역사적으로 잘 드러나 있다.

인도를 식민지화한 영국이 제일 먼저 제국으로 가져간 것이 바로
인도의 문화유산이었다. 그중에서도 가죽이나 패엽에 쓰인 초기불
경은 단연 최고의 희귀한 물건들이었다.

그들은 그것들을 유수한 대학에서 번역하기 시작하였다. 주로 옥
스퍼드대학에서 고문서를 전공한 고고학자들과 성공회 사제들이 모
여서 빠리어를 영어로 번역하는 작업을 하였다.

그들은 불경의 내용에 한없이 감탄하고 끝없이 감동했다. 흙 속에
묻혀 있던 고대의 아름다운 도자기를 보고 찬사와 찬탄을 한없이 쏟
아내는 것처럼 그들은 넋이 빠지도록 부처님의 말씀에 황홀해했다.
그러나 그게 다였다. 결과는 그 역경사업에 종사한 사람치고 불교에
귀의한 사람은 단 한 사람도 없었다는 기막힌 사실이 그것을 잘 증명
해 주고 있다.

- 3권으로 계속 -

공파 스님 (국제승려)

현재 원효센터에서『대승기신론해동소』32번째 강의 중

cafe.daum.net/wonhyocenter

zero-pa@hanmail.net

대승기신론 해동소 혈맥기 2

초판 1쇄 인쇄 2019년 2월 27일 | **초판 1쇄 발행** 2019년 3월 8일
공파 스님 **역해 | 펴낸이** 김시열
펴낸곳 도서출판 운주사

  (02832) 서울시 성북구 동소문로 67-1 성심빌딩 3층

  전화 (02) 926-8361 | **팩스** 0505-115-8361
ISBN 978-89-5746-540-0 04220 값 20,000원
ISBN 978-89-5746-528-8 (세트)
http://cafe.daum.net/unjubooks 〈다음카페: 도서출판 운주사〉